黔南民族师范学院国家级、省级一流专业社会工作研究成果
贵州省高校社科基地地方民族文化与教育研究中心研究成果
贵州省区域一流培育建设学科中国语言文学研究成果
贵州省重点支持学科民俗学研究成果
2015年中央财政专项贵州少数民族文化传承发展研究中心项目成果
国家民委人文社会科学重点研究基地（培育）——贵州少数民族文化传承发展研究中心研究成果

黔南苗族民俗研究

QIAN NAN
MIAOZU MINSU YANJIU

文　毅　吴进华　主编

经济日报出版社
THE ECONOMIC DAILY PRESS

图书在版编目（CIP）数据

黔南苗族民俗研究 / 文毅，吴进华主编. -- 北京：
经济日报出版社，2022.8
ISBN 978-7-5196-1107-1

Ⅰ．①黔... Ⅱ．①文... ②吴... Ⅲ．①苗族—少数民
族风俗习惯—研究—黔南布依族苗族自治州 Ⅳ.
①K892.316

中国版本图书馆 CIP 数据核字（2022）第 094517 号

黔南苗族民俗研究

主　编	文　毅　吴进华
责任编辑	梁沂滨
责任校对	肖　迪
出版发行	经济日报出版社
地　址	北京市西城区白纸坊东街 2 号 A 座综合楼 710（邮政编码：100054）
电　话	010-63567684（总编室）
	010-63584556（财经编辑部）
	010-63567687（企业与企业家史编辑部）
	010-63567683（经济与管理学术编辑部）
	010-63538621 63567692（发行部）
网　址	www.edpbook.com.cn
E－mail	edpbook@126.com
经　销	全国新华书店
印　刷	四川科德彩色数码科技有限公司
开　本	710×1000 毫米　1/16
印　张	28
字　数	490 千字
版　次	2022 年 8 月第 1 版
印　次	2022 年 8 月第 1 次印刷
书　号	ISBN　978-7-5196-1107-1
定　价	128.00 元

编辑委员会成员名单

序

　　杨光林

　　年头岁尾，喜讯频传。贵州省黔南州苗学会组织编写的《黔南苗族民俗研究》就要出版了。这是黔南州苗学研究取得的又一重要成果，州苗学会负责主编的同志邀我为本书的出版写几句话，我深感高兴。

　　苗族是一个历史悠久的古老民族，也是一个苦难深重而又顽强不屈的伟大民族。千百年来，尽管苗族先辈曾经饱经磨难、受尽欺凌，但他们始终秉持着讲礼仪、守规矩、重信誉、忌邪恶、弘扬正气和与人为善的原则，搞好内部治理，强化自我约束，善待周边友邻，在逆境中创造了丰富多彩的民族文化，养成了百折不挠的民族性格，求得自身的生存和发展，也与兄弟民族结下了深厚的情谊，为源远流长的中华文明做出了不可磨灭的贡献。苗族这种严于律己、宽以待人、和平处世的民族性格和良好风尚，集中体现在民俗和村规民约之中，传承至今，仍是内容丰富、影响深远的不成文法和苗家人自我约束的行为规范，在苗族社会的内部治理和对外交往中发挥着重要作用。但是，由于过去苗族没有自己的文字记载，不善于对外宣传和树立自我形象，有些汉文记载又存偏见和猎奇，严重歪曲了苗家的真实容貌，致使外部社会对苗族产生了许多误解和偏见。《黔南苗族民俗研究》一书，尽管还不可能彻底解决这类问题，但它总可以让人们对苗族风俗习惯的奇特、村规民约的演变及其作用有一个大体的了解，知道苗族发展到今天殊为不易，是一部了解苗族、认识苗族的难得教材。据悉，参与本书调研和撰述的作者逾百人，上有七八十岁的州、县两级退休老同志，下有普通公务员、教师、医生和农民；从知识层面看，既有粗通文墨的苗学爱好者，也有专注于民族学研究的硕士、博士和专家、教授；从民族成分看，90％以上为苗家知识分子，另有部分热衷于苗学研究的汉族、布依族和水族的专家学者。他们的根都在苗乡或者与苗族有着深厚的感情，对苗族的历史和现状有深刻的了解、观察和思考，并经过了深入持久的田野调查；他们都受过中国共产党的民族政策教育，其中一部分人还在民族理论方面造诣颇深。入编文稿所提供的情况、内容、背景和分析思考涉及面广，连接古今，不仅具有极高的可信度，而且能够帮助读者获得一定的理性认识。对于苗族来说，《黔南苗族民俗研究》是增强民族自信和文化自信的重要教材；对于各兄弟民族来说，它是增进相互了解和促进民族团结的粘合剂；对于从事民族工作的党政机关干部来说，它也具有一定的决策参考价值。《黔南苗族民俗研究》的成功面世，可喜可贺！

黔南州苗学会自 1989 年成立以来，始终高举各民族平等、团结、互助、和谐的大旗，在州委、州政府的领导下，密切结合黔南苗族和苗族地区实际，围绕全州经济社会发展大局开展学术研究，为党委政府和民族工作部门决策提供了诸多参考，受到组织的肯定和社会的好评。特别值得赞扬的是，作为民间学术团体，其研究既不好高骛远，也不坐而论道，而是密切结合实际，坚持以应用研究为主、基础研究为辅的学术导向，在每个任期都制定出切实可行的工作规划，每个年度都有具体的目标任务，充分依靠广大会员，群策群力、深入调研、狠抓落实，说了算、定了干、干就要干好，兑现承诺、拿出成效，年年出成果、届届有创新，彰显出强劲的凝聚力和战斗力。《黔南苗族民俗研究》的出版，又一次证明黔南州苗学会多年坚持的工作思路是正确的，具体实践也是成功的。我们谨向黔南州苗学会全体同仁表示热烈祝贺，并望再接再厉，争取更大的成绩，为苗学研究和民族地区乡村振兴做出应有的贡献！

是为序。

（作者杨光林，贵州省人大常委会原副主任、省苗学会原会长）

一部来自田野的苗族民俗乡土教材

吴进华

　　《黔南苗族民俗研究》，是黔南州苗学会第五届理事会任期必须完成的两项苗族文化遗产抢救工程之一。在这份来自田野的调研成果面世之际，我们因又为全州苗族父老乡亲做了一件好事而十分欣慰。

　　苗族在其5000多年的历史长河中，创造了丰富多彩的民族文化。苗族文化和其他兄弟民族文化一样，大致可以划分为物质文化、精神文化和制度文化三个层面。所谓制度文化，是指社会的经济制度、政治制度、法律制度及其运作方式，以及婚姻制度、原始宗教制度和民间的各种民俗、村规民约等行为规范。通俗地说，苗族民间的制度文化就是一系列约定俗成的民俗与村规民约及其运作方式。上古时期，苗族的始祖蚩尤在创建中国农耕文明、总结天文气象和发明冶金术的同时，就创制了刑律和巫术，依靠严格的律法和原始宗教来约束部众。《周书·吕刑》载："蚩尤对苗民制以刑。"直至蚩尤战败后，"天下复扰乱不宁，黄帝遂画蚩尤形象，以威天下。天下咸谓蚩尤不死，八方万邦皆为殄状"（《龙鱼河图》）。可见，苗族先民最早创建的制度文化，不仅是当时九黎部落联盟赖以与炎黄联军长期抗衡的法宝之一，也是苗族对中华古代文明的一大贡献。今天，在黔南的许多苗族村寨还依稀可见这些苗族古代制度文化的遗存。《黔南苗族民俗研究》就是一部来自田野的苗族民俗乡土教材。发掘整理这些民俗，其现实意义和历史意义，也许我们今天还看得不够清楚，但随着时间的推移，它必将放射出更加耀眼的光芒。

　　由于历史和地理的原因，黔南苗族在许多方面都滞后于汉族和其他兄弟民族。细究其原因：一是人口比例不高，综合素质不强，文化影响力不大。2017年底，黔南州有苗族57万多人，仅占全州总人口的13.5%左右。全州各县市和大多数乡镇都有苗族分布，但多与汉族和其他兄弟民族呈大杂居、小聚居的格局，苗族连片居住的乡村屈指可数。苗族受教育程度普遍偏低。在苗族农村劳动力中，具有高中、中专及以上学历者可谓凤毛麟角；在苗族中老年群体中，还有不少文盲和半文盲。受经济全球化的影响，苗族传统文化正在走向衰落。二是居住比较分散，生态环境脆弱。在黔南，自古有"客家（汉族）住街边，仲家（布依族）住水边，苗家住山里边"之说。苗族聚居区多位于山高水冷的高寒山区、荒漠化石漠化严重的深山区石山区、山高谷深的河谷地带和少数坝子边缘。这是因为历史上苗族进入黔南定居较晚，适宜人居的地方早已被"原住民"占据。加上封建社会长期存在的民族歧视和民族压迫，苗家人"惹不起，躲得起"，只好避居人迹罕至的偏远深山。贵州无平原，黔南少坝子，苗乡多是土地贫瘠、交通闭塞、收入低下的贫困之乡，一方水土难以养活一方人。麻山、月亮山两个连片深度贫困地区遇麻山和月亮山横亘在黔南境内，是苗族聚居区，属于全省扶贫开发和精准脱贫最难啃的"硬骨头"。三是基础设施建设欠账较多。改革开放40年来，国家虽然对包括苗乡在内的少数民族地区基础设施建设投入了较多的人力、物力和财力，使少数民族地区一改昔日的贫穷落后面貌，但与经济发达、交通便捷、旅游资源丰富的地区相比，仍然存在明显的差距。苗族聚居区的乡村公路通行标准普遍较低，人畜饮水的流量和安全尚未得到完全解决，部分民居危旧房改造没有实现全覆盖，产业结构的调整难以形成真正优势，部分苗胞未能真正地安居乐业。四是随着大批青壮年离开家乡外出务工，一些地方开始出现农田撂荒和耕地紧缩现象，集体经济缺乏必要积累，苗族传统文化的传承保护出现断层，基础教育质量不高，医疗卫生保障水平较低，苗族乡村的振兴难度很大。这些客观存在的困难和问题，不仅一直困扰着苗乡的较快发展，影响着苗族的对外形象，而且严重束缚着苗族的思想解放。在实现两个中国梦的伟大进程中，苗族要不落伍不掉队，除了切实加快经济建设、彻底改变贫困落后面貌之外，还必须大力弘扬优秀文化传统，增强民族自信心和自豪感，振奋起顽强不屈的民族精神，才能与各兄弟民族一道共同团结奋斗，共同繁荣发展。

黔南苗族的贫困落后，也在一定程度上保留了原生态文化的优势。因为居住偏远，外来文化的冲击力较小，苗族的部分风俗习惯保存得相对完好；因为受教育程度偏低，苗族同胞掌握的现代科技知识不多，因而祖先崇拜、自然崇拜和英雄崇拜依然存在，常常自觉不自觉地通过言传身教来影响后人；因为开发建设较晚，部分苗族村落仍然保留有传统的议榔制、鼓社制、寨老制等民俗和村规民约。例如，靠自力更生、艰苦奋斗改变贫困面貌的荔波县大土苗寨至今还残留着"苗王"参与乡村治理的机制，以盛产云雾贡茶而闻名遐迩的贵定县鸟王村苗民还时常用敬神驱鬼等方式来为病患解除痛苦，蜚声海内外的苗族芦笙舞"踩月亮"之乡三都盖赖苗胞还信奉农忙时节不能吹奏芦笙，等等。这些传统制度文化既有其存在的合理性，也表现出一些不合时宜的局限性。如何把优秀的民族传统文化与先进的现代文明结合起来，在加强苗族文化的传承保护力度的过程中助推苗乡的经济社会发展，是我们苗学会和广大苗学工作者义不容辞的责任。

黔南州苗学会自 20 世纪 80 年代末初创以来，一直坚持平等、团结、互助、和谐的社会主义新型民族关系，坚持各民族共同团结进步、共同繁荣发展的时代主题，坚持以应用研究为主、基础研究为辅的学术工作导向，紧紧围绕州委、州政府的工作大局开展苗学研究，积极为苗族和苗族地区的经济社会又好又快发展建言献策。近十年来，我们组织编写并出版《黔南苗族》《黔南苗族传统体育》《来自苗族贫困乡村的报告》《发展与困惑——黔南苗族聚居乡村基础教育调查》《黔南苗族民间故事传说》《云雾品茗话小康》等十多部论著，计 600 多万字。我们还在民族地区的扶贫开发、美丽乡村和苗族风情旅游新景点的打造、苗族文化遗产的传承保护和苗族文化新品的创作等方面做了大量拾遗补缺的工作，受到了党委、政府的鼓励和社会的好评。组织开展《黔南苗族民俗研究》和《黔南苗族传统芦笙曲选集》的编撰，是黔南州苗学会本届任期确立的"122"攻关目标的重要组成部分。我们的主要考量是，随着时代的变迁和熟悉苗文化之人的逐渐老去，再不抓紧把这些装在他们心中的"活宝贝"发掘整理出来，加以记录存储，待到那些文化瑰宝逐渐消亡后，造成的损失将是无可挽回的。加强苗族优秀传统文化的抢救发掘工作，对苗学会和苗家儿女来说义不容辞。在 2015 年 11 月召开的黔南州苗学会第五次会员代表大会上，我们在总结上一届学术成果和主要经验的基础上，明确提出了本届任期的"122"奋斗目标——紧紧围绕全州苗族地区精准扶贫和实现小康调研这一大事，密切配合贵州省苗学会在瓮安开好 2016 年学术年会，协助各县市党委、政府抓好苗族美丽乡村建设两项工作，一是着力抢救黔南苗族民俗文化，二是收集整理黔南苗族传统芦笙曲集。三年多来，在编撰《黔南苗族民俗研究》的过程中，发动州、县两级苗学会广大会员参与田野调查和资料的搜集整理，先后征文 100 余篇，参与调研和撰写文稿的作者达到 100 多人。截至 2018 年 11 月底，基本编出样书，共收入学术论文和调研报告类文稿 75 篇，编为"理论探讨""传统节庆""交往礼仪""婚恋嫁娶""文化生活""民间信仰""丧葬习俗""服饰文化""村规民约"9 个篇章，再加"序"2 篇，计约 49 万字。全州广大苗学会会员为本书的资料采集和文稿撰写，付出了极大的热情和辛勤劳动。征文作者绝大多数是出身于偏远苗乡的苗家知识分子，还有多名关心苗族、热爱苗学研究的汉族、布依族和水族专家学者。6 名积极投稿的三峡大学苗族硕士研究生深入黔南的龙里、贵定、惠水、罗甸、福泉等县市的苗族村寨，进行了一个多月的实地调研，成为攻克本项目的生力军。特别是已退出领导岗位 20 多年且年逾八旬的贵定县政协原主席金连儒、惠水县政协原副主席吴永福等老同志亲自撰写的几篇文稿，弥足珍贵。他们所述所写的，都是自己亲身经历或长辈们口传心授的人和事，所思所想和所表达的情感非常接地气，完全能够反映苗乡实际和广大苗族同胞的思想感情，也正体现出《黔南苗族民俗研究》是一部真正来自黔南苗乡广袤田野的苗族民俗乡土教材。我们相信，通过这份史料性教材的印制出版，一定会为全州 57 万苗族同胞留下一份珍贵的历史文化记录。

黔南苗乡历来民风淳朴、人民勤劳、社会安宁。民俗，是指特定文化区域内历代人民共同遵守的行为模式，是由共同的民族或区域文化经过长期的历史磨砺而逐步形成的行为规范。不同的民族有不同的风俗习惯，处在不同环境中的同一个民族的风俗习惯既有其共同性，也存在差异性。人们往往将自然地理条件不同所造成的行为规范差异称为"风"，而将社会文化差异所造成的行为规范差异称为"俗"，因而有"百里不同风，千里不同俗"之说。风俗习惯作为一种社会传统，由一定时期内某些流行的时尚、习俗久而久之逐步形成，也会随着时代的变迁而逐步调整其中一些不合时宜的内容和形式，这就是"移风易俗"。风俗习惯并不依靠严苛的刑律和行政的强制手段来维系，但它在长时期里形成的社会舆论和民众意识的约束力却非常强烈。无论谁干了伤风败俗的事情，都会招致社会舆论的谴责乃至村规民约和家法族规的惩戒，即使不受惩罚，也难以抬头做人。因此，风俗又是社会道德与法律的补充。

古老的苗族自九黎时期蚩尤创制刑律以来，无论处在强盛时期，还是处在战败后被迫逃亡迁徙的艰难征途中，都很重视依照祖传的苗规来加强内部治理和树立形象，引导人们顽强奋斗、勤劳为本、诚实守信、崇尚节俭、遵规守矩、友善待人。这种源远流长的优良传统，在今天黔南苗乡的突出表现就是民风淳朴、社会安宁，人民勤劳勇敢、团结和谐、友善相处。黔南的 57 万苗族（2017 年数据），主要包括分布在黔南州东北部、东南部的都匀、福泉、瓮安、三都、荔波等县市操苗语黔东方言（中部方言）的苗胞（约占全州苗族人口的 28%），以及分布在北部、西南部的贵定、龙里、惠水、长顺、罗甸、平塘、独山等县操苗语川黔滇方言（西部方言）的苗胞（约占全州苗族人口的 72%）。分布在月亮山区操苗语湘西方言（东部方言）的苗胞只有 300 人左右。他们无论来自哪里，都属于远古时期九黎和三苗的后裔，但由于方言和土语的不同，进入黔南的时间不同、居住区域的环境不同，在风俗习惯上既有高度的一致性，也存在一定的差异性，从内容到形式表现出异彩纷呈的特点。这些风俗习惯，有共同性，也有差异性。在共同点方面，几乎所有的苗族支系都尊崇蚩尤为自己的始祖；都信鬼尚巫，崇拜祖先、崇拜自然、崇拜英雄，对传说中的苗族先祖姜央、蝴蝶妈妈和英雄亚努等充满敬仰；都对未婚青年男女的自由恋爱抱着宽容态度，并采取不同方式为青年男女搭建交友择偶的平台；都注重礼节礼貌，为人真诚，热情好客，以酒会友，尊老爱幼，和谐相处；都非常爱美，服饰多样，色彩艳丽，喜戴银饰；都能歌善舞，尤其是芦笙歌舞，吹笙跳月成为苗族的共同文化喜好，每逢节庆，自发聚会，场面宏大，乐而忘返；都具有强烈的民族自尊，反对民族歧视和民族压迫，坚持民族团结和互助；等等。在差异性方面，主要表现为形式的不同或程序的繁简，没有本质性的区别。例如，黔南各地的苗族都过"四月八"、吃新节和苗年等民族传统节日，也过春节、清明节、端午节、中秋节等中华民族的共同节日。有的地方还在"三月三""六月六""六月二十四""七月半"等时举办文娱体育和祭祖活动。苗族祭祖，三都、荔波等黔东方言族群以十三年一次的鼓藏节最为庄严隆重。鼓藏节以鼓社或宗族为单位举办，一次性宰杀祭祖牯牛数十头，场面震撼，但也存在较大浪费，解放后已经进行一定改革。而北部和西南部川黔滇方言区的苗族同胞则不过鼓藏节，祭祖另择吉日或若干年举行一次。届时首先举行斗牛比赛、牵祭牛踩场再敲牛祭祖，有的支系则时兴杀马，场面也很壮观。黔南苗族的青年婚恋对歌活动，黔东方言区称之为游方或摇马郎，川黔滇方言区各支系多称其为跳月、跳花场、坐花园或闹秋坡等。结婚仪式，有的地方程序比较复杂，有的地方只要派几个信得过的青年男女挑上应有礼品、打上花伞，就可以到女方家把新娘接进新郎家来，而有的地方却只能在农历腊月底的十来天内举行婚礼。至于葬礼，程序就比较繁杂了。以惠水县为例，该县现有苗族近12万人，分别属于苗语川黔滇方言的贵阳、惠水、平塘等5个次方言，按习俗和居住区划分为"九大支系"。各支系对正常去世的成年亡人的丧葬仪式都很讲究，有的直至清末民初还在沿袭洞葬、悬棺葬等古葬习俗，解放前后才逐步改为土葬。而从送终、停尸、入殓、择定葬期、选择墓地、杀牛祭祀、超度亡灵、念经开路到送葬、下葬和"复山"等环节，各个支系都有所不同。苗族服饰的纷繁复杂，在中国乃至世界民族大花园中都是首屈一指的。据学界不完全统计，中国苗族的服饰样式不下200种，黔南境内有26种，令人目不暇接。同样，在日常文化生活、生产活动、交际礼仪、民间信仰等方面，黔南苗族各支系的风俗习惯也不尽相同，但有一些根本性的方面却是高度一致的，那就是黔南苗乡的民风都很淳朴，人民都很勤劳，为人都很友善，待客都很热情，社会都很安宁。这些方面的生动事例不胜枚举，仅以三篇不同角度的文稿为例：第一篇是荔波县苗学会会长王永波同志的《月亮山腹地苗族礼仪见闻》，讲的是苗家注重以礼待人、感恩图报的若干生动见闻；第二篇是贵州民族报社编辑杨雪的《云外一声鸡》，讲的是她在深入罗甸县麻山腹地冗翁坪苗寨采访期间，与苗族父老乡亲结下的深情厚谊；第三篇是布依族政法干部韦永树的《大土的"三个优先"与苗族"无案村"》，讲的是一个深山苗寨坚持用苗家礼俗和国家法规教育引导村民，创造了解放近70年来全村没有发生过一起刑事治安案件的奇迹。这三个实例虽然平凡，但却代表了黔南苗乡的总体面貌。有兴趣的读者，不妨多阅读一些来自田野的看似粗糙的调研报告原文，以更多地了解黔南苗乡的风俗习惯。

在礼节礼貌方面，全州各地苗族都非常注重礼仪，讲求诚信，反对浮华。客人来到苗家，男客人要先主动打招呼叫门，再由女主人开门迎客。相互间称呼要用敬语，特别是晚辈对长辈还要"提级"敬称，忌讳以平辈的代词"你、我、他"互称。路遇客人要主动让路，不能抢在来客前往前走。若遇新婚夫妇，忌从中间穿过。同桌就餐，鸡头要敬男性长者，鸡肝鸡杂敬老年妇女，鸡翅夹给男女青年，鸡腿留给儿童，不得乱了规矩。苗家最著名的礼节是"拦门酒"。遇到重大庆典、节日和喜事有贵宾光临，往往倾寨而出，在寨门外摆上一道道拦门酒，热情地唱起欢迎曲并向客人敬酒。来宾喝不下几杯酒，不能"过关"进寨；如果当众把酒吐掉，则是对主人的不敬。这看似有些"霸道"，却表现了苗家极为真诚的热情好客性格。

在婚丧嫁娶方面，过去受民族歧视和民族隔阂的影响，苗家儿女禁止与他族通婚，通婚者会遭到歧视。解放后，实行民族平等，但同姓原则上不通婚，同宗严禁通婚。基于此，青年人可以自由恋爱择偶，但讲究男女双方属相、八字"不能相克"。相克者确实情投意合非彼不娶非此不嫁的，必须请先生用畜禽（猪狗鸡鸭等）祭祀化解。结婚的日子要择吉避凶，一年内有些日子不能举行婚礼。父母健在，儿女忌戴白帽、包白帕、顶白布，否则视为大不孝。老人去世，入殓时禁忌非银金属和眼泪掉入棺内；孝子至少守孝一百天，一百天内不理发。入葬一个月内，家中一切物品禁止出卖或借人；三年内不贴红对联，不办红喜事，不建房造屋；停枢期间，亲属子孙忌食荤腥。平时忌随意敲击鼛鼓、铜鼓或其他祭祀用鼓，鼛鼓和各种祭祀用鼓为能通神灵之物，只能在丧葬祭祀场合敲击。

在生产劳动方面，凡聚族而居的苗寨都有"活路头"。每年第一声春雷响后，活路头要首先举行动土仪式（醒雷节）或举办"开秧节"，宣布一年春耕生产的开始，带领大家抓紧时令干活。未经活路头举行动土和开秧仪式，人们不能下地干活。宣布动土与开秧门后，更不能在家偷懒，不出门种地。犁田耕地时遇到老鼠忌说"老鼠"和"耗子"，栽秧时遇到田里有鱼也不说"鱼"，担心它们糟蹋庄稼。为避免歉收或遭灾，有些地方播种还要选日子，把一年的收成寄托在播种的"好日子"上。

在文化生活方面，黔南苗乡的各种节庆、活动繁多，忌讳也不少。例如，四月八、苗年、吃新节和春节期间举办芦笙会等活动，开场前必先举行祭祀仪式。斗牛和杀牛祭祖，也要请祭师祷告天地神灵。其中，一个最普遍的传统禁忌就是从开秧门到吃新节的近半年内，严禁吹奏芦笙，直接的说法是担心吹奏芦笙会影响稻秧生长，造成粮食生产遭灾或歉收。但实际上，这是为了让年轻人在农忙时节专心于农事活动，不因贪玩而影响农业生产。随着改革开放的深入和苗乡民族风情旅游的开发，苗族文化已能更好地为经济建设服务。

注意发挥苗家规约在苗乡基层治理中的积极作用。5000多年来，苗族先民们创制的原始制度文化沿袭至今，它的有形和无形载体就是大大小小的苗家规约。但由于苗族没有自己的民族文字，这些浩如烟海的苗族民间规约只能用埋石为证和口口相传的方式传承下来，而今能够口传心授的苗家前辈们已逐渐老去，在黔南境内能够发掘和整理的古苗规实在太少，内容也不够广泛和具体。在本书收录的75篇文稿中，直接提供苗乡村规民约素材的仅有十多篇，时间跨度为明朝洪武年间到新中国成立前后，涉及的事项主要包括保护苗民大众的基本权益、维护婚姻家庭关系、维护市场秩序、规范群众性文体活动秩序、保护村寨人身财产安全、惩治偷盗行为、调节水土纷争、保护苗寨风水等。反映这些内容的文体主要有调研报告、见闻追忆、学术探讨、残留碑文和家藏文书等，但很少有条缕分明的原始文本。尽管如此，它们对我们今天贯彻实施党的全面依法治国方略、加强基层民主治理、实施苗族乡村振兴仍然具有重要的参考价值。依照宪法和村民委员会组织法规定，村规民约是在我国农村基层组织中依靠广大村民实行民主选举、民主决策、民主管理、民主监督的规章制度。在苗乡，今天的村规民约也是苗家传统规约的延伸。只有把继承传统和改革创新结合起来，制定出既不违背宪法法律又具有本民族本村寨特点的村规民约，并加以认真贯彻，才能把基层民主自治不断提升到新的水平。

首先，对大量口口相传的苗家规约，应当组织力量进行深入发掘和整理。例如，吴进华、潘星财的《大土"苗王"调查》介绍，作为苗乡自然领袖的"苗王"，是苗族法制传统的积极传播者和维护者。他们在村民中实施"教化优先"的惯常做法，就是在各种场合用讲故事的方式对广大村民进行《苗王规》《七百岩耶规》和《鼓藏祭祀词》等苗族传统规约的教育，引导村民崇德向善，保证苗家传统规约的执行。韦永树在其《大土的

"三个优先"与苗族"无案村"》中也介绍了大土苗寨经常约请寨老和族长（"苗王"）向全体村民特别是青少年进行苗家传统规约和国家现行法律法规教育，引导村民远离违法犯罪、自觉遵规守矩。这些做法实际上就是以案说法，更具有苗族特色。但《苗王规》《七百岩耶规》和《鼓藏祭祀词》等蕴藏在苗族民间的大量规约非常宝贵，不能任其自生自灭。应当趁现任苗王、寨老、族长和熟知苗规苗理的老人们还健在，请他们做一些系统性的讲授和介绍，借助录音，整理、翻译成苗汉双语文字资料，作为苗家的文化遗产妥为保存，让更多的青年人能够学习、查阅和宣讲，代代相传下去。采用议榔的原始民主形式，共同商议制定各种榔规，用以维系和规范苗族社会的内部治理，是苗族规约有别于其他民族的显著特征。由于时代的发展变迁较快而我们的传承保护工作跟不上形势，目前这种苗族社会特有的体制机制正在走向消亡，必须尽快对其加以抢救。由年逾七旬的苗族老人白启成口述、刚过而立之年的青年教师白胜洋执笔整理的《一位古稀老人记忆中的苗族议榔》，是本书唯一一篇介绍苗族议榔机制和榔规内容的史料。像这类主要凭个人记忆口传心授下来的史料虽然比较零散，但很宝贵。在苗族议榔体制机制的发掘研究方面还有很大空间可供施展拳脚。

其次，对少数硕果仅存的村规民约碑刻和文字资料，要认真加以保护。迄今为止，黔南境内发现的苗族村规民约碑刻极少，诉诸文字的告示、契约和方志更难寻觅。这与苗族没有文字和在旧社会受教育程度太低有关系。本书收录的杨昌向《惠水苗族早期村规民约初始功能试探》，涉及惠水摆金（含摆榜）地区古碑刻 11 块，多由苗家的寨老、族长或有关代表人物捐资联名刻立，多数碑文已风化剥蚀，勉强还能辨认的内容大致涉及保护苗家乡场的经营管理权、维护公平交易、制止地方官吏强征粮税、保护苗家洞葬棺椁不受损毁等几个方面。位于惠水、贵定和龙里三县交界地区的批弓牛打场，是黔南境内历史上规模最大、延续使用时间最长的苗族斗牛场。这里有 3 块"斗牛碑"，先后立于明万历二十五年（1597 年）、清道光八年（1828 年）和民国十六年（1927 年），碑文皆因年代久远而剥蚀严重，后人按原笔道重刻加深的部分因出现不少错谬又几近作废，于2018 年 5 月镌刻的最后一块新碑只能作为云雾山区苗族斗牛文化的补充说明。雷作胜的《鸟王贡茶碑的两个版本与苗家的勤劳智慧》介绍的"万古流芳"碑，据专家考证，是贵州省内为保护茶叶生产而立的唯一一块现存的古碑刻，弥足珍贵。著名的贵定鸟王贡茶碑早年曾被弃置一旁，险些被人为破坏，后来由县人民政府责成民族工作部门拨出专款，建立碑亭加以保护。目前碑文的大致内容还勉强可以辨认，成为云雾茶基地的一张亮丽名片。而今在高摆榜苗寨郁郁葱葱的风水林中，还整齐排列着"永古千秋""永垂千古""永远遵照管业"三块碑刻，碑文都是有关保护苗民按例缴纳兵粮、严禁"不肖胥役隐射私收磕诈"等方面的告示，在维护苗民权益方面确实产生过一些作用。笔者去年前往现场调研时，目睹碑文虽然还可辨认，但剥蚀也已明显，如能仿效鸟王贡茶碑加以保护，也将成为黔南苗乡又一难得的珍贵史迹。金连儒和施国俊的《云雾山区的苗族斗牛传统习俗探源》，透露了几位牛打场场主家藏的斗牛场管理规章信息，也值得引起重视。但这些文字史料都产生于黔南历史上经济社会比较发达和苗族受汉文化教育起步较早的地区，其他县市迄今尚未发现类似的古籍。

再次，对一切可供加强民主管理和乡村振兴参考的规约，要注重研究创新。各县市报送的征文中，有不少文章不约而同地反映了黔南众多苗族村寨的一个共同特点，那就是苗家自古以来非常重视驻地周围的风水建设、环境保护和防火安全。其中，令笔者印象深刻的主要有李继刚的《守护苗家"保寨树"》、颜显成的《用教训换来的安邦苗寨村规民约》、陈国华的《从满山古树到林木稀疏的教训》、张家东的《美丽的排烧苗寨得益于严格的生态保护》、吴波的《浅析惠水苗族祭扫火星习俗的文化内涵及社会功效》，以及王成义、马顺才的《浅议瓮安北部苗族的"砍火星"习俗》等。这些文章津津乐道的苗家"保寨树""风水树""风水林"，不但被淳朴憨厚的苗胞们称为"神树""仙山""灵物"，每逢年节或遇到重大疑难时，他们还要前往树下林前焚香化纸、顶礼膜拜，求其保佑村寨安宁、家庭平安。而且各地历来都有祖传的保护"神树""仙山"的遗训、族规和民约，使不少古树名木受到很好的保护，苗寨一直保持着美好的自然环境。苗家定期举行的"扫火星""砍火星"仪式，其表面意思是驱除火魔灾星，确保村寨平安，实质是通过"扫寨"检查排除火灾隐患，对全体村民进行消防安全教育。每次"扫寨"结束，都要举行全体村民大会或户主代表会议，对环境保护、消防安全和村容寨貌管理情况进行检查讲评，对违反有关村规民约、妨碍公众安全的情况提出批评和整改意见，强化监督落实。这是苗家千百年来持之以恒的优良传统。这里边虽然夹杂着一些巫风迷信的因素，但它客观上契合于党和国家的环境保护和防灾减灾政策。在推进苗族美丽乡村建设的过程中，完全可以把这些传统做法和现实需要结合起来，健全和完善村规民约，打造更具民族特色的美丽苗乡。

对现行的各种村规民约应当总结经验，充实完善。吴平华、颜忠书的《葛洞苗寨村规民约建设中的几个问题》和杨钦的《龙里湾滩河地区苗寨的村规民约调查》指出，目前他们所调查和熟悉的苗族村寨村规民约存在着制定程序不够规范，内容缺乏针对性、表述不准确，缺乏民族特色和本地特点，处罚条款过严、难以执行兑现、村民关注度不高等问题。根据本书征文反映的情况和笔者平时的了解，苗族乡村的村规民约确实有几个问题值得注意：一是制定的程序必须规范，表述必须准确，一定要有法定的代表人数参加讨论和通过，并在及时报送乡镇人民政府备案和向全体村民公告后才能生效；二是内容要有针对性，最好是一事一"约"（形如地方立法的"单行条例"），不宜面面俱到和过于原则，全面性、原则性的文本应当是民主管理章程，单行规约的针对性和可操作性则更强；三是要有民族特色，要在总体上不与宪法和法律相抵触的前提下，适当照顾苗族历史上违规处罚的传统做法，如"三个一斤"等，但也不能过重，以增强规约的严肃性和权威性，否则难以贯彻实施；四是要建立健全保障规约贯彻实施的监督机制，重点是加强对村组干部的监督和制约，使他们不能凭借手中的权力牟取私利，避免只许"村官"放火、不许村民点灯的情况出现。前述云雾山区的十多块古碑刻，重点就在于"治官"而不是"治民"。这是我们苗家利用村规民约维护自身权益的一条宝贵经验，值得认真研究和适当仿效。

总之，《黔南苗族民俗研究》作为一部来自田野的调研资料，既有大量的史实和见闻记录，又有作者的个人看法与思考，仁者见仁，智者见智。如果本书的出版能够在介绍黔南苗族的真实面貌、彰显苗族的正能量和进一步推动黔南作为"全国民族团结进步创建示范州"建设方面贡献一分微薄之力，我们就满意了。由于我们的编写力量和水平有限，本书难免有错漏和偏颇之处，还请读者斧正。

（作者吴进华，贵州省黔南州人大常委会原副主任，州苗学会原会长、总顾问）

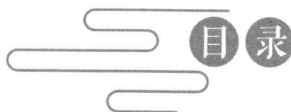

目 录

服饰文化篇

村规民约篇

理论探讨篇

苗族新婚媳妇坐家习俗

廖光文

摘　要："坐家"是苗族长期存在的一种婚俗，直到改革开放后才终结。本文仅以黔南苗语中部方言区为例，对这一古老习俗的来龙去脉进行探讨。

关键词：苗族；坐家；新婚媳妇

在我国苗族聚居的许多地区，曾长期流行一种独特的婚俗——新婚夫妇结婚初期，新嫁娘不居住夫家。嫁出去的姑娘在相当长的一段时间内，一般为一两年，有的长至四五年，仍回娘家居住，只有逢年过节、农事节令或遇红白喜事时才会被接到夫家小住一段时间，直至身怀有孕才到夫家定居。苗语称这种习俗为"候妈娘在"，意思就是"跟妈在家"，汉语简译为"坐家"。社会上一些人不了解这一习俗的厚重历史，往往怀着猎奇心理对其胡猜乱想，严重歪曲了苗族形象。其实，这种风俗不仅在苗族地区存在，在我国西南地区的一些少数民族中也曾长期流行。本文仅以贵州黔南苗语中部方言区为例，对这一古老习俗的来龙去脉进行探讨。

一、坐家的起源

溯根寻源，苗族新嫁娘坐家的历史久远，从相关文献资料和民间传说看，其起源至少有远古传说、古歌诉说、抢婚制说三种说法。

（一）远古传说

黔南操苗语中部方言的苗族大都是从黔东南迁徙过来的。据邓德鸿先生考证，在黔东南天柱县竹林乡的苗族中有这样一种传说：在远古时代，苗族男人是嫁给苗族女人的，女人从事田间地头劳作，男人在家照看小孩；后来，男人跟女人学会了犁田，于是头领阿牙说，男人会犁田了，而且气力大，犁的田更好，应该把男人留在本家而把女子嫁出去；但女子不愿意，她们把男人犁好的田里的水放干，把他们种好的庄稼拔掉，然后去向阿牙告状说，田里的水干了，庄稼枯死了，这是由于留下男子违背祖训而遭到的神的惩罚。远古传说生动地反映了苗族由母系社会向父系社会过渡的坎坷历程。

（二）古歌诉说

流传于贵州都匀新场、基场一带的苗族古歌唱道："男人嫁女人，女人讨男人。男人靠女人过，没有女人活不成。"由此分析，男人既然嫁给了女人，就进入了妻子所在的经济单位，突破了母系血缘的一统天下。父亲和丈夫开始在母系家庭中取得一个立足点，为父系制的形成打入了一个楔子。随着生产力的发展，男子在母系氏族中的作用日益增大，在采集农业向犁耕农业过渡的长期过程中取得了较高的地位，进而逐步取代了妇女在经济生活中的主导地位，打破了长期以来的男从女主关系，获得了社会的主导权和家庭财产的继承权。为巩固男子的这一权利，首先需要争取子女的所属权，由此出现了"父子连名，祖孙连名"的现象，这种现象一直延续至今。都匀坝固、王司地区的苗族内部，现今仍在使用苗名，取名方法是本人名＋父名＋祖父名。如笔者苗名叫"巫号烧"，本名"巫"，父名"号"，祖父名"烧"。这一名称告诉人们，我的父亲是谁，祖父是谁，我是谁的子孙。其用意就是祖孙一脉相承，儿子是他们唯一的财产继承人。也可父女连名，祖孙女连名，但绝对禁止母子连名或母女连名。在母系与父系的交替中，母系也在为自己的前程而奋力挣扎。女子清楚地知道，等待她们的将是夫唱妇随的地位。她们原来在娘家所享受的自由自在的生活将被束缚所替代，更使她们难以忍受的是被男子歧视和奴役。她们在《姊妹歌》中唱道："我们同一母所生，同一母所养，父母要你们，父母赶我们，像把鸭子赶到遥远的山谷，赶到遥远的村庄。我们不走也得走，父母拿棒棒打，拿牛鞭抽，我们有苦没处诉，爬上第一层坡，把苦告诉第一层坡。可怜可怜我们吧，哥哥弟弟们，可怜就让我们回来，跟你们住一段时间也好。"这就是古歌诉说的坐家的缘由。

（三）抢婚制说

历史的发展是一个循序渐进的过程，在这个过程中充满了斗争。母系氏族也是一样，在它发展的后期，也要通过不断抗争来延续它残存的生命。父系男子要求妇女屈从于他们，但妇女并不心悦诚服，于是出现了男子抢女子为妻的现象，俗称"抢婚制"。这一现象最早的表现形式是自由"抢劫"。《说古歌》记载："古时候，美丽的姑娘人人争，漂亮的姑娘人人抢。于是告学公公和吾宁婆婆用昏迷汤给姑娘喝，她们昏迷不醒后被带到岩洞里，丑陋的放在洞内深处，漂亮的放在洞口，然后叫男子去选。跑得快的男子到洞口看到漂亮的姑娘，以为里面的更漂亮，结果跑得慢的反而得到洞口漂亮的姑娘。跑得快的不服，提出交换，告学公公和吾宁婆婆不同意。"这充分说明了妇女完全处于从属地位，成了父系男子抢夺的对象。随着父系权力的进一步加强，这种自由抢夺的婚姻制度被武力和强权所取代。父系认为，只有武力才能彻底征服母系制的女子，只有强权才能抢到漂亮的女子为妻。父系男子的强权与掠夺，日益引起妇女们的反抗。"坐家"就是她们反抗父系的主要形式，她们的反抗和斗争，迫使父系男子做出妥协，便形成了"坐家"的习俗。

二、坐家的成因

苗族坐家习俗是一种历史的遗俗，但这种遗俗能在苗族中保留得这么长久和完整，有主观方面的原因，也有客观因素，经细致分析，主要有以下四个方面。

（一）早婚习惯

史料记载，苗族在历史长河中多次大迁徙、大流动，战争和疾病流行，导致人口锐减。为了使人丁兴旺，苗族盛行早婚，一般十二三岁就结婚了。由于女子出嫁时还年幼，不能像成年人一样生活，对农业劳动和家务操持不熟练，劳力也有限，所以她们需要父母进一步关照和传帮带，这样在夫家是很不方便的。加之年纪尚小，不谙夫妻之事，父母也于心不忍。新婚媳妇坐家时间的长短，与结婚时的年龄大小有直接关系，婚龄越小，坐家时间越长。坐家制给父母减轻了内心的不安，父母也就成了坐家制的拥护者。

（二）服饰制作

在中国 56 个兄弟民族中，苗族服饰是样式十分繁杂且装饰极其华丽的服装之一。据不完全统计，中国苗族服饰有 200 多种，保持着中国民间织、绣、挑、染的传统工艺技法，这些工艺穿插使用，或挑中带绣，或染中带绣，或织绣结合，显得花团锦簇流光溢彩。从内容上看，苗族服饰图案有表意识别族类、支系及语言的重要作用，被史学家们称为"穿在身上的史诗"。从造型上看，苗族服饰采用中国传统的线描式或近乎线描式的、以单线为纹样轮廓的造型手法。从制作技艺上看，苗族服饰有编制型、织制型、缝制型、拼合型和剪裁型等类别之分。从构图上看，苗族服饰有鲜明的主题特色，并注重美感和整体感。从形式上看，苗族服饰分为盛装和便装。苗族盛装传承了本民族文化的历史积淀，具有一定的文字表达功能，而要学习完成这些技艺并非一日之功。苗家女孩从七八岁开始学习挑花刺绣，稍大些便开始学纺花织布，在母亲的教导下制作嫁衣，一套盛装嫁衣加上头饰需要若干年才能完成。三都、丹寨和都匀基场苗族的百鸟衣制作工艺非常繁复，手艺匠人要花一年多的时间，卖价达数万元并可作为传家宝。普通人家由于经济能力，做工断续，一般没有三五年难以完工。此外，还要制作背带、虎头帽、小花鞋等以备将来给小宝宝用。所有这些衣物的制作所需的时间和精力，决不是苗家少女在婚前所能完成的。

（三）婚姻双轨制

一般来说，苗族的婚恋比较自由，自古允许青年人通过游方、坐花场、对歌等方式传情交友、自主择偶。但随着汉文化的影响加深，清水江流域苗族聚居的多数地区逐步开始流行父母包办和自由恋爱的双轨制婚恋制度。在这种体制下，父母可以替子女的婚姻作主，子女也有权利自找配偶。子女不满意父母为其挑选的配偶而坚决离婚时，坐家制对女方就具有了两重有利的意义：第一，长住娘家可使夫妇双方减少接触，有利于摆脱包办的夫妻关系；第二，长住娘家给女方以继续"游方"的机会，使她仍有可能物色到中意的对象。所以，坐家制必然受到婚姻由父母包办的青年人的拥护，这一部分人的拥护也助长了坐家习俗的延续。反之，若婚姻由父母包办后，子女再没有选择的权利，在夫权扩张的情况下，舆论对自由恋爱又不予支持，"嫁鸡随鸡，嫁狗随狗"，坐家制就会自行消失。在中部方言区的"短裙苗"中，民国前的婚姻基本上都是由父母包办的，因而婚后也没有坐家。由此可见，坐家制只有在父母包办和自由恋爱的双轨婚姻的矛盾中才能长久保持。

（四）传统风俗

由于坐家制度长久的影响，在苗族中自然形成了约定俗成的风习，成了一种社会现象和社会心理状态。如黔南的王司、坝固一带，婚后新娘如果直接入住夫家或新郎不准新娘回娘家住，就会被人讥笑，他（她）们在游方场上也会成为被嘲笑的对象。加之农村中对性爱的严谨与忌讳，女子新婚即与新郎同居会很难堪。这种社会心理，使青年男女不愿意贸然突破而改变坐家习俗。即使有一方提出结婚即住男家的要求，另一方也会谢绝。这种因循心理，成为延续坐家的社会基础。

三、坐家的规定

苗家夫妻结婚举行的婚礼仪式就是办酒请客。但有坐家习俗的地区办了婚酒，并不意味着夫妇就可以同房，这仅是夫妻结合的象征。而新娘回门后的几年内，她在娘家的地位基本上没有什么改变，和婚前一样劳动，一样工作，一样"游方"。这个自由自在的时期能维持多久、什么时间可以回夫家短住、什么时间最终归夫家居住等，是有严格规定的，绝对不可任意而为。

第一是农事节令。以农历计算，二月洗青菜，约住七天；三月撒种踩秧田，约住七天；四月栽秧，约住十天；五月薅秧，约住七天；八月打谷，约住十天；十月过苗年，约住一天；春节一般不回夫家，在娘家过年。每逢春节，夫家都要派人去接，但新娘一般不去，在娘家过了两三个春节后，才到夫家过春节。

第二是重大红白喜事。在坐家期间，夫家或夫家直系亲属家中有红白喜事，起房做屋，经人来接就去，红白喜事结束就返娘家。

第三是受孕生孩子。受孕生孩子是结束坐家的首要条件。长期以来，社会上流传着坐家新娘生的第一个孩子是"野崽"，夫家不认可，"野崽"不能坐正房的说法，其实这是歪曲和误解，是不了解坐家的历史和习俗。真实的情况是，在结婚仪式进行的日子里，新婚夫妇是不同房的。在坐家期间，新娘到夫家短住的最初几次也是不同房的。有时新娘和小姑同睡，有时独睡一室，独睡一室时会把房门闩紧。特别是由父母包办的婚姻，双方互不了解、没有感情，女方会在相当长的一段时间内想尽办法拒绝和丈夫发生性接触。特别是对婚姻不满的女子，唯恐因受孕而埋葬了她一生的幸福。即使对丈夫不反感，她们也唯恐因短期受孕而受社会歧视，所以总是想办法使坐家延长，回避受孕。经"游方"而自愿结合的夫妇，情况虽稍有不同，但也不愿过早怀孕。只有在夫妇双方年龄稍长、感情日增的情况下，夫妻同房才会水到渠成。鉴于此，谁会冒天下之大不韪，置自己的终身幸福于不顾而去追求婚外情？由此，所谓老大是"野崽"的说法纯属无稽之谈。新妇生小孩满月后，即在夫家举行"煮饭"仪式。夫家征得新妇同意后，选定日子，当天以酒肉祭祀祖先。然后，新妇开始摸锅灶煮饭。"煮饭"是新妇决心结束坐家、长住夫家的象征。

四、坐家的礼节

中华民族是礼仪之邦，苗族自然不例外，不仅好客，也很讲究礼仪，新妇坐家期间也是遵规矩守礼仪的，主要涉及以下几方面：

(一) 客人地位

由于新妇不落夫家，到新郎家小住时，夫家仍把她当作客人一样，照顾得体贴周到。以坝固王司地区的苗族为例，回门后的新妇头几次到夫家，必须派人去接。被派的人一般是新郎的姐妹或嫂子，也有叔婶去接的。去接时带上一些礼物，如糯米粑、鸡、酒、红蛋等。去到女方家后留宿一夜，第二天早饭后将新妇接到夫家。到夫家后，新妇由小姑陪伴，在一起挑花、织带或叙家常，不参加重体力劳动。

（二）赠送斗笠

新娘回门后第一次回夫家插秧或打谷，娘家必须送给她一顶编制得非常精致的马尾斗笠。这种斗笠用细篾编制，内衬一层油纸，外用桐油漆成金黄色，既可遮阳，又可档雨。但此段时间，夫家不会安排她从事挑抬或下水田等重农活，只让她和小姑一起参加往工地送茶水或守晒谷物等轻度的劳动。

（三）往来礼品

坐家期间，新郎与新娘两家来往是要携带礼品的，只不过各地礼品有些差异。一般回门后的新妇头几次到夫家，必须由男方家派人去接，被派的人一般是新郎的兄弟、族中的青年男女，但也不排斥族中的老年人。专人去接的时候，要带糯米粑一二十个、鸡一只、酒一罐（约 30 斤），到达女方家后留宿一夜。女方家则杀鸡招待，并以男方家送来的糯米粑转送本族的大爷叔伯，每户一个，并请他们来陪客，陪客的人自带酒一壶来敬客。第二天早上，接客人到家中回访，每家象征性地吃一点，再同返女方家共进早餐，早餐后就陪同新妇回夫家。新妇去时换上新衣，戴上少量银饰和一些替换衣服。女方家也会准备同样的礼品由新妇带到夫家作为回礼。新妇在夫家住一段时间后，准备回娘家时，夫家必须照样预备礼品派三四个人陪送到家。

五、坐家的终结

苗族的坐家制度，从自然形成到自然终结，体现了一种制度的演变过程。这个过程是漫长的、循序渐进的。它伴随着时代前进的步伐逐渐简化、弱化，最后消失。

（一）历史的遗存

从历史角度看，一个女子从有母系传统的家族中出嫁到一个陌生的家族，不能想象她会和自己的家族永远断绝关系。相反地，她必须和自己的家族保持着相当密切的联系。特别是在出嫁后的最初几年内，她需要一个时期来适应生活，因而在新婚后"脚踏两只船"是可以理解的。这种过渡形态，后来随着父权家庭的日益巩固而被逐渐淘汰，到改革开放后则完全终结。

（二）坐家的弊端

苗家新嫁娘坐家是历史形成的，这种历史现象的弊端显而易见。首先是青年男女结婚后长期不得同居，饱受生理和心理的煎熬，生活枯燥、心情烦躁，对双方的身心健康、生产生活都产生了不利的影响。其次，夫妇双方由于在坐家期间可以继续与别人"游方"，很容易移情别恋而引发婚姻纠纷。再次，坐家制度在少妇中产生了一种鄙视夫妇同居和害怕怀孕的心理，婚后正常及时受孕的少妇容易遭人讥笑，使她们感到精神压抑，这对夫妻性生活也不利。因此，坐家制度已不适合人性生活的要求，随着时代的进步而终结是很自然的。

（三）时代的进步

历史的巨轮滚滚向前，万事万物皆在发生改变，苗族的坐家制度自然也不例外。原来很长时间都解决不了的一系列问题，在解放后逐步得到了解决。特别是到了 20 世纪 90 年代，沿海经济发展带来巨大的劳动力需求。苗家青年男女也随着打工潮外出谋生，增长了见识，开阔了眼界，也获得了更多的自主择偶机会。苗寨里行歌坐月的花场没有了年轻人的踪影而逐步荒废。苗族青年男女在打工中相识相知相爱，双方协商回家或就地结婚后即生活在一起，这比二人各自独守本家要有意义得多。若继续坐家，既不利于创造和谐富足的家庭环境，夫妻不能相互照顾，也不适应现代苗家青年的理想追求。对于一些看似落后的不合理的民族习俗，采用行政手段纠正是难以奏效的，时代进步和经济发展才是最有效的力量，因为只有在它们的潜移默化下改变了人们的价值观念，才能移风易俗，才能真正转变落后的习俗。坐家的习俗由此终结。

苗族坐家习俗的终结，体现了在社会转型条件下，苗族人民为适应生产关系所做的调整，将自身生产力从旧习俗中解放出来。作为一种上层建筑，坐家习俗在与生产力发展产生矛盾之后，必然被冲破。这是社会发展的基本规律，也是时代进步的必然。

（作者：廖光文，贵州省黔南州公安局县级退休干部，州苗学会执行会长。审校：吴进华）

参考文献：

[1]《民族问题五种丛书》云南省编辑委员会，《中国少数民族社会历史调查资料

丛刊》修订编辑委员会. 苗族社会历史调查（三）［M］. 北京：民族出版社，2009.

［2］曹万平. 坐家习俗的蜕变——以天柱县竹林乡苗侗村寨为例［J］. 民族论坛，2012（2）.

［3］周相卿，刘嘉宝. 民国时期雷公山地区的苗族婚姻习惯法制度［J］. 贵州师范大学学报（社会科学版），2014（3）.

理论探讨篇

黔南苗族民俗研究

苗族"放蛊"之说不可信

文明昌

摘　要：民间关于苗族"放蛊"害人的传说，严重贬损了苗族形象，损伤了民族团结，但没有谁真正接触过"蛊毒"，或受到"蛊毒"的侵害。根据史籍和医书记载，以巫术制毒害人的陋习古已有之，并非苗族的专利。解放后，在黔南苗乡，随着经济社会的不断发展，教育、文化、卫生条件获得根本改善，昔日谈"蛊"色变的日子早已一去不复返。

关键词：苗族；蛊毒；传说

苗族是我国一个古老而勤劳、勇敢的民族，又是一个苦难深重，却能与其他兄弟民族长期和睦相处的善良民族。但是，从旧社会到新中国成立后的相当长一段时期，存在所谓苗族会"放蛊"害人的说法，既严重贬损了苗族的形象，又伤害了平等、团结、互助、和谐的民族关系。作为贵州省苗医药学会副会长和有40多年从医经验的医务工作者，笔者想结合自身实践和苗医药科学原理，谈谈个人的见解。

一、关于"放蛊"害人的传说

笔者是一名从偏远的苗族山区走出来的医科大学毕业生，退休前身兼黔南州中医医院常务副院长和贵州中医药大学教授，现今仍受原单位返聘，坚持坐诊和带研究生。青少年时期，笔者和苗家其他孩子一样，受本民族原始宗教（巫教）和社会传言的影响，对所谓苗族地区一些妇女会养"蛊"制毒害人的说法将信将疑，怀着一种畏惧的心理。在医院临床问诊的数十年间，笔者也曾到民间走访调研，查阅过一些零散资料，听到和看到过不少关于"蛊"的似是而非的传说。关于"蛊"的传说版本很多，而大都指向苗族特别是苗族妇女。例如，刊物《长河》中曾有文章记述："苗人不甘心做呆鱼，于是就有了与神对话的先知先觉的老司们。""老司"有三类：一司、药司与蛊司。一司又称郎中，苗医，专看病。药司又叫走方郎中，即苗族药医师，平日漫山遍野跋涉采药，一旦有人求药，往往不计报酬热心施救，一顿日常酒饭足矣。蛊司，即专制"蛊毒"的女巫。在历史传说中，不知从何日起，放"蛊"之风吹到苗乡，形成了一股令人生畏的恐怖气氛。"蛊"是什么东西？从汉字结构上讲，"蛊"就是把"虫"养在"皿"（陶器、瓦罐等器皿）里，让各种毒虫在器皿中相互缠斗，啮咬吞食，最后剩下的那只不死而最毒的虫子就叫作"蛊"。将其尸体研碎成粉末状，放于他人食物中就可以害人。在民间传说中，"蛊婆"只要从心里暗念"放蛊"的咒语，或用手暗指某人，听到或被指到的那个"背时"者就会中"蛊"；由"蛊婆"烹饪或贩卖的饭菜中，都含有能致慢性病的"蛊毒"，谁吃了谁中"蛊"，早晚必死无疑；无意中买了"蛊婆"的东西，如果"蛊婆"忽然问买家"得了吗"，而买家鬼使神差地回答"我得了"，那买家就会患上"蛊"病或成为"蛊婆"的传人。

社会上风传"蛊"的分类有很多种，归纳起来主要分为四大类：一是"虫蛊"，又称药"蛊"，主要用毒虫制成；二是"情蛊"，做法各异，主要是在男女恋人之间施用；三是"血蛊"，主要用"蛊主"的人血喂养"蛊"虫而得，是"蛊"中毒性最大者；四是"巫蛊"，又称"意蛊"，主要靠"蛊婆"的巫术来施放。"虫蛊"是最广泛的一类，原料几乎涵盖所有的毒虫、毒药，也包括一些家禽动物，采用不同的方法喂养研制而成。例如"百虫蛊"，在李时珍的《本草纲目》里就有记载，是将上百种世间的毒物如毒蛇、毒蜘蛛、蜈蚣、癞蛤蟆、毒蝎子等放入巨大的坛罐中，里面没有任何食物，任其相互啃食尸骨。因为积累了其他毒物的毒性，虫子存活得越久，其毒性越大，相互残杀得也更加酷烈。决战到最后，只有一只毒物生存下来。一年以后，打开坛罐，不管它是哪一种，也不管它是死是活，它就是"蛊"。只要将"蛊"的尸粉放入他人的饮食中，就可以致人久病不愈或夺人性命。制作金蚕蛊，须选取十二种各式毒虫，包括蝉、蛆、蚂蚁、蚯蚓、马蜂等，用陶罐埋在村外的十字路口，经过若干个日夜后，将陶罐中剩余的虫子取出，小心地奉往香炉中，接受神灵和凡人的礼拜，再研磨成细粉即成。将金蚕蛊掺入他人饮食，中"蛊"者会胸腹绞痛，最后七窍流血而死。言者灼灼，可有谁真正见过"蛊虫"的培养、"蛊药"的制作、"蛊毒"的施放和"蛊病"的解除呢？

二、正确认识"巫术制毒害人"

所谓"蛊"，就是用巫术制作的毒剂。西南少数民族信鬼好巫，自古而然，苗族也不例外。以巫术造"蛊"骗人害人，更不是苗族的首创。处于蒙昧时代的人们，对身边发生的各种自然、社会现象无法做出科学的解释，就将其归咎于地下的"鬼"和天上的"神"的作用。遭受严重的自然灾害不可抗御，祈求"神"的庇护，就要"祭天神"；患上各种病因不明的疑难杂症无法治愈，就要一边寻医找药，一边跳神驱鬼，实行"神药两解"。其实，患者的致病原因究竟是什么，最终是靠什么办法救治过来或造成死亡的，谁也说不清楚。于是，只好从"蛊毒"的危害上去寻找原因。"蛊毒"是否真的存在？今天的人们谁也没有见过。但古代用巫术制毒来自卫或者制敌，乃至骗人钱财，则是有可能的。过去，在苗族的一些偏远乡村，谁家的孩子突然病了，或者嘴里长了血泡，当母亲的着急，一边慌不择法地用土办法——例如用瓦针刺破血泡帮助孩子解除病痛等，一边不停地咒骂："着蛊了，着蛊了！是哪个挨刀砍脑壳的放'蛊'害我的孩子，我已经知道了，她不赶快把'蛊'收回去，我不会饶过她的！"有的人还会威胁要用大粪泼"放蛊"人家的大门，等等。据说用这种"喊寨"的办法，能让"蛊婆"听到患者亲属的抗议，"放蛊"的人家不敢声张，只好把"蛊"收回去，患儿的病就会慢慢好起来。至于孩子的病好与不好，或者是靠什么办法治好的，人们无法知道，也不可能知道。这是愚昧无知、医疗卫生落后的结果。

其实，用巫术制毒（造"蛊"）害人，古已有之。史载，"蛊术"最早并不是发源于南方，而是产生于中原地区。古代中原地区的巫医为了诈骗钱财，编造病人生病是因所谓蓄养者聚集百虫、对其施加法术所致。随着南方的逐步开发，因"蛊毒"的内容与南方的环境、地方病和地域文化相契合，从南北朝开始，人们逐步将"蓄蛊"看作是南方某些地域特有的恶习。"蛊术"的地域随着巫医迁徙的步伐而南移，从江南一带逐渐推移至两广、福建及西南地区，直至近代，还在西南少数民族聚居地区留有残余。"蛊术"传说在中国历史上延续了两千多年，巫医用解"蛊"方术诈骗钱财，文人用"蓄蛊"假想对非主流文化实现歧视。（引自三苗网《源于中原的骗术和罪名》）于是，"蛊术"就成为我国古代神权政治的两大毒瘤之一。早在先秦时期，人们就指出"蛊虫"大多是自然生成的神秘毒虫。最初的"蛊"，就是生于器皿中的毒虫。后来，谷物腐败后产生的飞蛾以及其他物体变质而生出的虫也被称为"蛊"。长期的"蛊毒"迷信，逐步发展为造"蛊"害人骗钱的邪念。据学者考证，战国时代中原地区已有人使用和传授造"蛊"害人之术。在我国江南地区，蛊术早已广为流传。毛泽东《送瘟神》之"借问瘟君欲何往，纸船明烛照天烧"中的"瘟神""瘟君"，就暗指旧社会流传的"蛊毒"。众所周知，曾经在江南地区长期流行肆虐的"大肚子病"——血吸虫病中的血吸虫，就被认为是"蛊"。这种"蛊"长期隐藏于人的腹中作怪，患者只能任其折磨，坐以待毙。由于造"蛊"害人是一种犯罪行为，无异于图财害命，历史上一直把它列为打击对象。《汉律》规定："敢蛊人及教令者弃市。"唐宋至明清的法律也把使用"蛊毒"列为十恶不赦的大罪之一，处以极刑。对于蛊毒致病的法术，古人深信不疑。宋仁宗曾于庆历八年（1048 年）颁行过《庆历善治方》一书，介绍治"蛊"的方法。除此之外，还有《诸病源候论》《千金方》等古代医书，也对中"蛊"症状和治疗方法进行过细致的分析介绍。我们不能说这些古代法律和医书是完全错误的，但它们受到时代的限制，或多或少存在迷信的成分，从根本上缺乏科学依据。事实上，除了苗族以外，直至解放初期，在两广的壮、瑶、黎和云贵川的傣、彝、白、怒、汉、普米、纳西、傈僳、仲家（布依）等少数民族中，也曾流行过"放蛊"的种种谣传。把"蛊毒"归罪于苗族和苗族妇女，显然是极其荒唐的。

三、"放蛊"之说不可信

黔南布依族苗族自治州，是全国民族团结进步示范州，是民族区域自治地方之一。毋庸讳言，新中国成立前的黔南，尤其是黔南的苗族聚居区，地处偏远、交通闭塞、土地贫瘠、教育落后，人的素质低下，卫生条件极差，不少苗乡是疾病横行的瘴疠之区。例如，麻风病、肺结核等就曾让一些苗寨"万户萧疏鬼唱歌"，远离尘世。缺医少药的苗乡经受各种传染病肆虐而无法消灭，就怀疑是有人在制"蛊"放毒。加之千百年来受封建统治阶级民族压迫和民族歧视政策的深深毒害，不知就里的人们总把苗家描绘成野蛮愚昧的"另类"，将"放蛊"这东西粘贴在苗族身上。"放蛊"之说，就是某些御用文人学者们制造民族隔阂的借口之一。尤其严重的是，"放蛊"说把这种子虚乌有的东西统统扣在苗族妇女的头上，说什么"蛊"只有妇女才有，只能寄附在女人身上，传女不传男等，使得苗家的一些无辜妇女深受诬害。一些地方愚不可及的人们，甚至把被人怀疑为"蛊女"的妇女生生烧死或活埋，制造了惨无人道的人间悲剧。

"春风杨柳万千条，六亿神州尽舜尧。"新中国成立 70 多年来，在中国共产党民族政策的光辉照耀下，黔南苗乡和各民族居住区一样，在经济社会获得史无前例大发展的同时，人民群众的卫生和健康条件也获得了根本性的改善，各种传染病、地方病大为减少，苗族同胞的体质显著增强。经过改革开放 40 年来党和国家的大力扶持及各族人民的共同努力，今日苗乡已发生了翻天覆地的变化：不仅公路实现了村村通，无线通讯、农村用电也接通了每家每户。农村中小学和幼儿园办到了家门口，适龄孩子们都有了学上。人畜饮水管道接进农家，饮水安全有了保障。家家住上了"小洋房"或经过改造的传统民居，一些苗族村寨已经成为民族风情旅游新景点。特别是国家在农村推行新的合作医疗制度以来，县城普遍新建了设施完备的综合性医院，乡镇办起了卫生院所，社区和建制村也有了卫生室，配备了相应的医护人员。村民基本上可以做到大病不出县，小病不出村（片区），常见病在乡镇就地诊治，疑难杂症也可以及时转院治疗并按规定报销住院医疗费用，严重传染病则由国家组织力量及时救治，再也听不到所谓"蛊毒"害人等荒唐传闻了。

笔者从医 40 多年，和同事从城市到农村，从汉族村寨到包括苗族在内的众多少数民族村寨，用西医、中医和苗医药收治、接诊过数不清的各民族患者，也多次参加传染病、地方病普查工作，但从未见过所谓"蛊毒"的病患，更没有谁声称自己曾经治愈过"蛊毒"。新中国各级各类医疗卫生部门、机构从来没有防治"蛊毒"之说。可以断言：从来就不存在所谓的"蛊"，更没有苗家妇女"放蛊"害人之说，此说法可以休矣！

（作者：文明昌，贵州省黔南州中医院原常务副院长，州苗学会副会长，贵州省中医药学会副会长，贵州中医药大学教授。审校：吴进华）

传承民族文化要从娃娃抓起

——以黔南布依族苗族自治州为例

吴进华

摘　要：现代化进程的加快，使少数民族传统文化加速消亡，必须抢抓机遇搞好传承保护工作。从娃娃抓起，要着重搞好家庭教育、学校教育和社会教育三个层面的工作。

关键词：民族文化；黔南苗族；传承保护

党的十八大以来，以习近平同志为核心的党中央持续把推动社会主义文化的繁荣发展摆上重要日程。特别是 2014 年 10 月习近平总书记主持文艺工作座谈会并发表重要讲话，明确提出实现中华民族伟大复兴需要中华文化的繁荣兴盛的重大战略构想。贯彻习近平总书记文艺工作座谈会讲话精神，要把传承和保护民族文化、弘扬中华民族的优秀传统文化列为重要一环来抓。根据中共贵州省委关于要保护利用好贵州良好的生态环境和多彩的民族文化"两个宝贝"的精神，结合黔南实际，传承保护民族文化，需要从各个不同层面共同发力，而这项工作的切入点，应当从娃娃抓起。本文试以苗族文化为例，谈谈个人的一些管见。

一、深化对民族文化重要地位的认识

文化有广义和狭义之分。广义的文化，包括物质文化、精神文化和制度文化三个层面。物质文化，是指各族人民通过劳动创造的物质财富及其创造方式，包括劳动工具和人类为满足衣食住行等多种需求而创造出来的一切产品。例如，众所周知的神农尝百草、古人从穴居到学会建房造屋、苗族始祖蚩尤"以金作兵"、苗族先民发明水稻种植和使用耕牛等，都属于物质层面的东西。精神文化，包括人们的文化心理以及诸如政治、法律、道德、伦理、哲学、艺术、科技、宗教等，内容十分广泛。以艺术而言，它既包括文学和艺术创作的各种形式，也包括一切文学艺术的作品，是人们对生活的提炼、升华和表达。我国汉族的民间传说"盘古开天地"、藏族的英雄史诗《格萨尔王》、苗族的英雄史诗《亚鲁王》等，都属于思想观念层面的文艺精品。制度文化，包括社会的经济、政治、法律制度及其运作方式，以及婚姻、宗教制度和各种民俗与村规民约等。例如，由苗族始祖蚩尤最早创制的刑律，各民族内部的社会组织和不同管理体制机制，苗族地区曾经长期流行的鼓社制、议榔制、寨老制、村规民约和风俗习惯等，都属于行为规范层面的东西。

民族文化，是各民族在其漫长历史进程中创造和发展起来的、具有本民族特点的文化，是本民族区别于其他民族的主要特征或"专用符号"。其要害在于"民族特点"或"民族特色"，就是用本民族特有的语言、特有的装扮、特有的器具、特有的旋律、特有的形式和特有的风格来表达自身特有的生活、情感和诉求。"只有民族的才是世界的。"失去了民族性，就不配为民族文化。有人说，一个不能认识自己历史的民族，永远只能是一个孩子。同样道理，一个失去了自己灵魂的民族，将是一个永远找不到家的民族。在我国，少数民族文化是中华民族文化的重要组成部分。正如《中共中央关于深化文化体制改革、推动社会主义文化大发展大繁荣若干重大问题的决定》所指出的，在我国五千多年文明发展历程中，各族人民紧密团结、自强不息，共同创造出源远流长、博大精深的中华文化，为中华民族发展壮大提供了强大精神力量，为人类文明进步做出了不可磨灭的重大贡献。因而，要注重"繁荣发展少数民族文化事业，开展少数民族特色文化保护工作"。相对于世界文化而言，中华文化就是我们的民族文化。而相对于整个大中华文化而言，各少数民族的文化就是民族文化。中华文化之所以源远流长、博大精深，正因为它是由众多民族共同缔造和相互融合而成的。有如气势磅礴的黄河和波涛汹涌的长江，倘若没有沿途千百条支流的汇聚，哪来其中下游地区广袤的肥田沃野和发达的城镇乡村。少数民族文化，主要指各民族在劳动、建筑、饮食、医药、语言、服饰、礼仪、民族性格、民间传说、文学创作、音乐舞蹈、手工技艺、哲学思维、伦理道德、宗教信仰、婚姻家庭、民俗等方面内在的含义和外在的特点。民族文化既具有中华文化的共性，又具有自身鲜明的个性。没有个性，失去民族的特色，中华文化就不会丰富多彩和绚丽多姿。传承和保护民族文化，重在传承和保护其独有的民族特性。

黔南布依族苗族自治州是一个以布依族、苗族为主体的多民族和睦共处的大家庭。州境内居住着 37 个民族，总人口 412 万。其中，少数民族人口占全州总人口的 57.5%，布依族 133 万占总人口的 32.3%，苗族 57 万（2017 年数据）占总人口的 13.5%。除了布依、苗、汉三大族之外，还有水、瑶、壮、侗、毛南、仡佬、仫佬等世居民族。黔南的苗族仅占全州总人口的 13.5％，但分布广泛、支系众多，全州各县市均有苗族居住。苗族是中国历史上最为悠久的古老民族之一。澳大利亚著名人类学家格迪斯指出："世界上有两个苦难深重而又顽强不屈的民族，他们就是中国的苗族和分布于世界各地的犹太人。"因为长期避居偏远山区，受外界影响相对较小，黔南的多数苗族村落至今还保持着原生态。其语言、服饰、餐饮、住宅、音乐、舞蹈、婚嫁、丧葬、医药、礼仪、节庆、民俗、思想观念和包括斗牛、跳芦笙、座花场等在内的民间活动，都还保留着深深的民族烙印。发祥于贵定县四寨村谷撒大寨的苗族芦笙舞"鼓龙鼓虎·长衫龙"，以其沉稳的步伐、刚劲的舞姿、浑厚的曲调、昂扬的斗志和时而舒缓时而激越的节奏，生动表达了苗族先民迁徙路上团结越险、顽强奋斗的精神，被列入第一批国家级非物质文化遗产保护名录。三都水族自治县打渔民族学校根据盖赖村苗族妇女在月光下以"踩步"起舞表达对月亮崇拜之情而组织数十名苗族女童排练的芦笙舞"踩月亮"，先后在县、州、省和中央电视台举办的多项舞蹈大赛中夺得原生态舞蹈金奖。2015 年秋，这群天真活泼的少女被选调北上京城和南下广州参加黔南州成立 60 周年成就展迎宾演出，成为宣传黔南、展示黔南的一张文化名片。由此观之，一个民族的文化，特别是能够体现其民族特质的典型文艺节目，在树立民族形象和对外交往中具有何等重要的意义！

二、正视民族传统文化面临消失的危机

我们强调要加强对少数民族文化的传承保护，是因为民族文化正在受到经济全球化的冲击，民族文化、民族技艺面临失传，传承保护工作形势严峻。

第一，一些民族语言正在消失。黔南号称中国第一布依州，布依族人口占全州总人口的三分之一，约占全国布依族人口的 46％。50 多年前，大多数布依乡村的人们都还能说布依语。而今的黔南州，除了罗甸、长顺、荔波等少数地处边远的布依村寨还讲布依语外，大多数布依族同胞已经在语言上被"汉化"了。失去了特定的语言，就失去了"民族"的重要特征。这种民族语言丢失的现象，在苗族地区也逐步显现。黔南州苗学会现有直属会员 200 多人，其中约有三分之一已经不会用苗语交流了。在一些苗族聚居村落，也出现了全村人只会讲汉话、不会说苗语的现象。

第二，许多民族服饰已难寻觅。如果按语言对黔南州苗族进行划分，讲中部方言的苗民约占全州苗族人口的 28％，讲西部方言的苗民约占全州苗族人口的 72％，讲东部方言的苗民仅数百人。但如果按服饰划分，内部支系就太复杂了。苗族是我国乃至世界上民族服饰花样最繁复的民族之

一。据不完全统计，全国苗族服饰就有 200 多种，黔南也有几十种。不少苗族分支的俗称或他称，就是因服饰而得名的。例如，中部方言中有所谓黑苗、青苗、长裙苗、短裙苗、百鸟衣苗等，西部方言中有所谓白苗、红苗、印苗、红簪苗、大花苗、小花苗、海葩苗、喜鹊苗等。每个支系内部，服饰也有一定差异。绚丽多彩的民族服饰，既反映了苗家妇女的聪明智慧、心灵手巧，又证明了苗族历史的悠久，留下先民们艰苦卓绝的奋斗印记，是一部"无字的史诗"。例如，西部方言中一些支系妇女的袖口上缝有两条粗细不同的线条，代表苗族先民在万里迁徙征途上曾经越过的黄河和长江。中部方言的苗族妇女每逢节庆或重要社交活动，总会用精美银饰把自己打扮得雍容华贵，体现出苗家人追求美好生活的心愿。苗族妇女的一些"文物级"古老盛装，有很高的价值。许多苗族古装因为传人作古未将手艺留下，或某些原材料消失不可复制，已经成为绝品。改革开放以来，由于人们的文物保护意识不强，一些同胞经不住金钱的诱惑，不惜把老祖宗留下的宝贝低价卖给了外人。一位致力于收藏中国苗族服饰的法国私立民俗博物馆馆长曾炫耀地说："一百年后，中国人要研究苗族服饰文化，还要到我的博物馆来考察。"这不能不引起我们的警醒！

第三，部分民族歌舞逐渐失传。党的十七届六中全会以来，黔南州的民族文化工作获得了显著的发展进步。州委、州政府和各县市在发掘民族文化资源、打造民族风情旅游上下了不少功夫，也取得了明显成效。例如，惠水县在做强做大布依族"好花红"文化品牌的同时，对苗族文化也给予了相应的投入。由惠水县苗学会牵头主办的苗族文艺汇演已连续举办四届。但是，繁荣中也显露了某些衰落，一些传统的民俗活动和优秀民族歌舞缺乏必要的传承载体和条件，正面临消失的困境。前面介绍的贵定苗族芦笙舞"鼓龙鼓虎·长衫龙"，是一个需要 20 多名经过训练的芦笙手参加的集体舞蹈，由于多数骨干外出务工，现在已很难组织起原班人马表演。由贵定新铺中学组成的百名芦笙队只会跳舞不会吹奏，传承保护后继乏人。

第四，一些民族习俗正在淡化。苗族虽无文字，但也是一个非常重视道德礼仪的民族。其不同支系之间的风俗习惯可能略有差异，但全民族都信奉祖先崇拜或图腾崇拜，讲究团结互助、集体至上、追求自由、尊老爱幼、热情好客、勇敢顽强、和睦相处等。苗乡，也是礼仪之乡。苗族的许多优良风俗，与社会主义核心价值观有异曲同工之妙，值得传承弘扬。十年"文革"中，中华民族的许多优良传统文化和社会主义法制遭到严重冲击，加上市场经济中一些西方价值观的侵蚀，苗族的不少优良传统和习俗或遭批判，或被遗弃，如今已难恢复。例如，苗族地区在内部社会管理中曾长期实行的"议榔"制（一些苗区又称"合款"制或"丛会"制），带有明显的原始民主色彩，在今天的基层民主中仍值得借鉴。可惜，这种传统民主机制在许多地方已经失传了。又如，过去苗族村寨中盛行的团结互助、集体至上，在市场经济条件下也受到严重冲击。如今，不仅起房盖屋必须花钱雇工，一些地方连老人过世下葬都要付费请"专业队伍"来完成。

民族文化濒临消亡不是凭空编造，而是客观存在的事实。近年来，一些"权威人士"提出了在社会管理中"不再区分民族"的意见，不是没有缘由的。那么，产生这种危机的原因是什么？很大程度上是受到经济全球化的影响。40多年的改革开放使国家由弱变强，人民由穷变富。改革开放极大地解放了生产力，但我们在发展经济的同时，也要做好民族文化的传承保护工作，使民族文化受到的冲击降到最低。

危机之一：外来文化的冲击。改革开放的闸门一打开，在人们获得大量新鲜精神食粮的同时，非法出版物和低俗文艺节目等大量充斥市场。

危机之二：城镇化的"分割"。随着城镇化步伐的加快，大量农民（包括少数民族农民）涌入城镇务工或置业，随后又将妻子儿女带进城。同时，一些少数民族聚居乡村被整体划入"工业园区"，或移民搬迁进入城镇，由单个民族相对集中的小聚居环境进入了与多民族大杂居的城镇中，在语言交流、衣着服饰、住宅造型、社区管理和风俗习惯等方面，失去了保留民俗的生活环境。

危机之三：教育普及的"疏离"。民族文化的传承，自古以来多是通过家庭教育和社会生活的积累，父母、长辈的口耳相传和手把手教授。现在国家实行中小学义务教育和学前教育，孩子们三四岁就被送进幼儿园，六七岁进入小学发蒙，读完初中还要报考高中或职校，毕业后才能到社会上就业。处于中小学阶段的孩子们大部分时间寄宿在学校，与父母、长辈的接触减少，参加的社会活动也不多，如果再升入大学，二十出头才能走进社会。他们一生中最宝贵的时光大都在校园里度过，受民族文化的浸润较少，民族的记忆必然淡化。我们把这种现象称为学校教育与民族文化的"疏离"。

基于以上原因分析，在推进改革开放的同时，既要加快现代化步伐，还要高度重视新形势下民族文化出现的新情况、新挑战，及时采取措施做好民族文化的"补钙"工作。

三、传承民族文化要从娃娃抓起

传承和保护民族文化，需要多措并举，从各个不同层面一齐发力，包括立法和执法层面、政府管理层面、财政支持层面、群众参与层面、舆论宣传层面、家庭教育层面和民族文化进校园层面等。在所有这些层面中，关键的一环是要抓好对儿童的启蒙教育和对青少年的民族文化知识普及，让孩子们从小接受民族文化的熏陶和基本功训练，打下扎实基础。通俗的说法，就是要从娃娃抓起。

儿童和青少年是民族的希望、祖国的未来。实现中华民族的伟大复兴，关键在教育。抓好中小学基础教育，对提高中华民族的综合素质至关重要。民族文化的传承，同样要从娃娃抓起。儿童和青少年的可塑性强，求知欲旺盛，较少受到外来文化的"污染"，如一张白纸般没有精神负担，记忆力和"吸纳力"极强，最好"绘画绣花"，最适宜培植民族文化基因。儿童和青少年时期学到的东西，叫作"童子功"，一辈子都不容易忘记。民族文化的传承从娃娃抓起，可以收到事半功倍之效。前段时间，笔者对黔南民族师范学院预科教育学院的在校生进行了一次问卷调查，结果颇能说明一些问题。接受本次调查的 443 名学生，全部是少数民族（其中，布依族 83 名占 19%，苗族 119 名占 27%，水族 24 名占 5%，其他少数民族217 名占 49%）。91.4% 的同学来自农村，其中 22% 的同学来自本民族聚居地方，77% 的同学来自多民族杂居区。按道理，这些同学应当成为民族文化的优秀继承者。但统计结果显示：一是大多数同学不了解本民族历史（了解的仅占 4%，有所了解的占 24%，完全不了解的占 72%）；二是大多数同学不熟悉本民族的习俗（熟悉的占 5%，略知一二的占 15%，完全不知道的占 80%）；三是会讲本民族语言的不多（能用民族语言交流的占26%，略知一二的占 6%，完全不会讲的占 68%）；四是会唱民族歌曲的较少（会唱的占 5%，略知一二的占 8%，完全不会的占 87%）；五是会跳本民族舞蹈的人极少（会跳的占 4%，略知一二的占 3%，完全不会的占93%）；六是常穿本民族服装的更少（常穿的占 1%，节庆才穿的占 5%，完全不穿的占 94%）。调查表明，少数民族学生民族文化知识缺失绝非个案。其原因，主要是幼年时期直接接受民族文化教育的机会太少，民族感情也有所淡化（自我评价民族感情较深的占 39%，一般化的占 31%，淡漠的占 30%）。民族院校尚且如此，普通学校就可想而知了。

民族文化教育从娃娃抓起，必须从家庭、学校和社会三个层面同时发力，构成三位一体的教育培养体系，形成环环相扣的传承教育机制。

（一）家庭教育是基础

家庭是人生的第一课堂，父母是人生的第一导师。在苗乡，婴幼儿最早接受的家庭教育就是学习苗语。学苗语，是传承苗族文化的第一步。只有先学会讲苗语，再学习汉语普通话，才能打好学习苗族文化的基础。现在许多进城工作的少数民族父母，不太重视对孩子的民族语言训练，等到儿女长大成人，懂得学习民族语言的重要性时，再来补课就吃力了。笔者有一位苗学会的年轻朋友，夫妻俩成天在外忙碌奔波，没有多少时间照顾孩子，无奈之下，把刚刚断奶的儿子送到乡下给奶奶照料。老家满寨子人都用苗语交流，小家伙自然学会了苗话。两年之后回到城里，每天都用苗语与乡下的爷爷奶奶通电话，祖孙关系非常密切。已经进城安家的年轻人不妨向这位同胞学习。所谓"启苗蒙"、懂苗规、习苗俗、做苗事，就是用最简单的语言、最浅显的道理对幼儿进行启蒙教育，灌输一些天、地、人、物的朦胧知识，使他们初步了解人间的神奇美好，开启他们的心智。之后，再逐步教会幼童们一些苗乡的礼节礼貌、言行规矩、人生哲理和生产生活常识等。最有效的方式就是教孩子们唱儿歌、讲谚语、摆故事，让他们潜移默化地学到民族文化。例如，儿歌"我是苗家小姑娘，花花的裙子多漂亮"，让孩子们自幼热爱自己的民族服装；"张老三，爱打牌，半夜三更不回来。脚没洗，就上床，一双臭脚熏婆娘"，讽刺了赌博和不讲卫生的恶习；"一个竹篮两面黄，又装粑粑又装糖，又提腊肉和细面，送给外公外婆尝"，则引导孩子们要孝敬长辈。谚语"要听老人教，才会走正道"，"男儿要勤劳，姑娘要手巧"等，则告诫孩子们要尊老爱幼，勤学苦练生存本领。客人来访，怎样迎送、让座、倒茶、盛饭、敬酒等，更是苗家长辈们经常教育孩子要学会的礼貌常识。这些基本规矩，家庭教育要常讲，幼儿园也应密切配合。过去幼儿教育主要靠父母承担，现在年轻父母们都外出务工了，祖父母、外祖父母们心有余而力不足，留守儿童的教育需要幼儿园承担更多的责任。民族地区的幼儿园，应当多编排一些民族歌舞和游艺节目，让孩子们从小热爱自己的民族文化。

（二）学校教育是关键

多年来，黔南州各级各类学校根据上级教育和民族工作管理部门的部署，因地制宜推进民族文化进校园活动，形成了一定氛围，取得了初步成效。

一是普及面广。州苗学会实地调查的30多个苗族聚居乡村、近60所中小学，都将民族文化进校园列入了教学工作日程，基本做到有规划、有措施、有场地、有课时安排、有检查落实、有实际效果。除了民族文化进校园挂牌重点学校外，其他学校也安排了民族文化课，排练了民族文化歌舞节目，设立了学生民族文化作业展示室，营造了一定的民族文化氛围。

二是形式多样。都匀坝固和王司地区的中小学除了在校本教材中介绍苗族的历史、支系来源、本地区经济社会、家乡特产和风土人情之外，还把清末苗民起义的英雄柳天成等写进了教材，激发了学生的民族自豪感，增强了学生的民族自信心。王司中学、坝固民族小学等把芦笙舞的基本动作编成"芦笙操"，坚持让全校师生在每周的逢单或逢双日一起做芦笙操，既锻炼了身体，又掌握了跳芦笙舞的基本功。福泉陆坪中学、惠水摆榜中学、瓮安桃子冲民族小学和龙里平坡小学等把苗族的板凳舞、刺绣、蜡染和农民画等技艺引入课堂，激发了学生的学习热情。

三是注重特色。苗族地区的中小学都开展民族文化进校园，引导学生学习掌握有代表性的苗族优秀文化项目。如介绍苗族历史、学唱苗族民歌、学跳苗族舞蹈、学习苗语和新苗文、传授苗家刺绣技艺等，让"苗文化"从小在孩子们心中扎根。

四是促进教学。各学校把民族文化进校园与抓好基本文化课教学结合起来，互相促进，相得益彰。惠水县鸭绒地区的中小学通过橱窗宣传介绍当地苗族中涌现出的40多名文化精英，给学生树立了追赶的榜样。贵定新铺中学、三都打渔民族中学和龙里摆省小学的芦笙队、古歌队受邀外出参加重要演出活动归来后，学校及时组织教师给他们补课，做到基本文化课学习与民族文化传承两不误。所有这些做法，值得总结和发扬。但是，对苗族地区中小学民族文化进校园活动的成效也不宜估计过高。当前，黔南州苗族地区中小学民族文化教育的主要困难是"三缺"：一缺合格师资，二缺统一教材，三缺必要经费。如能及时配备一批既具有教师资格、又通晓苗族文化的中青年教师，由权威单位编发一部适合中小学使用的民族文化参考教材，增加一定的经费投入，民族文化进校园活动还会迈上新的台阶。

（三）社会教育要常抓不懈

社会是个大课堂。民族文化的传承保护从娃娃抓起，社会也应担当重要职责。基层宣传文化部门、新闻媒体、农村党政组织、工青妇等群团组织和民族民间组织，更应直接参与其中。

一是办好节会。民族民间的各种传统节日和官方主办的节会，是传承民族文化的重要载体。办节办会既要节俭、热烈、隆重，又要突出民族特点和地方特色，重在组织群众参与。在活动内容和节目安排上，要突出民族传统项目和新的文艺创作，给予普通村民和学校师生较多的出场机会。通过节庆活动，让各族群众获得美好的民族文化享受，让青少年受到较多的民族文化熏陶。所谓苗家孩子"会说话就会唱歌，会走路就会跳舞"，并非与生俱来，而是受浓郁文化氛围影响所致。没有文化氛围，再聪明的娃娃也会变成哑巴和"狼孩"。

二是开发旅游。通过扩大招商引资，鼓励企业和个人投资民族文化旅游，结合美丽乡村建设，打造民族风情新景点，增加农民收入，扩大民族文化的对外影响力。景区建设、管理和服务要尽量吸收村民参与。民族文化项目要保持原生态,体现民族风格。

三是提供帮助。基层党政组织、宣传、文化和民族工作部门对民族文化活动要给予更多的指导和帮助,提供必要的物资和资金支持。县乡两级文化工作部门要注意发掘、发现蕴藏于民间的宝贵文化遗产,组织整理提炼,推进新品创作。各民族民间文化组织也可发挥相应的作用。

四是舆论引导。各种新闻媒体应在唱好主旋律、讲好"普通话"的同时,突出民族特色和地方特点,讲好"地方话"和"民族话",加大对民族文化的传播力度。广播电视要从一般动态宣传转向新闻特写、纪实、采访实录等更加生动活泼的报道,让受众获得更多的民族文化享受。对特别优秀的作品要反复播送,合力打造民族文化品牌。

民族文化的传承和保护从娃娃抓起,中小学和幼儿园肩负着光荣而重要的责任,而搞好民族文化教育的关键又在教师。民族师范院校应将民族文化列为必修或选修课,培养更多的优秀民族文化师资。未来的"园丁"们无论今天主修什么专业,都要兼顾民族文化的学习,做到一专多能,将来才能为培育民族文化的美丽花朵做出更多的贡献。

(作者:吴进华,贵州省黔南州人大常委会原副主任,州苗学会原会长。审校:宋荣凯)

黔南苗族民俗研究

对蚩尤文化的历史认同与思考

吴正顶

摘　要：蚩尤是与黄帝、炎帝同时代的部落首领，研究蚩尤文化，应该努力传承和弘扬苗族的优秀文化传统，增强民族自信，加强民族团结，提升中华民族的凝聚力。蚩尤认同不仅仅是学术问题，更是历史问题、文化问题和民族感情问题。认同蚩尤文化，不仅可以起到"存史、资政、育人"的作用，更有利于加强民族团结，更好地为建设和谐社会服务。

关键词：蚩尤；文化；历史认同

蚩尤是中华民族历史上的杰出人物之一，与黄帝、炎帝同为远古时期的部落首领、民族精神领袖。作为中华三始祖之一的蚩尤，重农耕、冶铜铁、制五兵、创法制、立巫教，在中华文明史上做出过不可磨灭的巨大贡献。蚩尤因英勇善战、顽强不屈，被后人尊称为"战神""兵主"，倍受历代帝王尊崇。秦始皇曾"行礼祠名山大川及八神"，"三曰兵主，祠蚩尤"（《史记·封禅书》）。汉高祖也曾"祀蚩尤，衅鼓旗"。山东省汶上县南旺镇每年十月初一隆重祭奉蚩尤的风俗，一直延续至今。但蚩尤作为一个有争议的历史人物，还需要用历史唯物史观进行深入研究和认识。

一、蚩尤被贬乃胜者为王败者为寇的传统观念作祟

对于蚩尤的相关历史文献记载，褒贬不一。首先，蚩尤作为远古时代部落联盟的首领，其地位是必须得到肯定的。据《越绝书》马融云："蚩尤，少昊之末，九黎之君。"《战国策·秦策一》高诱注："蚩尤，九黎民之君子也。"《五帝本纪·正义》引孔安国语："九黎君号蚩尤是也。"《五帝本纪·集解》曰："蚩尤，古天子。"其次，蚩尤是远古部落中的军事家，是"兵主"。据《史记·封禅书》载："秦始皇遂东游海上，行礼祠名山大川及八神……三曰兵主，祠蚩尤，蚩尤在东平陆监乡。"由于蚩尤作为"兵主"的历史地位，汉高祖在起兵时，要"祭蚩尤于沛庭"，在天下安定之后，要建立"蚩尤祠"让后人供奉，如在《史记·封禅书》亦有

称："天下已定……（汉高祖）令祝官立蚩尤之祠于长安。"这些史料说明，蚩尤不仅是南方少数民族尊崇的人文始祖，也是包括大部分汉族在内共同认可的人文始祖。中国研究民间文化的著名学者段宝林教授在《蚩尤考》中通过大量的文献资料反映："在中原地区（山东、河北、山西、河南等地）有许多蚩尤的遗迹和有关的风俗、神话传说，如冀州琢鹿蚩尤城、蚩尤神、蚩尤川、蚩尤泉、蚩尤齿，山东东平的蚩尤墓、蚩尤旗，陕西长安、江苏沛县有蚩尤祠，山西太原村落间祭蚩尤神。"在《述异记》中亦有载："汉武时，太原有蚩尤神昼见，龟足蛇首，主疫，其俗遂为立祠。"正是因为这些历史事实和传说故事，贵州籍苗族已故老红军作家陈靖将军在《中华三祖当一视同仁》一文中指出："对蚩尤进行重新评价，恢复历史的本来面目，给先人以应有的地位，这十分有必要。它对贯彻执行党的实事求是的思想路线，端正史实，做好少数民族工作、弘扬民族历史文化，维护和巩固整个中华民族的大团结，有着十分重要的现实意义和深远的历史意义。"陈老将军认为："从理论和学术上来说，对蚩尤进行重新评价，即把蚩尤与炎黄相提并论，把蚩尤提到与炎黄同为中华民族三先人的地位，有助于弥补以往封建传统所提的'中国人都是炎黄子孙'（或曰'炎黄是中华民族的祖先'）这一命题或口号的缺陷，使'中华民族'这一定义更趋于科学性、确切性和完整性。"我们知道，民族团结是各民族共同繁荣发展的重要保障，而文化认同对于一个多民族的国家来说，则是民族团结的重要基础。

蚩尤与黄帝、炎帝被共尊为中华民族的三大人文始祖，已经得到学界的基本认同。这一文化理念的新变化，将改变人们在传统的民族主义思想蛊惑下所形成的蚩尤是"叛臣贼子"、苗族是"野蛮、不讲规矩"之民族的错误观点。中国历来就有"成者为王，败者为寇"的习惯心理，这一心理定势的形成，正是缘于占主导地位的成者对居劣势地位的败者长期地大肆歪曲、打压以掩盖历史真相——目的是突显为王者之所以为王的丰功伟绩。"败者为寇"真实地展示出特定历史时期处于劣势地位的败者在失去话语权之后被妖魔化的历史命运。

就上古时期而言，部落与部落之间的冲突与战争本来就是很正常的事情。历史上发生在黄河下游和华北平原的"琢鹿之野"战事正是黄帝、炎帝与蚩尤三大部落为了主导权而展开的部落利益争夺战。据学者伍新福研究：蚩尤与炎帝和黄帝的决定性大战"琢鹿之战"前后有两次。"一次为蚩尤与炎帝之战；一次为蚩尤与黄帝之战。《逸周书》载：'蚩尤乃逐帝（即炎帝），争于琢鹿之阿，九隅无遗。'这是第一次琢鹿之战。炎帝战败，所辖领地都被蚩尤部落占据了。《史记·五帝本纪》：'轩辕之时……蚩尤作乱，不用帝命，于是黄帝乃征师诸侯与蚩尤战于涿鹿之野，遂擒杀蚩尤。'这是第二次涿鹿之战。黄帝可能联合被蚩尤战败的炎帝部落，并借助'诸侯'即其他部落的力量，最后打败和擒杀了蚩尤。"由此可见：无论蚩尤逐炎帝，还是黄帝战蚩尤，都是在为部落集团利益主导权而争战。无所谓谁王谁寇。蚩尤当时也是一方"诸侯"，"九黎民之君子也"，只是想与黄帝分庭抗礼而已。从历史唯物论和人本主义角度说：只要有益民生，造福人类，无论分合，都是历史发展的必然。陈腐的大一统民族主义思想，更多了些专制的成份而少了民主主义思想，终是阻碍人类社会文明进步发展的绊脚石。

二、正确审视蚩尤的重大历史贡献

蚩尤代表苗族先民对中华古代文明做出的重大贡献，史籍记载极为简单，如《史记》等文献典籍中或忽略其贡献，或对其功过含混不清。尊重历史，正视史实，摒弃狭隘的民族主义观念和大民族主义思想，恢复蚩尤与黄帝和炎帝一样的中华人文始祖地位，共同建立中华民族共有的精神家园，吸取人类进步的文化精华，用宽广的心胸、包容的心态、平等的身份，相互尊重、团结并进、和谐共处，以优秀的民族传统文化引领各民族的团结、友爱和共同进步，才是历史唯物论者应有的勇气。这正如习近平同志所指出的"要认真汲取中华优秀传统文化的思想精华和道德精髓，大力弘扬以爱国主义为核心的民族精神和以改革创新为核心的时代精神，深入挖掘和阐发中华优秀传统文化讲仁爱、重民本、守诚信、崇正义、尚和合、求大同的时代价值，使中华优秀传统文化成为涵养社会主义核心价值观的重要源泉。要处理好继承和创造性发展的关系，重点做好创造性转化和创新性发展。"蚩尤文化作为中华各民族优秀传统文化的一个重要组成部分，是我们增强民族团结、推动和促进中华各民族和谐共处不可缺少的重要内容。但在过去那些充满历史和民族偏见的史籍中，我们至少可以窥见蚩尤的以下主要功绩：

（一）创建农耕文明

古今中外，衣食住行是人类必不可少的生存条件。首先，人们要解决"吃"这个天下第一大问题。没有食物，人们就没有精力去征服自然、改造自然。《神异经》云："西北荒有人焉……而食五谷禽兽。"《淮南子》："神农之播百谷也，因苗以为教。"《左传·文公十八年》说："缙云氏有不才子，贪于饮食，冒于货贿，侵欲崇侈，不可盈厌，聚敛积实，不知纪报，不分孤寡，不恤贫匮。天下之民以此三凶，谓之'饕餮'。"现代考古发现大汶口文化遗址有大量窖藏粟粒，而这里正是蚩尤活动的地域，且年代亦相吻合。所有农作物中，粟粒即小米最像"沙石子"，故蚩尤族团及其后裔食之。而此时的神农氏（炎帝）们，尚未解决饥饿和疾病的威胁而只能"尝百草"。其族团尚未发现"粟"类谷物可食用，见到别的族团吃粟便惊奇地以为是吃"沙石子"，实为愚昧可笑矣。且，蚩尤族团的食源已相当广泛，不仅仅食"沙石子"，亦食五谷杂粮及肉质禽兽和海中鱼；不仅仅食五谷禽兽和海中鱼，亦播百谷。《史记·封禅书》载："蒸享无度，民匮于祀。""享"用食物供奉先人，亦作"宴享"，用食物招待客人，族民食而有余故"享无度"，这是蚩尤族团对华夏"饕餮文化"所做的贡献；"匮"通"簧"，乃竹筐，族民祭祀时用竹筐装盛祭品，可见富足的程度。将功绩污为"罪过"，这不是史家们的民族偏见吗？

（二）总结天文气象

耕作必须遵循四季之自然规律，人类活动亦需要顺应天时。《龙鱼河图》曰：蚩尤"变化云雾"。《管子》载：蚩尤"谓之天时之所当也"。蚩尤与炎黄作战，善于利用气象变化掩护自己而袭击对方；其族人强壮，得益于五谷丰登，而五谷丰登的前提是必须懂得四季天象，用以指导农业耕作。由于蚩尤在天文气象等领域贡献卓著，后人用他的名字冠于天星。《史记》《吕氏春秋》《隋书》等均有记载："蚩尤之旗，类彗而后曲，象旗，见则王者征伐四方。""有其状若众植华以长，黄上白下，其名蚩尤之旗，类彗而后曲，象旗。""旋星，散为蚩尤旗……蚩尤旗如箕，可长三丈，末有星。"

（三）发明铸铜技术，创造兵器，精于兵法

1987年7月，河北省文物研究所在蚩尤北寨下面的深谷中采集到2枚铜镞，经考证是蚩尤时代所用兵器。《同礼·春宫·四师》载："祭表貉则为神位。"释之为："貉，即师祭也……祭造军法者，祷气势之增位也，其神盖蚩尤。"《吕氏春秋·孟春纪》记载："未有蚩尤之时，固剥林木以为战矣，胜者为王。"《龙鱼河图》曰：蚩尤"造立兵杖马戟大弩，威镇天下"。《太阳经》载："伏羲以木为兵，神农以石为兵，蚩尤以金为兵。"《管子》载："修数十年，而葛卢之山发而出水，金从之，蚩尤受而制之以为剑铠矛戟。是年相兼者诸侯九。雍狐之山发而出水，金从之，蚩尤受而制之以为雍狐之戟、芮戈。是年相兼者诸侯十二。"金即铜，蚩尤得而"造立兵杖马戟大弩"。加之"食五谷禽兽"而族民体壮、蚩尤以军法治兵和善用战术，如"兽身人语，铜头铁额"，即利用牛角、牛皮、铜等作战甲，利用气象作掩护等，黄帝"莫能伐"，"三年九占而城不下"，"仰天而

叹"，诸侯因此殄服，而历代君王亦尊他为战神、兵主。《史记·封禅书》记载："……三曰兵主，祠蚩尤。"讲的是秦始皇用蚩尤之道打天下，奉蚩尤为战神。同书载：汉高祖刘邦起兵时"祀蚩尤，衅鼓旗"及"祭蚩尤于沛庭。"

（四）立法制、创巫教

我们从大量的历史文献典籍记载中可以看到，早在远古时代，蚩尤就发明了刑法，通过法治的手段来进行国家的治理与整顿。据《尚书·吕刑》称："蚩尤惟始作乱，延及于平民，罔不寇贼，鸱义奸宄，夺攘矫虔。苗民弗用灵，制以刑，惟作五虐刑，曰法，杀戮无辜，爰始淫为劓刵椓黥。越兹丽刑并制，罔差有辞。"又，《周书·吕刑》亦云："蚩尤对苗民制以刑。"而《墨子·尚同中》中亦载："昔者圣王制为五刑，以制天下。则此其刑不善？用刑则不喜也……苗民否用练折则刑，惟作五杀之刑，曰法。"由此可见，蚩尤时代的法制体系十分健全，用完备的"法制"建构去实现国家的法治治理。

《国语》曰：蚩尤九黎"家为巫史""民神杂糅""民匮于祀"，讲的是人神共处、祭祀频繁。《尚书·吕刑》载："苗民弗用灵制以刑，惟作五虐之刑曰法。"苗族巫师不仅施法作巫且治病救人，其所唱巫词亦记述苗族历史及教化世人道理，故，其不仅是巫师，亦兼作史官及教师、医生。"灵"作"灵符"，既作驱鬼之符，又为约束人们行为规则之条框。原始宗教和原始法律没有严格的界限，在一定前提下，宗教是法律，法律是宗教，蚩尤用它们约束和规范族人行为，指导苗民做人做事，达到族团和睦、社会融洽的目的。蚩尤不仅将原始宗教与原始法规相结合，还在苗族社会中实行了一系列严格的依法治理。《周书·吕刑》曰："蚩尤对苗民制以刑。"即是蚩尤创立法规、试行法治的佐证。《太平御览》卷七九引《龙鱼河图》："蚩尤没后，天下复扰乱不宁，黄帝遂画蚩尤形象以威天下。天下谓蚩尤不死，八方万邦皆为殄状。"一个人惨遭杀戮后，统治者还要用他的画像来威慑天下，可见蚩尤实行法治树立的威严影响有多么深远！郑玄注曰："苗民，谓九黎裔也。""上效蚩尤重刑以变九黎言苗民者。"就是说，蚩尤的后裔苗民也效法其始祖（蚩尤）重视法治。

（五）首创筑城技术

《黄帝玄女战法》载："黄帝攻蚩尤，三年城不下"《通典》载：黄帝攻蚩尤"三年九占而城不下"。此解为"而城攻不下"，此"城"是聚居之"城"，表示5000多年前蚩尤族团已筑城而居。《磁平寰宇记》载："蚩尤城在（安邑）县南十八里，其城今摧毁。"《魏土地记》亦载："涿鹿城南六里有蚩尤城。"这里的"蚩尤城"指"蚩尤族团所建之城"。曲辰考证：涿鹿县矾山镇龙王塘村南河谷中尚存蚩尤泉及蚩尤兵寨，所有证据表明蚩尤建城是客观事实。据徐旭生、刘起钰、高蒙河等论证，炎黄最初的活动区域在陕西北部高原，蚩尤在山东一带，即蚩尤是本土族团，而炎黄为外来族团，亦即炎黄为"游击族团"而蚩尤为"城居族团"。之所以称"游击"，是因为其"游"带有军事目的，至涿鹿之野，发觉该地于生存和发展有利便定居下来，于是与蚩尤族团爆发了历史性大战——涿鹿之战。初，蚩尤族团凭借食足、兵强、城坚等有利因素使炎族团和黄族团历战历败，后炎黄联合，终擒杀蚩尤，迫使"八方诸侯殄服"。

（六）精于治族、明于天道

《管子》曰："昔者黄帝得蚩尤而明于天道……蚩尤明乎天道，故为使之当时……"这里的"蚩尤"应理解为"蚩尤思想"或"继承蚩尤思想而装扮成蚩尤的人"，因为蚩尤时已兵败被擒杀，不可能为黄帝所得。蚩尤族团强大，有81个诸侯，得益于他创立的农业文明、宗教法律及精于治兵等，上面所讲的"修数十年"之"修"解为"励精图治"，印证了他是教化族民、管理社会的治世奇才，使得他成为该集团的精神领袖，以至于制服他即制服天下，而他战死后"天下复扰乱不宁"，黄帝命人装扮成他以诱天下，天下以为蚩尤不死，才有万邦臣服。

三、从蚩尤的贡献看苗族文化的传承与保护

蚩尤除了在军事上成为一代枭雄之外，在长期的部族统治中，对政治、经济、文化也做出了杰出的贡献。蚩尤文化传至后世就是苗族文化。蚩尤文化不仅对后世的苗族文化影响深远，而且包括黄帝也要借重他的威名和许多做法治理天下，其影响自然扩展到整个中华民族。作为蚩尤后裔的苗族，我们今天研究蚩尤，不仅仅是去追寻祖先的伟大与荣耀，更要从中找出那些值得继承和发扬的宝贵精神文化遗产，克服民族虚无主义，增强民族自信心，在实现民族复兴的伟大进程中与整个中华民族同呼吸、共进退，做出苗民族应有的贡献。例如，现在开展黔南苗族的习俗禁忌与村规民约研究，许多同胞都以亚鲁王和"四月八"为保卫苗族家园而英勇献身的英雄而骄傲，其实这就是蚩尤文化传承的苗族不屈不挠精神。至今还在许多偏远苗乡传承的村规民约和习俗禁忌，也是几千年来苗族"上效蚩尤重刑以变"的遗存。它不仅证明了苗族不是一个鲁莽、残暴和愚昧的民族，而且表明苗族是一个自古以来就讲法纪、守规矩、重礼仪的具有深厚文明传统的民族。还有苗家的栽秧节（开秧门）、吃新节、杀鱼节、斗牛

祭祖等，无一不与苗族先民创造的古代农耕文明相联系。至于蚩尤时代传承下来的各种原生态巫术祭仪、特色苗味饮食、多姿多彩的苗族服饰、疗效神奇的苗医药和别具一格的婚嫁丧葬风俗等，都可以从古朴纯美的黔南苗乡大地上找寻到。如：相传曾经被蚩尤作为军粮的糯米糍粑，逢年过节在苗乡随处可见。为了不忘家国故园和迁徙方便，苗族的各种服饰上绣满了山川美景，缀满了金银彩贝。在古代的战乱中，把财富做成金银首饰由妇女和儿童戴在头上、穿在身上，既可保全财产，又有装饰的作用。这是古老的迁徙、游牧民族惯用的方法。苗绣的花草图案，规格式样，精美绝伦。它一方面展示着民族智慧和苗族人民乐观的生活态度；另一方面承载着苗族人民对先民的怀念、历史的记忆。苗族服饰更是品种繁多，传承完好，它可以说是我国民族服饰文化的活化石。再如苗族的芦笙歌舞，相传是为迁徙时招纳失散的族人而举办，也为青年男女相聚相恋提供了场所。今天，随着贵定县谷撒苗寨的"鼓龙鼓虎·长衫龙"和三都盖赖村的"踩月亮"等芦笙文化精品从锁在深山人未识状态走向海内外的巨大进步，我们也看到了苗族文化的发展前景。在当今世界民族大融合的时代背景下，苗族能以一个少数民族的身份引起世人的注目、国人的关爱、各民族的赞许，是与源远流长的蚩尤文化底蕴分不开的。这些璀璨的民族文化，正是蚩尤文化强大生命力的现代显现。如何传承、保护和开发利用好我们优秀的民族文化遗产，为苗乡的振兴服务，为中华民族的伟大复兴增光添彩，是我们每个苗家知识分子都应该高度关注并积极参与的一件大事。

2014年中央民族工作会议明确强调："加强中华民族大团结，长远和根本的是增强文化认同，建设各民族共有精神家园，积极培养中华民族共同体意识。"同样，对于蚩尤文化的研究，应当秉承"你中有我、我中有你"；对于不同的民族应当坚持"三个离不开"，即少数民族离不开汉族、汉族离不开少数民族、各个少数民族之间相互离不开。为此，我们在这个多民族的大家庭里，一定要自觉形成"各美其美，美人之美，美美与共，天下大同"的和谐思想。只有这样，我们的国家、民族和个人才会得到新的发展，在实现中华民族伟大复兴的中国梦时才有自己的精神文化根基。山东省阳谷县蚩尤文化研究会会长杜梦华先生指出，蚩尤在上古时期为中华早期文明的形成做出了卓越的贡献，历史上曾给予很高的评价，由于受正统思想的影响，反而被贬为负面人物。当今研究蚩尤文化应充分肯定他的贡献，做到与炎黄一体共尊。这是一个汉族民间学者发自内心的呼吁，也是众多富有良知的民族学、人类学人士的共识。历年来多次在北方蚩尤故土由汉族牵头举办的"炎、黄、蚩三祖文化研讨会"，是政治昌明、社会进步的生动体现，也是人们用历史唯物论研究蚩尤冤案取得的重要成果。蚩尤作为远古一个强大部落联盟的首领，如果没有充分的物质条件和强大的经济基础以及先进的科学技术，要想战败炎帝，再与黄帝分庭抗礼，是不可能的。由此可知，他在部落联盟的政治、军事、文化诸多方面都曾做出过不可磨灭的贡献。蚩尤虽然战败身死，但他的部族遗民还在，部落后裔还在。他们经过艰难地迁徙，由"中冀"退至黄河下游以南的"少昊"之域，又再被迫迁往长江中游的今江西、湖南一带，进而部分迁往西北而南下川滇黔，部分逐步迁往西南的湘黔鄂桂琼等地区，分布于中国南部广大的峻岭崇山之中，还有一部分由于许多复杂的历史原因而陆续迁往国外。蚩尤子孙们无论走到哪里，都不忘民族之根，继承着民族的文化，发展着民族的文明，怀念着先辈的辉煌。"九黎"部落之后苗族、瑶族、畲族等民族辉煌灿烂的历史，足可证明蚩尤的精神不灭。因此，以继承和弘扬蚩尤文化为己任，让历史文化与现代文化、历史文化与经济文化碰撞交融，促进经济社会更好更快地发展，应该是我们现代蚩尤子孙责无旁贷的重任。作为蚩尤的后人，我们要铭记历史，不忘初心，站在中华民族大一统的全局上来正确认同、理解和诠释自己民族的历史文化，联系现实，发奋学习，努力工作，提高文化自觉和民族自信，在实现中华民族的伟大复兴中做出年轻人应有的贡献。

（作者：吴正顶，西南政法大学博士研究生，黔南州苗学会学术委员会副主任。审校：吴进华）

参考文献：

[1] 费孝通. "美美与共"和人类文明（上）[J]. 群言，2005（2）：18.

[2] 段宝林. 蚩尤考 [J]. 民族文学研究，1998（4）.

[3] 伍新福. 论蚩尤 [J]. 中南民族大学学报（人文社会科学版），1997（2）：70—75.

[4] 赵育大. 还蚩尤以历史的公正 [J]. 民主，1996（11）.

[5] 向煦之. 蚩尤逐鹿中原与中华民族古代文明的关系 [J]. 吉首大学学报（社会科学版），1997（1）.

传统节庆篇

黔南苗族民俗研究

话说苗族"四月八"

吴 波 陈昌美 陈 武 文 毅

摘 要： 苗族"四月八"主要流行区域为贵州省贵阳、开阳、铜仁、松桃、龙里、贵定、惠水以及湖南省湘西、城步等地，主要是为凭吊古代苗族英雄，辈辈相传而成习俗。活动内容为吹笙、跳舞、唱山歌、荡秋千、上刀梯、玩龙灯、耍狮子等。贵阳、惠水、龙里一带苗族每年四月初八都要聚集到喷水池举行各种活动，纪念古代英雄亚努。这是对祖先的崇拜、对英雄的凭吊，体现了农耕民族对美好生活的向往和追求，也是各民族间的文化交流和民族团结的盛会。

关键词： 苗族；四月八

"四月八"是贵州、湘西、桂北等地的苗、布依、侗、瑶、壮、彝、土家、仡佬、仫佬等少数民族的传统节日。一般来说，时间是农历四月初八，这一天，他们要吃花糯饭、杀鸡、杀猪宰羊、打糍粑、吹笙跳月、吹箫、对唱山歌、斗牛、斗雀、赛马、祭祖、玩山、赶表等，还要举行赛跑、篮球赛等体育活动。各地的节日内容不尽相同，其中规模最为宏大、场面最为隆重、影响最为深远者，当首推贵阳市苗族的"四月八"庆祝活动。1987年5月3日，国家民委认定"四月八"为苗族的传统节日。2011年5月23日，由湘西州吉首市申报的"苗族四月八"经国务院批准列入第三批国家级非物质文化遗产名录。

一、"四月八"的由来

"四月八"的由来（传说）甚多，主要是为凭吊"四月八"葬于今喷水池一带的古代苗族英雄，辈辈相传而成习俗。"四月八"，又称"亚努节"，是贵阳、惠水、龙里一带苗族人每年四月初八举行的祭祖节。每逢节日这天，附近的苗族都要聚集到喷水池举行各种活动，纪念古代英雄亚努。

（一）贵阳地区的"四月八"

传说一：苗族祖先原来住格罗格桑（今贵阳市附近），他们过着丰衣足食的生活。后来，恶霸垂涎此地，前来抢夺。苗族首领亚努组织各寨苗族头人在时下的"喝血坳"喝鸡血，发誓联合战斗到底，并约定四月初八在某山聚众起义。起义后，义军连连获胜。第二年的四月初八，亚努不幸战死在贵阳市的喷水池附近。苗族人民为了纪念这位民族英雄，便于每年的四月初八这一天举行纪念活动，追思亚努的功绩，为战死者扫墓。

传说二：很久以前，苗族一部落住在格罗格桑（今贵阳市一带），头领叫古波养六。他勤劳勇敢，带领儿女、族人开荒辟土，耕田种地。有一天，古波养六守护庄家，射死母猪龙（根据史学家考证，就是扬子鳄）。他取出龙心，好好收藏。龙心是个宝，神奇无比。放在水里，天就下雨雪；放在干处，天就放晴。依靠龙心，该部落连年丰收，日子过得红红火火。后来，龙心的事让另一部落河都务知道了，其头领就派人来格罗格桑假借做生意之名，从古波养六女儿的手上换走了龙心，随后又带人马来侵占嘉西坝（今贵阳喷水池一带）。古波养六部落奋起反抗，双方激战三昼夜，古波养六和女婿祝德弄战死嘉西坝，鲁勒妹战死黑羊井（今贵阳大十字）。这一天，正是农历四月初八。后来，苗族同胞每到四月初八，都要身着盛装，背着芦笙，带着乌米饭，汇聚英雄牺牲地——贵阳喷水池一带，吹笙跳月，凭吊英雄，缅怀祖先。[1]

（二）黔南地区的"四月八"

黔南地区苗族"四月八"主要流行于贵定、平塘、惠水、龙里、长顺、都匀等地，以不同的形式来纪念和庆祝，总的是祭奠和纪念自己的民族英雄，并反映了苗族的农耕文明，表现了苗族的民族审美心理和人文情怀。

1. 贵定海葩苗的传说

在黔中腹地著名的苗岭——云雾山麓一带，风景优美，山川秀丽，阡陌交通，良田旖旎。清晨，阳光从云雾山巅升起，缕缕炊烟轻绕云雾山涧，映着清晨的朝阳更显生机。这里居住着一支历史悠久、勤劳善良、文化独特的苗族支系——海葩苗。海葩苗热爱生活，能歌善舞，创造了属于自己的节日，如初二酒、"四月八"、"六月六"等。其中，"四月八"亚努节最具历史人文风采，有着悠久的节日历史和丰富的传奇色彩，是海葩苗引以为傲的文化财富。

话说亚努自幼聪颖，到青壮年时不仅才智超群，亦是一表人才。亚努随父母生活于长江南岸，勤劳而古老的苗族在这里繁衍生息，安居乐业。隔江而居的便是当时的统治者，遥遥相望，两族历来和睦相处，相安无事。正所谓美女配英雄，亚努20岁时与当时最为漂亮的苗族姑娘亚宜结为夫妻，日出而作，日落而息。然而上天没有给亚努、亚宜太多的幸福时间，就在他俩结婚后不久，对岸的统治者便开始频频向苗族同胞发起战争。亚努为了保全民族火种，组织各寨苗族头人在"喝血坳"喝鸡血，发誓联合战斗到底，并约定四月初八在后山聚众起义。起义后，义军连连获胜。四月初八，在贵州的贵山战役中，亚努的民族义军被困贵山上，而敌军又切断了所有的粮草线路。义军因饥不果腹，失去了战斗力。眼见义军即将覆灭，亚宜带领妇女们用糯米蒸好饭，翻山越岭，绕过敌军防线上了贵山。为避开敌军，亚宜带领妇女们披荆斩棘，一路上树叶、竹叶等落在煮好的糯米饭上，将糯米饭染得五颜六色。通过最后一个关卡时，她们被敌军发现。敌军检查了妇女们的所有行李，询问所带为何物。亚宜不仅漂亮，也聪明过人。她灵机一动，说她们是上山采药的当地人。敌军信以为真，放行亚宜等妇女。她们顺利过关卡，走大路，将花米饭送给亚努义军，义军才勉强填饱肚子。亚宜回来后，上山寻找树叶，反复试验，终于成功将糯米饭染得五颜六色，便如法炮制，顺利通过关卡每天送花米饭上山。义军体力得到了恢复，于四月初八举行反扑，与敌军展开了长达数小时的激烈战斗，取得了最后的胜利。然而不幸的是，亚努于四月初八战死沙场。这是一个不可接受的噩耗。还在染花米饭的亚宜接到噩耗，随即因伤心昏死过去。人们自发地将准备送给义军的花米饭捧到亚努的尸旁，祭奠为民族战死的大英雄亚努，久久不愿离去。正所谓无巧不成书，亚努于四月初八组织起义，又于四月初八战死。海蒳苗自此开始于每年古历四月初八蒸花米饭来祭奠已经死去的民族英雄亚努，愿他在天有灵，来格来尝。后来，"四月八"不仅成为祭奠民族英雄、祭奠先祖的日子，还成为海蒳苗族的姑妈节。四月初八这天，海蒳苗族已嫁出去的姑娘都要回娘家过"四月八"，娘家杀鸡宰羊与姑妈和亲朋好友共同度过先祖们用生命换来的美好时光。娘家还送用花米叶包的一包花糯米给婆家，表示娘家人丁兴旺，后继有人。

随着经济社会的发展，海蒳苗同胞过上了好生活。海蒳苗年轻人把四月初八当作他们的情人节。情妹用编织得很漂亮的竹篮装花糯米、红鸡蛋饭并送给情郎。五颜六色的花米饭代表情妹为情郎花尽心思。情郎那天也会送给情妹礼物，如伞、新衣布料等。

2. 龙里、惠水苗族的传说

相传为纪念苗族英雄祝迪弄而过此节。届时龙里、惠水等地的苗族要开展跳芦笙、射花背牌、对歌等活动。因吃花糯饭，故称花糯饭节。[2] 每年四月初八，惠水、龙里等县部分苗族都自动汇聚到贵阳喷水池一带，吹笙跳舞，凭吊英雄。

惠水摆金、鸭寨一带的苗族，在雅水的糯米坡开展跳芦笙、对歌、吃花糯米饭等活动。据《惠水县志》记载："县境苗族较为普遍的传统节日，有春节（过年）、三月三、四月八、六月六、交秋节等。四月八：在大华甲浪地区苗语称为'垴滔炯'，汉语译为'吃黑糯米饭节'，雅水地区则汇集于党古乡的糯米坡吹笙跳舞，以示纪念苗族先祖。"[3]糯米坡位于雅水镇翁庆村新寨组（当地称为糯米坡新寨）一个苗族村寨旁，糯米坡地势高于四周山坡，整座山坡无一棵树木，坡顶是一个平缓而宽阔的大草坪，长500余米，宽80余米，半坡以下是层层梯田和错落有致的村庄。农历四月，正是草长莺飞、布谷催种的时节。山上，新绿惹眼的青草地，翠色欲滴；山下，绵延如带的层层梯田，波光粼粼，村寨在田园环绕的丛林中若隐若现；远方，四周群山绵延起伏，凉风习习。此时，正是纵情歌舞、谈情说爱的好时节。

四月初八这天，人们从四面八方向糯米坡汇集，远远望去，移动的人群像一朵朵彩云在蓝天中飘舞。中午时分，糯米坡上逐渐热闹起来，身穿盛装、戴着琳琅满目银饰的苗族姑娘伴随着后生们悠扬的芦笙旋律，跟着笙歌，踩着节奏，一曲又一曲地翩翩起舞……芦笙场外，情歌四起，许多爱情故事在这里萌发。芦笙跳罢，又进行摔跤、赛马等传统体育比赛，不管是否获胜，参加比赛的小伙，都吸引着姑娘们青睐的目光。夜幕降临，附近村寨热情的苗族、布依族人家宾客满座。夜深了，游方的歌声悠扬，通宵达旦。

糯米坡附近的苗族村寨多为杨姓、罗姓、吴姓、王姓。据糯米坡新寨杨姓寨老讲述，"四月八"在糯米坡跳芦笙舞是为了纪念苗族首领祖德勒。明朝初期，苗族迁徙到格罗格桑（今贵阳市一带），过着丰衣足食的生活。后来被外族攻打，苗族首领祖德勒率领族人迎战，多次给入侵者以沉重的打击，但因力量悬殊，最后在四月初八这天战败牺牲。于是，苗族同胞不约而同地在四月初八这天，带着糯米饭，来到祖德勒牺牲的地方跳起芦笙舞，凭吊英雄，年年如此，世代相传。大部分苗族部落在战败后离开了故地，并将纪念阵亡将士的祭祀活动带到了现居住地。经过多年的迁徙，沧桑的岁月逐渐淡化了悲愤的情绪，取而代之的是喜庆和娱乐的节日色彩。如今，糯米坡"四月八"传统节日实际成了苗族、布依族、汉族等各族人民文化交流的盛会。

龙里摆省、渔洞、岱林等地的苗族赶到临近的贵阳高坡、甲定去参加活动。苗族在"四月八"有染花米饭的习俗，传说是亚努（或祖德龙）被俘囚禁后，亲友送饭去，被狱卒抢去吃了。亲友就用植物的汁液将饭食染成各种颜色，瞒过狱卒，亚努才得食用。"四月八"吃花米饭的习俗就这样沿袭至今。[4]

3. 都匀苗族的传说

据说，都匀苗族过"四月八"是为了纪念很久以前在迁徙中带领族群与官兵战斗的苗族英雄苗王。传说苗王被抓、关在牢房里，老百姓送的饭都被看守抢去吃了。后来，人们用枫香树叶把糯米染成黑色，用苦李皮把糯米染成红色，用杨梅皮把糯米染成紫色，用黄饭花把糯米染成黄色，蒸煮成花糯米饭，送给苗王吃。看守看见五颜六色的饭，以为脏、有毒，便不会抢来食用。但最后，苗王还是被杀了。苗王的故事代代相传，苗王是当地苗族人民的民族英雄。因此，每年都匀苗族都要染花糯米饭，吃花糯米饭，怀念苗王，纪念自己的英雄祖先。现在，都匀坝固、新场一带的苗族都过"四月八"。吃黑花饭，苗语坝固土语叫"能敢虽"。每逢节日，家家都事先准备嫩枫香树叶等染色植物叶，把糯米饭染成乌、红、黄、白等各种颜色，用以祭奠英雄和怀念祖先，同时款待家人和亲朋好友。[5]

4. 其他地区

黄平的"四月八"。据文献记载，飞云洞建于明朝正德初年，最初由苗族潘姓开拓。每年四月初八，附近几十公里的苗族都到这里游乐，纪念祖先开拓和发现飞云洞。紫云的"四月八"，传说与贵阳相同，实际内容却是"牛王节"。湖南城步的"四月八"，称为乌饭节，传说是为纪念祖先而兴起的。湘西苗族过"四月八"，传说是因古代有一位苗族首领叫亚宜，联络各寨头人起事，反抗压迫，于次年四月初八牺牲，苗族人民为追悼这位英雄，在每年的这一天举行纪念活动。[6]铜仁松桃苗族的"四月八"，原是与农业生产有关的"牛王节"，后因湘西有位起义领袖亚宜在这一天牺牲，于是就逐渐变成纪念这一英雄的节日了。节日里开展接龙舞、龙灯舞、狮子舞、鼓舞、花灯舞、打秋千、上刀山、摔跤等活动。此外，务川、道真苗族的"四月八"与佛教有关。[7]

二、苗族"四月八"流行区域与规模

苗族"四月八"主要流行区域为贵州贵阳、开阳、修文、清镇、关岭、镇宁、务川、道真、黄平、铜仁、松桃、龙里、贵定、惠水、都匀、麻江、安顺、平坝、纳雍、紫云及湖南湘西、城步等地。"四月八"是苗族的传统节日，是苗族的祭祖节、英雄节、联欢节。届时，人们主动聚集到预定的地点吹笙跳舞、对山歌、舞花带、上刀梯、钻火圈……热闹异常，人数以万计，场面宏大而壮观。人们尽情歌舞，通宵达旦。参加节日的人数一万到三万不等，总计可达数十万。贵阳市苗族的"四月八"庆祝活动规模最为宏大、场面最为隆重、影响最为深远。1985 年的松桃"四月八"活动，来自湖南、湖北、四川、贵州四省的各族群众 15 万人参加了盛会。[8]

三、苗族"四月八"的内容记述

民国《都匀县志稿》"节序"记载：四月初八，以枫叶染糯米饭，分而食之。正午，以红纸书字，驱毛虫，谓之"嫁瓦蜡"。[9]《贵州的四月八》记述：在黔东南，黄平县的苗族在飞云崖祭祖欢庆，三穗、天柱县的苗族、侗族祭祖对歌。在安顺，苗族、布依族玩山赶表吹芦笙，平坝的吹箫筒唱山歌，紫云的祭祖唱歌跳芦笙。在贵阳，苗族于市中心喷水池旁敲锣打鼓吹芦笙，花溪高坡苗家射背牌、吹芦笙。在黔南，龙里、惠水唱歌吹笙射背牌……每年参加节日的人在 20 万以上。这天，人们在一起吹笙、跳舞、唱山歌、荡秋千、上刀梯、玩龙灯、耍狮子等，人山人海，场面极为壮观。

苗族青年男女特别喜爱"玩山对歌"活动，可通过"玩山对歌"加深对心宜之人的了解。青年男女主要是在赶场天和节日相会。如男方唱："美貌姑娘在路旁，许是等候如意郎，如意郎君还未到，不妨与哥歌一场……"姑娘们若同意，便对答道："哥们邀咱来对歌，姐妹心宽了几多，哥们不嫌妹们丑，妹愿同哥对山歌。"男唱："说唱歌来道唱歌，相会几次不算多，妹妹觉得哥哥好，借件把凭给哥哥。"女对答："哥向妹妹借把凭，妹小身上无分文，妹有自绣的花帕，借给哥哥行不行？"

赶表，布依语叫"浪冒浪哨"，是布依族青年男女寻觅配偶、交流感情的一种社交活动，多选择在做喜事和农闲赶场天进行。赶表时，男女青年通过对歌、吹木叶和勒尤来表达自己的爱慕之情。赶表歌有"情歌""苦歌""逃婚歌""告状歌"之分，歌词有九言、七言、五言、四言不等。在这里，青年们赶场不是去做买卖，而是去寻找意中人。

花糯米饭是用植物色素泡染糯米蒸煮而成，为"四月八"必备的特色食品。制作黑糯米饭，先将采摘的枫树叶洗干净，再把叶子捣烂，用水泡 10 个小时以上（有的两天），然后过滤叶子水，并把泡好的枫树叶水倒进烧热的锅中，又马上倒出来，如此重复三次（水呈茶色）。等枫叶水稍温后，把糯米倒进去泡；大约一天后，把泡好的糯米滤出来蒸煮至熟。制作黄糯米饭，将采摘好的黄饭花用水煮 10 分钟，过滤降温，再将糯米放进去浸泡一天，滤水，蒸煮至熟。制作花糯米饭时一段用的是天然的色素染料，也有用品红来染的。蒸煮花糯米饭时要注意，如果一次用同一个甑子蒸煮，带色的糯米放底，白色的糯米放上面。

四、"四月八"的特点与文化意义

（一）特点

"四月八"已被国家民委认定为苗族的传统节日。《黔南布依族苗族自治州自治条例》规定，在"四月八"和"六月六"这两个主体民族传统节庆期间，全州可放假庆祝。作为苗族的传统节日，各地的"四月八"表现出如下特点：一是节日大多源起于对祖先的崇拜、对英雄的凭吊；二是在苗族聚居区，"四月八"逐渐成为以苗族为主体的各民族共同参与的节日；三是不同传说、古歌反映出来的历史久远性。例如，都匀苗族以前过"四月八"，在堂屋供桌上点燃香纸，摆上供品之后，念念有词："历朝历代，列祖列宗，来吃来喝，来保来佑。要把富贵给我们，要把吉祥给我们，不要让病魔来折磨我们，不要让灾难来祸害我们，不要让恶人来压制我们，让我们吉祥如意，幸福安康，六畜兴旺，五谷丰登！"[10]四是内容不尽相同，反映了节日内容的演变与融合性。根据田野调查和历史文献记载，"四月八"大都于节日内祀祖先。随着人类社会的发展，苗族传统节日文化的现代变迁与融合表现为：祭祀内容发生变化，参与民族增加，与现代节日、法定节日、各种文化艺术节相结合。

（二）文化意义

人类学家傅雷在《原始宗教中的死灵恐惧》中说："人类都相信他们的意识存在，不因死亡而终止，它将无限期地延续……这就是我们所谓的灵魂不灭的信仰。"同样，在苗族的原始宗教意识里，也存在灵魂不灭，即亡故的祖先有着同活人一样的物质需求，与活人一样要吃穿住行，并且与子孙保持紧密联系，祸福相依。"四月八"在中国苗族地区十分盛行，源于苗族祭祀活动，祭天地、祭祖先、祭英雄、祭神灵，充分体现了苗族对祖先的崇拜，对英雄的凭吊，对神灵的敬畏，对自然的尊重。祖灵不死，人们必须得给他找一个栖息的场所，还得有好吃的供奉。在"四月八"的祭祀活动中，用酒、肉、花糯米饭供奉神灵等系列操作是一种替代行为，可对个人提供心理上的慰藉，求助于神灵来保佑子孙的生命和族群的兴旺。[11]

随着时代的变迁，节日活动逐步加进了歌舞表演及人情交流，内容更加丰富多彩。"四月八"已由祭奠和纪念自己的民族英雄的日子逐步发展为隆重的民族节日。四月初八这一天，成千上万的苗族男女都要穿上节日盛装，从四面八方涌入歌场对唱苗歌。苗族"四月八"体现了苗族的民间信仰特点以及对美好生活的向往和追求，对研究苗族的历史、民俗具有重大的价值，是湘、鄂、渝、黔等省市汉族、苗族、布依族、侗族、仫佬族、土家族等各民族的大聚会。吃黄花饭、乌米饭，其寓意是团结族人和预祝风调雨顺。"四月八"主要与农事有关，这是农耕民族的节日，也是农耕文化的重要标志。举行"我们的节日——四月八"等各种庆典和欢庆仪式，不仅表达了人们对丰收的喜悦，还促进了各民族间的文化交流，树立了文化自信，关键是加强了民族团结。"四月八"的传承发展，也将助推文化产业、旅游业的发展。

（作者：吴波，贵州省惠水县鸭绒学校教师，县苗学会副会长；陈昌美，贵州省贵阳市建筑设计院有限公司设计师，龙里县苗学会常务理事；陈武，贵州省龙里县移动公司中级维护师，县苗学会会员；文毅，黔南民族师范学院民族研究院院长、研究馆员，贵州省黔南州苗学会副会长兼学术委员会主任。审校：吴进华）

参考文献：

[1] 贵州省文化厅群文处. 贵州少数民族节日大观 [C]. 贵阳：贵州民族出版社，1991：89.

[2] 黔南布依族苗族自治州志编纂委员会. 黔南布依族苗族自治州志 [M]. 贵阳：贵州人民出版社，2007：183，185.

[3] 惠水县史志编纂委员会办公室. 惠水县志 [M]. 贵阳：贵州人民出版社，1989：440.

[4] 吴正彪，吴进华. 黔南苗族 [M]. 北京：中国文化出版社，2009：395.

[5] 贵州省都匀市苗学会. 都匀苗族 [M]. 长春：吉林文史出版社，2016：331—334.

[6] 廖善友. 贵州旅游 [M]. 贵阳：贵州民族出版社，1997：83—84.

[7] 贵州省民族研究所. 贵州少数民族 [M]. 贵阳：贵州民族出版社，1991：25—26.

[8] 贵州省民族研究所. 贵州少数民族 [M]. 贵阳：贵州民族出版社，1991：25—26.

[9] 都匀市史志编纂委员会办公室. 都匀县志稿 [M]. 都匀市史志编纂委员会办公室点校，2005：110.

[10] 贵州省都匀市苗学会. 都匀苗族 [M]. 长春：吉林文史出版社，2016：331—334.

[11] 丁川，等. 生命意识 [M]. 北京：中国文联出版社，2003：124.

都柳江沿岸的苗族鼓藏节

平立豪

　　三都水族自治县位于都柳江的上游、贵州省黔南布依族苗族自治州的东南部，东西宽 56 公里，南北长 78 公里，总面积 2400 平方公里。世居的少数民族主要有水族、布依族、苗族、瑶族等。据 2017 年统计，全县总人口 40 万人，其中苗族人口 6 万余人，主要分布在县境东面、北面和西北面，多居住在都柳江沿岸的高坡和峡谷地带，操苗语黔东方言（中部方言）。住地大多处于海拔 600～1000 米之间，地形有"九山半水半分田"之称。三都境内的苗族与都柳江中下游的榕江、从江、雷山地区的苗族的语言、服饰和风俗习惯大同小异，都保持着浓郁的原生态苗族文化特色，其中传承久远的苗族鼓藏节就是这一带苗族最具民族特色的传统节庆之一。本文仅以普安镇的排月苗寨和都江镇的高尧苗寨鼓藏节为例进行介绍。

一、三都的历史沿革与苗族的分布情况

　　三都县域在夏朝属梁州东南裔；商属荆州西南裔；周属越，领牂牁国地；秦属象郡且兰县地；汉属牂牁郡；晋至南朝宋属牂牁郡的东南角和武陵郡的西南角等处交界地；南朝齐属牂牁郡东南角和齐熙郡西北角等处交界地；梁、陈属南牂牁郡；隋属牂牁郡。唐初开始在三都境内设治，贞观三年（公元 629 年），置婆览县（今三都恒丰、塘州、合江一带）、都尚县（今三都都江一带），属应州管辖，州治在都尚县。宋代，属夔州路绍庆府（今四川彭水县）所辖五十六羁縻州的南部东段边地。元朝至元二十六年（1289 年）六月，西南夷中下烂土等处洞长忽带等，以三百洞一百一十寨内附。至元二十八年（1291 年）十月，将洞蛮烂土改建定云府，改陈蒙洞为陈蒙州，合江为合江州。明朝洪武二十四年（1391 年）三月，授张均为合江州陈蒙烂土长官，隶都匀卫。弘治七年（1494 年）五月，长官司改属独山州，隶新设的都匀府。清雍正九年（1731 年）七月，置都江厅通判（今三都都江），隶都匀府。雍正十二年（1734 年），以烂土司地置三脚屯州同（今三合、大河、普安、中和等乡镇）。民国二年（1913 年）十二月，

都江厅改称都江县，三脚州同改称三合县。民国三十年（1941 年）二月，贵州省政府将都江、三合两县合并，改名三都县，县治设在三合镇，都江县署改为区署。

三都苗族迁入县内居住的历史比较悠久，应属土著民族。从原 21 个乡镇区域来看，都留有相应的苗语地名。据不完全统计，三都苗族聚族而居的大小寨子有 180 多个，60000 余人口，遍及全县乡镇 11 个，即：三合镇、普安镇、都江镇、大河镇、交梨乡、高硐乡、拉揽乡、打鱼乡、羊福乡、坝街乡、巫不乡等。

在全县 11 个乡镇中，100 户以上的自然寨有 45 个（据 2016 年不完全统计），寨名如下：

乡镇	寨名称	户数	人口	传统节日	服饰特色
三合镇	巫烂	138	589	尝新节、吃新节、鼓藏节、打手毽节	蜡染花艺与刺绣
	排招	247	1362	尝新节、吃新节、鼓藏节、打手毽节	
	洛朗	205	1021	尝新节、吃新节、鼓藏节、打手毽节	
	排偷	146	572	尝新节、吃新节、鼓藏节、打手毽节	
	上排正	167	758	尝新节、吃新节、鼓藏节、打手毽节	
	下排正	212	1070	尝新节、吃新节、鼓藏节、打手毽节	
	交向	114	518	尝新节、吃新节、鼓藏节、打手毽节	
普安镇	的刁	103	492	尝新节、吃新节、鼓藏节、打手毽节	蜡染花艺与刺绣
	甲揽	132	577	尝新节、吃新节、鼓藏节、打手毽节	
	羊吾	132	608	尝新节、吃新节、鼓藏节、打手毽节	
	二台坡	102	419	尝新节、吃新节、打手毽节	
	甲排	161	652	尝新节、吃新节、鼓藏节、打手毽节	
	乌耶	207	920	尝新节、吃新节、鼓藏节、打手毽节	
	猫寨	112	338	尝新节、吃新节、鼓藏节、打手毽节	
	总奖	107	480	尝新节、吃新节、鼓藏节	
都江镇	小脑	149	634	粽粑节、尝新节、吃新节、鼓藏节	百鸟衣与织锦
	控抗	280	1440	粽粑节、尝新节、吃新节、鼓藏节	
	怎雷	207	963	粽粑节、尝新节、吃新节、鼓藏节	

黔南苗族民俗研究

乡镇	寨名称	户数	人口	传统节日	服饰特色
交梨乡	阳冬	218	887	尝新节、吃新节、鼓藏节、打手毽节	蜡染花艺与刺绣
	水牛寨	120	409	尝新节、吃新节、鼓藏节、打手毽节	
	排月	218	1187	尝新节、吃新节、鼓藏节、打手毽节	
	望结	135	687	尝新节、吃新节、鼓藏节、打手毽节	
	冲寨	218	990	尝新节、吃新节、鼓藏节、打手毽节	
	羊党尧	102	398	尝新节、吃新节、鼓藏节、打手毽节	
	野记	241	1241	尝新节、吃新节、鼓藏节、打手毽节	
	野足	114	468	尝新节、吃新节、鼓藏节、打手毽节	蜡染花艺
	排代	102	636	尝新节、吃新节、鼓藏节、打手毽节	
	羊查	101	420	尝新节、吃新节、鼓藏节、打手毽节	
	羊送	102	416	尝新节、吃新节、鼓藏节、打手毽节	
	高屯	205	1267	尝新节、吃新节、鼓藏节、打手毽节	
	月桶寨	103	461	尝新节、吃新节、鼓藏节、打手毽节	
	交梨大寨	220	961	尝新节、吃新节、鼓藏节、打手毽节	
拉揽乡	排烧	316	1488	粽粑节、尝新节、吃新节、鼓藏节	蜡染花艺与刺绣
	高寨	221	990	粽粑节、尝新节、吃新节、鼓藏节	
打鱼乡	排怪	284	1549	粽粑节、尝新节、吃新节、鼓藏节	百鸟衣与织锦
	排抱	253	1173	粽粑节、尝新节、吃新节、鼓藏节	
	丁调	101	386	粽粑节、尝新节、吃新节、鼓藏节	蜡染花艺与刺绣
	盖赖	372	1792	粽粑节、尝新节、吃新节、鼓藏节	
	柳排	126	526	粽粑节、尝新节、吃新节、鼓藏节	
	来术	173	752	粽粑节、尝新节、吃新节、鼓藏节	
	岩捞	102	421	粽粑节、尝新节、吃新节、鼓藏节	
	万响	101	386	粽粑节、尝新节、吃新节、鼓藏节	
羊福乡	达洛	101	360	粽粑节、尝新节、吃新节、鼓藏节	百鸟衣与织锦
	里勇	178	804	粽粑节、尝新节、吃新节、鼓藏节	

乡镇	寨名称	户数	人口	传统节日	服饰特色
巫不乡	高尧	145	755	粽粑节、尝新节、吃新节、鼓藏节	百鸟衣与织锦

二、苗族鼓藏节的由来

鼓藏节，苗语称"nongnx niel"，直译为吃鼓。"鼓"为一种乐器、器物，同时又是苗族传统祭祀活动的概称。鼓藏节是祭祀本宗族列祖列宗神灵的大典。鼓藏节每13个年头举办一次。因苗族聚族而居，以血统宗族形成的地域组织"鼓社"为单位维系其宗族生存和发展。"鼓"是祖先神灵的象征，所以鼓藏节的仪式活动都是以"鼓"为核心来进行的。据《苗族鼓藏歌》称，鼓藏节早在先秦夏王朝时期的古三苗国就已经形成，在后来的迁徙中因居住环境和条件而发生了一些变化。在汉文典籍中，对苗族"吃鼓藏"的文字记录始于清代。如《黔南识略》载："黑苗蓄发者居多，衣尚黑，短不及膝，十年蓄牯牛祭天地祖先，名曰吃牯脏。因其以肉赠亲友，而以肠脏饷客，故名。"清乾隆《贵州通志》载："黑苗在都匀、丹江，镇远之清江，黎平之古州……每十三年宰牯牛祭天地祖先，名曰吃牯脏。"

鼓藏节的来历在《苗族古歌》里说的是，人类祖先姜央过鼓藏节是为了祭祀创世的蝴蝶妈妈。据说，有一年，地方忽然发生瘟疫，人死得很多。又一年，天下大旱，颗粒无收。姜央认为这是因为没有祭祖，祖宗生气降下的灾害。于是，他决定祭祖，祈祷降福子孙。祭祖之后，蝴蝶妈妈高兴，收起瘟疫，普降甘露，年年丰收。从今以后，姜央定下古规，每12年祭一次祖，后代子孙照办，代代相传，便成了风俗。鼓藏节成为苗族，特别是黔东方言苗族最为隆重的传统祭祖仪式。

三、都柳江沿岸苗族吃鼓藏活动仪式

整个黔东方言特别是都柳江沿岸的苗族都有"吃鼓藏"的习俗，活动仪式大同小异。三都苗族都操黔东方言苗语，以服饰与生活习俗的差异可以分为三大支系：一为蜡染花衣苗族支系；二为百鸟衣苗族支系；三为八寨刺绣衣苗族支系。除了服饰和生活习俗的差异，他们所过的鼓藏节也有所不同。其中，普安镇排月苗寨和都江镇高尧苗寨鼓藏节较有代表性。

每个地方的鼓藏节都有其相似之处。鼓藏头家牵头组织，有一个组织程序，安排任务，分七组人马来维持活动：一是鼓藏头 gaib niux "街挠"，其可分为大鼓藏头和小鼓藏头。鼓藏头的推选条件有：①最早迁居到本寨、居住时间最早的宗族；②德高望重；③家庭富裕；④夫妻双全；⑤多子多孙；⑥总揽全局，主角负责社会治安、生活总调度，承担活动主角。小鼓藏头推选2～3人，协助大鼓藏头工作，承担丑角，主要扮演趣味角色，即娱乐艺术方面，逗人欢笑、嬉戏。二是 lobbaix "罗摆"，直译成汉语即 "手脚"，内外总管，又叫作辅佐。三是 "仙象"，即 "祭师"，负责念鼓经，是鼓师。四是 "相举"，即 "芦笙师"，主管芦笙队伍，叫芦笙师傅。五是 "落摆"，当助手。六是 "化架"，负责厨房饭菜，叫作炊事员。

普安镇的排月苗寨鼓藏节活动组织程序。鼓藏节是排月苗家举行的规模最大、最隆重的节日，每13年才轮一次，俗称 "吃鼓藏"，苗语 nongdniux "奴挠"。据调查，排月苗寨在20世纪40年代举行过一次鼓藏节。新中国成立后，由于各种原因，该寨的鼓藏节未能得到开展。

排月苗家人把鼓藏节作为盛大的节日，每13年轮番一次。在这13年里，家家户户都养有水牯牛，有的农户还养几头（少则两头，多则六七头）。每轮到鼓藏节的时候，寨子会选派一户或几户富裕的、子孙满堂的、威望最高的人家作 "鼓藏头"，苗语称 ghaibniaox "街挠"。家家户户都宰牛祭祖，一个村寨以鼓藏头为主，鼓藏头家要宰2～3头水牯牛。非鼓藏头家只杀一头，负责接待自家客人。鼓藏头家除邀约和接待自家客人之外，还负责接待其他宾客。举行鼓藏仪式，先由鼓藏头号召并带头，经大家同意，即开办。开办前，每家做好筹备工作，各家备好粮食、酒肉、祭牛，为儿女缝好衣服、打好银饰，寨子备好芦笙用于 "贺牛"，喇叭芦笙用于 "跳月"。各家特邀其亲友来庆贺，杀牛祭祖。来的亲戚，要送 "鼓藏礼"，即送80斤左右的大米、一壶酒、一箩豆腐、价值50元左右的鞭炮等。杀牛时，有的是自家人宰杀，有的是邀请客人宰杀。来宰牛的亲友，主人送牛颈子交给他扛回去，即谢屠礼。

鼓藏节期间，鼓藏头家要开展活动12个昼夜，也招待客人12天12夜。非鼓藏头家则只举办3天。鼓藏头家开展活动，有一个组织程序，安排任务，分8组人马来维持活动。如 "街挠" 承担主角，叫作大鼓藏头；"街挠右" 承担丑角，叫作小鼓藏头；由 Lobbaix "罗摆" 承担内外总管之职，叫作辅佐；让 "仙象" 负责念鼓经，是鼓师；请 "相举" 芦笙师傅组织芦笙队伍，因其掌管跳舞，又有舞师之称；发辉 "落摆" 当助手，和 "化架" 负责厨房饭菜，即炊事员。

吃鼓藏有一整套的活动程序：第一天上午接鼓，xiabniaox "下挠" 把老鼓抬至坡上藏起来，后发动人去找回，叫作迎接鼓。众人找回鼓木，抬到家，随路放鞭炮。继而到鼓藏头家先拜三次鼓，烧香纸，向祖宗拜祭，祈求保佑。鼓师念咒词，念毕，再敲三棒。此后，从人可以随意击鼓，其余的人围成圆圈跳鼓。随着击鼓节奏跳鼓，奏拍可分为三声步、四声步和六声步。男女老少都可跳，击鼓声、脚步声、呎喝声一齐进发，响彻云霄。苗家人认为祖先的灵魂聚在木鼓里。这时，他们庄重地把鼓接回家，放在堂屋中央。如果鼓藏头有变更，须举行接鼓仪式，杀猪、鸡、鸭、鹅供祭，把鼓接到新的鼓藏头家。鼓是用枫木或楠木专制，其长约 2 米，径口约 0.8 寸，鼓的两头用野兽皮绷成，若无兽皮，就用牛皮绷制鼓头，声音响亮高亢。

这天（第一天）中午是 xelderbaxxid "孝得啊显"，意思是活动开幕式，把新要宰的牛牵到斗牛堂去亮相，给观众观赏。负责杀牛的亲戚，要负责把牛牵到斗牛塘，牛亮相毕，则牵回家，主人或客人要抓一把泥土抹放在牛背上。苗语 "阿显"，意思是牛背钱财盐米回家。这天晚上接客，各家亲友从四面八方赶来过节，每组亲友都送贺鼓礼。客人进主寨时放鞭炮，表示庆贺；客进主屋时，以鞭炮表示欢迎。接客人进家就坐，以酒食佳肴招待，当晚祭祖。

第二天清晨，将水牯牛杀掉。吃鼓藏，杀牛祭祖是排月苗家对祖先最隆重的祭祀。依照苗族的礼节，杀牛祭祖都是特邀内亲当屠手，杀牛表演于亲友观赏。多数杀独椿，把牛拴在独椿上，牛可绕椿团团转，杀手持着大砍刀，随牛绕椿，趁牛不注意时，一刀砍下。一般要三刀把牛砍倒，刀法好的，一刀可把牛砍倒，牛倒后再添两刀表示三刀光吉，观众啧啧称赞，"好刀法" "好刀法"。新的屠手一般心理素质较差，没有经验，连连数刀都砍不倒，众人哈哈大笑，呎喝声一浪高过一浪。杀手越砍越紧张，满脸通红，红至耳根，很不好意思，退出杀场，把刀交给助手去完成。上午，所有的客人都观看杀牛，并放鞭炮，各组客人放的鞭炮价值百元人民币不等，这一场面最为热闹。下午是 "把对征"（苗语 baix deix zend）和放牛斗角。"把对征" 是芦笙舞开幕式。以鼓藏头为首，带领所有班师，扛着木鼓敲敲打打，奏奏喇叭芦笙声，放着鞭炮，男男女女迈着轻盈舞步，穿着艳丽服装，彩带飘舞，银饰叮当叮当摇响，似大型队伍检阅仪式，步入跳月堂。这天下午，全跳芦笙舞和木鼓舞。跳舞围成一圈又一圈，最里层是少年儿童，第二层是少男少女，第三层是新婚妇女，第四层是中年妇女，最外是老年人。芦笙队伍至少由六人一组，相互交替奏乐，不能中断，连跳三天。

第三天，放牛斗角和跳月同时进行。平日训练牛打角的，已编好配对，把体形大小、角的宽度等方面相当的编为一对，安排顺序出场。主人牵着牛鼻，后面的客人紧跟着放鞭炮，奏芒筒芦笙队伍直扑斗牛场。斗牛最为精彩的场面是“等牯”（等牯的额上带草包，堂塞）和“碰牯”。将等牯牵入斗堂，芦笙队伍到牛主家庆贺，碰牯听到芦笙奏乐后，主人把圈门打开，碰牯便直头直路奔扑斗堂，气势威猛，击斗等牯。有的等牯非常敏捷，转身一让开，碰牯措手不及，捕风捉影，落落空空，全场观众哄然大笑。后两牛相斗不休。救牛手用绳绑着牛后腿，指挥者一边叫“拉”，另一边叫“放”，直至两牛筋疲力尽，才解开。苗家人吃鼓藏时不能让牛被斗败，若是斗败了，表示不吉祥。牛打角场面简直是人山人海，热闹无比。

第四天的活动是棉桃会，苗语 xiaoxgabsodsenb“索干所生”。这天，鼓藏头家用竹子把糯粑团挂在竹枝上，像棉花盛开似的。以鼓藏头为首，带领着其班师、群众扛着棉桃树，伴着乐队跳舞，绕村寨一周，最后回到终点。接着，众人相互抱着棉桃树，展开一场极为热烈的争夺战。抢得者奖给一团糯饭，这表示来年棉花丰收。

第五天是背水会，苗语 nongdeb“奴欧”。这天，愿意参加活动者，每人自备一根竹竿，跟着鼓藏头和班师，随着乐队奏乐，边舞边走，一直走到有水的田坝。选择二位温柔美貌的姑娘去背小水桶，由鼓师念唱咒词后，用银瓢舀几滴水在桶里，让姑娘背回家．其意是背金银液回家。然后，其他人用竹竿打水仗，撬烂泥。先是轻轻地点一点水，之后越打越厉害，最后发展到戏弄性的打水仗。小伙子们和姑娘们自然成了打水仗的主角，打累了，就跑开，你追我赶，各不相让。

第六天是芦笙围屋会，苗语 waszailgid“万再举”。这天午饭后，班师及群众唱起歌，跳起舞，围着鼓藏头的房屋绕三圈，最后进家，吹笙跳月一昼夜，不能中断。舞女们牵着小伙子的手，翩翩起舞，妩媚相对，情意浓浓。天亮了，才撤掉芦笙队，姑娘和小伙子难分难舍。饭后，鼓藏头家打发姑娘和后生每人一碉“芒碉”偿劳。

第七天是送鼓出门，苗语称“队挠信内”。把木鼓拿下来，用大绳拴在堂屋中间，有一部分人在屋内使劲拖，另一部分人在大门外使劲拉，少则几十人，多则上百人，像拔河一般热闹。最后把鼓送出门外，即鼓已送去。

第八天是劈木会，即“砍椿”，苗语 maf get“抹告”。鼓藏头家扛来四筒大枫木，放在堂屋上火笼四边形的四个角位置上，枫木上端用绳绑在拉枋上，下端用四根平放的木头架牢。邀来大力士参加砍椿，参加砍椿的三人至六人不等。砍椿的人，手里持着大马刀，随鼓点节奏，边舞边砍，以逆时针走向转砍，直到把大枫木劈得粉碎为止。参加砍椿的人较多，分成若干组砍。枫木砍断了，再换上新的。参加砍椿的人必须会跳舞，随击鼓的节奏和脚步有节奏地砍。前面的砍了，就往前移动，后面的人接着砍。围观者评论砍手，看谁的动作优美，谁的力气大，有宾有主。最后一轮劈碎最后一根枫木，意思是砍神扫鬼，全被驱赶，这项活动结束。所有在场的人一齐进发出欢呼声：oukyoub"欧一邀"。

相传"枫木"是蚩尤所弃之桎梏。传说，苗族的祖先蚩尤在战场上被敌人活捉，用枫木作"桎梏"。苗族吃鼓藏的劈木会，其含意是把自己的祖先首领从桎梏中解救出来。

第九天是砍刺封寨。这一天中午饭后，客人纷纷散去，主人打发每组客送一包"芒碉"，表示拿回去报讯在家的老小，以表示主人孝老、爱幼。有回肉一块，大约一斤半左右，或是一只煮熟了的鸡腿。

按吃鼓藏规矩，客人散后，要砍刺拦路，插上草标，封寨三天。在三天内，为了避除邪恶，客人不准进寨，也不能出寨。留下来的客人，与主人一同就餐，共舞，鼓藏歌对唱三天三夜。第三天后，撤走路上插的草标，待班师粥词毕，以火烧尽，整个鼓藏节活动全部结束。

都江镇高尧苗寨鼓藏节组织活动程序。吃鼓藏前（三年前），鼓藏头召集寨里各户主人来商议"吃鼓藏的筹备工作"，如该买牛的就买牛，养猪的养猪，酿酒则酿酒。经济实在困难的，也得有一头肥猪做准备。商量结束后，鼓藏头杀鸡摆酒，招待各支族首领，共聚一餐，以表示"吃鼓藏"筹备会圆满完成。

距吃鼓藏还有六七个月的时候，鼓藏头择定"龙"天，号召大家去修整斗牛塘。高尧寨的斗牛塘有500多平方米。修整后，鼓藏头要举行"踩塘"仪式。踩塘时，由鼓藏头献猪一头、酒一桶和糯米饭数斤到塘里走一圈。凡参加修整塘子的人，还要带酒一斤、糯饭一斤，家中有鸭者，送鸭一只。鼓藏头动员大家备好芦笙、古瓢琴。届时热闹显示于客人。

到了吃鼓藏时，由寨上班师择吉日。这里择吉日为"狗"天开始，历时三天。前两天主要是斗牛、跳月等娱乐活动。男的吹芦笙、拉古瓢琴、吹芒筒，女的穿节日盛装，系鸡毛裙，上着蜡染花衣。男子吹芦笙，女子翩翩起舞。女子舞步轻快大方，两手斜直在胸前上下摆动，动作轻盈文雅。围观的客人之多，简直似人山人海，水泄不通。到了第三天，活动进入高潮。先是踩塘仪式，踩塘是按寨上家族支系在当天同一时辰举行。鼓藏头走在前列，牵牛者须是其舅舅，须有妇女抬着东西随后，之后是鼓藏头家的芦笙队伍。队伍由10～17人组成。接着是寨上的芦笙队伍、古瓢队伍以及拉牛的、放鞭炮的、抬衣物的、挑鱼网的等，最后是民众。各宗族的踩塘队伍到牛塘转了三圈之后，用手取一把塘中泥土抹于牛背上，以表踩塘万事如意。踩塘完毕，依次序返家休息就餐。中午开始，放牛打角。此日，放有1～2对撞牯，斗牛的气势非凡，场面极为热闹，人山人海，围观者皆为惊叹。斗牛结束后，至夜三更，则举行杀牛仪式。杀牛前，各家自请两位巫师到家咒祭词，两人一问一答、一唱一和，表示给祖先送牛。与此同时，主人将上届吃鼓藏保存下来的牛角拿到宰牛的水春边停放片刻，以表示主人家诚心诚意地将牛奉供给祖先，请祖先来认领。巫师唱祭词道：

今天好日子，今天好良辰，此日来送牛，请祖先来牵。五旋牯子牛，膘肥又健壮。牯牛是五旋，奉给老祖先。祖先你合意，祖先你合心。送这条牯牛，老人来牵去。你得好牯牛。它有五个旋，送牛是诚心，送牛是真意；送牛要拉紧，又要拿得稳，老人放心牵，来牵你满意。这牛合你心，祖先多照应。白天要守好，夜晚则谨慎。保佑福全家，发子又发孙，富贵万年春。你得五旋牛，拉到阴间去，牵到也明堂（传说鼓藏节为孔明所创，在从江地方有个也明堂，说是祖先鬼魂归宿之地）。他则要牢记，已心满意足，天明启程。

据这里的老人说，若不这样请班师来唱祭词，把牛送给祖先，那么，祖先的灵魂就不会出家门、走出寨子，反而会使人们患疾病，六畜瘟疫。班师在屋里唱祭词时，每过一道门，必向主人索取干鱼二条，这些鱼归班师所有。咒词完毕，则开始宰牛祭祖。

宰牛，苗语称"颠里"。宰牛时，须由鼓藏头家先杀。杀牛时，须鸣火枪或放三响铁炮为号。全寨人听到枪炮声，即把牛杀死。按惯例，杀牛都请内亲舅爷来当刀斧手。俗话道"娘亲舅大"，舅爷杀牛表示向祖先献厚礼。牛宰好之后，全寨家家户户设宴请客，不论是客人还是生人都接待。一般客人在三天活动毕则告辞。是亲朋好友的，则可延续四五天或以上才向主人告别。

吃鼓藏即将结束时，全寨要举行一次驱逐鬼魔的活动。请一位班师到居住在本寨位置高、显眼的人家里，在其屋内摆放三条鱼、三碗酒、一碗糯米等供品。在班师念咒词的同时，主人一面用五倍子树削皮、制成白色木棍戳地，一边从口中发出"唧唧"的逐鬼声。此时全寨各家敲门击鼓，从屋内至屋外。全寨一片驱鬼声，响彻云霄，以表示邪恶已被赶走了。这里的苗家老人说：此时，若是哪一家不赶鬼，鬼就会在他家里暗藏起来，那么，他家就会遇到预测不到的灾星，甚至影响全寨。赶鬼之后，一切恢复正常，吃鼓藏宣告结束。

吃鼓藏来往的礼物：亲友送糯禾（糯谷粑）十卡，重20～30斤。客人离去时，主人打发一块牛肉，约2斤。

吃鼓藏期间，鼓藏头不能出门，而且脸上打上"花猫"躲在自己家里，吃饭也躲在家内，且不能多吃。据说，在这段期间，鼓藏头若是吃多了，预示会把全寨吃穷。鼓藏头与妻子在三天三夜不得同床。若同床，则有不吉利的预兆，全寨人将受到灾难打击，鼓藏头夫妻俩将受到全寨人的谴责。在赶鬼时，鼓藏头家的祭品及赶鬼使用过的木棍都放于木桶内封好，派人挑至悬崖深谷丢掉。因在此活动期间，认为有一些无主鬼神也同来看热闹，他们无地方享受祭品，只有去鼓藏头家。由此，将其丢到悬崖深谷，以表示驱鬼出门，人畜平安。

四、鼓藏节在苗族社会生活中的功效及其历史意义

（一）苗族鼓藏节具有维护苗族地区社会和谐的功能

在苗族社会生活里，同胞们祭祖的方式体现出公共的民族标识，是对祖先的崇敬，也是对自己民族的忠诚。正是基于这一点，苗族同胞不惜一切代价杀牛祭祖。于是，以自己氏族或宗族为基础建立鼓社，以鼓社为单位，通过举办"鼓藏节"来祭祀祖先。在鼓藏节期间，方圆几里或数十里的苗族同胞都来参加节日活动，分享节日的快乐。通过举办活动，可以增强人们之间的团结与交流、减少隔阂和矛盾，对维护社会稳定具有积极作用。

（二）鼓藏节祭祖活动具有极强的社会凝聚力

祖先崇拜是苗族最显著的共同心理特征，而像鼓藏节这样的特大型祭祖活动，都是以较大的宗族和支系为单位组织开展的，还要邀请众多亲戚朋友参加。通过祭祖，使人们形成了一个更为稳定的人际关系网。网状结构就是：以共同的原始祖先为中心，以血缘关系为纽带，使"鼓社"内部所有成员都心向自己的祖先，共同维护和遵守本"鼓社"的一切规章制度。表面看来，一个"鼓社"就是一个苗族大家庭。苗族同胞正是以这种朴素的方式，把人伦情感升华为强烈的民族意识，这对苗族社会凝聚人心、促进和谐具有重要作用。

（三）鼓藏节的活动能够带动民族文化生态旅游业的发展

文化生态旅游，是以民族传统文化为核心，以实现人与自然和谐发展为目的的旅游经济发展模式。多种少数民族传统文化并存，也是黔南苗族地区经济发展的潜在文化资源。这类文化资源的开发，仅以政府的名义或由商家出面组织，无法达到由苗族民间以宗族大家庭名义按传统方式组织开展的活动所产生的神秘感和吸引力的效果。通过民间祭祖活动，使各族

人民甚至国际友人更加真切地了解苗族和苗族的特色文化，更有利于民族文化生态旅游业的进一步开发利用。

（四）鼓藏节所展示的苗族传统文化内涵，更有利于彰显民族的正能量

苗族鼓藏节具有鲜明的民族传统文化内涵，是苗族人生价值观的展现。怀念祖先、尊老爱幼、和睦相处、勤劳俭朴、富裕安康等是鼓藏节的祷告主题。鼓藏节祭祖活动的开展，不仅使苗家的宗族和民族内部凝聚力进一步增强，也使各兄弟民族和社会对苗族的传统文化内涵有更多的认识和了解，这对增进民族团结和研究苗族历史文化，具有重要的价值和意义。

（作者：平立豪，贵州省三都县档案史志局退休干部，县苗学会常务副会长。审校：吴正顶）

荔波佳荣苗族鼓藏节概述

江兴龙

"鼓藏节"俗称"吃牯脏",是苗族祭祀本宗族列祖列宗神灵的大典和以血缘宗族为单位进行的祭鼓活动,是现今苗族最为隆重而神圣的传统节日。在荔波主要流布于月亮山地区的佳荣苗族村寨。

一、鼓藏节的历史

据《苗族古歌》传唱,鼓藏节在先秦夏王朝时期的古三苗国就已存在。三苗国在与夏王朝的战争中解体,苗族在迁徙西南到达月亮山地区定居后,鼓藏节仍然传承。在汉文典籍中,对苗族"吃牯脏"的文字记录始见于清代。《黔南识略》载:"黑苗蓄发者居多,衣尚黑,短不及膝,十年蓄牯牛祭天地祖先,名曰吃牯脏。因其以肉分赠亲友,而以肠脏饷客,故名。"清乾隆《贵州通志》:"黑苗在都匀、丹江,镇远之清江,黎平之古州……每十三年宰牯牛祭天地祖先,名曰吃牯脏。"

二、鼓藏节的由来

(一)祭祀创世始祖蝴蝶妈妈

在月亮山《苗族古歌》里,说的是人类祖先姜央过鼓藏节是为了祭祀创世的蝴蝶妈妈。传说有一年,地方忽然发生瘟疫,死了很多人。又一年,天下大旱,颗粒无收。姜央认为这是因为没有祭祖,祖宗生气降的灾害,于是他决定祭祖祈祷降福子孙。祭祖之后,蝴蝶妈妈收起瘟疫,普降甘霖,年年丰收。从那以后,每间隔12年祭祖1次,成为姜央定下的俗规古理。于是,雷公山地区与月亮山地区一带的苗族后代子孙尊训照办,代代相传,并逐渐演变成一个以血亲为单位的祭祖风俗。

(二)祭祀九黎族始祖蚩尤公

传说在公元前31世纪末至前30世纪初,苗族先民居住在黄河边上的蚩尤坝里，蚩尤带领81个部落首领兄弟在"直米立"（今河北）耕耘，土肥粮丰，人畜兴旺，修建了城池。神鸟带他去采药，发现了铜，遂冶炼铜制兵器。后来沙召玖帝敖黄龙（黄帝）来犯，蚩尤头戴牛角帽，身穿牛皮袍，口吹龙角号，挥舞铜宝剑杀退了黄龙。黄龙因惧铜剑和龙角，不敢进犯而逃跑。黄龙教唆宝葫芦来收苗家，蚩尤放火烧死宝葫芦。雷老五前来讲和，假意称蚩尤为兄。忠厚的蚩尤放松了警惕。于是，雷老五学到了医药和冶炼铜制兵器之术，并偷换了蚩尤的龙角，盗走蚩尤的铜板斧。这时，黄龙通过"内行刀距"的方式整顿内部，加强了实力，采取"外用甲兵"的手段征服邻近部落，遂以"蚩尤最为暴、莫能伐"和"蚩尤作乱、不用帝命"为名"征师诸侯"，向九黎发动进攻。双方决战于涿鹿，蚩尤"龙角"指挥不灵，损失惨重，带着兄弟跑进大森林，藏于一棵十人不能合围的古树树洞中才得以逃生。日后再战，蚩尤因寡不敌众被擒杀，殉命于大森林里。他的兄弟姊妹们手持火把，在森林里顺着血迹找到蚩尤的尸体，因后有追兵，来不及掩埋，只好用松叶将蚩尤的尸体盖好，继续追赶逃散的队伍。时隔12年后，环境稍为安定。第13年，大家才重新商定厚葬并祭奠蚩尤和大森林。从此，一年一度供祭一次大古树，感激神树对先祖蚩尤的救命之恩；每间隔12年举行一次大祭，追念祖先蚩尤和祭祀安息蚩尤的大森林。今天，大土和月亮山苗族地区老人去世后的第13年风行的"吃牯藏"，就是苗族同胞口述历史和祭祖、祭林的典型形式。

三、鼓藏节的活动

苗族鼓藏节在荔波佳荣苗寨是最为盛大的民间祭典活动，由鼓社组织"鼓藏头"操办。鼓藏节的第一年二月申日，全社男女老幼集中到迎龙场的枫香神树下，由"鼓藏头"在五彩宝辇下主持"招龙"仪式。神树上贴满太阳和地神图案的剪纸，摆放的祭品有1头肥猪、12碗酒以及12只鸡、鸭、鱼。身着祭服的祭师首先念"招龙"词，朗声背诵家族史。背完家族史，祭师用麻线穿住一只绿头公鸭（俗称青鸭）的鼻子，沿着山上的"龙脉"下到山寨。挑选出的一伙精壮汉子紧随祭师身后，拿上五彩三角小旗和小纸人（地神），沿途插放，一边吹奏"招龙"芦笙曲，一边呼唤："快醒快醒地龙神，鼓藏节已来临，起来与祖神共欢庆。"

第一年的七月寅日举办"醒鼓"仪式。地点是鼓山（藏鼓的地方）上的鼓庙（山崖或岩洞）里。仪式由身着牯藏服的"鼓藏头"主持，参加人员有祭师、各寨寨老、各家族代表。祭品为酒、鸡、鸭、鱼和糯米饭，每样祭品均分成12份摆放。祭师首先念诵《牯词》。念毕，宰绿头公鸭一只，将鸭血淋洒在圣鼓周围。寨老们吹响芦笙，"鼓藏头"用槌击鼓三下，然第二年十月卯日举办"迎鼓"仪式。仪式地点、参加人员和祭品皆与"醒鼓"仪式相同。摆放好祭品后,祭师念诵《迎鼓词》。念毕,"鼓藏头"举砍刀在前开路,象征性地将祖灵圣鼓迎回山寨,迎鼓队伍吹奏芦笙跟随,回到山寨鼓堂。全体村民跳"踩鼓舞"恭迎。

第三年的四月吉日,举办"审牛"时唱《赞牛歌》,并用芭茅草扫遍牛的全身,表示已将附在牛身上的邪气驱除。同年九月丑日,举行献牲、祭鼓仪式,将每头已按俗打扮过的祭祖牯牛宰杀用于祭祖。节日一般持续3~7天,最多为14天。最后一天,全体寨民集中到鼓庙举行祭鼓仪式。

第四年十月丑日,举行杀猪祭鼓仪式,称为"白鼓节"(现多以牛祭祀,俗称红鼓或黑鼓)。是日天亮前,"鼓藏头"家率先杀猪(或牛),然后各户相继进行。中午,各户举行家祭。寅日,全体寨民在牯庙(多在枫树神下)举行公祭。3~14天内,将祖灵圣鼓送回山洞封藏,持续4年的"鼓藏节"到此结束。

四、鼓藏节的服饰

在祭祀中,喊山川和唤祖先时,各家各户要在鼓藏堂(或者牛旋堂)周围摆放盛装、织绵供奉祖先。在醒鼓、吹笙鸣筒、跳鼓踩笙、送鼓等仪式中,鼓藏头要着百鸟衣、戴银角帽引领队伍;男性着盛装吹芦笙、鸣奏芒(蟒)筒;妇女着盛装踩笙默哀,思念祖先。

五、鼓藏节的饮食

凡是参加"吃鼓"活动的每家每户都要准备一簸箕糯米饭、一块猪肉、一壶酒,抬到特定的地点供没有亲戚的来客享用。"牛旋塘"和"吃簸箕饭"仪式结束后,男女老少参加踩木鼓、跳芦笙活动。杀牛是"吃鼓"活动的高潮。苗族"吃鼓"有严格的规矩,杀牛、破牛等一切事务均由家族系统的人承担,其他系统的人都要回避。凌晨时分,家族系统的人将牛从圈中牵出来,固定在专用的木桩上将牛杀死,将四腿牛肉馈赠姑父家,牛肉则分给众亲,将牛的内脏煮来待客,因此有人把"鼓藏"活动称为"吃牯脏"。在大土潘家,祭鼓时,必须有野味,多以山鼠为主。

六、鼓藏节的内涵

（一）具有凝聚族亲的作用

鼓藏节是苗族隆重而独特的节日，是苗族属一鼓（即一个支系）的支族祭祀本支族列祖列宗神灵的大典，每隔 12 年举办一次，每次持续 4 年之久。鼓藏节中的"鼓"是祖先神灵的象征，鼓藏节的仪式活动都以"鼓"为核心来进行。苗族鼓藏节具有特定的过节程序、仪式和专门的"鼓藏语言"。同时，"鼓藏头"，一经产生，这一时期便是全鼓社的权威，被视为祖神的代言人，具有统一领导族亲的凝聚作用。

（二）具有美学研究的价值

鼓藏节是苗族传统的祭祀大典，规模宏大，节日仪式复杂、独特，持续时间长，节日的宗教神圣功能突出，具有宗教学的研究价值。鼓藏节在数年的节日过程中，不断对"鼓社"成员进行苗族历史和传统的再教育以及进行苗族文化身份的强化，使全体成员凝聚在自己的族群之中。鼓藏节中诵读的口传历史迁徙歌，是苗族的一部口传史，是研究苗族历史的重要依据。在鼓藏节中展示的苗族服饰和歌舞艺术，极具民族学、艺术学和美学价值，是研究苗族历史与文化的重要依据。

七、鼓藏节的传承

改革开放以来，国家更加重视对民族传统文化的尊重和保护，如今荔波县的佳荣苗族人民可以自由地过自己的祭祖节日——鼓藏节。但由于社会的发展和人们思想观念的转变，部分村民过鼓藏节只是流于形式，祭祀过程中的一些"鼓藏隐语"绝大部分村民已不会说，程序也趋于简化。随着现代社会经济的不断发展，外部文化的不断冲击，苗族鼓藏节的文化生态环境受到严重的侵蚀，特别是随着大批鼓藏祭师的相继辞世，鼓藏文化传承后继乏人，现已处于濒危状态。

（作者：江兴龙，贵州省荔波县民族研究所副研究员，贵州省苗学会会员，黔南州民间文艺家协会副秘书长。审校：宋荣凯）

佳荣地区历史悠久的苗族开秧节

潘星财

　　摘　要："开秧节"是荔波县佳荣镇苗族最为重要的岁时节庆和物候，是当地苗族勤劳致富的重要时间节点和标识。通过对该支系苗族"开秧节"产生的历史渊源、节庆过程和内容及其作用进行分析，可以帮助了解苗族丰富多彩的农耕文化及其特色。

　　关键词：荔波佳荣；开秧节；禁忌

　　苗族是一个传统的稻作农耕民族。他们在历史悠久的农业生产活动中不但生产出源源不断的物质财富，也形成了丰富多彩的农耕文化。"开秧节"，就是苗族农耕文明的一个生动体现。分布在荔波佳荣月亮山地区的苗族，因为长期生活在远离城镇的深山中，受外界干扰少，原生态文化传承保护较好，在其他苗乡已面临失传的苗家"开秧节"，在这里仍然一年一度地隆重举行，长盛不衰。

一、苗家农历正月后的又一盛大节日——开秧节

　　佳荣地区的苗族开秧节，每年都在春节过后的第一个申日举行。苗家讲究单数为吉利，开秧节活动一般持续 3～5 天。参与活动的人数规模大、热情高，有时也会持续 7 天或者 9 天。如今外出务工、经商或就学的青年男女，一般也要等到开秧节后才离开家乡。

　　开秧节"董牛英"，是月亮山东南麓的苗族每年春节后都要举办的最为隆重和最具民族特色的传统节庆之一。节日期间，男女老少都会穿着节日盛装，自发聚集到约定的芦笙场举行隆重的"跳苗"，即踩歌堂活动。除本寨的父老乡亲外，远在他乡的苗族同胞也会赶来参加。喜欢看"跳苗"、听芦笙的布依族、壮族、汉族、水族、瑶族兄弟姐妹也前来捧场。开秧节"跳苗"期间，也是苗族青年男女谈情说爱的良好时机。每年开秧节前后，都有几对或十几对青年男女结成良缘。

　　节日的活动地点，都安排在月亮山东南麓各个苗族村寨中心的踩歌堂

进行。一般由本区域范围内规模较大的寨子开始，然后在其他小寨子相继举行。比如佳荣地区的开秧节都以大土苗寨为中心，首先在大土开幕并举行芦笙歌舞等活动后，才轮到小敖苗寨、何应苗寨、代家苗寨。大土片区的开秧节结束，踩歌堂芦笙舞活动又在水维片区开始，时间为正月十五（元宵节），所以水维片区苗族举行的开秧节活动即为元宵节芦笙会，从正月十五开始至十七结束，热闹三天才收场。水维苗寨过完开秧节（即元宵节）之后，整个佳荣片区的苗族开秧节也就结束了。

二、关于开秧节来源的凄美传说

苗族的先民九黎原本生息繁衍在黄河中下游的华北平原，在中华各民族中较早从事农耕稻作生产。因其首领蚩尤率领的九黎部落联盟在与炎黄联军长期征战中，历经多次战事而最终惨败于涿鹿，大部被迫南移到长江中下游，在肥沃的水网地带进一步发展了稻作农业，形成日益强盛的"三苗国"。三苗国的兴起，又引起北方宿敌的忌惮，苗族再次被驱赶追杀，才分多路突围来到南方的湘、黔、川、滇等山区。居住环境变了，苗家喜爱种植水稻的传统却长期不变。他们无论走到哪里，都会通过自己的艰苦奋斗辟山造田、开渠引水，创造条件继续发展稻谷生产，传承至今从未间断。最早进入月亮山区的苗族，完全以山为居，靠山吃山，为把山坡改造成梯田，耗费了很大的人力、物力和精力。月亮山区海拔较高，原始森林密布，无论实行刀耕火种还是引水造田，都要抢抓一年之计在于春的宝贵时节，早春耕早插秧，努力争取丰收，否则事倍功半，年底收成不好，难免要饿肚子。这就有了活动"开秧门"——以家族、部落或村寨为单位举办开秧节，督促人们春节过后抓紧春耕生产。

苗族又是一个喜爱文化艺术活动的民族，擅长以歌舞抒发情怀，不甘于只局限在田间里劳作而丢弃浪漫。传说，古时候有两对非常俊美的青年，分别叫作"共、荣、勇、夜"。他们勤劳、孝顺，且能歌善舞，是苗乡出类拔萃的好青年。有一天，他们在踩歌堂里不期而遇，犹如白娘子遇到许官人，似乎已情定前世，相见恨晚，以歌传情，以舞会意，情意愈浓。共、荣尽情吹奏芦笙，勇、夜欢快和舞。他们从白天跳到黑夜，又从黑夜跳到天亮，芦笙悠扬，舞姿醉人，不知疲倦，情意绵绵。但他们终究要离开踩歌堂，各自回到自己的家乡。从此，他们相互陷入深深的思念，日夜以歌抒情，茶饭不思。日久天长，害了相思，忘了农耕。父母心里着急，便给他们包办了婚姻，但各自的配偶都不是心上人。他们愈加思念踩歌堂上结交的情侣，魂不守舍，心飘山外。虽然他们常到最初相会的地方找寻对方，但早已物是人非，只能遥望远方以泪洗面，或期盼在梦中相遇了……后人为了延续人世间这美丽动人的爱情故事，让青年人有自主择偶的自由，又不会在农忙季节沉湎于男女私情，便在每年的春耕之前举行开秧节，特地为未婚青年们搭建起谈情说爱的平台，男女老少一同参与跳苗（踩歌堂）活动，营造浓郁的节日氛围。开秧节后，春耕大忙开始，直至秋天稻子开始成熟的"吃新节"前，苗家一心一意抓生产，各种娱乐活动一律偃旗息鼓，忌讳吹奏芦笙、击鼓、跳舞等"游手好闲"的行为。按老人们的说法，在稻秧成长期间吹笙跳舞，会妨碍庄稼的生长和成熟。

三、节日活动的主要内容

开秧节规模宏大，气势磅礴，场面热烈，最多时有上万人。节日期间，男女老少皆身着节日盛装，在寨子中央院坝举行隆重的"跳苗"——踩歌堂。可谓花衣映月、笙歌夜夜、央央苗乡……直至新一年春耕生产开始。在旧时，开秧门后就不能再举行吹芦笙跳苗活动了。因此，人们都会抓住这难得的机会一展风采，不尽兴不下场。佳荣地区各村寨的苗族，在每年正月元宵节前后的开秧门活动几乎是相连的，可以说是歌的海洋、舞的世界，此起彼伏，高潮迭起。

开秧节是苗族为了纪念民间的美丽爱情传说和将要关闭笙鼓器乐进入农忙耕作期的节日，少不了美味佳肴的享受和各种技艺的展示。节日期间，家家户户都备有刀头肉、鸡、鸭、鱼、糯米饭和米酒等主副食，还要摆放贡桌、焚香烧纸、燃放鞭炮等，恭请祖宗"回家"与儿孙们一起享受节日的欢乐。寨子里还要组织年轻人到各家各户收集酒菜，拿到村头寨后祭供山神土地菩萨，把来年的丰收寄托在他们身上，求他们保佑来年风调雨顺，人寿年丰。之后，要到田里用锄头或者犁子翻两坨土，割下一棵芭茅草，用草叶打一个草标插在新翻犁的泥土上，表示春耕已经开始，粮食即将下种，预祝劳作顺利，驱赶扫除病虫害，确保获得丰收。

踩歌堂上，小伙子们吹奏起大小芦笙和芒筒，笙歌悠扬，调韵陶人。姑娘媳妇们随着芦笙的旋律翩翩起舞。看热闹的人们围在外圈，与踩堂子的青年男女形成多层圆圈，在寨子中央的院坝上围成一幅漂亮的画卷。上了年纪的男人们，到院坝的另一角也围成一圈，吹奏芒筒，笙歌嘹亮浑厚，节奏强劲有力。连一些步履蹒跚的幼童也按捺不住激动心情，争相进入圈内跟着学步。伴随着芦笙的节奏，人们尽情欢舞，亢奋有力，兴致勃勃，少则三五十人，多达百人上下，每曲时间在 5 分钟左右。每每一曲终了，舞者们都要吆喝一声，释放激情。有人敬上满杯米酒，芦笙手们则一饮而尽，尽显豪放情怀。这两种芦笙是踩堂子吹奏的，但苗家还有一个重要的乐器，就是太阳鼓。太阳鼓专在屋里演奏，通常需要两个人配合，一人敲鼓、一人对应。敲鼓的人用稻草扎成的鼓锤击打鼓面，配合的人用楠木做成的木桶在鼓后迎着鼓声回拍，发出一种雄浑悠远的声音，令人心旷神怡。

苗家的开秧节，也是一场盛大的服饰展演活动。到场的男女老少，都穿着自家母亲或妻子缝制的亮丽新装一展风采。后生们穿着光亮的苗衣，盘上头巾，奏出优美的笙歌，显得古老而豪迈；姑娘们戴上银帽、银手镯、银项链、银项圈、银耳环、银胸兜、银牛角片，穿上排裙，打扮得像凤凰一样美，应着悠扬的笙歌，踩着优雅的舞步，让人流连忘返。

开秧节的饮食随着生活水平的提高而越来越丰富，但烹饪还保留着苗家独有的方法。最具特色的苗家饮食有酸鱼、山麻鸭、牛瘪山椒灰刨辣椒水、整鸡与刀头肉稀饭、糯米酒、糯米饭等，这六样传统饭菜代表六六大顺。苗家人的饮食均是自给自足、绿色环保，鸡、鸭、鱼、猪都通过苗家传统方式喂养，都是绿色食品，所以苗家人身体很好、长寿人多。目前，仅在一千多人的大土苗寨就有百岁老人6人，90～99岁15人，80～89岁23人。老人们身康体健，愉悦乐观，正满怀信心地迎接一个又一个新的开秧节的到来。

（作者：潘星财，贵州省荔波县民族研究所干部，县苗学会副秘书长。审校：宋荣凯、吴进华）

黔南苗族吃新节的文化解读①

文 毅 袁廷科

摘 要：吃新节，苗语叫"nongx gad hvib"（谐音"能敢西"），直译为吃新米饭。黔南苗族吃新节时间大多为每年七、八月至秋末冬初，主要流行于都匀、三都、贵定、龙里、罗甸、福泉等县市的苗族村寨，内容为祭祖、祭"米魂"、庆贺丰收，节日开展斗牛、吹笙跳月、唱山歌等活动。吃新节追溯了早期苗族的岁时历法，反映了苗族的农耕稻作文化和一定的民族禁忌，既是族群认同文化的延续，也是人与自然生态的和谐统一。

关键词：黔南苗族；吃新节；文化内涵

苗族在 5000 年的历史长河中，创造了丰富多彩的节日民俗。如春节、四月八、端午节、七月半、重阳节、苗年、姊妹节、芦笙节（又称踩花山、跳洞、跳月、跳场、立花杆、跳花、跳花场）、吃新节、采花节、爬坡节、腊八节、玩花房、跳鼓、踩桥、踩坪、开秧门节、二月二、鼓藏节、闹冲节、龙舟节、翻鼓节、祭尤节、叉鱼节等。贵州居住着苗、布依、侗、彝、水、回、仡佬、土家、瑶、仫佬、壮等世居少数民族，各民族和谐共处。据不完全统计，贵州省各种民族节日集会有 1046 次（处），其中苗族 651 次、布依族 171 次、侗族 84 次、水族 43 次、彝族 23 次、回族 13 次、仡佬族 11 次、瑶族 2 次。参加集会的人数在千人以上、万人以下的节日有 511 次，万人以上的有 224 次。集会在县内的有 836 次，数县群众集会的有 185 次，数省交界群众集会的有 25 次。每年全省参加节日集会活动的各族群众达到 800 万人次。[1]据潘廷映《贵州少数民族节日大观》统计，贵州省民族节日集会苗族占 62%，布依族占 16%，侗族占 8%，水族占 4.1%，彝族占 2.2%，其他民族占 7.7%。《黔南布依族苗族自治州志》记载，黔南苗族的节日，每年约有 20 个，包括吃新节、牛打场、鼓藏

①基金项目：2017 年贵州省民族宗教事务委员会项目"黔南世居少数民族民俗地图集"（黔民宗发〔2017〕34 号）研究成果。

节、四月八、六月六、三月三、叉鱼节、吃鸭节、米花节、过冬节、赶秋节、苗年、春节、七月半、中秋节、迎雷节、端午节、重阳节、赶姨妈坡、社节等。[2](p183) 从统计数据看，贵州少数民族节日种类繁多，文化生活丰富。在黔南，民间有"苗吃新，水过端，布依过小年，客家过大年"的说法。因此，吃新节是黔南苗族十分隆重的传统节日。部分地区也称苗族吃新节为"尝新节"。

一、吃新节与文化空间

联合国教科文组织在《宣布人类口头和非物质遗产代表作条例》中明确，人类口头和非物质文化遗产分为两类，一类是各种"民间传统文化表现形式"，包括语言、文学、音乐、舞蹈、游戏、神话、礼仪、习惯、手工艺、建筑术及其他艺术、传统形式的传播和信息等民间传统文化表现形式，一类是文化空间。又在《人类口头及非物质文化遗产代表作宣言》中规定：文化空间指"具有特殊价值的非物质文化遗产的集中表现。它是一个集中举行流行和传统文化活动的场所，也可定义为一段通常定期举行特定活动的时间。这一时间和自然空间是因空间中传统文化表现形式的存在而存在"。国务院《国家级非物质文化遗产代表作申报评定暂行办法》对非物质文化遗产也作了明确的规定：非物质文化遗产指各族人民世代相承的、与群众生活密切相关的各种传统文化表现形式和文化空间。文化空间，即定期举行传统文化活动或集中展现传统文化表现形式的场所，兼具空间性和时间性。从上述文献可知，非物质文化遗产范围包括六个方面：口头传统和表现形式，包括作为非物质文化遗产媒介的语言；表演艺术；社会实践、仪式、节庆活动；有关自然界和宇宙的知识和实践；传统手工艺；与上述表现形式相关的文化空间。文化空间主要用来指人类口头和非物质遗产代表作的形态和样式。苗族的传统节日吃新节要举行许多祭祖、庆祝丰收的文化活动、仪式，因此，苗族吃新节就是典型的文化空间，具有明显的文化特点，即地域性、时间性、活态性（表现形式）。这些表现形式口耳相传、约定俗成、喜闻乐见、形式多样、内容丰富。

（一）节日的文化空间

节日空间指节日流行区域和展示的场所。黔南苗族属汉藏语系苗瑶语族苗语支，分东、中、西部三大方言，人口 509245 人（2008 年）。[3](p23) 吃新节主要流行于苗语中部方言地区，如都匀、三都等县市，贵定、龙里、罗甸、福泉等县的部分苗族村寨也过此节。这些地区的苗族村寨，村村都有斗牛场，寨寨都有芦笙场，家家户户都要在堂屋祭祖、祭"米魂"。

（二）节日的约定时间

节日时间指节日举办的时间。吃新节（nongx gad hvib），由于黔南苗语的方言土语存在差异，都匀叫"能敢西"，三都排月、高硐、交梨等村寨叫"奴架化"，三都都江一带称"过苗年"。节日时间为每年七、八月至秋末冬初，视水稻成熟时间或以同一土语区的苗寨约定俗成，各村寨过节时间相互错开，轮流来过。

在都匀坝固、新场、基场等地区苗族，吃新节的时间大多在农历七月至八月间，日子选在"七龙""八蛇"，即农历七月的第一个龙场天，农历八月的第一个蛇场天。[4]（p348）

在三都，吃新节分别定在秋收后的九、十月间的巳日、卯日、戌日。例如，排月苗家以每年秋收后农历九月第一个亥日为吃新节。三都高硐一带的吃新节持续三天。据说，他们是按十二生肖与二十八宿相来择日的。吃新节的约定时间主要以片区（村寨）划分：巳日过节的有望结、平寨、中寨、罗榔、打孟、交向、高寨、排烧、姑鲁等村寨；在卯日吃新的有盖赖、排炮、平坝、排怪、高尧、小脑、交梨、大塘等村寨；亥日吃新的有达荣、达落、小昔、羊告、控抗、怎雷、甲雄、排月、野记等村寨。[3]（p397）

（三）节日的内容事项

节日内容主要指节庆中的各种活动、仪式、口头传统（唱词）等。一般来说，吃新节要备好糯米、米酒、田鱼、猪肉等，届时家家户户都要祭祖、祭"米魂"，各个村寨也要举行斗牛、吹笙跳月、唱山歌等活动。改革开放后，增加了篮球等现代体育项目。过去以祭祖、祭"米魂"为主，后来衍生了庆贺丰收的内容。

都匀苗族吃新节有两个准备过程，首先是准备糯米饭。节前，家家户户都到稻田边去采抽香糯米穗，烘干，去壳成米，浸泡蒸煮。其次是准备鱼和猪肉。将从稻田里捉来的鱼和买来的肉分别煮熟，把鱼、肉、糯米饭分装在三个碗里，摆上堂屋的方桌，再摆三碗酒，烧香烧纸。第一项仪式是祭祀，供奉祖先。祭祖不用请鬼师，也不念咒语，只喊祖宗来享用。祭祀未完毕，不许吃用祭品。第二项仪式是祭"米魂"，"米魂"又叫"米姑"，相传"米姑"从外家带来水稻并将栽培技术传授给人们，故以之纪念。祭"米魂"时，要叫"米魂"或由两个未婚姑娘唱"米姑娘"。歌词大意是：八月谷子黄，唤声米姑娘。今日好时节，唤你返回仓。莫等风雪到，在外受风寒。红蛋迎接你，赶快把家还。啊，我的米姑娘！罗哩罗！[2]（p184—185）

祭"米魂"后，主持仪式的长辈才将糯米饭、鱼、肉、酒分给众亲食饮。亲友才开始共进晚餐——"能敢西"。节日期间，各村寨还会举办芦笙会、唱苗歌、斗牛、打新米糍粑等活动，庆祝五谷丰登。

在三都苗族聚居区，过节前，家家户户缝制衣服，打好银饰，酿酒、杀猪、捉鱼、打豆腐，做好准备。过节那天，各家亲友在主人的邀约下带着一个"芒碉"糯饭、一壶酒、几条鲤鱼、一只鸡或鸭、一块炖好的水牛皮（普安一带的习惯）前来过节，主宾食品均用来祭祖。各家祭祖，有的请鬼师念咒。祭祖完毕，主人客人举杯畅饮，共庆丰收节。都江一带，晚饭后邀约客人去月塘跳月。第二天，男女老少穿着节日盛装，齐聚芦笙堂和斗牛场，主要活动是跳芦笙、放牛打架。第三天，跳芦笙、斗牛活动进入尾声，吃新节结束。[3](p397)

（四）作为公共文化空间的吃新节

吃新节的分布、时间安排等尽管有人为干预，但其整体呈现出一种传统时空概念下的物理空间或时段，而作为非物质文化遗产中的"文化空间"是基于人类学概念提出的，"首先是一个文化的物理空间或自然空间，是一个文化场所、文化所在、文化物态的物理'场'；其次在这个'场'里有人类的文化建造或文化认定，是一个文化场；再者，在这个自然场、文化场中，有人类的行为、时间观念、岁时传统或者人类本身的'在场'"[5]。此外，有学者在总结国外文化空间研究时指出："文化空间是由拥有这一空间的特定群体的一整套相关行为和生活模式来定义的。"[6]因此，只有将吃新节中苗族群众的全面参与纳入其中，才能构成名副其实的"吃新节文化空间"。苗族中吃新节的这一群体，通过年复一年的开展节庆活动，逐渐形成自身的文化特征，并代代传承节庆相关的一整套知识体系。吃新节成为他们有别于其他苗族群体的一种文化符号、一种公共文化空间。吃新节活动是一种公共的文化行为，"作为一种公共的文化行为，节日的最终目的并不在于娱乐或审美，而是在于社会教育和社会融合，是为了通过集体的庆祝活动和人人参与，来建立一套公共的精神信仰和价值观念"[7]。

二、吃新节的文化内涵

（一）反映农耕稻作的文化遗存

农耕文明主要指以石器为主的农业经济。据考古发现，大汶口文化是以粟为主的农业经济，渔猎生产占有一定地位。大溪文化是以种植稻米为主的农业经济，兼营狩猎、捕鱼等。在大溪文化遗存中经常发现一些稻草、稻壳印痕，墓葬中大量随葬整鱼。屈家岭时期及石家河文化各遗址内发现了大规模稻作遗迹，说明原始农业有重大发展。据考古发现和史料记载，大溪文化、屈家岭文化、石家河文化正好同蚩尤九黎部落、三苗集团生存的时代和活动地域相吻合，可以说苗族先民是大溪文化、屈家岭文化、石家河文化的创造者。大溪文化、屈家岭文化、石家河文化可以视作最早从事农耕稻作的蚩尤九黎部落所留下的文化遗存。[8](p32-38)日本荻原秀三郎在其所著的《水稻民族——苗族和江南的民族文化》中说："（日本的）水稻耕作文化从苗族文化中可寻找到主要的底层因素。"他还认为，楚国灭亡时楚国的原住居民苗族曾东渡到日本，促使了日本水稻耕作文化的尽快成熟。

吃新节在苗语中部部分方言中称"nongx mol"，直译为"吃卯"，意译为"卯日吃新"。李国栋教授认为，"nongx mol"是苗族最古老的节日。苗族的"尝新节"至少可以追溯到4000多年前的蚩尤九黎时代。在苗族创世史诗《开天辟地》中也有关于农耕稻作文明的反映。如："古来没有天，历来没有地，是谁来治天，是谁来治地？古来没有天，历史没有地，是磐瓠来开天，是苗家来辟地。天已撑稳了，地也支好了，爸爸走下山，犁田种麦稻，妈妈转回家，重新起锅灶，后生吹芦笙，姑娘围着跳，歌声和笑声，阵阵冲云霄。"[9](p10)再如，中部苗族过"尝新节"时鬼师唱的《谷穗歌》："央与仰和妮，居泉水坡边。造田开水沟，撒谷在池塘。捉住水牯牛，教水牛犁田。牛轭挂肩头，叫它犁池塘。"《谷穗歌》反映出苗族始祖姜央、仰、妮已开始了野生稻的驯化和水稻栽培，他们是稻作农耕的创始者。

水稻是苗族最主要的栽培植物。我们来看看"稻""叶子""糯"等词在三大方言里的读音情况。

词汇	湘西方言	黔东方言	川黔滇方言
	n	n	nbl
稻	noux	nax	nblex
叶子	nux	nex	nblongx
糯	Nul（f）	nef	nblouf

拿"稻"一词来说，苗语湘西方言称 noux，黔东方言称 nax，川黔滇方言称 nblex。从语音上看，湘西方言与黔东方言音近，而川黔滇方言与这两个方言不同。但是，川黔滇方言带鼻冠的复辅音 nbl 与湘西方言、黔东方言的声母 n 有对应关系。"稻"一词，三大方言虽然读音有差异，但都是同源词。因此，"稻"是苗语固有词，而且三大方言同源，说明苗族很

早就已经开始种植水稻。[10](p362)这是苗族开垦水田种植水稻历史久远的一个重要明证。

从田野调查来看，在黔南苗族吃新节里，新糯米、米酒、田鱼、米穗是必备的祭品，祭祖仪式必须供糯米饭，说明糯稻具有神圣性。从人类学的角度讲，苗族的老祖宗吃的是糯米饭，对糯米饭情有独钟，表达了他们对野生稻采集时代的记忆和怀念。祭祖、祭"米魂"、唱"米姑娘"是延续的家祭，斗牛、吹笙跳月、唱苗歌是各个村寨约定俗成的习俗，选择辰日、巳日、卯日、亥日、午日、戌日为各个村寨的吃新吉日。吃新节的标志性祭祀物品都与水稻有关，吃新节又是一个以糯稻的成熟阶段为物候标识的节日，透视出苗族的原生态计时制度是以生物的生长节律变化为依据的，这也就是学术界所称的物候历，是典型的农耕稻作的文化遗存。

（二）追溯早期苗族的岁时历法

苗族是一个历史文化悠久的民族，在长期的农耕活动中，创制并一直使用岁时历法。这种历法就是用生肖纪年、月、日、时。苗族著名学者石朝江教授在《苗学通论》中认为：操中部方言的苗族，岁时历法除有年历、月历、日历和时历等区分之外，苗历以二十八宿和十二生肖组合成84个"嘎进"（苗语称 gheb jenf），用以表记岁时，编制历记（口头）。其顺序是：雷宿虎（许进夫，苗语称 xed jenf hfub）、大龙宿兔、竹猫宿龙、野猫宿蛇、太阳宿马、大虎宿羊、小虎宿猴、螃蟹宿鸡、水牛宿狗、妇宿猪、鼠宿鼠、燕宿牛、猪宿虎、小龙宿兔、螺蛳宿龙、狗宿蛇、雉宿马、鸡宿羊、鹰宿猴、猿猴宿鸡、水獭宿狗、鹅宿猪、鬼宿鼠、马蜂宿牛、马宿虎、蜘蛛宿兔、蛇宿龙、蚯蚓宿蛇、雷宿马……余下照推，最后一个是蚯蚓宿牛。[19](p611)苗族以此作为婚丧嫁娶、起房造屋、年节推算等事项选择吉日或祭日的依据，也用来安排一年四季的农事活动。

在三都排月等苗族村寨，苗族历法是以阴阳四柱、天干地支、二十八宿和李淳风六壬（即大安、留连、小吉、空亡、速喜、赤口，苗语分别称为 liongk dlok、liongk genl、liongk hink 、liongk jinl、tongx langd、wux xongb）相配合推算的，推算皆以农历为准。将一个昼夜分为十二个时辰，每个时辰为两个小时。主要采用十二进位制，如地支用十二进制，同时还采用八十四进制，俗称苗家甲子，当地苗语称 ghab jongk（谐音"干金"），用二十八宿与十二生肖相配合，组成八十四个不同的苗甲子。[12](p148—149)

苗族这八十四个"嘎进"（有的地方称"干金"）名称，全是苗家人熟悉的自然界的动物和神话中的事物，具有形象性，而且排列组合很有规律，每一宿都只固定与三个生肖组合，容易记忆和使用，也便于流传。这表现出苗族先民对自然的原始崇拜，体现了浓重的原始宗教色彩。

（三）族群认同文化的延续

在都柳江流域，苗族地区时兴地乳崇拜。人们认为这个叫"鹳堆"的土包是始祖蝴蝶妈妈居住的地方。"鹳堆"土包里埋有两个合扣的铁锅，锅底放有一块小石板、一根小枫木柱、一个禽蛋、三个小红石雕人像。逢年过节，包括春节、斗牛节、吃新节，都要举行仪式祭供。届时，巫师要念唱词做祈祷，祭供鸡、鸭、鹅、鱼、酒、糯米饭、肉等祭品。吃新节通过特有的文化空间和传说叙述，来构建当地一套系统的社会文化的意义符号和行为系统，建立族群的地方性社会秩序、经济概况、宗教信仰和仪式等。黔南苗族的吃新节是在不同的寨子之间轮流进行的，是以村寨为单位所过的节日，也是一种以家族为单位所过的节日。因此，吃新节是一个宗族的祭祀性节日。在节日期间，通过祭祖、祭"米魂"、斗牛、跳月，家族亲戚参加祭祀，认祖归宗，聚会喝酒，维系感情，交流信息，庆祝丰收；年轻人们愉快游方，谈情说爱。快乐的时光，美好的欢聚，一定程度上突出和强化了族群自我意识，从而加强了族群的内聚力，是对族群的认同。这种具有生态性、活态性、传承性、民间性、民族性的文化遗产，承载了一个民族（族群）的世界观、民间信仰、思维方式、心理结构，凝铸着民族精神和民族性格。[13](p9)节日有助于民族（族群）的团结，体现了苗族人民对美好生活的向往和精神文化的追求。吃新节也是农耕民族特有的一种娱乐方式，更是族群认同文化的延续。

（四）反映了一定的民族禁忌

作为人类学专业术语，禁忌是指为避免遭到惩罚，禁止用"神圣"的东西，禁止触犯和接触"不洁"的人和事。禁忌的表现形式为被模式化了的，在潜意识中带有神秘性的、传统性的观念、意识或某种习惯，具有调整人类行为的功能。规定了人们应当做什么，不应当做什么，这样行那样不行的规范准则。人们遵循这些规范准则，就可避免厄运和惩罚，由此形成了最早的禁忌。魏春艳在《古代宗教与传统法文化》中认为，中国苗族在图腾禁忌方面有八条规定：第一，祭祖祀社时，应参加者都须参加，应做的事都须做，不该做的事就不能乱来；第二，鼓石窟和鼓头家供奉的祖像、木鼓、芦笙、牛角等，不准乱动；第三，鼓福的鼓在醒鼓之前，不得乱动；第四，祖像到村寨看访，各家要认真接待，不得怠慢、亵渎；第五，藏木鼓的山上的一草一木，都不得任意攀摘、砍伐；第六，从播种至吃新谷期间，禁止吹芦笙、敲鼓和斗牛；第七，寨中敬奉的古树和风景树，要以礼相待，不准亵渎或砍伐；第八，过鼓社节后至蒙鼓的三年间，

男女不得婚嫁。[14](p137—138)

在苗族民间，人们常说："岁首吹芦笙，岁杪好收成。""芦笙不响，五谷不长。""苗胞不跳花，谷子不扬花。"意思是跳花是为预祝丰年。黔南大部分苗族村寨过吃新节、跳月是为了庆祝丰收。对苗族跳月（芦笙会）来说，利用它可以达到一定的目的，给个人、族群或社会带来好处。苗族人民通过举办跳月娱神、求神、求雨、求祖灵保佑，消灾免难。苗家人视"金"为宿，以宿燕、宿马、宿蜘蛛、宿蚯蚓、宿猫、宿螃蟹等为吉祥星宿，常用作起屋造房、婚嫁的日子。宿鬼、宿女大多用作让解鬼神的日子。[12](p149)不同村寨、不同家族的苗族人，选择不同时间来过吃新节，各个村寨根据自身情况一般选择龙（辰日）、蛇（巳日）、兔（卯日）、猪（亥日）、马（午日）、狗（戌日）为吃新节日。吃新节里，新糯米、米酒、田鱼、米穗是必备的祭品，祭祖、祭"米魂"、唱"米姑娘"是延续的家祭，斗牛、吹笙跳月、唱山歌是各个村寨约定俗成的习惯。祭祖不完毕，祭品不能食用。显然，吃新节存在诸多禁忌，主要涉及祖先崇拜禁忌和农业生产禁忌。

（五）反映人与自然生态的和谐统一

"吃新节"的一个重要仪式是必须要有鲤鱼、糯米饭、米酒等作为祭祀品敬供祖先，稻田里养殖出来的鲤鱼被视为干净祭品，苗语称为"dail nail hsab ngas"，用这样的鱼用来祭祖，祖先才能接受。所以，节庆祭祖，稻田里养殖的鲤鱼都是必不可少的重要祭品。家家户户在这一天，于堂屋神龛下的供桌都要摆上煮熟的鲤鱼，敬供祖先。当然，米酒、糯米饭也是少不了的。

"吃新节"一般是在每年秋收前后的"龙"日里过，节日用鱼祭祖，是有讲究的。在苗族图腾崇拜的世界里，存在图腾化身之说，龙、鱼被视为苗族的部落图腾或氏族图腾，为幻化型图腾，视为祖先，地位很高。例如，唐春芳《砍枫香树》这样描述："大树根变成龙，小树根变成鱼鳅。"而燕宝《苗族古歌·砍枫香树》这样描述："树枝变成布谷鸟……木片变成了鱼种。"[8](p58)此外，生命意识是人们精神生活的主要内容，龙、鱼在苗族的生命意识里具有生殖崇拜含义。他们认为龙和鱼都具有"互渗性"，即让动物的繁殖力与人的生殖力"互渗""交感"，促进人丁兴旺。鱼具有自由生命形象的虚幻性创造，苗族人民认为鱼具有繁殖旺盛、多子多女的文化意象。[15](p3)在苗族的原始思维观念和苗族图腾构成中，龙与鱼同属幻化型图腾。民间有龙主风雨之说，"龙场天"吃新，用鱼祭祖，祈求风调雨顺，期盼人丁兴旺，庆祝五谷丰登。水是生命之源，水用来养鱼，也用来种植水稻，使稻谷能够增产。鱼（子）象征人丁兴旺，稻谷承载了祖先的灵气，吃新节既娱人娱神，又实现了人神和谐共处、天人合一。祭祖是慰劳祖先，也是感恩神灵，要把生产出来的祭品敬供给祖先神灵。吃新节在与自然、现实、历史的互动中约定俗成，代代相传，沿袭至今。这种民间习俗，是人与自然生态之间构建和谐关系的思维模式，也是苗族在长期的生产生活中形成的文化生态。[16]

三、结论

吃新米饭是吃新节的重要内容，象征着吃到新谷，庆祝丰收；祭祀祖宗，感恩祖先，是族群认同文化的延续。因此，吃新节是苗族的祭祀性节日。吃新节反映了最早从事农耕稻作的蚩尤九黎部落、三苗集团所留下的文化遗存，也是苗族最早开垦水田进行水稻种植的一个重要明证，同时是对早期苗族岁时历法的传承。人们遵循这些规范准则（禁忌），祈求实现人神和谐共处、天人合一。

（作者：文毅（1964—　），男，苗族，贵州凯里人，黔南民族师范学院历史与民族学院（兼民族研究院）院长、研究馆员，研究方向：民俗文化、地方文献；袁廷科（1969—　），男，苗族，贵州贵定人，黔南民族师范学院发展规划处处长、历史系副教授，研究方向：西南民族历史与传统文化）

参考文献：

[1] 吴正光. 贵州高原上的少数民族节日 ［M］. 北京：中央民族学院出版社，1988.

[2] 黔南布依族苗族自治州志编纂委员会. 黔南布依族苗族自治州志 ［M］. 贵阳：贵州人民出版社，2007.

[3] 吴正彪，吴进华. 黔南苗族 ［M］. 北京：中国文化出版社，2009.

[4] 贵州省都匀市苗学会. 都匀苗族 ［M］. 长春：吉林文史出版社，2016.

[5] 向云驹. 论"文化空间" ［J］. 中央民族大学学报（哲学社会科学版），2008（3）.

[6] 伍乐平，张晓萍. 国内外"文化空间"研究的多维视角 ［J］. 西南民族大学学报（人文社会科学版），2016（3）.

[7] 王霄冰. 节日：一种特殊的公共文化空间 ［J］. 河南社会科学，2007（4）.

[8] 吴晓东. 苗族图腾与神话 ［M］. 北京：社会科学文献出版社，2002.

[9] 马伯龙，等. 金芦笙 ［C］. 贵阳：贵州人民出版社，2004.

[10] 李锦平. 从苗语词语看苗族农耕文化 ［A］. 苗学研究编委会. 苗学研究 ［C］. 贵阳：贵州民族出版社，2009.

［11］石朝江. 苗学通论［M］. 贵阳：贵州民族出版社，2008.

［12］平立豪. 贵州省三都县交梨乡排月村民俗文化调查报告［A］. 吴正彪. 黔南民族调查［C］：都匀：黔南州民族研究所，2003.

［13］申茂平. 贵州非物质文化遗产研究［M］. 北京：知识产权出版社，2009.

［14］魏春艳. 古代宗教与传统法文化［M］. 成都：电子科技大学出版社，2002.

［15］丁川，等. 生命意识：民间美术的永恒主题［M］. 北京：中国文联出版社，2003.

［16］吴正彪，孟学华. 贵州南部地区苗族稻田养鱼习俗与传统稻作文化关系探微［J］. 长江师范学院学报，2014（1）.

白裙苗吃新节的主要特征及其发展研究

杨必清

在苗族聚居的大多数地区，都有欢度"吃新节"的传统习俗，龙里县境内的白裙苗就是一个典型例子。"吃新节"，苗语西部方言叫作"脑楠散"，汉语直译为"吃新米"。龙里境内居住的苗族，按服饰划分为七个支系，白裙苗因其妇女穿着的百褶裙用白布制作而得名。这支苗族主要分布于龙里县原草原乡（今属龙山镇）海拔一千米以上的万亩草原地区，但不以牧业为主，而以农耕为业，因而"吃新节"的习俗一直传承至今。其他几个苗族支系也有过"吃新节"的习惯，但未能像白裙苗那样"常态化"。

一

龙里白裙苗过"吃新节"，都在每年的农历七月进行，但具体日子不在同一天，不同的地区按不同的场天确定。万亩草原上的白裙苗，按上、中、下三牌聚族而居，每个"牌"有几个苗寨。以万亩草原腹地的王寨为中心，王寨以东的寨子属于上牌，王寨地区的寨子属于中牌，王寨以西的寨子称为下牌。上牌苗寨过"吃新节"的日子是农历七月初一。中牌和下牌苗寨过"吃新节"则以农历的甲子日来决定，有在农历七月的狗场天过节的，也有在龙场天过节的。下牌地区的苗寨过的是狗场天，中牌地区的苗寨过的是龙场天或狗场天。也就是说，到七月份的时候，遇到龙场天在前过龙场天，遇到狗场天在前就过狗场天。但不管轮到哪一天过"吃新节"，活动的内容和风俗都一样。

白裙苗的"吃新节"，与其他苗族支系的"吃新节"的活动内容和形式大体相同，但又有一些不同特点。相同之处主要有：吃新米饭，祭祖，杀鸡宰鸭或杀猪敲牛招待亲友，开展传统的文娱体育活动进行庆祝等。不同点主要表现在以下几方面：

（一）以稻叶代"新米"

由于高山草原上气温较低，季节较晚，在农历七月上中旬时，稻谷一般尚未成熟。山下坝子和海拔较低地区的苗族同胞可以收割早熟谷子或采摘田边的"摘糯"，经过晾晒冲碾去壳后煮成新米饭供奉祖宗和自己享用。而草原上的白裙苗只能到正在扬花灌浆的稻田里摘下几片最好的水稻叶子，拿回家里精心洗净后，与现成的大米一起蒸煮，象征性地与祖宗一起品尝带有清香的"新米"味道。

（二）开展斗牛比赛

斗牛是苗族最热衷的娱乐活动之一。在"吃新节"当天，女主人都在家煮饭，男人们则牵着自家的牯牛来到斗牛场参加打拼活动，引来四乡八寨的朋友观看。斗牛活动一般由场主主持，约定实力相当的两头牛放开打斗。斗牛场边人山人海，欢声阵阵，为节日带来无比欢乐的气氛。至于输赢无所谓，主要是取乐罢了。据说，过去准备拿来祭祖的牯牛，打输了更吉利，意为斗牛把财气带回家了。家里的人要等斗牛的人回家才能开饭。牛也是苗族的好朋友，苗族和牛有很深的感情。斗完牛回家，供奉祖宗后，也要招待牛吃一些好东西，感谢它对人们的帮助和付出。

（三）组织家人吃团圆饭

团圆饭是"吃新节"最能体现亲情的环节。"吃新节"的前一天，各家各户就要准备节日的食材。"吃新节"当天一早，妈妈们到田边采摘新稻米叶子的同时，还要在苞谷地里掰下一些新苞米，蒸煮后作为宴席上一道必不可少的新鲜菜。至于鸡鸭鱼肉等，那是必不可少的。当天，还要派孩子或者打电话去请姑妈们以及未正式坐家的媳妇回家来，与家人一起吃团圆饭。

（四）打马郎

苗语"打马郎"有"谈情说爱"之意。"吃新节"这天，苗山上都会开展各种歌舞交谊活动，中老年人和孩子们忙于吃喝娱乐，正是未婚青年男女交友谈情的好时机。酒足饭饱之后，姑娘和小伙子们相约来到山坡上，以对歌、吹芦笙、吹木叶、打口哨等为媒相互传情，互换手帕、明镜等，以手镯和帽子定情。一对对恋人沉浸在甜言蜜语中，从此开始相识、相知、相爱，直至夜幕降临仍缠绵忘返。"吃新节"也是白裙苗小青年们的"情人节"。

二

苗家"吃新节"，是苗族农耕文化的一种表现形式。它与农业尤其是稻作生产紧密联系，没有稻米的丰收就没有"吃新"。但其主要意义不在

"吃新"，而在庆祝丰收、祭祀先人、寄托希望。

苗族在历史上是最早从事稻作农耕的古老民族之一。传说，当年的九黎部落与炎黄联军大战，蚩尤率领的九黎大军"铜头铁额"、"食沙子"、舞刀斧，其实就是戴铜盔、吃米饭、舞动铜制兵器，所向无敌。当苗族的先民们已经掌握冶金和稻作技术的时候，其他民族（当时汉族尚未形成）还处在以游牧为主的阶段。后来"三苗"长期繁衍的长江中下游地区，更是最适宜水稻生长的"鱼米之乡"。中国古稻种的发掘地也在以苗族为主体的楚国境内。在湘黔两省的广大苗族地区，至今还流传着狗为苗家送来稻种、鸟给苗乡含来谷穗等美丽动人的故事。苗族战败被赶出长江中下游地区之后，他们不管迁徙到什么地方，只要有条件，都会千方百计地开垦梯田和筑堤修坝，种植水稻以养活自己。如今黔南、黔东南境内许多蔚为壮观的连片梯田和苗家稻田养鱼等传统，都说明苗族与稻作农耕有着不解之缘。

居住在高寒草原上的白裙苗，尽管环境恶劣、土地贫瘠、气温较低、收成微薄，也要在贫瘠的土地上通过艰辛劳作来获得粮食，维系自身的生存发展。相传，古时候白裙苗也是没有粮食的，是勇敢的先民们历经千辛万苦从水沟边发现并找来种子，通过精心栽种，培育出水稻，才有了吃的，给苗家带来了丰衣足食的生活。苗家获得温饱后，为了不忘祖先的恩德，每年在新米即将成熟的时候，就要煮出新米饭供奉，进而逐渐形成了"吃新节"。后来，"吃新节"不断演变，节目内容不断充实，包括大家劳累了大半年，各种繁重的农活基本结束，丰收在望，要好好享用一下丰盛的晚餐慰劳自己，迎接丰收；今天美好的生活离不开祖宗的保佑，"吃新节"就餐前必须首先供奉祖宗，寄望祖宗庇佑家兴业旺；平时大家各自劳累，到了丰收在望的农闲时节，把家人和亲友们团聚在一起叙旧交流，巩固亲情，增进友谊，以利日后的发展；利用节日开展斗牛、歌舞等传统文体活动，劳逸结合，借机结交更多的朋友；以节日活动搭建未婚青年交友择偶的平台，促进民族的繁衍和发展。可见，"吃新节"既有吃新迎丰收，又有祭祖、叙旧、交友、促发展等多重功能，文化内涵非常丰富，值得保护和传承。

三

随着时代的变迁，苗族"吃新节"也和许多民族文化一样，面临着消亡的危机。在龙里草原这样一个小小的苗族乡村，尽管经历了千百年来的历史演变和社会变革，苗家的语言、服饰、传统习俗等原生态文化仍然保存得较好，包括"吃新节"等民族传统节庆并未被淘汰掉，苗族同胞们每年自发参加自己民族节日活动的热情仍然很高，一年一度的"吃新节"从未间断过。这体现了苗族同胞牢记历史、不屈不挠的优良传统。

"吃新节"是苗族独有的传统节日，对研究苗族的历史、传承苗族文化、增进民族团结等有着深刻的意义。而传承和保护民族文化，不仅仅是一个"吃新节"的问题。苗家的节日、苗族的文化，我们苗家人首先要自己珍惜。过"吃新节"等民族文化传统既不能丢，又要与时俱进，赋予其新时代的精神元素。例如，利用节庆开展民族历史文化的研究和宣传、揭示西方"洋节"过去对中国人民的伤害、加强对青少年的民族意识教育，以增强民族自豪感和民族自信心；以民族传统节庆为节点，与万亩草原上的自然风光结合起来，打造乡村旅游链条，吸引城里人到乡下观光游览，增加群众收入；组织发掘一批传统的民族文化歌舞，创作培育更多的民族文化精品和新品，营造浓郁的民族风情氛围，努力彰显苗族的正能量等。同时，盼望政府能够在苗乡的基础设施建设、民族文化保护、产业培育、教育发展特别是精准扶贫等方面继续加大投入和帮扶，通过实施乡村振兴战略，帮助苗乡在经济发展和精神面貌上都实现一个巨大的转变。

（作者：杨必清，贵州省龙里县水务局办公室主任，县苗学会副秘书长，县民间文艺家协会副秘书长。审校：文毅、吴进华）

荔波佳荣苗族吃新节的传说与庆典

江兴龙

吃新节也叫"吃新米"或"尝新节"，是聚居苗族人家用以祭祀祖宗告慰丰收的节日。吃新节，在荔波大土苗语中谓之"糯该喜"。每年农历七月中旬至八月中旬期间，月亮山麓的大土、水维、甲料等苗族村寨都要择吉过节，一般多择戊寅（亥年忌寅日）、己卯或癸亥日（寅年忌亥日）为节。节日当天，除举行尝新祭祀仪式外，还举行各种文艺活动，周边的水族、布依族、汉族等都闻讯前来参与活动，昼歌夜舞，人山人海，不亚于春节跳苗。

一、苗族吃新节的由来

（一）感谢狗的传说

远古时候，人间没有谷子，只有天上雷公（苗语称"改坡"）的谷子国才有谷子。生活在世间的人只好在深山老林里打野兽、猎飞禽、摘野果和野菜度日，日子过得很苦。为得谷种，住在南天门下的苗族祖先姜央（苗语称"改央"）、耉里（苗语称"改里"）想尽办法苦苦思索。改里灵机一动，给改央出了个主意：世间地广物博，珍禽异兽那么多，何不用些去与谷子国交换粮种？改央脑子开窍，拿了九千九百九十九种珍禽异兽到谷子国与改坡调换得九斗九升九碗谷种，放在木板仓库里，等开春播种。没想到一天晚上，老鼠攀着天的边边，借着灯光，踩着石碓，不停地舂着蕨粑根，一不小心碰了天灯，恰恰掉落到木板仓库顶上。谷仓顿时起了火，越烧越大，无法扑灭。谷子在仓里乱蹦乱闯，最后乘着火烟飞上天，跑回改坡家去了。花很大代价换来的谷种跑了，改央很苦恼，思来想去，决定重找改坡，请他劝回谷种。谁料改坡死活不肯，硬说谷种没上天。改央耐心劝说，把嘴巴磨破了九层皮，嗓子说干了九坛水，改坡还是不承认。没法子，改央只好再拿珍禽异兽去换谷种，不通情理的改坡仍死活不答应。改央连续九天九夜苦思苦想，想出一条妙计：等谷子成熟时候，派一只狗到谷田里去打几个滚，让谷种粘在狗毛上带回来。古历七月十三日早上，狗正要出发时，改央又交代：要取谷子秆有五尺高、穗有五尺长的谷种。狗因太心急，走到南天门下，不小心绊倒石头，跌了一跤，打了好几个滚，待起来时，却把改央交代的话记颠倒了。结果，狗跑到一块禾穗只有五寸长的田里，赶忙打了几个滚就往回跑。改坡得知了派狗取谷种的消息，早派九十九个彪壮的武士把守在桥头。狗回到天桥时，被打落天河。武士们都以为狗只有死路一条，这样一想，便乐呵呵地向改坡报功领赏去了。他们万万没想到狗会游水，且狗落入天河后把尾巴高高地翘在水面上，终于渡过天河回到人间，尾巴上恰恰还粘有九颗谷种。有了谷种，改央欢喜得不得了，便把原先准备拿去换回谷种的珍禽异兽杀给狗吃，以作酬劳。改央得到谷种以后就开始犁田播种。他用山坳做牛轭、山岭做犁腿，岩山做犁柱，石头做犁脚，山头做犁把，捉来旋风做犁索，架着犀牛，犁东又耙西，犁了九天九夜，犁遍了天下旮旮旯旯。播种后，改央日夜细心管理。那只狗也一直守卫在田坎边，不准麻雀、害鸟及耗子等挨边。古历六月初六这天，秧尖上抽出了一串五寸长的谷穗。一个月后，谷穗变成金闪闪、黄澄澄、胀鼓鼓的谷粒。古历七月十三日，正是取得谷种一周年的日子，改央乐滋滋地摘了九升谷子，剥去外壳，煮一锅白米饭，一尝，很香。这时，改央和改里想到谷种是狗冒着生命危险取来的，便先舀三大碗给狗吃，自己才尝新。剩下的谷子，留来做种，年年撒种栽插，使旮旮旯旯都有了谷种，人们都吃上了白米饭。七月十三日前后谷子成熟，为了记住这个日子，改央便把这天定为"吃新节"，一直传了下来。一到节日，苗族人民就举行各种聚会，赶热闹场、跳芦笙、跳铜鼓，彻夜欢歌，热烈庆祝。

（二）告诉祖先的传说

传说，苗族嗣孙带着祖先"米姑娘"赐予的谷种，先是由北向南，后又从东向西迁入黔桂地区。为了让原籍祖宗知道他们已在新的地方安家立业，便每年以过新米节的形式来向祖宗禀报丰衣足食的信息。当地苗族古歌《爬山涉水》中叙述了苗族迁徙和安顿的艰辛历程。过节时，必须以新米饭和鱼、酒等祭祖、宴客，并以酸汤鱼为主。

二、节日的内容

（一）祭祀活动

一般在节日前一天傍晚或当日清晨，到自家田里先摘几把成熟的糯谷或稻谷用来尝新，现舂现煮，配以鸡鸭鱼肉祭祀祖宗，以示丰收；若谷穗未成熟，则选择最好的秧兜，摘下五至九棵为单数的禾苞打成结，带回家献于神龛上（或火炕边）敬供后，再将禾苞放于正在蒸煮的米饭上面一起蒸，使禾苞汁液流在饭上，并将带有禾苞汁液香气的米饭和鸡、鸭、鱼、肉以及米酒等摆在火塘边或神龛前，烧香、燃烛、焚纸，以此向祖先和龙神献上水稻的禾苞和供品，祈求稻穗打苞、出线、甩子期间，风调雨顺，稻谷生长丰满壮实。苗家把这个仪式称为"吃新节"。在吃新节之际，家家户户从田里捉来鲤鱼，加上鸡肉、鸭肉、猪肉、牛肉等，以庆贺吉祥和丰收在望。多数人家都选在"卯"天过节，届时长者在火塘边或堂屋香火台前用酒肉、香烛祭祀祖宗，先请祖宗尝新米饭，保护五谷丰登、六畜兴旺，然后叫米魂或唱《米魂歌》。米魂歌有两种，一种是米已经出穗扬花，另一种是米已经甩粒成熟。《出穗扬花歌》词的汉意为："米菀棵对棵，穗长颗粒多；唱首姊妹歌，切莫空秕壳。姊妹一大伙，一菀满一箩；我的米妹娘，快长好入仓！"

（二）牛斗活动

牛斗，亦称放牛打架，一般在节日当天的上午举行。荔波苗族牛斗有黄牛斗和水牛斗两种，黄牛斗随便一些，水牛斗必须认真。双方都要根据水牯牛角上的年轮进行测算，并量出两头牛的角尖距离基本相符后，才放牛相斗。牛斗到一定的时间后，双方各拿着早备好的大棕绳套住对方的牛腿，进行"拉牛"，避免牛被斗伤。佳荣苗族牛斗场所都选择在河滩上，河两岸及河滩上围观者少则千人，多则上万人，时而爆发出热烈的欢呼声。整个场面气势磅礴，热闹非凡。

（三）跳苗活动

节日期间，男女老少都身着节日盛装。特别是姑娘要穿银戴花，除不戴银角外，项圈、手镯、亚领、耳环等各种银饰凡有的都戴上，有的还在百褶裙外套上坠带（条裙）聚集跳苗场踩芦笙。踩笙中，姑娘全身银饰叮当，鲜艳夺目。佳荣苗族芦笙舞的表现形式主要以"踩"为主，这是当地男女青年联欢和选择配偶的一种舞蹈，古时称为"跳苗"或"跳月"，旧时多在月明风清之夜进行，现为节庆白天或夜灯照明下举行。佳荣的每个苗族山寨，都设有专门的"跳苗场"或"踩笙堂"。跳这类芦笙舞的初衷是小伙子边舞边吹着芦笙曲"讨花带子"，向自己爱慕的姑娘求爱。在这种场合，姑娘若与小伙子情投意合，就会把自己精心编织的花带，含情脉脉地拴在小伙子的芦笙上。

（四）游方活动

游方，主要是青年男女互对情歌，谈情说爱，寻找对象。地点在跳苗场附近和村边，白天晚上都可以对歌。通过对歌，如果互相爱慕或中意，就约定下次相会的日子，继续对歌，加深感情。有的则互换信物，作为定情见证。信物有围腰、衣服、手圈等，有的也拿项圈，衣服一般是互换的。如果女方拿出手圈或项圈等，男方就要拿出与这些银饰价值相当的钱来送给对方。

（五）敲击铜鼓

敲击铜鼓是老年人过节的一项活动。晚饭后，年轻人去跳苗场吹笙踩舞或看热闹，老年人则聚集到有铜鼓的人家去摆古或对唱酒歌。摆古和对唱酒歌时，常击青铜鼓和之，通宵达旦。夜里还击鼓报庚，向游方的青年男女们通报时辰。

三、节日规模

节日这天，榕江光辉与从江加鸠、加牙、宰便及广西环江等月亮山深处的苗族青年都聚会到荔波佳荣镇大土苗寨或水维苗寨来跳苗，周围的水族、布依族、汉族等各兄弟民族也赶来举办地看热闹。在月亮山南麓，过"吃新节"的苗族群众达 5 万余人，年年如此，兴旺不衰。

四、节日乐器

佳荣苗族吃新节活动中的节日乐器主要是大芦笙、小芦笙、大芒（蟒）筒、小芒（蟒）筒。近年来，随着荔（波）从（江）公路的通车，大土、水维等跳苗场显得拥挤不堪，人满为患，且所吹奏的芦笙、芒筒破损严重。为传承苗族优秀传统文化，弘扬月亮山苗族精神，建议有关部门将荔波佳荣苗族吃新节列为省州民族节庆重点扶持对象，更新芦笙、芒筒器具，扩建跳苗活动场地，以此弘扬民族文化，促进月亮山东南麓的旅游发展，进而实现苗族群众增收，共圆小康梦。

（作者：江兴龙，贵州省荔波县民族研究所副研究员，贵州省苗学会会员，黔南州民间文艺家协会副秘书长。审校：宋荣凯）

清水江沿岸叉鱼节的由来

蓝文书　严启明　王元平

摘　要：叉鱼节有一段不同寻常的传说故事，内容多姿多彩。叉鱼时间与区域的约定俗成、叉鱼的禁忌直至当今叉鱼节日的形成，经历了一段漫长的历史发展过程。它充分地体现了清水江沿岸苗族人民的艰苦生活状况和对幸福生活的追求与向往，也清晰地反映了他们在生产生活中改变自然与利用自然的能力和凝聚力。

关键词：苗族；叉鱼节；由来

叉鱼是清水江沿岸苗族人民最为喜爱的一项活动。在每年春暖花开之际，清水江沿江十几里路以内的苗族寨子都会倾寨出动。男子以叉鱼为主要活动，妇女和未婚女孩则梳妆打扮，不约而同地为叉鱼的男士们送去鱼饭。各寨妇女姊妹齐聚江岸，或叙家常，或交新友。青年男女或对歌或谈情说爱，玩得不亦乐乎，可谓"吃鱼不得杀鱼香"，其乐无穷。

一、叉鱼活动的由来

在很久很久以前，有一年开春后很长一段时间不下雨，很多寨子的水井出水变小或干枯，用水贵如油。人们不分昼夜地在水井边排队候水，衣服只能拿到清水江去洗。有一天，在公江（由贵阳流下来的南明河和独木河）和母江（由贵定流下来的独木河）交汇处的两岔河三岸，很多苗族妇女正顶着烈日在清水江边洗衣服。当时有一个年轻的媳妇背着一个尚在哺乳的幼儿来清水江边洗衣服。苗族妇女的裙子是百褶裙，洗时，只能把裙子浸泡好并抹上皂角液后卷成一把，双手握住两头，用脚板底对裙子反复滚搓扭压。这种洗法，要极度弯腰，背上背的娃娃很容易掉下来。因而，这个洗衣妇女便解下幼儿坐在脚篮（用竹篾编成的幼儿摇篮）里。她只顾低着头洗衣服。江中的大鱼（也有说是大龙）咧开一张大嘴猛一吸气就把这一幼儿吸入口中，并即刻没入江水中。洗衣服的妇女们都惊呆了，幼儿的母亲嘶叫着冲进水里，就这样再也没有回来。两岸的人们听到呼喊救命声，连忙狂奔到江边，可是已经无济于事了。失去爱妻幼子的男人嚎叫着也要冲下江去，当场被众亲友死死拽住，才幸免于难。两岸的男男女女老老少少无不为之洒泪。会游泳的都潜下水去寻找，不会游泳的就沿江来到冷水河入口，但都没有找到。天要黑了，众寨邻亲友连劝带拽，好不容易才把失去爱妻幼子的年轻男人簇拥回家。回到家后，三亲六戚、亲朋好友以及左邻右舍都轮流前来安慰失去妻儿的男子。

母子俩遇难的第十三天是"对场十三"，按照苗族的丧葬习俗，要送对场饭。因为没有找到尸体，所以男子家就在江边母子遇难处设香案牌位供祭。对河三岸的本家外家、三亲六戚、七姑八姨、左邻右舍、亲朋好友都送饭到江边。献酒饭时，酒肉饭菜就像雨点般撒入江水里，江里的鱼欢快地互相追逐争相奔来抢食。失去亲人的年轻男子愤怒地拿起竹竿向鱼戳去，将一条巴掌大的鱼叉个正着。他把鱼拿来摆在案前祭奠亲人。众亲友见状，纷纷砍来竹子往江水里叉。鱼儿受到惊吓，再也不露面了。众亲友当即约定，明天邻近各寨子的人都到江边来，趁水小，用长竹竿往水里叉，一定要叉死吃人的恶鱼（恶龙）。第二天，对河两岸的男人都聚集在江边，用竹竿在该河中乱叉一天，可是什么也没有叉到，鱼始终不见踪影。人们七嘴八舌地商量。有的提议用东西把水搅浑，鱼自然会浮出水面呼吸，这样就能叉到；有的提议用鸡屎；有的提议用狗屎；有的说用辣子面、大蒜泥闹鱼；也有说用核桃叶、桃子叶、桦香叶……闹鱼。

第二天，清水江两岸成千上万的人们拿着闹药齐聚江边两岸，闹药堆积如山。有鸡屎、狗屎、辣子面、大蒜泥；有捣烂舂烂的茶油枯、核桃叶、桃子叶、桦香叶等。早饭时分，两岸的闹药一齐抛下水里，江水顿时浑浊了，各种各样的鱼被闹得乱游乱撞，乱蹦乱跳。有的浮出头来呼吸，还有些尖叫着跳出水面。人们纷纷用竹竿朝着现形的鱼叉去，并把叉到的鱼摆在香案前。既安慰了亡灵，也解了心头之恨。就在这个时候，突然天上乌云密布电闪雷鸣，大雨倾盆而下，河水猛涨。闹药全被冲淡了，鱼也跑得无影无踪了，人们都纷纷赶回家去打田。这场雨下得很及时，这一年的粮食获得了好收成。

对苍天突然降下大雨这事，有的认为是吃人的恶鱼（恶龙）快要浮出了，天上才下雨来解救它；也有的认为是鱼兵虾将要遭叉光了，天上才下雨来营救它们。从那个时候开始，每一年开春，清水江两岸的人都到江边闹鱼叉鱼。天庭怕清水江的水位下降，江中鱼兵虾将要遭闹遭叉，就时常下雨来救，年成也就风调雨顺了。这种说法和叉鱼的习惯就一直沿袭下来。

二、叉鱼活动的约定与规矩

经过若干年的世代传承，竹叉改进成了铁叉，并用竹竿做叉柄。叉着的鱼因常常滑脱，便又把铁叉做成倒钩叉。距离较远的鱼，叉子够不着，就加上叉索杀飞叉。清水江一带的苗族人家，凡男丁必有叉。鱼叉平常挂在厅堂香火两侧的墙壁上。外人进门看一下堂屋上挂着的鱼叉就知道主人家有几个男丁了，可谓进其门见其叉而知其男丁数。

叉鱼一般选择在未进入农忙季节的清明和谷雨这两个时节前后的晴天进行。这一段时间，一是降雨少，水位较低，闹鱼所需要的核桃叶、桃子叶、桦香叶等药材的需求量就相对较少；二是这一时段需要的这些药材正处于嫩叶时期，便于捣烂舂烂且药量充足，富有很强的杀伤力，较容易把鱼闹昏。在叉鱼的过程中常常有人落水死亡，所以每一次举行叉鱼活动前，都要祈求神灵保佑，并向神灵保证只杀害人吃人的恶鱼大鱼，不杀善鱼母鱼和小鱼。古歌手在演煞时最后几句是这样念的："qo²⁴ tsi³¹ waŋ²⁴ lu⁵⁵ laŋ²⁴ su²⁴，tsi³¹ tshen³¹ lu⁵⁵ laŋ²⁴ ʁlei³¹，ʔmen³¹ tsi³¹ pai²⁴ sao⁵⁵ na³¹ nʔthen³¹。"意思是：保留三万来守滩，三千来守江，只杀恶鱼三百。所以人们说每次叉得的鱼都不会超过三百条。

叉鱼用药比较严格，只要求把鱼闹昏，浮出水面便于叉获就行。药往下游冲去后，药性逐渐减弱，鱼就渐渐清醒，一般不会被闹死。人们跟着闹药往下游赶去，边赶边叉，直到没有见到鱼为止。并且，在叉鱼时只能叉那些上得起鱼叉的（半斤以上），不叉小鱼。叉得小鱼者，会被大家讥笑（不是男子汉，还不懂规矩）。这一不成文的约束，意在保护鱼类繁衍，使江中年年有鱼。

每一年叉鱼都是按甲子而从下游往上游分段进行的。每年在每一段所举办的杀鱼活动都各有其主，不能越段举办，即酉日（鸡场天）叉大沙坝河段，由福泉王卡的新寨和开阳的丁耙、朱成负责主办；辰日（龙场天）叉竹林脚河段，由福泉的王卡花崖、岩寨和开阳的后寨主办；寅日（虎场天）叉两叉河段，由福泉的江边和开阳的光中主办；卯日（兔场天）叉大花水河段，由福泉江边寨单独主办等。各河段叉鱼都会临时推举大家公认的"药头"（苗语直译，记音为 xu⁵⁵ ka³¹），负责联络通知叉鱼时间，维持叉鱼当天的秩序，检查带药情况，对不带闹药者当场断其叉杆，取消其叉鱼资格。没有通知到的寨子若未备办闹药，也可以叉鱼。偶尔也有一些人暗地里会邀约几个人或十几个人去闹鱼叉鱼，若被大家知道，会讥讽谩骂其为 noŋ³¹ mʔpu²⁴"农布"，有不懂礼数、不守规矩、私自独吞之意。

在叉鱼活动中，叉鱼者认为，叉得的第一条鱼如果是"偏对偏"，即边齿叉中鱼的前后或两侧，预示该人今天有希望，运气好，得鱼多；如果是"中对中"，即中齿正对鱼的中间脊背，预示今天运气差，得鱼少，或者就是这一条，再也叉不到了。

投标枪和投石块是人类最早掌握的生存技能，是猎取和自卫的主要手段，始于何时无处细考。时至今日，投石块这一行为仍然是人们最有效的自卫手段。叉鱼就是投标这一技能的延续。能飞叉击中不同深度、经过江水折射以后才看到的游鱼，可见其投技非同一般。

叉鱼活动的禁忌。叉鱼当天的早晨，女性不论年纪，一律不能出门，也不能窥视男士们出门。她们只能在参加叉鱼的男士们已经全部带着鱼叉和药物走出寨子并确认无误后，才能出门抬水煮饭。吃中午饭后，随即送鱼饭到当天叉鱼的河段。

三、从叉鱼活动到叉鱼节的演变

清水江沿岸苗族人民自发举办的叉鱼活动，在大花水电站未建设之前，或一年一次，或一年几次，几乎从不间断，已广泛被人们认同。故此，福泉市人民政府已将此项活动申报为非物质文化遗产——王卡三月三杀鱼节，并申报成功。这是叉鱼活动的升华，是当地人民政府洞察民情、保护民族文化的重要措施，也是人民政府和苗族人民共同努力的结果。可令人惋惜的是，"杀鱼节"一说不够确切。因为"杀鱼"是已经把鱼抓住了以后再用刀来杀，而"叉鱼"则是用叉在水中将鱼叉住。叉也有杀的意思，但二者使用的工具和所用的动作各不相同。以苗语而论，二者的发音全然不同。在苗语中，"杀鱼"叫 l_ie^{31} $mpziei^{55}$ "连米"，而"叉鱼"叫 $then^{31}$ $mpziei^{55}$ "停米"。由此可见，正确的提法应该是"叉鱼节"，可在以后适当的时候纠正过来。

叉鱼节是一项集求雨、体育技能、男女老少共同联欢于一体的活动，是苗族人民人人乐于参与的活动，也是一项有利于传承民族文化的实践活动，不仅要保护传承，而且要发扬光大。

（作者：蓝文书，贵州省福泉市仙桥乡原乡长，市苗学会副会长；严启明，贵州省黔南州疾控中心医师，州苗学会办公室主任；王元平，贵州省福泉市王卡村党支部书记。审校：文毅）

罗甸苗年散记

韦启光

　　罗甸是一个多民族杂居的县，居住着布依、苗、汉、侗、土家、壮、瑶等 25 个民族，2015 年全县人口 353104 人，少数民族占总人口的 69.78%，其中苗族 46596 人，占总人口的 13.2%，位居少数民族人口第二，主要分布在县境东北、西北与外县接壤的董王、木引、纳坪、平岩、栗木、逢亭等地区。县境内的苗族都操西部方言 3 个次方言，麻山次方言苗族主要居住在西部、西北部的董王、木引、栗木等与紫云、望谟、长顺、惠水等县接壤的麻山地区；平塘次方言苗族主要居住在平岩湾心、油龚寨，董架油尖寨，大亭的大小苗寨，风亭交算、国光等与平塘、独山及广西南丹天峨接壤的地区；川黔滇次方言苗族主要居住在纳平翁传、冗翁坪、高坡，逢亭白家坡、罗暮堡上村等与紫云、望谟县接壤的麻山地区。县内西部方言 3 个次方言多个土语的苗族，生活习俗、民族风格、节气办理流程各有差异，特别是苗年也各有千秋。木引与紫云、望模接壤的构皮寨、麻坨、打科等片区的麻山次方言苗族过苗年是古历腊月二十以后的"狗场天"或"龙场天"；董王与长顺、紫云接壤的打窖、灰洞、交足等片区的麻山次方言苗族过苗年是古历冬月二十以后腊月以内的"牛场天"或"羊场天"，杀猪及煮米酒时间是"狗场天"或"龙场天"，打年粑时间是"猪场天"或"蛇场天"；平塘次方言苗族平岩湾心、油龚寨等过苗年是古历十一月三十。近十年来，随着社会发展，经济文化繁荣，人际交流频繁，民族传统节日逐步统一，各次方言构按照十二生肖过大年。下面以麻山次方言构皮寨苗族黄姓过"苗年"为例，诠释罗甸苗族"苗年"。

　　构皮寨苗族，过苗年时间为古（农）历腊月二十以后的"狗场天"或"龙场天"，从杀年猪开始，到"完"年结束，历时一个多月。

一、年货准备

　　苗年是苗族一年中最隆重、最热闹的节日。过年期间，寨子里男女老少忙忙碌碌，客来人往，喜笑颜开，充斥着过节的氛围。

（一）准备做糍粑的小米、糯米或糯玉米

提前半个月将小米、糯米用碓舂好，然后用簸箕簸，反复三遍，把小米舂得黄晶晶的，糯米舂得白亮亮的，并簸得干干净净的，备足约 60 斤以上。

（二）准备年猪

年猪要精心喂养，一般喂养 1～2 年，少数喂养 2～3 年，饲料以野菜、玉米糠为主，将野菜剁成碎片、碎丝，用大锅煮，煮熟后才喂猪。喂养小猪时会加入少量玉米面，待一年后小猪长成大架子猪，再把饲料调整为玉米面多，野菜、玉米糠少，目的是将架子猪催肥，以备过年时宰杀食用。年猪小或家庭条件稍好的可宰杀两头或多头。

（三）准备年酒

将玉米煮熟、煮软，用大簸箕将玉米晾至微温，再用酒药拌均匀后装入先用发酒叶铺垫好的箩筐里发酵 3～5 天；完全发酵后，将其装入酒坛子中继续发酵；10～30 天后（根据季节气候而定），将酒酿取出放在有榨底的大锅里，用酒榛子罩住平置，再将一口清洗干净的大锅放在酒榛子上面，用干净的布绳湿水后捆缠在酒榛子与大锅之间，不许漏气，接着将大锅加水至基本满，然后烧火加热，锅里水开后通过酒酿与冷水大锅相遇形成酒蒸馏水，酒蒸馏水从酒榛子里的槽子流出，这就是"白酒"。备有甜米酒，将舂过簸净的小米用清水浸泡 1 天后，再用清水清洗簸箕过滤，然后用榛子蒸煮熟，取锅用大簸箕铺开晾至微温，再用甜酒药拌均匀，装入先用发酒叶铺垫好的箩筐里发酵 3～5 天，完全发酵后将其分别装入两个酒坛子继续发酵，其中一个酒坛子要密封好，待过年"狗场天"或"龙场天"祭祀祖宗时用，祭祀后才可以食用。现在随着经济社会发展，人们生活水平逐渐提高，物质逐步富裕，加之退耕还林政策的落实，小米退种，普遍用糯米做甜酒。

（四）准备豆腐

在杀年猪的前一天做豆腐，并制作"血豆腐"。将 1～2 吊（1 吊为 10～15 斤）黄豆放入清水中浸泡半天，捞出后用石磨推成豆腐水，把豆腐水放入大锅里烧开，且用玉米秆或杂草生火。随后，把锅架和簸箕放在洗净的大盆上，将烧开的豆腐水舀起来倒入布口袋里，一只手拿袋口，一只手挤压口袋，将豆腐水过滤进大盆里，直至口袋里只剩下豆腐渣。然后，将过滤后的豆腐水放入大锅里继续烧至沸腾，再缓慢倒入适量的酸汤，搅拌 1～2 圈至酸汤与豆腐水混合均匀，稍等几分钟，待酸汤的"酸"与豆腐水

的"碱"相遇形成液固态即豆腐脑，把用纱布垫好的豆腐厢放在大盆锅架，将豆腐脑轻轻舀起来放在豆腐厢里，缓慢轻压，形成豆腐。

（五）扫"阳尘"

砍长约 2 米的新鲜白竹 3 根，将白竹与小把米穗捆绑在一起做成扫把，从"天楼"开始清扫"阳尘"，边清扫边用苗语口念：今天是好日子，打扫好"阳尘"及环境卫生，将牛鬼蛇神、妖魔鬼怪扫除，便于迎接祖宗们来过年，祈祷来年家人平安，风调雨顺。接着清扫中堂、火炕间，再扫厨房大灶间，最后清扫各个房间。清扫完毕，将"阳尘"垃圾及扫把一起倒在三岔路口，让过路人跨过走过，表示清扫出来的妖魔鬼怪、牛鬼蛇神及人间污秽被清扫、镇压了。清扫后，家人不能在寨内及家里用柴刀、斧头等刀具砍柴、劈柴，不能弄刀弄棒，或发出任何声响，否则将影响来年的农业生产和家人的平安。

二、新年开始的标志——杀年猪，吃"刨汤"

过年前的三五天，只要不是三代以内直系亲属去世的忌日，皆可被选为"杀年猪"日。

（一）杀"年猪"

年猪大的或家庭条件好的可以提前宰杀，杀 1～2 头或更多。杀年猪前，将案桌抬到堂屋中央放好，准备两个放有适量食盐的干净盆子、一双筷子、一刀草纸；请屠户及帮忙的亲朋好友将猪舍里的年猪捆绑拖拉到堂屋进行屠宰，第一个盆接取新鲜猪血，并及时搅拌均匀，防止冻凝，用于做"活血"食用和做"血豆腐"；第二个盆接取年猪流出的最后的血，再将其平放在案桌上，用草纸的一端蘸上刀口上的血，然后将草纸放置在香火架上，用于祭祀祖宗。把两盆血放在堂屋的八仙桌上，表示杀年猪了，迎接祖宗们来过年。随后将屠宰后的年猪抬至房外刮毛清洗，开胸剖腹，将内脏取出清理干净，将猪肉割成 3～6 斤重的条块状，用食盐及花椒等佐料涂抹均匀，用力搓压，让食盐渗透，并把肉放在大盆内腌 2～3 天，取出后挂吊并排在火炕上，让柴火昼夜不停地均匀燃烧熏烤（包括暂时不食用的内脏）。约 20 天后，腊肉腌制完成。

（二）吃"刨汤"

年猪屠宰清洗剖腹后，取出部分足够食用的鲜肉和内脏，放在大锅里用清水煮，并放少许生姜、大木姜仔、花椒仔等佐料。煮熟后，先将猪胰腺和猪胰子油取出剁成肉沫，放进小锅炒至出少量油则可，称之为"脆哨"。将大锅里的肉汤取出放在盆或小锅里搅拌均匀，并晾至微温，再用力朝一个方向搅拌，然后将适量未凝固的猪血缓缓倒入肉汤盆里，让其自然形成液固态，再将炒好的"脆哨"及切好的小葱花、蒜苗、姜沫等均匀撒在上面，猪"活血"即成。舀出第一碗猪"活血"，与肉片、内脏和酒饭等放置在香火下的八仙桌上，供奉祖宗，余下再用于招待参与杀猪的人及家族宗亲好友。将放在大锅里煮熟的肉及内脏取出，切成大小不等的片块，再放入大锅里，让客人们吃多少舀多少。同时，备足白菜、萝卜等蔬菜，用火刨的辣椒面做蘸酱，供亲友寨邻们尽情享用"刨汤"。苗家杀年猪吃"刨汤"，与汉族吃"刨汤"的风俗大同小异。

（三）制作"血豆腐"

吃完"刨汤"后，根据豆腐多少，将猪"泡菜"切成肉条放入锅里加热至肉散，出少量油，将锅抬出来放稳，倒入豆腐，加入适量的猪活血及食盐、花椒、八角粉等佐料，搅拌均匀，取出捏成拳头大的圆形"豆腐球"，放在火炕上与腊肉一起烘烤，2～3 天翻动 1 次，10 天后即可食用。

三、过苗年最重要的节点——除夕

除夕是过苗年最隆重的一天，在外地的家庭成员都要赶回来吃年夜饭。

（一）备足过年物资

除夕上午，各家各户都要将过年用的各种年货及食物整理齐备，备足新年期间 5～7 天的食物、饮水和柴火等。

（二）打年粑

打年粑前一天，先用清水浸泡小米或糯米。第二天，取出泡好的米，用清水清洗，通过簸箕过滤后，用木甑子蒸熟，再将煮熟的糯（小）米饭倒入粑槽内反复舂打，直至融成黏糊状，然后取出捏成碗口大小的圆形放在簸箕上平整、晾干。

（三）准备年夜饭

年夜饭是一年中全家人的团圆饭，菜肴最丰盛。无论宰鸡、杀鱼还是炖猪脚、炸花生、卤肉、凉拌等，都要提早准备，数量充足。一般除夕夜吃不完都要留到初一二接着享用，表示年年有余。年夜饭前要将每样菜都舀一点盛在碗里，摆出八大碗，盛上酒、饭，摆在堂屋的八仙桌上，供奉祖宗。晚辈们按长幼顺序磕头礼拜，同时鸣放火炮，辞旧迎新，表示年夜饭开始了。年夜饭一般在下午 4 点钟左右开始，一两个小时后才结束。

（四）"叫魂"

这是苗年与春节最大的不同点。年夜饭后，用小簸箕装上两个红鸡蛋（家中小孩每人不少于一个）、一方肉、三炷香、若干纸钱、一封火炮，端到三岔路口放置，点香叫魂祈祷，表示过去一年全家事事顺利、人人平安，若还有人在外面被恐吓，魂魄没有回来的，祈祷他们及时回来与家人团聚，并请祖宗保佑庇护。然后，烧钱化纸，燃放火炮，迎接"魂魄"回家，并将祭品带回放置在堂屋香火下。

（五）燃放烟花爆竹

除夕这天，除了在年夜饭前鸣炮之外，夜幕降临，各家各户都要尽情燃放烟花爆竹，辞旧迎新，恭贺新年。这也是孩子们最高兴的时候。

（六）守"祖宗"

"家发不发，看三十夜的火旺不旺。"除夕夜的火一定要烧大、烧旺，通宵不间断。一家人围着火塘，畅所欲言，摆家常、吃水果、品点心等。大人们难得好心情，也会给孩子们摆起古今中外的龙门阵，逗得小家伙们笑声不断。

（七）"供饭"

这也是苗年与春节的不同仪式之一。制作新年祖宗供饭，在大年初一鸡叫头遍，就要将锅及甑子洗净，烧水至沸，将浸泡好的小米或糯米清洗过滤倒入甑子，甑子不罩盖，适时观察蒸煮小米或糯米的蒸气首出的位置及旋转方向，若蒸气从东面首出，并向逆时针方向旋转一圈至中央结束，表示来年风调雨顺，五谷丰登，六畜兴旺，事事顺利。然后，将甑罩盖好。鸡叫第三遍时，及时将小米或糯米取出，放入堂屋中准备好的粑槽内舂打，在舂打前取半碗小米或糯米留作供饭，然后开始打糍粑。打第一棒后，去门口外看一下，再回来打一棒，然后又去门口外看一下，再回来打一棒，反复三次后才连续舂打，直至将小米或糯米打融成黏糊状。取糍粑时，用手指在第一个糍粑的中间穿一个小洞，作为祭祀近期去世直系亲属最亲最近长辈（父亲或爷爷）的标记。用于供奉的糍粑数视需供奉的祖宗多少而定，一般为十余个。将余下的糍粑取出，捏成碗口大的圆形，放在簸箕上平整晾干。黎明时，各家各户又开始燃放烟花爆竹，迎接新年。

天亮后，苗年初一一天不能扫地，不能吹火，不能发出任何声响。生火烧柴，割取年猪肉一块，清洗煮熟，切成片盛在碗里，再用两个碗盛装酒、饭。拿出糍粑，供奉给去世的父母一堆，爷爷奶奶一堆，亲伯叔父一堆，没有子女的亲房老人一堆，每堆 3～7 个（单数）。用棕叶串一块肉（约 1～3 斤），肉上面再串一小方坨肉（约一两），若父亲去世的，另外增加猪头。糍粑上面放一点小米或糯米饭，每堆糍粑旁边再摆放用大药叶裹成漏斗状盛装的冻肉，以及用碗盛装的甜酒、白酒，一组供品用一张大药叶子垫底。供品全部摆在堂屋香火下的八仙桌上，并在八仙桌四周围八张凳子，准备供饭。用砍来的四方竹砍成"卦"，砍前将四方竹的根端对准糍粑和供肉，砍好后念供语，明确供祖的供品，然后逐一呼叫去世的直系近亲，恭请他们回来过年。边呼边打"卦"，打"卦"会将"卦"打翻，出现"阳""阴""顺"三卦，"阳"卦为顺好，"顺"卦次之，"阴"卦为不顺；打三次卦，若出现"阳"卦或"顺"卦，表示来年全家事事顺利、人人平安，农作物风调雨顺。然后烧香烧纸作揖，仪式暂告一段落。

下午五六点，将供桌上的肉重新加热，点香后逐一呼叫祖宗，宣布过年饭已经结束，打发祖先回去，明年再来。同时，请求祖宗庇护，保佑来年风调雨顺。边呼边打"卦"，出现"阴"卦为"顺"。然后烧香烧纸作揖，仪式结束。

四、新年活动

（一）祭山神

"狗场天"或"龙场天"（苗年正月初一），按照姓氏聚集近亲就近在山上供奉山神。一个村寨可分多处供，一年一户牵头，其他户配合。牵头户拿一只大公鸡、一块肉、一壶酒及饭、糍粑、香、纸，配合参与户拿一小方肉（2～5 两），少量酒、饭，一家一人为代表（亦可多人）。参加活动人员将供物带到指定位置后，烧水杀鸡，由巫师主持，祭祀山神，祈祷山神庇护，保佑来年风调雨顺、五谷丰登、六畜兴旺。仪式结束后，全体参与人员在山坳上野餐。

（二）拜年

大年第二天以后，姑姑、姑父、女儿、女婿及定亲的准女婿等前来拜年，加强沟通，联络感情。

（三）开展文体活动

组织打篮球、甩陀螺、唱山歌、踢毽、丢花包等民族民间活动。此外，过年期间还组织吹唢呐、山歌传授及"七姊妹"等活动。

（四）开年活动

过年期间有 6 天（大年初一至初六）的闭声期。在这期间，不允许砍柴，不允许敲打出大声响，不允许从事生产活动，若违反了，来年房屋会被风吹坏，庄稼会被风吹倒。过年第七天清晨起床后，及时用粑棒敲打粑槽3次，推石磨3圈，边敲边磨边祈祷，开春开雷开磨了，从此开始劳作，希望来年风调雨顺，事事平安。

五、"完年"

正月二十七日过"完年"或"了年"，"完年"标志新年结束，这天组织"送火星"扫寨及打糍粑活动。

（一）"送火星"扫寨

将火灾星清扫出去，加强防火宣传，庇护村寨平安。一般安排在上午，准备大公鸡1只，1.5米长盛装有水的竹桶1个，按照巫师用一把茅草推算需要的祭祀物品，一般是"牛"或"马"，现在用牛马骨头取代。3～5名村民在寨老的带领下参加，1人提鸡，1人抬水桶，1人助手，逐户举行扫寨活动。每到一户，巫师念扫寨词，意思是今年不能有火灾，不能有天灾，然后打"卦"3次，打得"阴"卦为好，"顺"卦次之，"阳"卦为不好。"阳"卦的家庭要高度注意防火，将水桶里的水往房屋上洒。全寨扫寨结束后，将鸡等物抬到村寨大路坳上举行全寨的扫寨活动，由巫师念扫寨词，然后将公鸡的头砍掉，把鸡甩去一边，看鸡脚弹向哪个方向，若头脚向外，鸡背朝村寨，表示村寨平安。将鸡头插在竹竿上，立于路边，表示将火灾星等一切灾难挡在寨外。参加活动的人将焚烧的火种各自带回家存留，表示来年财运红红火火，永烧不熄。"送火星"扫寨活动，每家1人，自带肉2～5两，酒、饭适量。扫寨活动的公鸡由全寨出资购买。活动结束后，参加活动的人集体就地就餐。

（二）打糍粑活动

各家将准备好的小米、糯米蒸熟打成粑粑，做"完年"饭，供奉祖宗，吃团圆饭，苗年结束。

（作者：韦启光，贵州省罗甸县苗学会常务理事。审校：吴正彪）

惠水苗族摔跤节的由来和发展

👤 杨通伦

　　苗族是一个古老的民族。惠水苗族有着悠久的历史，他们在长期的生产、生活、健身、娱乐等活动中，逐步形成了本民族特有的体育活动。惠水苗族摔跤节的成功举办就是其中一例。

　　惠水苗族摔跤亦称抱腰、抱架腰，主要有抱腰式和自由式两种，是苗族男子普遍喜欢的一种民间体育活动。苗族摔跤的历史悠久，传说苗族祖先迁居到惠水不久，为生存和安居，与其他民族发生争斗，苗族人凭摔跤技术在多次争斗中取胜，令其他民族不敢近身，才得以安身发展。苗族子孙后代在日常的生产生活中都要苦练摔跤技术，用以防身抗暴，巩固基业。惠水苗族后来也把摔跤比赛作为青年男子间追求优秀姑娘的一种较量形式。久而久之，摔跤形成了经常性的比赛活动，传承至今。

　　惠水苗族摔跤一般在正月十七、"三月三"、"四月八"、"六月六"、"交秋"等民族节日举行比赛。惠水九龙、斗篷、摆金、大华、鸭绒花厂、雅水糯米坡等都是惠水苗族摔跤比较集中的地方，尤其是九龙地区"三月三""六月六"的摔跤比赛，因延续时间长、活动规模大、节日氛围浓最为有名，且涌现了许多摔跤能手。1982年8月，九龙山陡冲寨的王文明，参加贵州省少数民族传统体育运动会，荣获自由式摔跤62公斤级第一名；1986年2月，王文明参加黔南州第二届少数民族传统摔跤选拔赛，荣获62公斤级第二名，令九龙山苗族摔跤声名远播。

　　此后30年来，政府主办的民族节日活动断断续续，但苗族摔跤活动却从未间断。为弘扬优秀民族文化，传承发展这一苗族传统体育竞技项目，2013年2月，在贵州省民委的关心支持和惠水县苗学会的指导下，在九龙山成立了"惠水县九龙山苗族摔跤协会"。2013年"六月六"民族节日，县苗学会在九龙地区野鹿寨摔跤场组织举办了"惠水县首届苗族摔跤节"，来自全县的50名选手参加了比赛，邀请了省体校知名摔跤教练执裁。在比赛活动中，九龙地区苗族摔跤比较规范的动作和娴熟的技术引起了教练们的关注。

2014年"六月六"节，在贵州省民委、贵州省体育局和省、州苗学会的支持下，惠水县苗学会组织举办"贵州省首届苗族摔跤节"，来自全省的146名运动员参加了比赛。中国少数民族体育协会副秘书长陆文梅女士到场观看了比赛，对贵州苗族摔跤历史和发展很关心。省体校教练们也认为应该把苗族摔跤宣传出去，同时要培养苗族摔跤选手。2014年7月中旬，将经过初测的9名运动员送到省体校集训，其中5名是九龙山的苗族队员。通过短短一个月的集训，8月14日至16日，惠水县选手代表黔南州参加2014年贵州省中学生（青少年）摔跤锦标赛。九龙山苗族选手杨炜锴和罗杨康奋力拼搏，分别取得了男子60公斤级第一名和男子46公斤级第三名的好成绩。

2014年10月，中国桑搏（摔跤的一种，盛行于俄罗斯和欧洲、非洲等地区的40多个国家）培训中心在九龙地区挑选了9名运动员。到北京集训两个月后，3名苗族青年顺利通过考核。2015年8月5日至6日，在贵州省第九届运动会上，惠水县选送了6名运动员代表黔南州参加摔跤比赛，5名获得名次，分别为：罗杨康获46公斤级第二名，杨炜锴获60公斤级第三名，罗宏涛获55公斤级第三名，王超获55公斤级第五名。辉获50公斤级第五名。罗杨康、杨炜锴、罗宏涛均为九龙苗族运动员。

苗族摔跤，是惠水苗族的优秀文化，是一项增强民族自强不息精神的体育活动，也是惠水民族文化的一个亮点，通过一代又一代苗族子孙的发扬光大，一定会展现出更新的风采。

（作者：杨通伦，贵州省惠水县民族研究所原所长，县苗学会副会长。审校：周庆）

瓮安苗族的奇特"苗年"

龙海燕

苗族，是一个包容性极强的民族。在其悠远的历史长河中，积淀了丰富的民族文化，尤以岁时节庆最为独特和鲜明。虽然瓮安县苗族人口仅占全县总人口的 5% 左右，但由于其分布在县内猴场、雍阳、珠藏、玉山、建中等乡镇的苗族同胞都很热爱自己的民族节日，每逢苗族传统节庆都要举行形式多样的纪念活动，不仅丰富了本民族本地区的文化生活，也为厚重的瓮安县域文化增添了不少亮色。

瓮安苗族的传统节庆不少，像国家民委认定的苗族共同节日农历"四月八"、纪念苗族伟大爱国者屈原的端午节、与巫教相联系的七月半、庆祝丰收的"吃新节"等，各地苗族村寨都要开展形式多样的庆祝纪念活动。与汉族共享的春节、中秋节等合家团圆的日子，苗族也非常重视。这里仅介绍一个苗族独有的节日——苗年。

苗年，是全国苗族都很重视的传统节庆，但各地欢度苗年的时间与形式有所不同。瓮安县内北部从省外迁来的西部方言苗族和南部从黔东南迁入的中部方言苗族，都有过苗年的习俗，尤以南部地区的苗族苗年更为隆重。过苗年的日期，一般都在收谷子进仓以后，即分别在农历的九、十月或十一月的辰（龙）日、卯（兔）日或丑（牛）日举行。有些地方的苗年就是吃新节，也就是庆祝丰收的节庆。过苗年的头几天，家家户户都要把房子打扫干净，做好充分的年货准备。如：用新米打糯米粑、酿米酒、推豆腐、发豆芽、杀年猪或买猪肉等。稍微殷实的人家，还要制作香肠和血豆腐，为家人特别是孩子们缝制新衣服。在苗年的三十夜，全家也要像春节一样聚在一起吃年夜饭，守岁到午夜才打开"财门"放鞭炮，口念"一股银水往屋流，一年四季八方纳财"等祝词，表示迎接龙财神进家。天刚拂晓，每家都由长辈在家主持祭祖仪式。早餐后，中青年男子便上邻居家拜年，苗语称为"对仰"，意即祝贺新年快乐。

在新年的头两天，苗家有许多传统的习俗和忌讳。例如，正月初一不做饭，所吃的东西全是年三十的剩饭剩菜；初一早上的洗脸水、晚上的洗脚水和当天产生的垃圾等不往外倒，为的是防止"财富"往外流；初二天刚亮，家里的男人要早些到井边挑七瓢"金银水"回来，煮新米饭祭祀祖先，还要去山上砍柴，用红带子绑紧抬回家，表示一年四季发财。有的苗寨，男人不出外挑水，也不上山砍柴、割草、扫地，妇女不做针线活；有的苗寨给妇女"放假"，由男人负责做饭和料理家务，男人也不外出干活。

苗年和春节期间，瓮安南面和北部的苗族同胞都要身着民族盛装，自发地集中到自己的村寨或附近的集镇开展吹芦笙、跳芦笙舞、对歌等活动。届时，鞭炮齐鸣，锣鼓喧天，热闹非常。汉族和其他民族的兄弟姐妹也会加入进来，且歌且舞，亲如一家，共享欢乐。

传说，从前有一户龙姓苗胞，一家三口，无田无产，全靠打零工维持生计。家中的顶梁柱男人因病死亡后，剩下妻儿俩相依为命，日子过得十分艰难。快要过年了，妈妈对孩子说："人家过年杀牛杀猪，再穷也要杀一只鸡。我们家什么都没有，孩子你看怎么办啊?"母子俩泪水盈眶，相对无言。沉默良久，儿子才对母亲说："妈您别难过，人家杀猪杀牛打糍粑过年，我们不和他们比，但年照样要过！家里没有猪杀，待我去抓一只耗子来当猪杀了，拿一碗米蒸熟了捏成八个粑粑，与'耗子猪'装在簸箕上供奉祖先，就算过一个'耗子年'吧。"抚今追昔，今天瓮安的部分龙姓苗胞仍然不忘先辈过"耗子年"的悲惨情景。日子好过了，每逢腊月初一，还是要举行一定的仪式教育后代，感恩共产党，感恩新社会，珍惜新生活。

（作者：龙海燕，女，贵州省瓮安县妇女联合会副主席，县苗学会理事。审校：吴进华）

黔南苗族民俗研究

神秘多彩的摆榜苗族节日与习俗

吴永福　朱荣顺

　　惠水摆榜支系苗族，主要聚居于惠水县原摆榜乡，俗称高摆榜，人口万余人。高摆榜因独特的地貌、奇异的自然风光、特有的浓郁民族风情，远近闻名，多年来为人们所关注，引起了省内外有关专家学者的研究兴趣，并前往探奇寻胜。

　　学者最早对摆榜苗族进行调查研究是在 1952 年，时年已 52 岁的全国知名学者、四川省文博界泰斗邓少琴老先生不远千里慕名来到高摆榜考察访问。他走遍了高寒多雾的高摆榜的村村寨寨，同乡、村干部座谈，访问苗族农民，考察历史遗迹，视赏地形地貌，采访民风民俗；拍摄了几十幅黑白照片，还亲手描绘了十几张图画，撰写了十分宝贵的民族调查资料——《贵州高摆榜苗族访问记》。邓老先生治学严谨，在历史学、考古学、水文地理、民俗学、民族学等方面都有极高的造诣，著作等身，为人景仰。1994 年 7 月，他的得意高足、成都武侯祠博物馆杨代欣先生又自费来到摆榜，沿着邓老的足迹进行了近一个月的再调查。杨代欣先生除搜集了大量的文字资料外，还拍摄了彩色、黑白胶卷 20 多个，灌制录音带近 20 盒。他撰写了《贵州高摆榜苗族再调查》的学术论文并提交贵州文化传统与传统文化国际学术研讨会暨中国历史文献研究会第十六届年会。省内的民族研究专家李廷贵、岑秀文等也多次到高摆榜考察，写出许多重要的调查报告。学者、专家一次又一次地调查访问，逐步把高摆榜神秘、奇特的面纱揭开，使它更为社会所关注，更为世人所向往，以探究其奇特之所在。

一、多彩的节日

（一）摆榜苗族青年的情人节——"耍嘎街生"

　　"耍"即"赶"，"嘎街生"即"过年的灶火"，译成汉语就是"赶年灶"。"耍嘎街生"是苗族青年男女的情人节，为期半个月，浪漫而开放。

每年正月初一到正月十五（下摆榜地区只到正月初十），苗族姑娘们纷纷来到村寨边的"嘎街生"上，把从家里带来的木炭烧成一堆，然后围着炭火一边绣花一边唱情歌；男青年们则从各个寨子成群结队过来"耍嘎街生"。在"嘎街生"上，若某个男青年看中某个姑娘，便去摇这个姑娘的竹椅要位子坐下。姑娘若看不中这个男青年，可以不让座；姑娘若相中某个男青年，也可主动给这个男青年让座。闲聊一会儿后，男青年们便起身离开"嘎街生"。姑娘们若想与男青年交往，就从后面赶来，用木叶吹起歌儿或打口哨叫住男青年，然后到田角地头亲密交谈，互相"下把凭"（交换定情物），相约日后再相会。一个男青年在"耍嘎街生"期间，一般有五六个女朋友，多的会有十余个女朋友；女青年亦然。他们在后来的相处过程中，对自己不喜欢的对象会逐步疏远，最后不再约会。但到了第二年的"耍嘎街生"，双方仍然可约会，而且不计前嫌。双方相爱的，如果到了婚嫁的年龄，男方可请媒人主动提亲；未到婚嫁年龄的，可一直约会到来年的"耍嘎街生"。但此时约会不仅限于恋爱双方，他们也可与其他男女青年约会，直到找到自己认为可以托付终身的人。在摆榜，每个苗族自然村寨都有自己的"嘎街生"，而且属于寨子的公用土地，神圣不可侵犯。下摆榜地区的男女青年是白天"耍嘎街生"，上摆榜地区的男女青年则是晚上"耍嘎街生"。

（二）摆榜苗族跑马坡节（赶姨妈坡节）

摆榜苗族跑马坡节（苗语称为"耍必路"），又称"赶姨妈坡"（苗语称为"耍绕妈"）。每年农历二月的第一个"狗场天"，摆榜苗族群众都会穿着节日盛装、骑着自家的骏马，纷纷来到跑马坡上挥鞭策马，尽情欢呼，看谁家的马儿长得膘壮，谁家的马儿跑得最快，谁人的马术最好，一直到夕阳西下，才意犹未尽地回到各自家中，开始本年度为期七天的祭祀祖先的活动——撵虫蚁，苗语称为"惹闹"。

摆榜苗族老人逝世后都要实行洞葬，以示自己是从洞里走出来的，死后仍然要回到洞里去。这是人类穴居文化的遗风。清代中期，摆榜苗族逐渐改洞葬为土葬。但后人对进行土葬心存疑虑，认为先人埋在土里容易遭到蚂蚁虫蛇侵袭，因而每年农历二月要到死者坟上扫墓培土，燃放鞭炮、铁炮，烧钱化纸祭供，祈求蚂蚁虫蛇不要伤害先人尸体，表示对死去老人尽到孝敬之责。节日从每年农历的第一个"狗场天"开始至"龙场天"结束，持续七天时间，但集会只限在"狗场天"举行。祭供扫墓从西至东或从南至北开始，各家都要到老人死后未满三年的坟上去祭供，连续三年。此种祭祀习俗称为"撵虫蚁"，其含意是通过这种形式，把蚂蚁虫蛇撵到外地去，免得侵犯老人的坟墓，让祖先在阴间得到安宁。"撵虫蚁"相当于汉族的清明节。

传说，摆榜苗族的祖辈们一路迁徙过来，眼看正月间都快完了，却一直没找到适合居住的地方。这时，一个叫得绕的青年站出来说，大家都累得不行了，就在原地休息吧，我先去找好地方，然后来接大家过去。说着，得绕骑着一匹马、带着一条狗向前走了。七天七夜后，得绕带着一身的血水，跟跟跄跄地骑着马回到住地，断断续续地对大家说，跟着我的马走，找到我的狗，就是我们要居住的地方了。然后，他就永远地闭上了眼睛。大家含着泪水，抬着得绕的尸体，跟着得绕的马走。走了一天，大家看到了几只野狼的尸体；走到第三天，大家看到了一条蟒蛇的尸体；走到第七天时，大家看到了一只老虎的尸体，而得绕的那条狗则被撕成几大块，散落在一旁。再抬眼望去，只见这里地势平坦，森林密布，土地肥沃，正是适合人类居住的地方。不用讲，大家都明白了：一路上，得绕打败了野狼、蟒蛇和老虎，才找到大家居住的地方，而得绕的狗为了保护得绕，不惜牺牲自己，让得绕终于有了还手的机会，打死了老虎。大家把得绕和得绕的狗埋在了一起，并在摆榜定居下来。后来，大家为了纪念得绕和得绕的那条狗，就在二月的第一个"狗场天"骑着马来相会，然后开始祭祀祖先。久而久之，就形成了一个传统节日。目前，跑马坡是摆榜地区最具有影响力的民族节日之一，每年吸引的游客近万人。

（三）摆榜苗族跳月节

每年农历六、七月间，稻谷快要成熟时，摆榜苗族群众白天薅秧，晚上则聚集到祖辈们留下的跳月场上，披着银色的月光，吹起悠扬的芦笙曲，跳起欢快的芦笙舞，预祝粮食丰收。

跳月节期间，逢双的日子，一般都是本寨的男女老少自娱自乐。这时候，孩子们在跳月场四周追逐嬉戏，年轻人在跳月场上翩翩起舞，老人们则在四旁悠然自得地一边闲聊，一边观赏舞蹈。这是最为快乐和谐的晚上。

逢单的日子，特别是到了十三、十五、十七这三天的晚上，是月亮最明亮的日子，各个寨子的青年男女们汇集到甲坝村来（或到高寨村的同改牛打场来），在古老的跳月场上上演着一个个充满了激情和浪漫的夜晚。晚上十点左右，只见青年男女们三五成群、陆陆续续地抱着芦笙从四面八方赶来。一个村寨的男女青年到来，就是一支队伍，男的在前各自抱着芦笙，女的在后各自拿着白手绢。随着领队的芦笙一响，大家便和着节奏，翩翩起舞，加入围成一个圆圈的跳月队伍。开始时，大家都是漫不经心、和风细雨的，甚至还你好我好的打起招呼来。后来，来的寨子多了，队伍多了，圆圈越来越大了，看的人也多了，把跳月场围得水泄不通。于是，跳的人兴奋劲儿上来了。领队起调的第一声,高亢而悠长,似乎是在振臂高呼。而这一呼过去,就得到了同伴的应和。只听得曲调里充满了一股杀气,只看到轻盈的步调里带着一股冲锋的气势,似是正在阔步向前与敌厮杀的方阵。其他村寨也不甘示弱,他们站好了长长的队伍,摆好了阵势,只听得一声高呼,便杀气腾腾、排山倒海地把正在厮杀中的队伍围了个够……这下,只听得芦笙歌调一波高过一波,一浪高过一浪,在银色夜空下响彻云霄。

场内舞者个性张扬,激情四溢;观者屏气凝神,不时喝彩。而在场外,却又是另外一番风景。月光下,稻田边,夜风轻轻拂过时,一对对恋人抑或正在呢喃低语,抑或正在歌声传情,不时还传来俊男靓女嬉戏打闹的欢笑声……好一个诗情画意的月色之夜。

凌晨一两点时,跳月的队伍陆陆续续退出了跳月场,观众也越来越少,直到最后一支队伍收起了芦笙。

而回来的路上,另一种欢乐才刚开始:你吹起了笛子,我吹响了口琴,他拉上了二胡;路边,成双成对的男男女女对唱起了情歌,爱意绵绵;还有后面的那一拨干脆摆起了笑话,时不时引起哄堂大笑;年幼的男孩女孩,则扯起路边的树叶,走走停停,学着阿哥阿姐们吹起了笨拙的木叶歌。斜月下的归途中,笛声、琴声、二胡声、木叶声、歌声、笑声,交汇着,飘荡着,组合成一首欢乐和谐的协奏曲……

二、独特的婚俗

(一)摆榜苗族订亲礼俗

摆榜苗族订亲礼俗非常独特。媒人说亲时,须带两个鸡蛋、两根红线,到女方家时,以线拴蛋,套于女孩脖子上。媒人返家时,又带回女孩家父母赠予的两根红线、两个鸡蛋和一篮糯米饭。媒人将蛋拴好后,同样套于男孩的脖子上,鸡蛋表示生命,拴蛋即表示把两个生命拴在一起,以示亲事说定。订亲不久,就要吃"亲家酒"。届时,男方父母、房族和媒人同去女方家,带一提用稻草包的糯米粑、一箩篼糯米饭,杀鸡鸭各一只,作为礼物。女方家设宴招待并请房族老人作陪,房族老人每人要带一瓶泡糟酒。席间,男陪男客,女陪女客,男女分席而坐。酒到浓时,就会唱起高亢婉转的"亲家歌"。唱"亲家歌"时,既可一人唱、众人附和,也可男女对唱。当天下午,客人返回。女方家回送一箩篼糯米饭,并用稻草包一提糯米饭送给媒人。至此,男女双方家庭就结为亲戚。待双方到了适婚年龄,男方家又请媒人到女方家去商定财礼。财礼一般为两头牛和少量钱财。财礼一经议定，就要选择两个吉日举行交财礼仪式，称之为"吃财礼酒"。吃第一次财礼酒时，男方交第一头牛（称为"头牛"）给女方；吃第二次财礼酒时，男方交第二头牛（称为"二牛"）。吃完财礼酒，男方便可由其母亲带一只母鸡到女方家商定结婚日期。

（二）摆榜苗族大年三十结婚礼俗

摆榜苗族结婚，也是最为独特的，时间统一在腊月三十这一天。而进入 20 世纪 80 年代后，下摆榜地区已改为从腊月二十五至腊月三十期间结婚，据说是为了继承摆榜苗族部落首领结婚典礼的遗风，也兼有以下原因：一是农闲，不耽误活路；二是五谷进家，粮食充裕，酒肉方便；三是春节来临，喜上加喜；四是此时不是雨季，可以避免雷声（摆榜苗族结婚忌讳打雷）。

结婚之日，男方家早早就请了一帮人去新娘家接亲（新郎不能陪同去接亲）。其中一名男青年挑着一箩筐糯米饭和一只猪腿（这是必不可少的主礼），后面跟两名穿着盛装、各持一把拴有新毛巾的雨伞的少女，偕同媒人以及十来个抬嫁妆的男青年，一起到女方家来接亲。清晨起来，寨上的女青年就要轮流请新娘到各家去吃离别的一顿饭。一些新娘也借此机会考验新郎家的诚恳态度，一直不会面。此时，新郎要好的一两个伙伴就会到各家各户去串门，寻找到新娘，并代表新郎答应要好好对待新娘，哄得新娘开心后，新娘才跟着回家梳妆打扮。新娘衣着打扮十分讲究，要身穿由母亲和自己亲手绣的带有各种精美图案的衣服，衣服在 20 件左右，最外面的一件衣服背后镶有新娘母亲精心手绣的背牌（据说是部落首领的印章），并装饰着各种银饰、贝壳等；新娘下身要穿七条以上的百褶裙（宜单不宜双），头插银梳、银花，脖上戴几十个大小不同的银项圈，腰拴一条绣着精美图案的腰带，全身上下银光闪闪。

吃罢中午饭，新郎家的青年赶紧捆扎各种家具，有的娘家还送一两头大水牛。出发时间到了，出门的顺序很讲究：先是新娘的兄弟邀约全寨的男青年挥鞭策马在前面带路，后面是唢呐队、大号队、锣鼓队吹吹打打出门而来，接着是先前挑着糯米饭和猪腿的男青年，挑着从新娘家换来的一箩煮好的糯米饭和一条猪腿，其后的新娘则手持一把雨伞走在两名男方请来的伴娘中间，接着是抬着挑着牵着各种嫁妆的新郎家人以及新娘家的亲戚朋友。

送亲队伍吹吹打打地将新娘送至边界。男方家的接亲人在边界一方等候，不得跨出。新娘与送亲者泪别后，一经跨过界线，迎亲者便簇拥着新娘前行，男方也请来寨上的一群男青年骑着马群在前面带路，来回狂奔。一路上，唢呐高奏、大号长鸣、锣鼓喧天，热热闹闹地将新娘接至新郎家。

队伍一到新郎家，新郎必亲自在门前燃放爆竹迎新娘进屋。新娘进屋后，要在堂前铺上一张新席子为新娘卸装，并将其卸下的衣裙横挂在堂前的竹竿上，向亲友展示新娘的制衣手艺。新娘卸完装后，要将从娘家带来的喜糖撒给老人、小孩和妇女。尔后，摆出一桌酒席用以祭祖，由本寨的族老手提酒壶"请"本族已逝的祖辈来"喝"喜酒，并为新郎、新娘祈求众先祖的保佑。在此期间，新郎家要安排人分送一块拳头大的糯米饭和一片肥肉到寨子的各家各户，表示新娘已进家了。当晚，新郎家族的姊妹及两位伴娘要来陪同新娘坐夜唱歌，通宵达旦，新郎新娘不能同宿。

正月初一清晨，新娘要在接亲女青年的陪同下，与本寨其他家的新娘一起到寨上各家各户串门，寨上每家每户都准备了酒菜，等着新娘们来认门。新娘出门时，主人家要送每位新娘一块肥肉，作为新郎家昨日送来的糯米饭和肥肉片的回礼。当天，是新郎家办酒的日子，亲朋好友从四面八方吹着唢呐、大号赶来祝贺。至亲者要送猪腿一只、红布两段、酒一坛及爆竹若干。席间，新娘拿牛角或螺蛳壳盛酒，一一向亲友敬酒，客人则掏出三五元钱作为红礼放在新郎、新娘的酒碗上，与新人一同干杯。当晚，两位伴娘陪同新娘同睡一张床，新郎新娘不能同宿。

大年初二，新娘要回门，整个寨子的男女老少都要吹吹打打逐个将本寨的新娘送走。当天，新郎在十来个同伴的陪同下（要单不要双），与新娘一道到新娘家拜年。去时，新郎要带上两大块糯米粑，新银饰、新衣裙各一件，以及一只猪腿、一只长命鸡腿，由两个青年抬着走在前面。新郎、新娘各持一把伞，同时带上初一那天各户赠送的肉块，新娘还会抱着一只仔鸡。进家门时，新娘抱着的鸡要头朝前；进屋后，女婿要向老一辈下跪拜年，老人则祝福女婿几句话，并递上红包。当天要先在新娘家吃早饭，接着逐一到新娘的叔伯和原先约好的房族家里去拜年、吃饭，一般都要走七八家，最后才回到新娘家吃正餐——长桌宴。长桌宴上，寨上的房族都要带一壶酒来。酒至酣时，客主两方要对歌，赞美双方家庭和祝福新郎、新娘，氛围十分热闹。

当天新郎返回时，新娘家要赠送糯米粑和一只猪腿，同时拿一只大红公鸡给新郎抱回家，新娘不随同返回。此后，双方各住各家。新郎、新娘需要交往一两年或三五年，待新娘怀上孩子以后，新娘才到新郎家当家。

三、古朴的丧葬

1. 摆榜苗族人家父母去世时，亲生儿子要用嘴对着死者的嘴吸气，谓之"接气"。据说，如此接了老人的气，日后子孙才能发达，并有吃有穿。

2. 停尸 人去世后，经过沐尸，穿好寿衣后，要停尸于堂屋正中。先在堂屋正中（香火至大门之间）两头放两个柜子或水缸，后铺上三块木板，再停尸其上（入殓时取消木板，把棺材搁在柜子或水缸上）。停尸时，横梁停放，头朝大门，脚朝香火（表示人虽死，但未离开家门）；但抬柩出门时，要转一圈，头朝香火，脚朝大门。

3. 摆榜苗族对死者进行悼念，要送米酒、米饭和祭幛。送礼的亲友要在灵位（柩前）下跪叩首，读幛者要高声朗读祭文，同时欢奏唢呐、大号、芦笙，放铁炮、鞭炮，敲锣打鼓，打粑棒。摆榜苗族在悼念中，若对异性朋友感情深厚，生者要扎数十朵白花送到丧家门口祭奠死者，并以歌唱的形式生动形象地叙述死者的为人处世、高尚品德和病魔的残酷无情，以及夺去了密友生命的凄惨情景，唱得丧家哭声四起，悲痛至极。

4. 摆榜苗族有人去世，在"办客"的前一天开路。开路师指引死者沿着老祖宗迁徙的路线，回到老祖宗原住地（江西）去。办客的当天下午五点多，送葬上山。在出柩前的一个小时，若死者为女性老人，则同辈妯娌或小辈媳妇十几人（从单不从双）穿着盛装（背后挂一块孝布），打着雨伞，围棺肃立（不准背小孩），送别死者，亲儿媳还要哭泣；若死者为男性老人，则全寨妇女们要在丧家院坝打伞跟随吹芦笙的队伍缓缓走动，以示送别。同时，全寨各户要送给死者一个饭团。

古代，摆榜苗族同胞有着特殊的丧葬习俗，不兴土葬，而是将装殓后的棺木放置在距村寨不远的山洞里，棺木的头朝向洞口、脚朝洞内，搁置在木架上。这种方式叫作岩洞葬。

这一特殊的丧葬习俗早有记载。《贵州通志·土民志》记："坑骨苗归化厅有之……又名老苗。婚姻丧祭与夷人同。停丧以头外向倒厝，瘗葬亦然。有不葬者，置尸山洞或岩壁间，任尸干去，故得坑骨之名。"

邓少琴老先生在《贵州高摆榜苗族访问记》中，对这一奇特的丧葬习俗亦有详细记载："……有三村苗胞韦江生者，年近八十，能道其详。谓此为呆公村本民族先辈所置之棺木，现已五、六代不用此制，以其路远费巨，改为就地安葬也。棺材洞去摆榜十五里，须下山越一山沟，而又上山。山高路险，人迹罕至。儿时割草曾到其地，既至，见棺木四五十架置外洞中，其形如马槽，有架有盖。架立四足，高四尺，上下横二，下承棺，上以压棺，使之稳定。棺长六尺，板壁厚约一寸五六，底盖同厚。头皆向洞口，而足朝内，由棺缝可以透视其衣服尸骨，棺之一侧画有甫牛和马，此为死者子孙打角牛以祭祀画于其上，未用牛祭则不画也。"

"……赴呆公村邀苗胞杨主任及吴某引路。下山越谷地，海拔 1400 公尺，由此望见棺材洞，则位于山峪开口之岩框……由此曲折上升，约里许至洞口也，海拔约 1470 公尺。棺架累累，置洞口……洞高约三丈，广约五丈，深十余丈，顶壁弯窿随岩层左斜，外宽而内窄，西向，外高而内低。有大块崩石乱挡其洞口，洞底有浮泥，冷气自内而出，殊阴湿……闻老人言，约在清乾隆时，此处有棺百余架，为鸭寨苗族所焚毁，此为所仅存者。老辈死，皆着衣裙，并用银镯、银项圈，如生前穿戴以殉葬。棺前有大小瓦缸，尚置有小颈陶罐及陶碗，不类现摆榜用器。还有长尺许、径寸之竹筒各数件。陶罐用以盛酒，竹筒盛饭，盖以献死者，或献不止一次。棺架多朽坏倾斜，棺盖多开，有头颅已移脚下。尸骨有偏子一侧者，扭为狼藉。海巴衣布片多拖置棺外，银饰当为被人盗去。幸有一棺尚有盖，启视未十分变其地置者。头下有木块微凹呈三角形。丝线手绣之枕，中实棉布。上身着衣已粉朽，下身着青色百褶裙，拨视如新，与现摆榜所着无异。尸骨有脱臼者，而头骨、腿骨等处尚附干皮，作桔黄色，两腿骨间有木钉一根抚立棺内。及旁视其盖，盖有三方木孔，上二而下一，如唧口形。上两孔左右排峙，适当肩腋，下孔居中，适当尸之胯下。以此知为棺中木条钉，即由顶盖钉下，用以保持装殓之位置，不使偏倚……"

杨代欣先生于 1994 年 7 月撰写的《贵州高摆榜苗族的再调查》亦有如下记载：如今棺材洞下住有五六户苗族人家。从他们的屋后面爬一段长有野草灌木的陡坡，就到了棺材洞。洞口宽 40 多米，高 20～25 米，洞厅进深 30 米，再向里深约 90 米……邓少琴及杨代欣两位先生都曾就此拍下了许多珍贵的照片，这就是高摆榜苗族先辈的岩洞葬奇观。

（作者：吴永福，苗族，贵州省惠水县政协原副主席，县苗学会老会长；朱荣顺，苗族，贵州省惠水县民宗局副局长，县苗学会副会长。审校：周庆）

都匀苗族"七月半"

🔖 李继刚

　　七月半，又称鬼节，是中华民族的传统节日。汉族在农历七月十五这天过鬼节。而都匀苗族的"七月半"，不是在农历七月十五，而是在农历七月十三。为纪念已故的亲人，苗族主张"年小月半大"，即像办喜事一样，七月十三日这天，在自己家的堂屋神龛下面的方桌上摆一只公鸡、一块刀头猪肉、两条鱼、一杯茶、两碗酒、一包烟、一包糖果等，然后烧香化纸，以示敬奉。

　　这天清晨，男主人上山砍柴或割牛草回来后，就背起鱼篓、肩挑水桶、手拿锄头，带着小孩子们到自家快要成熟的责任稻田里去开水捉鱼。此时，田里的水稻扬花期已过，谷子由青转黄，成熟在望。在田里已吃够各种昆虫、稻花的鲤鱼们，都变得膘肥体壮，油光水滑，人见人爱。男主人首先在田埂上开两三个田缺口，把水排出去，用鱼篓、杉树枝或荆棘条拦住田缺口，以防稻田里的鱼跑出去，然后顺田缺口往稻田深处开一条鱼沟，即把1～2排水稻拔出放置于两边的水稻旁，整理成一条沟，一是方便排水；二是让鱼儿随水流淌入沟内，以便水干后捉鱼；三是不大面积践踏稻田，怕影响稻谷成熟。

　　开出鱼沟后，男主人就可坐在田埂上一边休息，一边听鱼儿"扑腾、扑腾"地跳着淌进水沟里。待水淌至七成干，就可以下田捉鱼了。啊呀呀……抓住了条大鲫鱼！哇哈哈……捉住一条红鲤鱼！男主人返身往后一扔，将鱼儿丢进孩子们提溜着的鱼篓或水桶里。就这样，横抓一条，顺捉一条，不一会儿功夫，就捉了满满一鱼篓或一大半水桶。整个田坝上，孩子欢呼，大人甜笑，好一派热闹景象！

　　男主人回到家时，女主人已把米饭蒸熟了，还把刀头猪肉煮熟了。男主人便从鸡灶里捉一只大红公鸡出来，拿到堂屋神龛下，抱着公鸡向神龛天地祖宗牌位先磕三个头，然后杀牲敬祖。一切处理完毕后，把公鸡放进锅里煮熟，装在碗里备用。

　　接下来，由男主人烹制酸汤鱼。制作方法是：①用水将鲜活的鲤鱼清洗 2～3 遍，在腮后第三片鱼鳞处横划一刀，取出苦胆；②取锅置火上，将山泉水放入锅内，后倒入适量的红辣酸汤，随即将鱼倒入锅内，然后将生姜切成片或丝，与新鲜花椒叶、花椒粒、西红柿（野生的西红柿也叫小毛辣）、黄豆芽、东南菜一并放入鱼锅内；③用大火将鱼煮至七成熟后，加入料酒、胡椒粉、精盐、大蒜、葱段，转中火将鱼煮熟，滴入木姜子油，装锅；④投入芫荽节，带火随配菜一起上桌；⑤用精盐、辣椒面、花椒面、胡椒面、酱油、味精、木姜子油、花椒油、小磨香油、豆腐乳、水豆豉、油酥黄豆、脆哨、黑大头菜颗粒、芫荽节、芫荽末、姜末、蒜泥、葱花，用锅中汤汁调成蘸水，即可蘸食锅中煮熟的鱼及各种配菜了。酸汤鱼煮熟后，也盛一碗备用。

一切准备就绪后，便由男主人在堂屋神龛下面置放一张四方桌，放上煮熟的刀头猪肉、米酒、香烟、糖果、鱼、公鸡等祭品。接着，由男主人烧香化纸。在烧香化纸的同时，口里念着吉祥语——历朝历代，列祖列宗，来吃来喝，来保来佑，帮我们祛除灾难和疾病，保佑我们大家幸福安康、六畜兴旺、五谷丰登……念毕，全家老小方可上桌吃晚餐。

吃完晚餐后，孩子们在门前的院坝上插满香烛。当月亮升至半竹竿左右时，男主人带领孩子们将香烛点燃。男主人一边点燃香烛，一边念着吉祥语——求祖宗保佑，保佑全家平安、猪肥牛壮、粮食丰收……院坝上的香烛全部被点燃了，星星点点、闪闪烁烁，像绽放的红色花朵，煞是好看。

（作者：李继刚，贵州省都匀市委宣传部副部长，市苗学会原秘书长。审校：文毅）

"六月六"吃粽子

杨通海 杨钧棠

　　端午节吃粽子，中国人都知道是为了纪念爱国诗人屈原。那么你知道在一部分苗家人中，也有农历"六月六"包粽子祭祖的习俗吗？这一习俗在福泉市陆坪镇与黄平县重安江接壤地区的杨、吴两大姓苗胞中，不知道已经延续了多少年。

　　杨、吴二姓，是黔东南苗族人口最多的几个大姓氏之一。传说在很久很久以前，在黄平县的翁坪乡居住着众多杨氏宗亲。当时杨家的一位翩翩少年与一吴姓少女通过游方恋爱，愿意结为伉俪之好。于是，杨家请媒人到吴家提亲。起初，吴家一口回绝。后来，吴家看到杨家少年英俊帅气、品行端正，且与吴家千金真诚相爱，才答应他俩的婚事。但吴家有一个附加条件：要求杨家与吴家"六月六"一同包粽子祭祖。否则，吴家就不答应这门婚事。为了能娶到吴氏美女，杨家答应了吴家这个条件，并立下誓言：从此以后，杨家子孙如果"六月六"不包粽子祭祖，将会绝子灭孙。至于吴家"六月六"祭祖的缘由何在，杨家也没有多问。自此，这两大姓苗胞都过上了"六月六"这个节日。他们的部分后代西迁进入福泉以后，也世代相传，年年如此。首先，每年农历六月初一以后，才可以采摘粽粑叶，也就是可以包粽子了。但粽子煮熟后，必先用粽粑贡饭，祭祀祖先：先烧香焚纸，然后将煮熟的粽粑摆在堂屋供桌上，拨开粑叶，请祖宗们先品尝。祈求先人们的神灵保佑子孙万代传家继业，风调雨顺，五谷丰登。祭祀毕，家人方可分食粽子。

　　苗家人一般在农历六月初五开始包粽子，初六祭祖后吃粽粑。用来祭祖的一提粽子，要用长在路边的一种韧性很强的"露水草"捆扎结实。贡饭时，还要蒸煮一对鲤鱼为祖宗佐餐。六月初五那天，先把艾草和水菖蒲茎叶挂在大门两侧，用以驱邪避灾，形同汉族的端午节习俗。包粽子的式样很多，有长牛角粽、短牛角粽、猪蹄粽、羊角粽、枕头粽、四方粽等，还要加入腊肉、花生、板栗、饭豆等各种佐料，不仅外形美观，而且味道可口，老少皆宜。

进入农历六月以后，适逢农闲的短暂时间，可以走亲访友。"六月六"那天，大多数人家还会接姑妈来家过节。姑妈来家过节时，也要带一些粽粑（个数为双数）、一坛酒、一只鸡或一只鸭来。好客的苗家人一般都要请人来作陪，摆上长桌宴，唱歌喝酒取乐。老人们摆谈庄稼长势和未来打算，年轻人则相互对歌，欢声笑语不断，三天三夜才下席送客。

（作者：杨通海、杨钧棠，贵州省福泉市苗学会常务理事。审校：吴进华）

甲岩苗寨创新"迎姑妈节"

蔡文伦　杨钧棠

　　甲岩苗寨坐落在福泉市陆坪镇凤凰村，现有60余户200多人，苗族占85％以上。迎姑妈（出嫁姑娘）回娘家过节，是当地苗族一项传承久远的独特习俗，也是苗家人不忘出嫁女儿的亲情体现。但是，由于过去每年农历过小年、六月六和七月半都要迎姑妈回家过节，姑妈到家后，大家都要相互请人来陪客，应酬过于频繁，甲岩苗家便从2017年起做了一项重大"改革"：全寨人统一举行"迎姑妈节"。

　　甲岩苗寨第一届迎姑妈节的成功举办，首先要归功于发起人潘昌明。当过20多年民办教师的潘昌明热爱苗族文化，德高望重，号召力强。2017年，他首先在甲岩发起建立了自己的微信群，现有成员140多人。当全寨开会决定正月初十举办集体迎姑妈回家过节活动后，潘昌明立即通过微信群把这一喜讯告知了各位姑妈。这一下真是一呼百应。正月初十那天，全寨共迎来姑爹姑妈110多对。他们举着"不忘家乡情，怀念父母恩"等条幅，身着民族盛装，吹着芦笙，挑着大米粑、猪肉、鸡鸭、水果、米酒等各式礼品，姑爹在左、姑妈在右排成两行，欢天喜地地走进寨门。节日会场设置了三道拦门酒：第一道是用牛角杯斟满的庆丰收酒，由一群身着华丽苗装的姑娘施行敬酒礼，其他妇女唱着敬酒歌欢迎来客。每当客人接过酒杯说声谢谢，将酒一饮而尽，就会获得主人的连声夸赞，发给红鸡蛋两个、毛巾一块；若是谁不肯喝酒，主人会将以上敬酒程序重走一遍，你也就不好意思推辞了。第二道是用瓷杯斟满的祝福吉祥酒，妇女们举杯唱起祝福吉祥平安歌，敬客人两杯酒，考验姑妈、姑爹的酒量是否不减当年，谁也别想从他们眼皮底下溜过去。第三道是猜碗吃东西，桌子上有很多碗反盖着，客人猜哪碗吃哪碗，里面分别有酒、肉、糖、果之类。如果姑妈吃不完猜到的东西，姑爹必须把它消灭掉，否则过不了关。

　　节日的长桌宴前，先由主人介绍家乡近几年来的发展和今后的打算，然后村民们分别展示太极功夫、芦笙舞、板凳舞、合唱、独唱、独奏、相声、斗鸡、斗狗、篮球、广场舞等丰富节目，文体活动高潮迭起。唱累了，跳累了，再端起米酒，夹起腊肉、香肠以及鸡鸭鱼肉等，主宾互敬，热忱款待。酒过三巡，再倒"转转酒"，你推我让，三轮不闲。每喝一杯，就用品红在额头上点一个印记，以免漏落。一场长桌宴下来，再能吃喝的人也是酒足饭饱、头昏眼花，豪言壮语不断，芦笙乐曲震耳。姑爹、姑妈们趁此时机给外公、外婆送上祝福，有的发红包，有的嘘寒问暖，情意浓浓。天色渐晚，篝火晚会开始，广场中央燃起一堆熊熊大火，奇姿妙景映红了苗寨上空。众人跟着芦笙的节奏，围着火堆，再次翩翩起舞，以歌祝福、以舞抒怀，热情奔放，渐入佳境。直至各家各户来接亲戚回家休息，许多人还流连忘返。

（作者：蔡文伦、杨钧棠，贵州省福泉市苗学会常务理事。审校：吴进华）

平岩苗族鼠节文化

陆 海

　　沫阳镇平岩社区位于罗甸县东部，地处黔桂两省区三县交界地带，南与广西壮族自治区南丹县中堡乡隔河相望，北与平塘县克度镇鼠场社区相邻。距离罗甸县城 38 公里、距州府都匀 150 公里，地处东经 107 度 01 分～107 度 03 分，北纬 25 度 52 分～25 度 54 分，属于典型的亚热带湿润季风气候，四季分明。地处滇黔桂石漠化中心区，地形主要为喀斯特地貌，平均海拔 1100 米，坡陡沟深，多石山，少耕地，森林茂密、峰峦叠翠。20 世纪 90 年代，经国家 "坡改梯" 工程，可耕地面积有所增加，耕地缺乏问题得到缓解。主要河流漕渡河谷深水位低，取水难度大，人畜饮用水主要靠地下涌出的山泉水。

　　平岩苗族自迁徙到平岩定居以来，主要居住在高兰村的高兰、上几冗、下几冗、弯心，安阳村的油龚，联丰村的嘎猛等自然寨，总人口 603 户 3006 人。苗族村寨古朴、民族特色浓郁，保存有很多传统民族文化。手工刺绣艺术独树一帜，民族服饰被称为 "穿在身上的苗族迁徙史史书"；主要民族节会和民俗活动有 "鼠节"、"吉咕喇嗓"（过节时间为每年农历七月十四日）、"正月抢鸡蛋"、"洞恋"；主要舞蹈有 "猴鼓舞" "铜鼓舞" 等；历史文化遗迹有建于明朝洪武年间的城墙——"银盘"。

　　由于交通和自然环境的制约，平岩苗族人口居住地比较分散，环境相对封闭，至今保存着很多不被外界了解的苗族传统文化。

　　"鼠节" 是罗甸县沫阳镇平岩社区讲平塘次方言苗族所特有的一个传统节日，在当地苗语中叫 "nangx nail"。

　　据当地的苗族老人讲，苗族迁徙到平岩这一带定居后，所耕种的庄稼在即将收获的秋季总是被山鼠（这里所说的山鼠主要指野外树林或大岩壁里的白色肚皮鼠，成年山鼠的体长一般在 35～45 厘米之间）偷吃破坏。苗族人自发去驱逐山鼠，但山鼠在夜间总是时时出来 "侵犯"，"气焰嚣张"，把人弄得精疲力尽。苗族人觉得只有彻底消灭山鼠才能保护好庄稼，于是对山鼠的态度由驱逐转向消灭，将捕捉到的山鼠制成美味佳肴，并举行活动庆祝捕鼠胜利……这就是平岩苗族在每年农历十一月最后一天过"鼠节"的来历。

平岩社区因喀斯特地形地貌，可耕地面积少，种植的作物主要是玉米、小米、高粱、蒿子等。庄稼在秋季即将成熟时，被山鼠偷吃和破坏严重，导致庄稼收成减少，影响生计。为减少山鼠对庄稼的危害，保证秋季有大好收成，苗族民众便自发性地在夜晚到自家庄稼地去驱逐山鼠。但山鼠在被人驱逐后还是反复回到地里偷吃庄稼，直到天亮后才返回洞穴，把人弄得精疲力尽。为让山鼠"有来无回"，同时又增加食物来源，逐渐形成有序有规模的捕山鼠活动。捕鼠活动主要集中在庄稼即将成熟和收获的秋季，即每年的农历九月至十一月。随着一年一度大规模的捕鼠行动，经一代又一代人的传承，逐渐形成传统节日活动。

"鼠节"在每年农历十一月的最后一天（年份大的月是三十日，年份小的月是二十九日），既是每户苗家团聚的美好日子，也是每一家邀请亲朋好友到家里做客的好时机。每户苗家都要让已分家立户的子孙及婚嫁成家的女儿回来团聚，邀请亲朋好友到自家做客。每一家都蒸糯米饭、打糯米粑、备足美酒，杀鸡、杀鸭、煮肉，特别是用烹饪好的山鼠肉招待客人。山鼠的烹饪：将秋季以来捕捉到、处理好的山鼠用开水洗几次（以洗干净为准），将其放入锅中煮熟后取出，用手将山鼠逐个撕碎（以能用筷子夹入口的大小为宜），最后或放入油锅里爆炒，或放好作料后再放回蒸锅里蒸，均可。

所有的佳肴做好后，祭祀祖先是最重要的事。晚饭开始前，先拜祭祖先。取出两个碗、多双筷子（向上推上三代已去世的亲人，有多少人，就取多少双筷子），一个碗里装入饭和菜，另一个碗里倒入美酒，将碗筷放置于火炕边，同时烧香、烧纸钱，由家里一位年长者呼唤已故的先人，逐一"安排"吃饭，让他们也过"鼠节"，保佑全家平平安安，来年顺顺利利。安排好先人后，人们才开始吃饭。以示当年有好收成，预示来年庄稼大丰收。

亲朋好友围坐着火炕品尝美味，"团团聚邻曲，斗酒相与斟"，其乐融融。

饭后，人们聚在一起开展庆祝鼠节的活动。中老年人在家里堂屋用粽叶绳吊起铜鼓敲打，表演猴鼓舞、"四寨鼓"，吹长号及唢呐；青年男女到寨门外吹木叶、唱苗族山歌、打闹嬉戏、互相找对象等。

捕鼠这项劳动是体力活，需要上山攀岩爬石，所以全部由男性负责。在捕鼠期间，每家每户要将捕获的山鼠除去毛皮、去掉内脏、剪掉爪子及尾部，用竹签串好放在火炕上慢慢炕晒晾干。谁家捕获的山鼠多，代表着谁家的劳动力强和保护庄稼的贡献大，更预示着来年此户庄稼收成将更好。

当地苗族有一套传统的捕鼠方法，即：

选址：捕山鼠主要地点在耕地边的大岩石旁、山林里及山腰大石壁脚，这些是山鼠居住及经常出没之地，捕获山鼠的成功率高。

选材：需要就地选取一块扁平的石块，面积及重量以能压死山鼠为宜，厚1～10厘米；在上山捕捉山鼠前，到就近的火麻地里取火麻一小支，长40～65厘米。火麻散发浓烈香味，可作为诱饵。山鼠嗅到火麻味后，会主动前来觅食；就地随意折小木枝一节，长30～50厘米，直径约1厘米，主要作捕鼠支撑石块用。

捕山鼠的方法：到需要捕山鼠的地方，平整一小块地面，大小为能够容纳扁平石块为宜。将火麻枝有籽的一端的一小部分压在扁平石块下方，石块面向岩石壁呈45度左右的倾斜角，再将火麻枝另一端沿着45度角的扁石块套在备好的小木枝上，让小木枝与扁石块形成一定的夹角站立，由小木枝来支撑扁平石块。当山鼠将火麻枝有籽的部分咬断时，扁石块顺着重力往下压倒，便会将山鼠压在石块下不能动弹。

（作者：陆海，贵州省罗甸县苗学会理事。审校：袁廷科）

交往礼仪篇

惠水苗族摆金支系接亲押礼礼仪

罗宗华　罗荣超　李家奎　李家贵

　　在惠水摆金一带的苗族婚俗中，接亲押礼礼仪是男方家务必精心准备的一项婚礼主要程序。押礼礼仪的交接以及各项环节是否圆满，关系着这场婚姻的成败得失。因此，该项礼仪程序在摆金一带苗族婚俗中得到婚嫁双方的格外重视。交接的过程，过去都是用苗族古歌来表述，现在是以轻松、和谐、幽默、乐观并有所创新的故事情节来完成。现介绍如下：

一、押礼先生及组成人员的选择要求

　　1. 根据结婚双方的生辰八字（主要以男方为主），在男方寨子（也可考虑与男方关系比较密切又符合条件的亲戚朋友）选三个男性中老年人、一个中青年（负责抬糯米饭箩和一方猪肉）、一个男性小青年（负责"背亲带"）和两个小姑娘，后两者即"金童玉女"，共七人组成押礼接亲队伍。七人中，前三者起牵头、指挥、压阵作用，但后四者的作用也可以说是举足轻重。

　　2. 说话斯文，综合素质好，有儿有女、父母哥嫂妻子俱全，按该支系传统的民族服饰着装。

　　3. 坐姿要规矩（不能翘二郎腿），饮酒把控能力要好且不能超量，语言不粗鲁，不能怒语，更不能涉及"白喜"话语，始终保持谦和的心态和笑容。

　　4. 为押礼先生及人员服务的两位斟酒人（当地习惯称为酒司令），要能互相照应，始终保持碗中分分酒（较少量的酒）。每次斟酒必起，见有些碗筷偏离桌面，要主动推靠桌面内侧，预防碰碗落下打破（喜事不吉利），使双方主家放心。

　　5. 押礼先生自始至终不能醉酒，转回到男方家必把女方家各项礼信交代清楚（总称是：背儿背女到家圆圆满满，祝愿龙凤呈祥吉祥如意），押礼的工作任务才算结束。

二、押礼先生及组成人员出门前的准备工作

根据结婚双方的生辰八字，请看八字的先生择结婚的好日子，定好押礼出门接亲时辰（途中忌讳打雷声和"不干净"遭遇），如果出亲时辰确定，人不能随意出行，但要按时把中青年押礼抬的糯米饭箩、一方猪肉搁在外面的桌子上，并打一把雨伞罩住。押礼先生一行必须在上午 10 点以前整整齐齐到达男方家集中，做好必要的准备工作。按传统惯例，给新娘家的财礼（可在提亲时交，也可在结婚当天交）或礼仪，无论多少（男女双方事先商定），数字都要带六和八，寓意"有福禄有快发"。男方家要拿红纸或红包，必须把礼信——红包钱分成几样红包：①抬糯米饭箩的中青年押礼拿两样红包：一样只有一包，称作"金钥匙"，首先去开门；另一样准备 4 包，每包 12 元，到发亲时用。②中老年大押礼拿三样红包：一包称作"黄母牛"；一包称作"牛鞘鞭"；另外准备一个或多个红包，是敬奉母舅的，称作"谷种老树桩"，有多少母舅，就准备多少红包。③中老年二押礼拿两包：一包称作"小黄牛牛崽"，一包称作"小牛鞘鞭"。④中老年三押礼拿 8 包：敬奉女方家门叔伯，称作"追宗追祖"。红包顺装好，在家明确好责任，各自怀揣好礼信，在未出大门时就先打起雨伞，抬着糯米饭箩和一方猪肉（大约 6 斤）的中青年押礼走在前面，随后是专门负责"背亲带"（以前是一丈二尺的青蓝色布料，后演变成用一件新衣服代替）的"金童"、陪伴新娘的"玉女"、三位大押礼（现有的地方，其中一人抱着一只大公鸡），依次而行。

三、接亲宴席中的程序及用语

押礼接亲队到达女方家后，女方请来的寨老就安排：母舅公、押礼、寨老各坐的方位妥当（一般交叉而坐，中老年押礼坐中堂上方，抬饭箩的押礼和"金童"押礼坐下方，分别紧靠酒司令），按惯例两桌并作长桌约16 人。碗、筷、菜、茶、烟摆放好，先安排吃一餐简易的便饭。饭后，安排"讨茶"，"讨茶"就是把葵花、水果、糖、茶水、烟有序摆在桌上，酒司令斟好酒，由陪同寨老两人各对结婚新人吩咐祝福一次。期间，每次斟三回坐杯酒，以食用葵花为主。两次吩咐结束后，由寨老多轮次逐一分发桌上的烟、糖、果品，共同分享。"讨茶"结束，转入正席，两位专门服务的斟酒员各坐桌面下方左右两角，明确两个服务范围，同时从左边斟酒，斟酒必须由女方家房寨老先端起酒碗祭祖，按辈分逐一追述女方家族的祖先。祭祖必须由祭祖人发言（过去发言，多是用苗族古歌来表述）：

今是某年某月某日，他们俩的花好月圆，百年好合的大好良辰，亲家公请来的押礼先生，脚穿朝鞋身穿绸缎，腰系玉带头戴朝帽，拿金又拿银牵着京城的大犀牛到此接新娘，预祝他们俩安家立业生儿育女考中文武状元。在座的诸位，齐声应呼："就是这样喽！酒余酒呀！（约酒令：九九八十一，年年有余，干杯）"。

大家慢饮叙谈到第三杯酒。第四杯时，女方寨老提议敬奉双方土地山神，让其护佑儿女安康。饮一小杯，请箸两次，保持三杯一贺，贺一次交一件礼信，行一声约酒令"酒余酒呀"。请箸三次也就是三杯一个轮次。四杯酒喝毕，抬饭箩的押礼就起来发每人一支烟，同席的人便知道他要开始交礼信（金钥匙）了，静等他发言。押礼道："我接舅公、寨老及大家金言，因上个月是肉香的月份，这个月是酒香的月份，今天早上刚起来，正在洗脸，家房的两位小青年到家来对我说，某某家的伯伯请你到他家一趟，有要事商量，请你安排好家务就去。待到某某伯伯家，看到他家张灯结彩，老幼云集，十分热闹，我问他，今天是何喜事？他说，看来你又把你侄儿的喜庆之事忘记了，你先和请来的寨老、叔伯吃点便饭就出发。饮食完毕，他就安排：你侄儿今年二十几了，因缘分与某村某寨的女青年自由恋爱，请先生看后，择定今天是接亲的大好良辰，故请你和他们几位当接亲的押礼先生去接新娘，接九儿七女。我高兴地满口答应下来。可是当我问有什么礼信去和那边老人见面时，他说，靠你们大家帮助想办法。出门后，我一直在担心，空着手去接新娘，正如山歌所唱'光脚难走沙子路，空手难会贵乡客'，怎么办呢？我们一行来到寨口，遇到四位背着书包的学生在路边玩，每人手上还拿着一把小兰花。我问他们为何还不去上课，他们回答，我们有六个同学是好朋友，每天早上约好要一起去学校，还差两个未到，六个人，你们老人经常说的，有衣就有禄，一个都不能少，我们正在等呢！我又问，你们拿小兰花去做什么？回答说，拿去绿化我们的母校啊！我仔细一看，发现兰花丛中有一小棵苗语称为'阿虽颂'的'吉祥草'。我高兴地对他们说，我们今天是去接亲，正愁没有什么东西当作与外家的见面礼，去换杯酒喝呢！拿给我们作见面的礼信如何？几位学生爽快地答应了我的请求。就这样，我拿着这小棵'阿虽颂'来和大家相会，实在不好意思了！"边说边把随身带的象征"金钥匙"的红包礼信交给进门右下角的斟酒员。

酒司令接过红包礼信，搁在自己面席桌边，说："来，我们统一饮一小盅酒再说！"众齐呼约酒令："酒余酒呀！"然后干杯，并保持一酒三箸。酒司令接着言道："刚才，押礼先生好言好语说得谦虚，哪知道已做好准备，早就骑着汗血宝马进京城，买来金玉万能钥匙。这把金钥匙，现代的各种电器、机械、小车等都离不开它，因我是保管员，在座的像舅公各位寨老，哪一家用得着我可以暂时借用，但押礼先生不能借了，常言说嫁在金处得金子，嫁到银地得宝珠，感谢押礼先生喽！来，大家统一饮一杯，'酒余酒呀'！干杯！"

抬饭篓的押礼交接好"金钥匙"后，先饮两小盅酒。接着，中老年大押礼、二押礼按照既定动作和大同小异的故事情节，在娓娓道来中向女方寨老移交礼信红包。两者的区别在于礼信的定义不同、押礼"偶遇"的信物形象不同、移交的对象不同，双方对信物的比喻也不同。大押礼交的信物定义是"大牛和牛鞘鞭"，将"偶遇"的信物形容为"田坎边睡着很瘦又走不动的黄母牛和旁边一根小竹鞭"，"黄母牛"交给那位祭祖的老人，老人形容其为"在京城购买来的'大犀牛'，有了'大犀牛'，背山犁坡不用愁，兴家立业样样有，世代荣华永不丢"。"小竹鞭"随意交给一位寨老，寨老言："过去说的是，犁牛不用鞭，随你喊通天；现在形势发展了，金鞭银鞭一挥，叫它黄土变成金，手中有金鞭银鞘，富贵荣华早来到。"二押礼交的信物定义是"小牛崽，小竹鞭"，移交给其余的寨老。二押礼的"偶遇"和寨老的比喻吩咐，与大押礼交"大黄牛，牛鞘鞭"基本相似。

苗族传统文化中，孝德文化氛围浓厚。为体现不忘本不忘根，交完以上礼信后，大押礼和三押礼分别用前面同样的方式，以"偶遇"一些微小的吉祥物作见面礼为由，向同席的母舅敬奉象征"谷种老树桩"的礼信，向寨老敬奉象征"追宗追祖"的礼信。接到手者多以"接在手中的是京城里的银袍金毡，子孙披着它，快长大入学科考，既出文官又出武官，人才覆盖县城半边天"的祝福语作答谢。交完以上礼信，寨老说："押礼先生们为了他们俩的好事，牵着'大犀牛'来，拿金拿银来，礼仪实在厚重，我们现在先拿（除母舅的信物）给主人家保管一下。"这实际是让主人家清点，是否与双方事前商定的数字相符。若无误，主人家答言："押礼先生多辛苦，粗茶淡饭很面愧，请寨老们邀押礼先生多喝两盅酒。"

四、接亲宴席中的交接互换环节

押礼完成以上礼仪，接亲宴席中宾主的主要活动基本进入总体程序的后续环节。收到押礼交的礼信，女方母舅寨老要有所回赠（习俗中，苗语称为"托兵东兵顾"，汉译为"退儿女魂魄"），还有女方家的情义也要有所表达。因此，双方交接的身份又互换过来。

旁边的寨老抱来母鸡（一是有几个母舅陪同，就安排几只；二是安排给押礼先生一只），拿出一条一丈二尺长的青蓝布即"背亲带"（现多以一件新衣服代替），以及多包红包交席上寨老。从此时开始，寨老为交方，押礼为接方，交接的过程与押礼交接模式基本相同。

一寨老说："今天，母舅和押礼先生为了喜事，不辞辛劳来到我们家，实在没有什么礼信和大家会面，我有幸得到几只雀子，一是敬奉上位的舅公，二是敬奉上位大押礼。"随即把鸡递给相应的对象。舅公把鸡抱在手中，开始"剖鸡"（围绕这只鸡的来历、作用、功劳、归宿进行吩咐祝福），言道："春风送暖，风和日丽，好天好日，'干乌干拔'（护佑鸡，'干'在苗语中意为鸡，'乌、拔'在苗语中意为护佑）。今天是他们俩的结婚庆典，你的舌条卷一卷，呼儿唤女到身边，你的舌条翘一翘，呼儿唤女怀中抱。好话不用多，十来九登科，预祝'他们子孙发达兴万代，万古流芳在他家'。"同席共同呼应："是喽，感谢母舅的金言喽！酒余酒呀！"随即将敬奉母舅的这只鸡交给厨师处理。

轮到大押礼"剖鸡"发言："刚才寨老说，这是一只鸡首雀身的小鸟，谁料到是从江西籍祖先珠市巷昆仑山来的金鸡凤凰啦！'干拉干建，干拉干旦'（苗语中，'干'即鸡，'拉'即桥，'建'即路，'旦'即过路过桥墩，总意是一只牵线、稳桥鸡），'干拉干建，干拉干旦'啦！你落地时不跟随地区来，不选择场所来。你走通江西，那是多民族聚居的地方，没有人重视你的到来，没有你坐着休息的地方，你要寻找你族人的家园啦！'干拉干建，干拉干旦。'你长途跋涉一路走来不能过江不能过河，你来到河边遇到一只母鸭，母鸭正在觅食，你把你的遭遇和想法告诉母鸭，请求母鸭背你过江背你过河。母鸭说，我有一个要求，你一听就说，母鸭难道你想要背我的脚步钱吗？母鸭说，我对你很有同情心，不要你的任何代价，我只要求你帮我看护好我的孩子。你说没有问题。于是，母鸭一路背你过江背你过河，你走通云南，经过四川，来到贵州贵阳府的大市场啦！'干拉干建，干拉干旦。'哪知道贵阳的大市场，也是多民族聚居的地方，没有你立足之地，没有你坐着休息的地方，你要继续寻找你梦想中的家园啦！'干拉干建，干拉干旦。'适逢摆金、甲浪地区的商人到贵阳大市场采买，遇到了你，你问他们，才知道你的族人在摆金、甲浪地区。于是，踩着商人的肩膀，踩着商人的挑担，你来到摆金、甲浪啦！'干拉干建，干拉干旦。'你在甲浪中场你是第一，你在摆金地区你是榜首，是我的姑妈、姑爷用黄金九斤白银九两把你赎过来，放在姑妈姑爷温热的鸡笼里啦！'干拉干建，干拉干旦。'今天是良缘吉日，押礼先生们来踩桥走墩，抽你来把稳他们俩这座连心桥啦！'干拉干建，干拉干旦。'让这座连心桥像新中国的南京长江大桥一样，龙过不抖、风吹不动啦！'干拉干建，干拉干旦。'让这座连心桥千年永固像万古长城啦！'干拉干建，干拉干旦'喽！"

大家齐举杯，应道："酒余酒呀！"随即将敬奉的鸡转交厨师处理。

一寨老发言："今天押礼贵宾到来，我想尽办法，让年轻人到'阿壤阿造'（形容该民族最古老、繁华之地），去找有无金藤玉条，结果只找到一根麻丝线，实在不好意思交给二押礼（随即把青蓝布条递上），望体谅。"大家齐举杯，应道："酒余酒呀！"

轮到接"背亲带"的押礼说："刚才寨老说的是一根麻丝线，我认真看仔细看，哪晓得是在北京城举办的民族工艺品比赛中夺冠的'年总年筌'（镶金挂银的绸背扇），让这床'年总年筌'左背九儿发满堂，右背七女发荣昌，感谢父老乡亲喽！"随即把"背亲带"系在"金童"的身上，用传统方法系，"左上肩背，右下腰打结后，布条尾伸展放下"，不能出错，否则重罚两杯酒。系好后，端两碗酒在旁边观察和监督的寨老、酒司令说："押礼为背儿背女把手都弄脏了，要先洗一下手（意思要敬酒）。"随即把两碗酒递上。押礼先生接过两碗酒，略饮一小口，表示谢意。

接着，寨老回赠"追宗追祖"信物，母舅再回赠"谷种老树桩"信物，两者多以"巴芒草、高粱秆"之名，郑重交给大押礼或二、三押礼。接者多以"送给儿孙、女婿的金笔银笔或现代科教产品"之由，祝福男方子孙入学中举，功名顶戴名振四方。寨老接着表示，押礼先生已得"金笔银笔"，却还缺少"墨汁"（寓意要敬酒），于是又逐一斟酒，齐贺一声"酒余酒呀"。诸事已毕，双方会意可以发亲了。抬饭箩的中青年押礼用形象、吉祥的语言，把两包礼信转交给对方同席的两位寨老，又转交两包礼信给女方（外婆家）领亲的外婆或舅娘安排发亲，由两位押礼负责监督落实交接好发亲事宜。厨师把炒或煮的鸡肉端上桌面，意味着接亲宴会全部结束。抬糯米饭的青年押礼打起雨伞准备出门。外家早准备好四碗酒、四对筷和四盘菜，搁在一张长凳或桌子上，在门口拦路。中青年押礼只要用传统、吉祥的语言吩咐一下，就可以过关了。看此关一过，其他在席上等待的押礼婉言辞谢寨老的盛情挽留，起身按照来时的顺序依次返回。

五、传统发亲的大概细节

由女方家（外公外婆）安好一张桌子，摆四盘炒菜、两瓶酒、四个花碗、四对筷。两位青年押礼到齐后，为对方斟两杯发亲酒，请箸两次，说出祝福结婚新人有九儿七女、发子发孙的中心内容。后由外婆斟酒两杯饮之，再请箸两次。两舅娘道："今天是个好期程，押礼先生接新人，兄妹相合同家坐，生儿育女点翰林。今天是个大吉昌，押礼先生接新娘，兄妹相合同家坐，生儿育女状元郎。"事毕，新娘由押礼成员中的两个小姑娘陪伴，坐上接亲的车子，车上亦载有随同的家具。外家（女方家）按实际

黔
南
苗
族
民
俗
研
究

需要和相关条件，安排一定规模的男性、女性人员当作舅爷、舅娘护送新娘到男方家，接亲队伍浩浩荡荡，返回到新郎家按时进亲。押礼接亲队在女方家的接亲礼仪就算圆满结束了。

六、圆满回归的最后交代

男方家按照押礼出门前的预定时辰，专门安排寨老在家等待、欢迎押礼接亲队伍圆满凯旋。新娘进亲要"跨油灯"，即男方家要点上一盏油灯，用筛子盖上，让新娘跨过，寓意把一些"不干净的东西"祛除在外，千年不遇、万年不逢。新娘一进门，庆贺的鞭炮齐鸣，响彻村落。押礼接亲队到家后，大家相互寒暄一番，立即摆好酒席，你一言我一语，回忆交流着接亲的美妙过程，多是敬言押礼先生为办好这件喜事的苦劳和功劳。接着书归正传，押礼先生逐一让众人见证外家和母舅回赠的礼信，与男方家一项一项当面移交清楚。如果送亲的外婆、舅爷、舅娘到家后，接待工作已安排妥当，就专门请两位押礼引领"金童"，走进新郎、新娘的"洞房"，把"背亲带"（其寓意背的是九儿七女）解下来放在结婚卧室温馨的床上，并祝福儿女好好睡觉休息，将来大发大富。最后安排专门的寨老（熟练本家族祭祖经）"追述糯米饭"，其大意和祭祖相似，要将饭笼的糯米饭、鸡心、熟猪肉、小炉炭火置于室内大门右侧，搁置的方向要面朝东方。寨老继而追述事宜，敬请山水神灵列祖列宗护佑结婚新人，新婚美满幸福和谐，万世荣昌。追述结束，大家开怀畅饮，"酒余酒呀"的约酒令此起彼伏，直至夜深人静。

独具特色的摆金苗族接亲押礼礼仪内容丰富，文化底蕴深厚，以其特有的文化表达方式，成就了苗家世代一桩桩美满幸福的婚姻。押礼先生的美誉也在当地被传为佳话。

（基础材料提供：罗宗华、罗荣超。综合整理：李家奎、李家贵。李家奎，贵州省惠水县摆金镇大华村寨老；李家贵，贵州省惠水县政协环资委主任。审校：周庆）

月亮山腹地苗族礼仪见闻

王永波

摘 要：待客礼仪是民族风俗习惯的重要特征，是展现民族性格形象的重要窗口。荔波县月亮山区腹地苗族村寨热情奔放的待客习俗，在一定程度上反映了当地苗族同胞的历史发展轨迹和民族心理，值得传承和弘扬。

关键词：苗族；礼仪；传承；升华

苗族人民勤劳朴实、开朗大方，讲究文明礼貌，在为人处世和待人接物上特别注重礼仪，热情好客。荔波县大土村一带的苗族村寨，不论是在村头巷尾还是在宅院内外，对前来寨子中或家里走访的客人，不管是熟人还是陌生人，不分贵贱和职位高低，都以诚相待。见面时，主人常以一句"糯鸟"（你来了，一切可好？）互相问候。当苗家看到一个外族人会讲苗话时，更认为这是对他们的友好和尊重，会格外热情，将其奉为上宾。笔者因为工作关系，多年来深入苗乡较多，对苗家的热情好客和注重礼仪深有体会。以下仅回忆记录若干见闻片段，与朋友们分享。

一、待客礼仪

1. 苗家人以鸡头鸡心敬贵客。款待最信任的朋友，一般都要杀鸡宰鸭，由家长或同族中最有威望的老人陪同客人就餐。陪客老人会夹起鸡头鸭头放到客人碗里，或将鸡心鸭心奉送客人享用。这种礼节喻意对客人的尊重和以心相托，非常诚恳，不是一般人所能享受的。但客人接过鸡头鸭头或鸡心鸭心后，不能马上吃掉，应按苗家礼俗，主动谦让回敬老人，或与同桌的老人分享，以此表明自己的无私和恭敬之情。这是立人的规矩。

2. 用牛角酒迎宾。苗家敬酒，以三杯为多、单数为吉。用牛角杯敬酒更是迎接来宾的一种庄重礼仪。凡有宾客来到，主人即以自酿米酒斟满牛角杯，双手举过头表示敬献。如果来者是重要贵宾，还要事先到寨门外的路口边摆拦门酒相迎，客人喝不下三杯不让"过关"。有些牛角杯过大，客人实在喝不下时，可以舔一舔"意思"一下；若不胜酒力，亦可双手接过酒杯后，饮一半或一小口，再将酒杯加满回敬主人。而有的人不懂礼貌，将酒喝进口里后又扭头吐出来，这是对主人的不恭，极不可取。

3. 吹奏芦笙迎送客。芦笙是苗族的古乐器，芦笙文化是苗族最具代表性的民族文化。吹奏芦笙不仅用以自娱与娱人，而且也是苗家迎送客人的一种常用方式。每当贵宾远道而来，进出寨门时，苗家男女老少会列队两旁，吹奏起芦笙，载歌载舞表示热烈欢迎或欢送。客人应抱拳或招手致谢。客人进寨后，如果主人继续吹笙跳舞，客人应主动加入舞队中随着芦笙的节拍起舞，主客同欢乐。不会跳舞的可以站立一旁击掌相和，表示对主人的感谢和对舞姿的欣赏，不可漠然视之。

二、称呼上注重礼节

苗家称呼客人，一般都用敬语，提高"规格"相称。即使是家庭成员、亲友之间，也按辈分或年龄的长幼尊称或昵称称呼对方，从不直呼其名。如笔者的老家在丹寨县长青乡番翁村，因自幼跟随父母在外学习、工作和生活，很少回家乡拜访乡亲。每当我回到番翁老家时，不认识的寨邻不论年龄大小，一般都按字辈敬称我"姑奶""老太"。熟悉的同辈人才称姐妹。在荔波苗寨走访，苗胞们也多称我为"姑妈""大姐"，年长一些的官员则跟年轻人一样尊称我为"波嬢"，很少有称职务的。外来客人最好也按苗家的敬语称呼主人。当有主人称呼你为"公、奶、叔、婶"等"长辈"时，是对你的尊重，千万不要以为人家把你喊"老"了。

三、诚挚地感恩

苗家人哪怕是受人滴水之恩，都会由衷感谢，恨不能把心掏出来报答恩人。1998 年 10 月下旬的一天，笔者陪同在荔波县挂职县政府副县长的省教育厅电教馆馆长任平同志到佳荣镇大土村去慰问一位贫困老人。也就是依照惯例给这位老人送了一点钱物，说了一些安慰话，但老人家却千恩万谢。当我们准备回县城时，老人一直跟随送出村口，还要为我们敬酒送行。寨上的晚辈看到后，也跑来向老人和我们敬酒，让人非常感动。又如 1999 年 5 月 7 日，由民建贵州省委引资 20 万元在大土村修建一栋希望小学教学楼，捐资人是香港年近九旬的黄佩球老先生。听说黄老先生要亲自到大土来捐赠，全寨男女老幼早早地就来到学校门口等候。青年人按照苗家习俗，吹起欢快的芦笙迎宾曲，载歌载舞表示感谢和欢迎。黄老先生一迈入大土的寨子，喝下姑娘们敬献的拦门酒，几个苗家汉子就拥上前去把黄老抬了起来，轻轻抛起，再抛起，一边抛动一边欢呼，让老人兴奋得犹如返老还童。正式举行捐赠仪式时，黄老讲话鼓励孩子们要好好学习、天天向上，要爱祖国、爱家乡，将来做个有用之人，并当众对大土小学的贫困学生和辛勤的教师额外给予了资助。苗胞们被黄佩球先生的行动所感染，雷鸣般的掌声经久不息。一位听不懂汉语的苗族老太太激动得热泪盈眶，急匆匆回到家中取下一串自己舍不得吃的干鱼，当作"吉祥物"送给黄老先生。老太太无法用汉语表达，只见她面带微笑，双手捧着并不贵重的礼物向黄老先生深深鞠躬致谢，又引来一阵暴风雨般的掌声和欢呼声。同年10月23日，新建教学楼按照黄老先生的要求如期竣工。当黄老先生再次赶来参加大土希望小学教学楼竣工揭牌仪式时，全体村民依旧吹起芦笙、跳起舞表示热烈欢迎，寨子里心灵手巧的媳妇们还特意为黄老先生及其妻子分别缝制了一套苗族服装。竣工仪式开始前，当苗家姑娘们将黄老先生及其妻子精心打扮成苗族寨老模样，前呼后拥地把他们送入会场时，人们更加欢呼雀跃起来，把黄老先生戏称为他们的"苗王"。可见，苗家对于真诚帮助他们的人是何等的热情！

四、尊老爱幼好传统

走进大土地区的各个苗寨，你会看见一些年届九旬乃至百岁的老人悠闲自得地在村头巷尾、大树底下安坐静养，过路的大人小孩都会向他们问候打招呼。一边嬉戏的孩子们也时不时跑到老人面前撒撒娇气，一派老少同乐的景象。尊老爱幼的美德在这里世代相传。一家之中，凡遇重大事情，都要与长者商量，请老人拍板。逢年过节，已成家分居的子女，都主动接老人来家中相聚，或留下老人喜欢吃的鸡肝、鸡血、鸡肾等，端到老人面前供其享用。若老人年岁较高，饮食特殊，与老人同住的子女平时做饭会以老人的口味为先，还会经常帮老人换洗衣被。未与老人同住及在外工作的子女，则经常买东西回来看望老人，以表晚辈孝心。寨中无论谁家的老人，大家一样尊敬，路上相遇都热情打招呼，主动让路让座。老人们也特别关心儿孙辈的健康成长。适龄儿童都已被送到本村或山下的水维小学接受义务教育。村办幼儿园为年轻家长们减轻了很多负担。"老吾老及人之老，幼吾幼及人之幼"，已成为人人自觉遵循的传统美德。

五、助人为乐升级版

苗族长期避居深山、远离喧嚣的城镇，要在艰难困苦的环境中求得生存和发展，必须抱团取暖。一人有难，众人相助；一家有事，全寨支援。

助人为乐自然成为苗家人的本性。在大土村土生土长的荔波县苗学会副会长潘强、潘胜军，虽然已在县里工作三四十年，但寨上无论谁遇到困难需要帮助解决的，他们都会尽心尽力而为。2010 年 4 月 2 日，村里在山东泰安打工的青年打来电话，说村民潘桥正与人争用升降机，被活活打死。老实巴交的乡亲们接到噩耗，六神无主，只好派代表到县城与潘强、潘胜军商讨，请这两位苗家干部带领不会说汉话的死者家属到泰安处理后事。潘胜军主动垫支 1 万元作差旅费，潘强陪同大土村委会领导和死者家属前往山东泰安为死者"讨说法"。经过 24 天的艰难谈判，终于让凶手依法受到惩处，并为死者家属争得了 20.6 万元的赔偿金。精准扶贫工作铺开以后，由潘胜军等人发起，动员了大土村在外工作、办厂、经商的 20 多名外出干部、职工对贫困户包户帮扶，做到包思想认识到位、包协调贷款到位、包建房物资到位、包民工上工到位、包工程质量到位、包安全生产到位"六个到位"，一举掀起了大土小康寨建设的新高潮。针对寨子里存在的不讲卫生、不会种蔬菜、有碍村民健康和村容村貌等陈规陋习，还采取外出干部职工与贫困户手牵手结户帮扶的措施，按照每个帮扶干部职工负责 2～5 户贫困户的比例，对 70 户农户实行包保，全面推进他们组织的"361"工程。第一是菜篮子工程：帮助每户种养一笆红扁豆、一笆苦瓜、一笆丝瓜、一笆冬瓜、一亩韭菜地、一亩稻香田鱼。第二是清洁工程：家家必须有一把扫帚（拖把）、一把铁铲、一把撮箕、一把钳子、一只水桶、一张抹桌布。第三是接待工程：家家必须有一个火炕、一间厨房、一套厨具、一套餐桌、一间洁厕、一套接待客房。并且每个干部职工平均捐助了 1400 元左右的工资，帮助自己的"承包户"发展生产，改善环境。外出干部职工们的模范行动，更激发起全体村民热爱家乡、建设家乡、美化家乡的热情，脱贫攻坚取得显著成效，寨容寨貌明显改善，环境卫生大为改观。大土村被评为 AAA 级山区旅游景区，吸引了国内外不少游客慕名前来观光。大土外出干部职工的家乡情怀，也是他们从小在家养成的助人为乐传统美德的升华。

时代不断迈进发展，优良苗俗代代传承。入境苗乡，你会处处体会到一种格外的热情和温馨。这些虽属生活中的平凡礼仪，却承载着苗家人永不衰减的盛情！

（作者：王永波，贵州省荔波县人大常委会原常务副主任，县苗学会会长。审校：宋荣凯、吴进华）

云外一声鸡

杨　雪

　　田野是最有希望的地方。我每次去做田野调查都满怀希望。我一路走一路感动。

　　2016 年 7 月，我跟随我的硕导吴正彪老师第一次去贵州罗甸纳平做田野调查。从罗甸到纳平，我们乘坐的车七拐八弯地辗转了好多山路，却依然没有到达目的地，坐在车后座的我不禁感叹"人家在何方"?

　　罗甸的山峰高峻秀丽，峰峦似画家用橡皮涂改过，只剩下轮廓鲜明的线条。它不像黔西北的山，山顶总有几棵突兀的树。我欣赏着这样如画的风景，再呼吸着一路茶林飘来的清香，终于在颠簸中来到了山里云外——纳坪冗翁坪苗族村寨。

　　我们去到侯海斌老人家里，侯老没在家，只有他的儿媳妇带着几个孩子在家。我用苗语和她交流，她一听我们是来做调查的苗族同胞，便热心地招待我们坐下。

　　聒噪的七月，我们坐在侯老家的屋外乘凉，并不觉得热，只感受到热情。侯老的儿媳妇把怀里的小孩哄睡之后，就去鸡圈里揪一只鸡来准备杀掉炖汤招待。

　　苗家勤劳能干的女人，那双灵巧的手不仅能绣花织布，还能杀鸡待客。

　　她熟练地用菜刀割破鸡的脖子，然后把鸡放入大锅中，倒入热水烫鸡毛，经热水烫过的鸡毛更容易被拔掉。

　　待鸡毛拔完，她就抓了一把米放入火中，然后把整只鸡放在火上烧，这样就可以把那些拔不掉的绒毛烧掉。之后便用水冲洗干净，然后剖肚搜肠，把鸡宰了来炖汤。

　　冗翁坪的鸡汤有其独特的风味，因为里面放有别处难寻的大竹笋，喝起来味道鲜美，油而不腻，口感非常好。

　　尽管我在贵阳上大学时经常和朋友去学校附近吃辣子鸡火锅，但是我们在城里司空见惯的鸡肉，根本没法儿和苗家人的鸡肉相提并论，无论是从味道还是从文化内涵，都没法儿比。

鸡是苗家人尤其是西部方言苗族人招待贵宾的好东西。若能得到苗家人杀鸡设宴款待，那是无比光荣的事。苗族人杀一只鸡，好比现在富有人家在迎接客人时宰杀一头猪。因为住在大山里的苗族人生活困苦、劳作艰辛，他们平时都舍不得杀鸡给自己吃，而是养着下蛋，用鸡蛋换盐换米吃。他们舍得杀鸡招待你，可见他们对你多么尊敬。

我那次是去调查冗翁坪苗族的婚姻歌。很有意思的是，婚姻歌里也有很多关于"鸡"的文化内容。

比如，《lol congb·ngaox sangt ncaik（婚姻歌·送亲歌）》中讲到，新娘的父母请会打银饰的汉族匠人来打"银杯杯"（一种头饰，像小碗），要杀鸡给银匠的风箱"吃"（即祭风箱）。伴随着这个仪式的苗语歌里还唱道：

Jangs ghab bob jangd mox sab

风箱讲有力

yat yod zos nax laod ghab

须要到大公鸡

blaob mol dex ghab zab

毛去些鸡素囊

意思是：风箱表示，要它卖力干活的话，必须杀只公鸡给它吃。

婚姻歌里还有很多关于鸡的叙事及文化符号象征的内容，由此可见鸡对于苗族人，已经不仅仅是一种家禽，更是一种文化和礼数的象征。

历时一个星期的田野调查中，冗翁坪苗家人总是给我带来惊喜与感动。我要离开的头一天，歌师马小成一家又杀鸡炖汤给我吃，为我践行。我真的非常感恩，也非常感动。我走的时候，一度陪伴我挨家挨户做调查的侯奶奶对我依依不舍，她泪花闪烁着让我有空回去看她，我也热泪盈眶哽咽着点头应答。

（作者：杨雪，贵州大方人，贵州民族报社编辑，研究方向：少数民族语言（苗语）。审校：吴正彪）

苗家礼节中的鸡稀饭

王仁芝

苗族是一个热情好客的民族，每逢宾客盈门，各种各样的美食自然必不可少。贵州福泉苗族中就有许多特色的待客菜肴，如鸡稀饭、酸汤鱼、腌肉和苗味酸汤等。福泉苗族有三个支系：西部方言的洛北河次方言支系、西部方言的川黔滇次方言支系和黔东方言的北部土语支系。我属黔东方言北部土语支系苗族，从小在苗族村寨里长大。改革开放以来，随着家乡经济生活水平的提高，各种种养殖业也得到了前所未有的发展，苗族的很多传统饮食工艺技艺也慢慢得到了恢复。这也让我品尝到了来自乡间丰富多样的民族美味食品。这其中，我对苗家的鸡稀饭尤为情有独钟。

鸡稀饭是苗族待客的最高礼节之一，苗语叫 ghab jiangx gheid "嘎姜给"。这种美味食品主要出现在家里有客人来和办喜事时。每当客人到来，父亲四处抓鸡，我就知道一定有鸡稀饭吃了。父亲叫我找一些干柴草做准备，等待他杀鸡后用来烧干净鸡身上的细绒毛。

父亲杀鸡的动作娴熟，一刀向鸡的喉咙割去，用干净的碗接取鸡血，然后将鸡扔进大盆里，倒入烧好的开水，不断翻滚烫鸡身，拔鸡毛；再将去掉鸡毛的"裸鸡"拿到火上燎去细毛。之后，开膛破肚，把不需要的部分去掉，留下肝脏、肠子（污秽之物已清洗掉，并且保留完整不切块），再用清水全部冲洗干净，就可以将鸡切成一小块一小块的肉了。

鸡稀饭有两种煮法：一种是用冷水煮，即将冷水连同切好的鸡肉、大米和各种佐料一起放入砂罐内烹煮，先大火后小火，直到煮熟且香味扑鼻为止。另一种就是用热水煮，即在铁锅中放入三分之二的水烧煮，待锅中的水沸之后，再放入切好的鸡块、内脏，加几块姜片去腥，待鸡肉七分熟后，倒入一碗米（没有淘过的米），一直熬到鸡肉与米融为一体。这样香甜可口的鸡稀饭是苗家人用来待客的美味佳肴。

在苗家饭桌上，不管有没有客人，鸡稀饭的吃法都有讲究。稀饭中保留完整的肝脏等只能留给老人吃，年轻人和小孩不能吃。所以，关于苗家的鸡稀饭，有这样古老的来源：

dib gheib hxid mais

杀鸡看眼

dab gas hxid wangb

杀鸭看身

mais gheib dangx mais niul

鸡的眼睛像太阳

mais gas dangx aid dlieef

鸭的眼睛像月亮

dol lul ghaix dot laib hangb nil nongx

老人就吃鸡心

dol yil ghaix dot laib gad jangl nongx

小孩就吃稀饭

"dib gheib hxid mais"，即杀鸡的时候如果鸡的眼珠是凹下去的，就表示做什么事情都会不顺利；如果两边眼睛是平的，没有凹下去，就表示可以煮鸡稀饭。"dab gas hxid wangb"，即杀鸭的时候看鸭头、鸭身以及姿势好不好看。"mais gheib dangx mais niul"，这里用了比喻句，意思是鸡身上的羽毛就像太阳光那样靓丽。"mais gas dangx aid dlieef"，比喻鸭子的眼睛像月亮那样纯洁明亮。"dol lul ghaix dot laib hangb nil nongx"，从这里可以看出苗族对于老人的尊敬，也体现了老人在苗族社会中的崇高地位。

此外，苗家亲朋好友来做客，家家户户都杀鸡煮鸡稀饭，唱歌喝酒三天三夜。有喜事时也会杀鸡煮稀饭，特别是苗族嫁女儿的时候。新娘回娘家的那晚会带回一只鸡、一只鸭，鸡就是用来煮鸡稀饭给所有客人吃的。

随着社会的不断发展，各种民族特色饮食越来越丰富，而苗族的鸡稀饭一直延续下来，且成为苗族待客的最佳食物。

（作者：王仁芝，女，苗族，贵州福泉人，贵州黔南经济学院教师，研究方向：民族语言、苗语。审校：吴正彪）

九龙苗族正月"打鸡"和"跳花场"

黄达武

在惠水九龙（原为九龙乡，现改为行政村），各种民族节日活动、集会丰富多彩，一年中差不多月月都有节日集会。九龙苗族每年农历正月的传统活动"跳花场"和"打鸡"，自古以来世代传承，颇具特色。

"打鸡"在许多苗族地区又被称为"打毽"，现在也叫打板羽球。在惠水，凡苗族聚居的寨子，都开展"打鸡"，以摆金、鸭寨、九龙一带为盛。在九龙，"打鸡"的地点（即"打鸡塘"）主要是新寨后山"打鸡洞"门口的草坪。每年正月初一以后，身着节日盛装的苗家姑娘和小伙们聚集在"打鸡洞"前，先由两人对打。两人相距五米左右，各拿自制的"打鸡板"对打。"打鸡板"为椭圆形，长约 40 厘米（含手柄）、宽约 12 厘米，手柄上刻有苗家喜爱的图案花纹（并用彩色涂画）。"羽球"亦称"鸡毛球"，是用公鸡翅膀上色彩斑斓的羽毛插入一小截竹筒制作而成的，鸡毛还用剪刀修剪成锯齿形，十分精美。在对打中，"羽球"在空中飞舞，围观的人群纷纷喝彩叫好。若对方接不着"羽球"，落地为输。随即换人上场对打，谁输谁下场，十分有趣。

"打鸡"是一种传统的民族体育游戏，"打鸡塘"更是苗家青年的社交场所。不论是男青年还是女青年，谁的球技好，谁在对打中多次获擂主地位，就会被异性青睐。很多人就是通过"打鸡"相识，有了好感，再发展到相恋，最终成婚的。

据《天下体育》国际在线网载："羽毛球运动历史悠久，奥运会舞台对这项运动的介绍如下：羽毛球运动在很久以前就出现了，它的起源要回溯到至少 2000 年前，古代的希腊、印度和中国兴起的用木板和羽毛球玩耍的游戏。"由此看来，苗族传统的"打鸡"游戏活动是当今羽毛球活动的前身之一，与羽毛球的起源有着久远的历史渊源，也说明中华民族文化之伟大。

关于"打鸡"的来历，在九龙苗寨流传着一个美丽的神话故事。传说古时候九龙苗寨有一个苗族青年阿岩，他长得十分英俊，但父母早亡，以打猎为生。不想天上老龙王的幺公主喜欢上了他。有一次，阿岩去打猎，当他准备射箭时，发现箭囊里的箭都不见了，只有一个有箭尾、无箭头的羽球，十分精致。原来这是幺公主变的，她为的是能陪伴在阿岩身边。阿岩和打猎的伙伴们用脚踢、用箭囊来接打羽球，觉得很好玩，便将箭囊改成木板继续接打羽球。之后，阿岩把羽球带回家。羽球变回了幺公主，为阿岩洗衣做饭。阿岩看着无比漂亮的幺公主，心头活像雷打鼓、脸上好比火烧坡。两人情投意合，结成了夫妻。这事一传十、十传百，姑娘们都学做羽球，以便赠送给心爱的小伙子或能与他来打板羽球。小伙子们亦十分喜爱打板羽球，希望能像阿岩那样找到貌似幺公主的姑娘。就这样一代传一代，每年正月农闲时，青年男女们都要聚集在"打鸡塘"，开展板羽球游戏活动，结交朋友，寻找意中人。这便是苗家"打鸡"的来历。

到了正月十一日至十三日，便是苗家跳花场的日子。在九龙，花场一般设在龙潭坝草坪上。草坪中树起了花杆，以花杆为中心形成一个个芦笙场。花场上，男青年边吹芦笙边跳舞，一群姑娘手挽手排列在小伙子的前面，踏着节拍翩翩起舞、绕杆而行。蜡染的百褶裙随着舞姿的摆动而飘扬起来，银质的项圈和响铃发出清脆的声响，围观者欣赏着她们的舞姿，赞美着她们的艳装。

花场上的对歌是青年们缔结良缘的主要桥梁和采风者极为向往的环节。最有趣的一项活动是"抢羊"，由一名小伙子当"牵羊人"，后跟一群姑娘，一个拉着一个的后襟；另一个小伙子就如闯入"羊"群的"狼"，窥测方向，伺机抢羊。"羊群"左躲右避或散或倒，妙趣横生，引来了阵阵欢笑。谁牵的"羊"最多，谁的本领最大；谁抢的"羊"最多，谁最聪明。

青年们通过跳芦笙、对歌、"抢羊"等活动结识新朋友。这时，你就可以看到新交的朋友成双成对互倾衷肠的场面。谈到两心相印时，姑娘就从小竹篮里拿出五色糯米饭、腊肉、香肠、油煎豆腐、鸡蛋等美食送给小伙子品尝。

小伙子能够吃上花米饭，表示双方的情感又进了一层，便在夜里继续和姑娘相会、对唱。这时的情景就和白天那种含蓄、腼腆有所不同，而是开怀畅谈、无拘无束，但都循规蹈矩，不说流话，更无非礼之举。

跳花场期间，如遇晴空皓月，还会吹口哨、吹木叶、吹箫。一些小伙通过吹笙或唱歌来邀约姑娘跳舞、对歌，另有一番情趣。

跳花场的历史悠久。《贵阳府志》云："跳月时植冬青，跳场缀以野花，名曰'花树'。男女以巾带相易，谓之换带。然后通媒约。"《贵州通志·土民志》亦云："苗人，每年于正月十一、十二、十三日，男女装束一新，觅高阜敞地，植冬青其上，曰：'花树'。女子持布一端，互相牵引。两少年吹笙其前，作凤莺和鸣之声，左右舞跳为节。女则随其后而缓步作半圆绕之，曰'跳花'。十三日跳完，鸣爆竹，倒花树。女子各择所爱者，亦名老表，尾其后而牵而伸者。"

传说宋朝真宗年间，惠水苗寨有个名叫赵巴碾洋的人，在门前边吹口哨，边编织竹器。忽然，有六只小鸟飞到他家，叽叽喳喳的鸣叫声好听极了。六只鸟儿发出了六种不同的声音。赵巴碾洋忽然灵机一动，用六棵长短不一的竹子，钻孔组合成一种乐器（即原始的芦笙），吹奏起来比那六只鸟鸣还要动听。他不仅创造了芦笙乐器，还根据音阶的变化，创作了120首芦笙曲子，包括斗牛曲30首、跳花场60首、送客曲30首。这种美妙动听的曲调，受到了苗家人民的热爱，赵巴碾洋也受到人们的爱戴。因为芦笙是在正月十一至十三创造出来的，寨子里的群众为了庆贺这一创造发明，便于每年的这三天汇集到花场上吹笙跳舞。于是，惠水的苗寨都开辟了芦笙场，久而久之就形成了一个固定的节日——跳花场。

（作者：黄达武，汉族，贵州省惠水县宣传部原副部长。审校：周庆）

都匀苗家牛角酒

李继刚

　　苗族是个热情好客的民族，千百年来，一直严守着自己的传统礼仪。其中：敬酒是苗族最为常见的礼仪之一。无论是结婚、嫁娶、节庆活动还是迎来送往，都要敬酒。酒杯以水牛角、黄牛角、山牛角为主。都匀苗族认为带"角"的酒器是吉利之物，一是因为"角"代表着苗族人民坚韧不拔的精神；二是因为"角"象征着对客人的诚意；三是因为"角"表示美好，祝福生活。

　　都匀苗族敬酒礼仪可分为六类：一是向长辈敬酒；二是献酒；三是迎宾酒；四是叩酒；五是转转酒；六是送客酒。

一、向长辈敬酒

　　苗族是个很注重尊老爱幼的民族。都匀苗族不论探亲访友、下地干活还是上山砍柴，都要让年长者走在前；与年长者相遇，要主动让路；朋友聚会，要先让年长者落座；有客人进屋，要让年长者坐于火塘边或上方；在结婚嫁娶场合，要向长辈行敬酒礼仪。如嫁女时，男方家拿来的酒，第一杯（瓶）敬媒人，以示感谢媒人牵线搭桥；第二杯（瓶）敬女方的舅舅，以表示天上雷公最大，人间舅舅最大；第三杯（瓶）敬女方的父母，表示养育儿女的辛苦；后面依次是伯父、叔叔等亲近的老辈和长者，这之后才轮到宾客。

　　敬酒方式：一是选一名斟酒司、一名照亮司、一两名敬酒司。二是敬酒时，敬酒者双手握住牛角杯的下端，右手大拇指扣住杯口，保持稳定性，防止酒泼洒出来，身体形成半弓状态，从左向右顺转三圈，双手交叉呈×状将酒杯递出去，双手同时略向下移动，方便客人接杯，酒杯不能递至客人嘴边，要距离客人1.5尺左右。三是被敬者接到酒后，要向左、右及身后反手滴三下，以表示敬天、敬地、敬祖先。第一杯酒行完天、地、祖先礼后，递给周边客人饮掉；第二杯酒同样行此礼后，递给敬酒者或围观观众饮；第三杯酒行完礼后自饮，如不善饮酒者，多少饮一点后可找人代饮。

二、献酒

献酒是都匀苗族在传统节日、联欢、剪彩等社会交往中，向前来参加活动的各级领导、贵宾和德高望重者献酒的一种礼仪。这种礼仪代表了苗家人对各级领导、贵宾和德高望重者最崇高的敬意。一是表示尊敬；二是代表意愿；三是表示祝福。

献酒前，应选择好献酒对象，并选数名女青年担任献酒手，另安排一两名斟酒员。献酒时要唱《敬酒歌》。客人接到酒后，要先敬天、地、祖先，然后才能饮。如果客人有意推辞，还可以加罚。献酒手要反复唱《敬酒歌》，直到客人把酒喝掉为止。唱一首，加罚一杯酒。

三、迎宾酒

迎宾酒又称拦路酒，有的称"三关酒"，是都匀苗族迎接宾客的重要礼仪之一。这种礼仪多用于节庆、联欢、剪彩、嫁娶、接待贵宾等大型活动。在来宾入寨前，要过"三关酒"。

在客人到来之前，要组织众人到寨口迎接客人，为客人敬酒，这种敬酒礼仪又称入寨关。一是表示主人对客人的尊敬；二是看看来宾是否有诚意。

第一关设在寨口，称为入寨关；第二关设在寨子中央，称为进寨关；第三关设在主人家大门前，称为进门关。

这三关的敬酒礼仪方式是：组织两名身强力壮的男青年把关，过去把关者手握一根大木棒横于中央，现代多用花杆或红绸带表示。众人排队站在两面堵住，防止客人闯关。

地点最好选择在独路口上，让客人无路躲避，达到人人过关。

敬酒的方式是每一关敬一杯。如果实在不能喝者，可以递给同伴或者观众喝掉。

四、叩酒

叩酒是都匀苗族逢结婚嫁娶、节日活动、朋友聚会、大型活动等场合的一种趣味性敬酒礼仪，主要目的是活跃气氛，增进感情。叩酒时，除婚宴以外，其他场合可随意，既可以选择叩酒对象，又可以按顺序叩酒。叩酒不分男女老幼，在场者人人受叩。

婚宴叩酒必须先从煮菜的厨房开始。叩酒可根据客人和酒的数量来决定，如果酒多，每次可以叩三杯，但一般情况下只叩一杯，直到酒完为止。

五、转转酒

转转酒是都匀苗族社会中最为普遍的一种饮酒方式，主要用在朋友聚会、族内来往、请人帮忙等小型活动中，仍然以长辈或年长者为先，从左向右依次往下转，能喝多少算多少，不勉强，随意性大。

六、送客酒

送客酒是都匀苗族欢送客人的一种敬酒礼仪。客人离开时，主人要结队把客人送到村口，并向客人敬酒。其目的：一是祝客人一路平安；二是为客人壮行；三是为客人留下深刻印象。

（作者：李继刚，贵州省都匀市委宣传部副部长，市苗学会原秘书长。审校：文毅）

婚恋嫁娶篇

各具特色的惠水苗族婚俗

吴永福　吴忠诚　唐　旭

惠水县是黔南布依族苗族自治州苗族人口最多、占全县总人口比例最高以及民族风情较为浓郁的一个县。全县9个支系，11.5万多苗族同胞，都属于苗语西部方言，也称川黔滇方言。由于受历史条件和地理环境的制约，他们不仅在所操次方言、土语和服饰上存在一定差异，而且在青年人的婚恋、订亲和结亲等环节也有一些明显的不同。本文仅以惠水县的九龙、董上和大坝3个地区的苗族婚俗为例，作一个概要介绍。

一、婚恋

历史上，苗族青年的交友择偶一直比较自由。惠水县苗族青年的婚配，虽说存在自由选择和父母长辈托人说媒两种方式，但从根本上讲，还是以青年人的意愿为主。一般来说，即使是家庭请人说媒，也要征得儿女的同意；儿女自己物色的对象，也要获得父母的支持。只在个别小支系中，过去曾存在订娃娃亲的习俗。在苗乡很少发生父母硬性包办造成婚姻悲剧的现象。而未婚青年的自由恋爱，除了在生产生活中相识、相交、相知而走到一起外，西部方言苗族的最大亮点就是由村寨、宗族和家庭专门为男女青年搭建交友择偶的"平台"——坐花园、跳花场或跳月，让正值青春少年的儿女们通过特定时间、特定地点的"坐"和"跳"，去发现、选择和考察自己的心上人，进而发展成未来的生活伴侣，获得双方父母、长辈的认可后，就可走进婚姻的殿堂。

坐花园，在九龙地区又叫作"坐火塘"，是青年人谈恋爱的起始阶段。每年的正月初一到十五期间，各个苗寨的女青年们在家庭的支持下，集中到寨子附近的开阔显眼地带，稍加围栏形成"花园"后，就在当中烧起柴火或木炭火取暖，挑花刺绣，吟唱山歌，等待其他村寨的男青年前来游方。本村寨的男子们不得前去打扰和干涉。这种形式，实际上是以母亲为中心的母系氏族社会的一种遗风。稍顷，外来男青年们身着盛装，携带芦笙，三五成群来到火塘附近。双方互相看见后，或打口哨，或摇手帕，或唱山歌，相互逗引。女青年们首先开口唱歌，表示欢迎："叫你过来你过来，过来我们站一排；过来我们一排站，跳盘芦笙让心开。"男青年们立即对答："隔河看见花摇摇，心想采花又无桥；高山大庙有人起，无人搭栋采花桥。"女青年们又对道唱："昨晚打梦哥要来，打破花碗修花台；打破花碗修花路，修条花路等哥来。"在对唱几个回合之后，男青年们心情激动地来到火塘边，吹奏起欢快的芦笙曲调。众女孩也大方地围拢过来，随着芦笙的节拍翩翩起舞。在芦笙舞尽兴之后，男女青年才围坐到一起烤火、摆谈、嬉戏，寻找意中人。这时，往往要由男女双方的领头人或"老搭档"根据现场情况加以介绍，有意引导男女配对交谈。经过一番谈笑后，女青年们都主动拿出自己携带的糯米粑，在火边烤来请男青年们吃。男青年们得了话题，风趣地唱道："一炉炭火热茫茫，拣块粑粑烧来尝；火炉烧粑各有主，哥等半天不得尝。"女青年们回对道："一炉炭火热唰唰，拣块粑粑烧来吃；火炉烧粑块块好，随你挑选哪块吃。"逗得大家轰然大笑。粑粑烤熟了，女青年们热情地递到男青年们手边。男青年们即使不饿，也要品尝几口表示心意。不多时，男青年们便离开火塘，往其他村寨的火塘走去。此时，若某几个女青年确实有意，便要送男青年们一里半里，边走边谈，询问他们第二天还来不来火塘。男青年们表示要来之后，她们才依依不舍地转回花园。之后，男女青年都会通过日常交往接触，留意观察和考验对方。第二年正月间，仍然来坐火塘。不过此时的"老搭"已由集体的摆谈演变为成双成对的"私交"了。在多次交谈之后，男女青年之间进一步建立了感情，都表示要把这种情谊长久坚持下去。于是，双方交换定情物：一般是女青年赠送一枚银戒指或一只银手镯给男方，男方回赠一件衣裳给女方。此后，一对对情人继续不断地约会，加深了解，增进情谊。决定结为终身伴侣后，为使双方父母在世人面前体面，还要按惯例履行请媒人说合、吃订亲酒、讲彩礼、交彩礼（亦叫"讨红庚"）、结婚等手续，才能成家。这是就一般情况而言的，也有个别不履行上述手续直接成家的，但往往会遭到人们的议论。

在董上一带，苗族青年男女相互认识的重要渠道是丢沙包、对山歌或托人介绍。沙包，由女青年用花边布把沙子与棉花籽混合包好缝制而成，在其四角及中间缝上彩带，类似于汉族的"绣球"。一般一个女孩做一对沙包。每年的正月初二至十五元宵节期间，姑娘们相约到离寨子不远的路口空地上集中，等待邻寨的男青年们前来游玩。寨子外的男青年们来到丢沙包场地后，女青年们会拿出自己的一只沙包走上前来邀请他们配对游戏，得到沙包的男孩就和邀请自己的女孩结对丢沙包玩耍。你丢过来，我抛过去，来回往返，笑声不断。在丢沙包的过程中，落地三次的一方必须送一件礼物给对方，直到对方不愿意玩了才结束。送给对方的礼物，经商量可以退还，也可以不退还，以此来增进认识和了解。对山歌，则是在青年男女赶乡场、走亲戚途中相遇时，如果彼此互有好感，就邀约对方停下来对歌交谈，结识对方，建立感情。如果想对歌，男方就在路边捡一根树枝，从右向左甩一下，发出邀约信号。女方如果有意，也回复甩一下，男方再回复甩三下，就说明对方同意对歌交友了。接受邀约后，由男方首先开唱，女方再对答。歌的内容大多是赞美对方、诉说衷肠之类。有时走亲戚吃酒，晚上围坐在火塘边对唱，往往通宵达旦。不少人通过对山歌相互倾慕，互相赏识，从而组成了幸福家庭。托人介绍，也是董上苗族青年男女相互认识的一种常用方式。在双方相遇并喜欢对方时，男方就请身边的伙伴去向女方介绍自己。如果女方自谦，回答高攀不起，就表示同意交往，可以单独约谈；如果女方以不是同辈人为理由婉拒，就表示不同意，男方不可以再纠缠。女方同意交谈后，双方的伙伴就会知趣地走开，留下他们单独交谈，直至正式确立男女朋友关系。

大坝苗族支系由于长期频繁迁徙，定居惠水后又受困于狭小的地理范围，很少与外界包括本民族的其他支系交往。受这种特定条件的制约，他们在婚恋上曾长期实行订娃娃亲和请媒人说合两种方式，只嫁娶亲连亲、戚连戚的人家，并根据家庭经济条件来相互结亲。在新中国成立前和新中国成立初期，这个支系的青年男女很难做到婚姻自主，严重束缚了自身的繁衍和经济社会的健康发展。

二、说媒

九龙地区的苗族青年男女相互以心相许后，男方家要请一名能说会道的妇女当媒人，拿着点心前往女方家探问，拐弯抹角地表示，某某家请我来跟你们老人家商量，想把他们的孩子某某"拜寄"给你们做儿子，不知道你们老人愿不愿意？女方家的父母也不正面回答，推脱说："你们有这个心意很好，不过一锄头挖不成一个井来，多走几次，好吗？况且我们也不认识这个小伙，请你下次带他来给我们瞧瞧嘛。"媒人顺坡下驴，满口答应。于是，男家另择吉日，由媒人带着男青年登上女家之门。女方家父母默认男青年后，便问姑娘："人家已来到这里，看你的意见如何？"姑娘不好意思直接答复，便说："那就做饭给他们吃吧！"这门亲事就算成了。在一般情况下，女方家同意亲事则招待媒人吃饭，收下礼物；不同意，则不招待吃饭，或只招待吃饭而不收礼物。

董上男方家看中哪家的女孩后，先请媒人到女方家征求意见。媒人去女方家中征求意见时要带一对红糖，多数是一个人去，也有为了避免尴尬而邀约一个熟人陪同的。媒人说明来意后，如果女方家同意，就由男方出一对红糖、12元钱给女方去拜见女孩的舅舅，征求舅舅的意见，如果舅舅同意，双方家族老人才见面商谈彩礼等事宜。现在生活水平提高了，去舅舅家一般都拿120元钱。

过去大坝苗族的父母双方自行相中对方孩子，互订娃娃亲后，从小就认定了一家女孩将嫁给另一家的男孩，不得毁约。但到可以谈婚论嫁的年龄，仍然要由男方家择日请媒人到女方家说媒。媒人必须是两人，男女不限，要求上有双全老人，下有儿女多人。媒人带着两包糖、两瓶酒，到女方家说明来意后，女方家高高兴兴置办酒菜招待媒人，并爽快收下媒人带来的礼品，表明女方家已经同意订这门亲事。酒足饭饱后，媒人起身离开女方家，并告知女方家择日子后再来讲彩礼。女方家高高兴兴地将媒人送出家门。

三、订亲

九龙苗族准备为儿子接亲前，要先请媒人偕同另一名妇女，带上三斤干米粉、两斤米酒、两包点心去女方家通报。女方家招待媒人及随行妇人吃饭，但不请家门叔伯作陪。吃饭过程中，媒人说："我们来了几次，亲事已顺利进展，我们回去择出好月好日再回来告知你们。我们会提前通知你们的。"女方家父母说："好，不嫁由主，出嫁由客了，你们就安排吧！"媒人与那妇人饱餐一顿，便心满意足地返回男方家通报情况。

董上和大坝的苗族在说媒成功后，一般不再走订亲的程序。条件成熟时，直接进入讲彩礼程序。

四、讲彩礼

讲彩礼也叫讲财礼，九龙苗族男方家要请能说会道、父母双全、儿女双全的两个押礼先生及几名男青年，穿着民族盛装（长袍马褂），抬着1只猪肘、12斤干米粉、12斤米酒和2包点心，前往女方家商谈彩礼事宜。女方家对这件事自然更加重视，要请家门叔伯每家来一名代表作陪。在共同用餐后，押礼先生说："今天是好天好日，我们拿某某小伙子来拜寄你们老人家，请你们给他开一个名字吧！"女方家的叔伯代表说："那要请主人家开个口，我们才好发言。"主人家说："啊呀，左邻右舍都有榜样，就按我们苗族的节日'四月八'吧！"意即4800元。押礼先生接着说："我们九龙爱过'三月三'！"意即3300元。经过几个回合的协商，最后统一在一个合情合理的数字上。此时，女方家拿出一只大公鸡，在香火脚下摆上一升米、三炷香、三张烧纸，由一名鬼师念咒，敬奉老祖宗。念咒完毕，把鸡活活捏死（捏翅膀），打理干净后，拿全鸡在铁锅里煮个半熟，就砍下鸡头和一只鸡腿，用稻草包好，交给押礼先生及陪客者共享。押礼先生当天必须回到男方家。男方家也要请一个鬼师在香火脚念咒（鸡米仪式同前），敬奉老祖宗。敬奉祖宗完毕，才将鸡腿砍了端上饭桌。男方家的叔伯们都来道贺，共进晚餐。

董上苗族谈彩礼是在征得女方家及其舅舅同意后，由男方请族宗内四五个长辈到女方家会商，女方家准备好酒好肉招待。双方礼节性按媒人说媒时提出的彩礼数量讨价还价一番，达成一致意见。办酒席前先交一部分，余下部分到正式办酒席时补完。如果在吃饭喝酒时，女方家劝男方去的客人喝酒喝得投机，女方家也可能主动少要彩礼。谈成彩礼就表示这桩婚事已经确定，从此双方就开始以亲戚关系互相往来。

大坝苗族讲彩礼前，由男方家择好吉日，请两位媒人带上手信和简单物品到女方家。女方家由其宗族代表和寨老出面，与男方共同按照年代风俗来协商彩礼种类和数量，彩礼的多少由双方共同决定。彩礼由几十年前的几十元演变到十几年前的几万元。到 2009 年以后，由于外出打工者居多，彩礼额度参照沿海地区的标准抬高，由过去的几万元上涨到 2014 年的 18 万元左右。彩礼的暴涨，致使不少苗族家庭难堪重负，结婚致贫。2015 年 3 月，毗连的贵阳花溪区及黔南州龙里县、惠水县三个县区在龙里摆省联合召开关于抵制结婚高彩礼的动员会，发出苗家青年结婚彩礼不得超过 5 万元的倡议，受到广大苗胞的欢迎。

五、交彩礼

交彩礼亦称"讨红庚"。在九龙地区，男方家要根据女方家叔伯户数的多少，准备好相应的猪肘、猪肉、米酒、米粉、点心、爆竹等（主人家给猪肘 1 只、米粉 12 斤、米酒 2 斤、点心 2 包、爆竹 1 团；家门叔伯每户给猪肉 2 斤、米粉 2 斤、点心 2 包、米酒 2 斤），由女婿、两名押礼先生和数名男青年（含押礼先生在内，要双不要单）带到女方家。女方家的家门叔伯全部来作陪。吃饭之前先鸣炮，让全寨人都知道这件喜事。在吃正餐时，押礼先生拿出已写好后生八字的红庚说："今天是好天好日，我们当着大家的面引进姑娘的生辰八字，请你们老人开个恩。"女方家请的先生接下，填好姑娘的八字，递给押礼先生说："你们两个青年人的姻缘已排好，我交给押礼先生了，请你们妥善保存。"女婿、押礼先生及随同的男青年要吃遍女方家家门所有叔伯家的饭，一天吃三家。这是女婿和外家相互认识的极好机会。结束时要回到主人家吃餐团圆饭。此时，岳母要送一双枕头、一张床单或一床毯子给女婿；出嫁姑娘则送给每个随行人员一双袜垫作纪念。押礼先生及随行人员返回男方家后，也请家门叔伯们吃一餐庆贺饭。

董上的苗族结婚彩礼随同接亲仪式一起办理，没有另行交接彩礼的仪式。

大坝的苗族称交接彩礼为"吃鸡脚杆"，是苗族人婚礼习俗比较重要的一个程序。交彩礼日，要求男方家派出 4 名、6 名或 8 名成双数的代表来到女方家，除了两位媒人外，其余跟随交彩礼的人，身穿蓝色长袍，头戴稍尖裹头帕。两位媒人一人手持一把用毛巾捆好的土红伞。年轻人抬粑粑 1 挑（或 1 斗 2 升糯米）、小竹箩装仔鸡 1 只、壶装白酒 12 斤、猪肘 1 腿、猪肉 1 方，来到女方家随意吃完中餐，稍休息 1～2 小时。下午，女方家在堂屋中间摆设长桌，桌上摆满美酒佳肴。宴席中，酒过三巡，男方媒人起身说明来意，从包里拿出彩礼钱交给女方家德高望重的老人，并要求当面点清款项，向同桌双方公布款数，以示在座的参与证明。随后，男方媒人将用毛巾裹好的第一包捆绑钱（一般为 12 元，意为已经捆绑为一家人了）交给女方威望较高的老人；然后再将用毛巾包裹好的第二包叫擦屎擦尿钱交给女方母亲（一般为 36 元），以示意母亲一把屎一把尿把孩子养大，作为一种感恩费；最后将用毛巾包裹好的第三包叫父母养育钱交给女方父亲（一般为 120 元），以示感谢父母亲的养育之恩。手续全部完毕，男方家将碗中的酒再倒一部分于盅，女方家主动再为男方家酌一次酒。酒毕，双方美言退席。女方家将已准备好的床单、棉被等物配送男方出门。

六、结婚

九龙苗族男方家择定结婚日子后，要提前一个月通知女方家。女方家根据嫁妆的多少，让男方家安排人抬相应的彩盒或箩筐前去接亲。除去抬嫁妆的男青年外，男方家还要派押礼先生两人、接亲姑娘两人（须父母双全、姊妹双全）、抬饭笼的男青年两人（一个抬去，一个抬回，亦须父母双全、兄弟双全），以及去背"九儿七女"（布）的男青年一人，前往女方家接亲。接亲的两个姑娘须打着雨伞进入女方家。男方家抬去的每一个彩盒或每一对箩筐都要摆上礼物，即猪肘 1 只、干米粉 12 斤、点心数包、糖果若干、糯米粑 1 个，分成若干盒（挑）抬走（返回时抬嫁妆）。一个青年专门抬四方饭笼（里装 4 斤糯米饭），这是一挑中的一头，另一头是米酒 2 斤、猪肉 2 斤。这些都是拿去敬奉女方家的老祖宗的。

在女方家吃正席时，女方家拿出一只母鸡交给押礼先生，押礼先生接过鸡后说："今天我来接新娘到我家去，这是九儿七女之鸡，我们拿去喂，一年得十二抱，一抱得十二只，子子孙孙，无穷无尽！"然后把鸡捏死，交由主人家脱毛、洗净、煮熟，砍下鸡头、鸡腿，掏出鸡心，用稻草包好，交给抬四方饭笼的青年抬回男家敬奉祖宗（此时，四方饭笼内的糯米饭已更换为女方家的）。余下的鸡肉大家共享，并说这鸡肉是不轻易得吃的，一辈子只能吃一次！意即婚姻要专一，不能朝三暮四。

在招待吃饭后，女方家要把一丈二尺布（红蓝青色不论）递给家门叔伯能说会道者，由他转交给押礼先生："女婿来到外家，没有什么东西，我们只给他一根绳子（或一根藤子）。"押礼先生接过来说："在外家是绳子（或藤子），到了我们的手头，这是'九儿七女'喽，是宝贝啊！"押礼先生立即将这块布挂在跟随去背"九儿七女"的男青年的肩膀上（从右肩往左手下挂，似背书包，意思是将来得一个背书包的男孩）；挽此布疙瘩也讲究，若挽错了、背错了，要被罚酒。那男青年一直把布背回到男方家。到男方家后，由押礼先生亲手解下，说："这是'九儿七女'，我把它交给你们两个（事先请到那里的父母双全、夫妻双全的妇女）去招扶！"两个妇女把"九儿七女"布及其他嫁妆一齐摆放在堂屋的桌子上，让大家观赏。

两个接亲姑娘陪同新娘及送亲客人也跟在押礼先生后面往新郎家前进。当新娘快走到新郎家时，新娘及其陪送姑娘和两个接亲姑娘都要打着雨伞行走，直到进入大门。当新娘走到新郎家院坝中时，那里早已摆上一桌酒菜拦着（桌上摆一盘肉、一瓶酒、两个碗、两双筷），要送亲姑娘唱踩门歌方能通过。新娘家要请一个妇女来倒酒，并吩咐说："今天是好天好日，我们来办喜事，三山五岳，邪魔歪道和'四眼人'（怀孕者）都通通回去，我倒酒、拈肉给你们吃之后就迅速回去吧！"那妇女把酒、肉往身后抛撒，让不吉祥者吃。新郎家也请一个鬼师在大门外，提着一只大公鸡，照样念道："今天是某某家办喜事，三山五岳，邪魔歪道、'四眼人'通通请回去！"之后，便把公鸡头砍下，把鸡摔过新娘的头顶。此时，新娘方能走进大门、跨过四眼灯（化解"四眼人"，不让其进家），走到堂屋中间（不拜堂，但男方家父母要暂时避开），大事才圆满成功。接着，就是摆酒席吃饭，新娘及陪送姑娘始终坐在堂屋用餐。吃正席时，新郎一方的男青年用红纸把酒壶、筷子包好，要姑娘们唱筷子歌才能开席。当送亲姑娘唱到一定阶段时，男青年便斟酒给大家喝。姑娘们接着又唱感谢歌。正席过后，新郎家要用葵花籽、糖果等招待送亲客人。此时，新娘和新郎两家请来的男女双全、夫妻双全的四个妇女汇集在一起，准备为新郎、新娘铺床。铺床之前，要先摆一桌酒席吃了。吃的过程中，新郎家请的妇人说："今天外婆给我们送来'九儿七女'，就跟我们一起为他们两个青年铺床吧!"新娘家请来的妇人说:"是啊,今天我们铺的是'九儿七女'床!"大家七手八脚地为新郎、新娘铺好床。有的还在床上打滚、嬉戏。

当晚,男女青年要对唱山歌,通宵达旦。新娘始终陪同着送亲的伙伴对唱山歌。新郎、新娘当晚不能同宿。

送亲客人要住宿两晚。第三天中饭之前,新郎家父母要赠送一套新衣裳给新娘。并赠给送亲客人草鞋钱,每人三五角钱,表示谢意。同时,要送三片大肉给每个送亲的客人包回家。新郎家要请一个男青年陪同新郎抬着猪肘1只、米酒6斤,护送岳母、新娘及送亲客人回家,并恭请所有叔伯叔父到新郎家吃亲家酒。

董上苗族在正式办酒席之前,每年过年和"六月六"期间,男方家要准备粑粑、猪肉、红鸡蛋、酒,用挑箩装好,送到女方家答谢。粑粑的个数送单不送双,一般是七、九、十一块,并在其中一块的上面盖上同样大小的煎好的鸡蛋饼。猪肉要用猪身上最长的那两根排骨,红鸡蛋要一对,酒要一瓶两斤以上。第一年拜年挑箩要用拜年草(意译)铺在箩底和盖在箩盖上。拜年的日子一般选在正月的初三、初五、初七。如果是"六月六"期间去拜年,就要选择六月初六后的第一个"猪场天"或"鼠场天"去。

办结婚酒,表示男女双方正式结成夫妻。办结婚酒,要拿男女双方的年庚八字请阴阳先生推算合适的黄道吉日作为结婚日子,要选择"天德""月德""三合"等吉日,不能用"重丧""空亡"等凶日。结婚的日子一般选择在每年的冬月或腊月粮食收成后的黄道吉日,每年的春季和夏季多是雨季,容易打雷,忌讳用这些日子。推算好结婚的日子后,双方要通知自己的亲朋好友,在结婚当天来祝贺。结婚当天,男方要在家族小辈的女孩子中找两名小姑娘作为接新娘的人,找3~5个年轻小伙组成接亲队伍,带上一只公鸡、一只母鸡、一坛酒、12斤猪肉、一筛子豆腐、一条烟、一双里面放有银子的新鞋、若干糖果等礼品去行接亲礼。女方用男方送来的酒肉招待舅舅家陪同送亲的客人。接亲的人员到女方家后,吃过早饭,由同去的接亲姑娘先带新娘来男方家。女方来时,陪嫁一篓糯米和一根猪后腿。吃正餐时,把男方带来的酒菜做好,摆在堂屋中间。大家围坐在一起。鸡做成鸡八块,由男方来的德高望重的人分配鸡八块,把公鸡头夹给男方舅舅,母鸡头夹给女方舅舅,其他按辈分从大到小分配。双方的舅舅互换鸡头,吃鸡头,留下脖子给主人家。主人夹鸡胃及肠子反送,表示双方的舅舅互相认识和尊重,从此结成亲戚。吃饭时,第一筷菜结束后,在锅上摆一个盘子,上面放一把秤和50元钱,由女方请人断称,意思是见证和公证这门亲事。接着媒人把所有的财礼放在上面由女方请人点,双方再讨论一些要补充的彩礼。交彩礼结束后，轮流喝上大碗酒，酒上面放一根稻草，要喝到稻草双头抵碗才行。女方家族都来敬酒。送亲时要喝出门酒，所有的人出去必须先喝一碗酒才放行。出门后，女方送两根猪后腿，男方安排人退回一根和几十元钱，须由女方先敬酒，男方要喝完一碗酒才放行。当男方的接亲人员在女方家交彩礼时，女方和她的伴娘姐妹就已经走在来男方家的路上了，走到交叉路口时，抓一把糯米放在路边的石头上。有人故意在路边摆有树叶和一双筷子，凡是见到的都要放米，意思是今天是好日子，大家共同分享。在路上忌讳走抬死人走过未满一个月的路和有人带媳妇走过未满一个月的路，如果遇到这样的路，要绕道走或背女方跨过这一段路。在女方到男方家之前，男方要请先生在门口杀一只鸡，钉一块竹条在门槛上，让新娘踩过，以示欢迎新人。如果女方是已结婚过的，男方要安排一个妇女在新娘快要进门时在新娘的头帕上插一根针，并由陪去的伴娘当场拿掉，表示新娘从今以后永远跟随现在的丈夫安心过日子，心里不再装有其他男人了。

大坝苗族结婚前要先认亲。认亲是这支苗族认定亲戚的重要环节。认亲不分时间，只要男方家提出，女方家必须接受。以女方家族、姑妈、舅爷、亲血表作为主要认亲对象，以户为单位，由女方家报送户数名单给男方家，男方家即按每户两把面条、两包糖、两斤酒的标准购买礼品。女方父母家外搭猪腿一只（最低12斤）、猪肉一方（至少3.6斤），由女婿找人帮忙将这些礼品送到女方的每一个亲戚家中，即为认亲结束。由于购买的礼品繁多，加之路途原因不便配送，现在大部分改为用现金代替，每户安排36元或50元不等。

大坝苗族结婚的方式与众不同。结婚的头一天先将新娘接到家，第二天才办酒席。程序大概是：结婚的头一天，新郎家安排两名童女穿着披金戴银的苗族服饰，每人手持一把用帕子捆绑好的土红伞，走到新娘家后，新娘家以丰盛的宴餐招待就餐。就餐结束，新娘家将已经打扮好的新娘打发出门，二女童陪同新娘一路走来，走到新郎家寨门前，新郎全寨人早已在寨门口等候，一起高高兴兴迎接新娘进寨进家。晚上，新郎家在堂屋设长桌宴，邀请全寨双老齐全的老人来陪新娘就餐，以示以后夫妻双方长命百岁。第二天，也就是新郎、新娘喜结良缘之日，新郎家杀猪宰牛，置备喜酒，等待客人的到来。最值得一提的是，新娘当天不在新郎家吃饭，来得不巧的客人是看不到新娘的。因为结婚当日，全寨子家家户户都备起美酒佳肴等待新娘前去吃"串寨饭"。就在这一天，由两名女童手提提篮，带着新娘串寨到家家户户吃饭。每到一家，新娘只是行个礼，稍尝一尝饭菜就可以了（因为吃饱了，下一家就无法吃了）。新娘随即夹上一片肉放在饭碗上，筷子整齐平放碗底，道谢主人家（此举意思是新娘是你们寨上的人了，已经不分内外，我自己留着下一次来吃）。新娘起身出门，主人家就送两个鸡蛋打发新娘，由两名女童放进提篮。紧接着，女童带着新娘串到第二户、第三户……挨家挨户吃完整个寨子的饭，待新娘回到新郎家时，已经客散人静。

当晚客散以后，夜幕降临，新娘的兄弟约请自己寨上的兄弟姐妹及亲戚们来到新郎家，示意要接新娘回家。仪式是：新娘的兄弟姐妹来到新郎家寨门时，吹口哨、吹木叶，大声欢呼，接着鸣铁炮2礼、鸣火药枪无数，示意要来接自己的姊妹回家。男方家听到哨声、木叶声、欢呼声、枪声，便知道新娘家要来接新娘回去了。新郎全寨人在新郎的带领下，跑到寨门迎接。新郎立即向对方兄弟姐妹下跪，请新娘的兄弟姐妹到家吃晚饭。随即，寨上的人们双双邀约新娘的兄弟姊妹去新郎家入席晚餐，餐桌用长桌。用餐前，女方家客人必须先唱"筷子歌"。用餐结束后，新郎、新娘双方各分两人一组进行对歌，男唱女对，女唱男对。从盘古开天地开始，唱到父母育儿育女得恩情，最后情歌对唱，就这样热热闹闹地唱到天亮，甚至有的唱到早上10点，才依依不舍收歌。

天亮后（即第三天上午），新郎家做好饭菜，招待新娘家客人。然后，新郎全寨人依依不舍送别客人回家。新郎便邀上寨上的两名年轻人，用箩筐抬上粑粑一挑、新娘卸妆衣物、新娘串寨吃饭时寨上送的礼品、新郎家收彩礼的一半，一起送新娘回娘家。

到这里，婚礼才算结束。而男女双方要真正生活在一起，还有一个漫长的过程。新娘从夫家回到娘家后，还要在娘家居住两三年或三五年。新娘举行婚礼后仍回娘家居住，这是苗族的一个普遍性传统，但现在仍保持下来的已不多了。其原因是过去苗家人结婚年龄都比较小，没有承担家务和生儿育女的能力，父母认为他们还是小孩，需要留在父母亲身边多学习一些知识，待年龄稍大一些、多懂事一点，可以独立生活了，才同意新娘到男方家过自己的生活。

（本文根据吴永福、吴忠诚、唐旭分别报送的文稿整理。作者：吴永福，贵州省惠水县政协原副主席，县苗学会老会长；吴忠诚，贵州省惠水县王佑镇党委原副书记；唐旭，贵州省惠水县斗底畜牧场场长，县苗学会会员。审校：吴进华）

苗族婚姻礼俗歌中的女性文化探析

杨　雪

　　摘　要：民间口传歌谣在各个民族中蕴含着丰富的社会文化特点，其中的性别差异也会在这些文化传统中得到如实的反映。从贵州省罗甸县纳坪乡冗翁坪苗族婚姻礼俗歌的田野调查材料中就可以窥视到女性文化及其女性社会地位在口头文学中的呈现。

　　关键词：苗族；婚姻礼俗歌；女性文化

引　言

　　苗族世代延续着一套传统嫁娶礼仪，且有一整套传统礼俗歌。各地对礼俗歌的运用存在差异。

　　贵州省罗甸县纳坪乡冗翁坪苗族操苗语西部方言川黔滇次方言第一土语。冗翁坪苗族自称"hmongb dleub"，他称"白苗"，是一支把苗族传统文化保存得相当完善的苗族。冗翁坪苗族的婚姻礼俗歌主要由两个部分组成，第一部分是由男方家的媒人（主要是男性）唱的"lol congb"（话婚姻），主要包括订亲歌和娶亲歌。订亲歌总共9首，唱的是举行婚礼前的所有礼节。娶亲歌总共13首，唱的是婚礼过程中的礼俗；第二部分是由女方家的媒人（大多为女性）唱的"ngaox congb"（歌婚姻），主要包括接亲歌和送亲歌。接亲歌总共6首，送亲歌共有3首。

　　冗翁坪苗族的婚姻礼俗歌作为一种民间口传经典，对苗族女性文化影响深远。其实，民间口传歌在各个民族中都蕴含着丰富的社会文化特点，其中的性别差异也会在这些文化传统中得到如实的反映。从贵州省罗甸县纳坪乡冗翁坪苗族婚姻礼俗歌的田野调查材料中就可以窥视到女性文化及其社会地位在口头文学中的呈现。

一、不同视角下的女性形象凸显

　　苗族婚姻礼俗歌中，男方家的媒人（男）唱的"lol congb"（话婚姻）

部分，强调女性要能说会道、心灵手巧、通情达理、勤劳能干。女方家的媒人（女）唱的"ngaox congb"（歌婚姻）部分，强调女性要隐忍，劝导女性婚后要做公公婆婆的一世好儿媳，勤做庄稼、勤养殖，否则娘家人就没脸来见她。前者体现了苗族社会群体及其文化体系对典范性的女性形象的指认；后者则反映了女性在社会文化意识形态影响下对女性自身形象的领悟和确认。然而，不同视角下的女性形象凸显了何种女性文化呢？接下来，笔者将陈述一些事实和流传下来的有关这一类主题的内容，来回答这个问题。

（一）"lol congb"（话婚姻）部分，男性视角下的女性形象

1. 心灵手巧、勤学聪慧、传承好苗族传统美德的女性形象。例如：

nik yat jaox nyaos ndox hnob ghab laos zox

她要拿得以前老人家本事

（她要学到长辈的技艺）

yongf nyas ndox nnob gas ib touk ghab laos jit

学得以前老人家本领

（学得长辈的技术）

jangs nil yat hnangd daot ndox hnob gas ib touk ghab laos cob

她要穿到以前老人家的衣服

（她要做出像前辈们做的衣服穿）

nil yat ndongt daot ghab laos maof

她要戴到老人帽

（她要做出像前辈们做的帽子戴）

文化学者吴占杰认为："在祭祀、欢庆等各种场合中，歌师、巫师等人通过传唱古歌，讴歌祖先的业绩，以及他们那种不屈不挠、积极进取、追求自由的精神，使得听歌的苗族人民可以从中感受到祖先的这种精神，从而激励着自己。"[1] 从上述歌词的内容来看，歌师所唱的这些内容，无外乎是让听歌的苗族人民感受到祖先的精神文明，激励自己或教育好自家女儿，努力把自己或自家的女儿塑造成一个好女人。

在这种社会文化意识形态下的集体教育过程中，女性主动或者被动地创造了很多物质文化，尤其是服饰文化，直观地呈现出心灵手巧、勤学聪慧、传承好苗族传统文化的女性形象。这说明，苗族女性在不自觉中承担起了传承传统文化的责任。女性通过婚姻礼俗歌中妇女文化的教育，有了女性自我认同意识，勇于承担历史责任。

2. 做事稳重、小心谨慎的女性形象。例如：

nil yat mob zox let das lol zaok zox

她要拿脚步来脚步

（她走路要稳成）

mob hnend let dangs lol zaok hnend

拿脚印来着脚印

（走路要稳重）

要求女性做事稳重、谨慎小心，这体现的应该是一种群体主义思想。这种思想可能是为了约束女性的行为举止，让女性归顺男权主义。可见，女性的生存状态会受到男性的威胁，女性的地位相对较低。

3. 能说会道、与人为善的女性形象。例如：

yat zeux cit let dangs lol zeux kaid

要会写的来会吩咐

（要能说会道）

zeux kaid let dangs lol zeux ndab

会吩咐来会请

（会安排事情会请人）

需要女人发挥自己的特长，搞好人际关系，协调人与人之间的矛盾。

与其说这是要求女性努力地创造制度文化，还不如说是男性主义文明想塑造一种全能的"女人"形象。这既是苗族男性对女性的审美习惯和审美情趣的体现，也可以说是苗族群体审美意识的体现。

男性视野下赞赏的女性形象近乎完美，面对这种相对严苛的要求，女性除了顺从，难道就没有想过解构这种文化形态，按照女性应该有的自然本性成长，获取知识和生活吗？笔者将从女性视角来谈谈这个问题。

（二）"ngaox congb"（歌婚姻）部分，女性视角下的女性形象

1. 艰苦奋斗、努力创造美好生活的明智的女性形象。例如：

jangs ngaox nzot yat lol haik leuf nzaos nangs

美女要来说了帅哥

（妹妹来给哥哥说）

jangs cangd ndox beb zit ot ghongb

出太阳我们不做庄稼

（晴天我们不种地）

yat mox nax let zit lol naox toux xongt

要拿什么来吃这一年

（这一年我们拿什么来吃）

jangs nangs lol ib ait ot lox

下雨来（我们俩）不种田

（下雨我们不种田）

yat mox nax let zit naox touk nax

要有什么吃这一年

（这年我们吃什么）

从以上歌词来看，女性在给男性进行劳动观念教育培训，体现出女性对社会生产价值的认识，女性认为只有劳动才能创造美好的生活。不难发现，女性会觉得自己比男人优越，只是特定时代的意识形态迫使自己只能依附于男人。正如曾静所言："婚姻从施与行为的过程和效果来看，男性成为施与行为的最大受益者。"[2]也许男性只想坐享女性的劳动成果，不想管理生产资料和学习生产技术，于是便有了女性这番说教。

2. 充满智慧、勇敢的女性形象。就算男性不采纳女性的观点，女性依然要争取自己的话语权，表达自己的意见。例如：

cangd ndox let zes gaox yat mob rab daot saot baob reb

出太阳的你要拿晒到上石头

（天晴你要拿放在石头上晒）

nangs lol gaox mox nzoux zot baob jangd

雨来你要收去岩下

（雨天你要收到岩洞下）

jangs nzaos nangs zit naox leuf ngaox nzot lol

帅哥不吃了美女话

（哥哥不听妹妹的话）

cangd ndox nzaos nangs mob nzoux zot baob jangd

出太阳帅哥拿收在岩下

（天晴哥哥收在岩洞下）

nangs lol nzaos nangs mob rab saot baob reb

雨来帅哥拿晒上石头

（雨天拿到石头上去晒）

这一段表明女性掌握了自然规律，男性则相反，不懂规律。侧面反映出女性通过劳动掌握了事物发展的规律；而男性则因为很少劳动而限制了他们的创造性和可能性。

3. 心思细腻、多愁善感的女性形象。例如：

ngaox lenx dix yat lol bob daof zax jat nik hmaod nblex

姑娘个哥哥要来"巴"那边一坨小米饭

（姑娘哥哥赶得一大坨饭）

jed leuf ngaox del

递给姑娘手

（递到姑娘手里）

ngaox nzas lek ncot ngaox zit naox

姑娘弯起姑娘不吃

（姑娘沉默不语不想吃）

ngaox yat muab nzouf nzos dox zangb nzangs dlex

姑娘要拿甩到来水沟里

（姑娘扔到水沟里）

女性视角下的女性形象，智慧与柔美并存，勇敢与柔弱兼具，体现了苗族女性的阴柔之美，展现了苗族女性超凡的智慧。然而苗族女性骨子里是不屑于做一个完美的女人的，完美的女人意味着要干很多活，做许多事，与许多人打交道。她们的内心渴望爱情，她们的思想拒绝婚姻，结婚意味着要肩负更重的责任。比如，送亲队伍要回家时，女方的媒人劝她：

ngaox yat nyaob ngaox zit ghox

姑娘要坐姑娘不哭

（姑娘要留下来姑娘不要哭）

ngaox yat ot ghongb nzos lol mox

姑娘要做庄稼才来有

（姑娘要做庄稼才有粮食）

ngaox yat daot zax nzos lol bod nghox

姑娘要得牲口来满圈

（姑娘要养得满圈的牲口）

jangs ngaox lenx nongs naf zid let daob zox ged dox

姑娘后家得条路来

……

ngaox nyaob ngaox ot ghongb nzos zit bod zed

姑娘坐姑娘做庄稼就不满屋

（姑娘坐起姑娘的庄稼就不好）

ngaox dot zax zit lox ghab deb

姑娘养猪不比大野猪

（姑娘养的猪没有野猪大）

ngaox lenx nos naf zid zit daot zox ged dox

姑娘后家不得条路来

（姑娘后家不得条路走）

zit daot zox ged fed

不得条路回转

（不得一条路返回）

女性婚后要劳作，要抓生产，不能偷懒，否则娘家人没脸来见她。她若被夫家抛弃，也没脸回娘家。对于女性而言，婚姻给她的感觉是身心俱疲。女人嫁人之后，要不断地为夫家创造价值，才能在夫家占有一席之地。她们会根据老一辈的叮嘱，受礼教的约束，只能任劳任怨。不过，也有女性冲破礼教的桎梏，勇敢地寻求自己想要的生活，只是反抗往往以悲剧收场。

二、婚俗仪理的弊端对女性文化的影响

在苗族内部，男女双方结婚需要完成繁杂的礼俗程序。这些仪理中存在一些弊端，对女性地位造成了一定的影响，同时也剥夺了女性的相关权益。

（一）提亲时并未征求女方的意见

不是所有的婚姻都基于爱情，但婚姻礼俗歌千篇一律。男方家的媒人去女方家提亲时，会征求女方舅舅的意见，征求女方叔叔的意见，征求女方父母的意见，却不曾征求过女方的意见。这是对女性权益的漠视，也是对女性的不尊重。这个弊端必然会导致婚姻的悲剧。例如："ngaox congb"（歌婚姻）送亲歌部分的《Ngaox Fangb》（造反姑娘）唱道：

ngaox senb yat lol haik ngaox senb naf ngaox senb zid mex

妹妹要来说妹妹妈妹妹爹们

（妹妹要来给爸爸妈妈讲）

mex daob buf zous yangx job mex zaod daot lob ghangb

你们得多少聘礼你们又退到个后面

（你们得多少聘礼就退回去）

女孩被迫成亲，从丈夫家跑回娘家来，要求父母把聘礼退掉，她不想嫁。然而事情并没有那么简单。女孩的母亲告诉她，聘礼已经被女孩的父亲用完了。

ndox nik god dob nik god dob

老天啊我的幺我的儿

（天呀我的宝贝）

yangx jat gaox zid id yonf dangs

聘礼你爹已经用完了

（聘礼你爸爸已经用完了）

女孩又被母亲劝回丈夫家，希望她好好去跟丈夫过日子。女孩心灰意冷，离开了娘家。她变成了无家可归的人，在外游荡几天后，在树林自杀了。

mangb rangs zod leuf dex pes nzangb longs

马家了些上大树林

（马家到大树林）

mangb rangs yat ntrat dangs leuf ngaox senb beb hnob

马家要找了妹妹三天

（马家找了妹妹三天）

mangb rangs nzat daot leuf

马家找到了

ngaox senb gud zos leuf zongx vangb reb

妹妹扛到了门院石头

（把妹妹扛到院门外的石头上）

女孩殉情后，她丈夫家的人在树林里找到她的遗体。发生这样的悲剧，其实也是女性贞操文化盛行，女德问题不可触犯导致的。同时，这也是因没有尊重女性的选择意愿而导致的婚姻悲剧。从女孩的遭遇可见，婚姻一般并不能保障女性婚后一定拥有崇高的地位。女性一旦失去了婚姻的自主权，就很难捍卫自己的地位。提亲仪理的弊端，就是把女性的自主权扼杀在繁文缛节里。

（二）女性权益保护意识非常薄弱

在男方家媒人征求到女方的舅舅、叔叔同意这桩婚事后，又邀请女方家的亲朋好友来劝她的父母。例如：

dob cenx dangs mex ged zix

小的请求你们亲戚

（小的请求亲戚们）

qoux qinx dangs mex ged laos

求情你们朋友

（恳请朋友们）

mex ged zix mol dex ghab laos

你们亲戚去些朋友

（亲朋好友们）

sangb liangx pel ras jat daof blangx

商量一下那外面

（围拢来商榷一下）

最终，女方的父母被说动，就答应了婚事。这种结婚方式，主要是取得乡里舆论承认，举行婚礼，造成事实婚姻。一旦双方感情破裂，女方将很难依法索赔，也使女性地位一落千丈。

在姑舅表婚过渡到自主婚的这段历史时期，苗族女性的地位是低于男性的。苗族女性对自身地位的认识不够，保护意识不强。

三、苗族女性地位的转变对女性文化的影响

随着社会的发展，苗族女性开始接受新的教育理念，追求男女平等的观念慢慢深入人心。从人类学的角度观察女性群体，不难发现，苗族女性在固有的社会结构中，开始抵触那种社会结构给自己造成的精神与身体上的伤害。

（一）外出打工，改变原有的生产资料、物质文化创造单一

越来越多的苗族女性不再愿意从事农事生产，她们更愿意外出打工，挣钱养家。表面看来，女性同胞的经济地位有所提高，家庭地位基本和男人趋于平等。然而，深度分析以后发现，苗族女性拥有生产资料的多少，以及她们拥有何种生产资料、就业条件如何，都不是改变其自身地位的主要原因。用周泓《妇女人类学的社会性别与性别地位、权利研究》的观点来说："就业本身并不代表妇女地位的改变，它可能成为一种附加角色，意味着妇女承担双重劳动压力。只有当妇女拥有择业的自主权，它才是一种结构变量。在衡量两性关系是否平等时，权力常与地位概念交替使用，可知它亦有多种来源和层面，且两性权力关系并非固定。"[3]可见，苗族女性要想真正提高自己的地位，必须争取到和男性一样的权力。

苗族女性要转变自己的地位，拥有平等的权力，自然会花更多的精力在学习新的科学知识上。这就会影响苗族手工艺文化的传承，由此也会导致苗族工艺语言词汇变少，最终失传。

（二）离婚，解除原有的婚姻关系，女德遭到破坏

苗族婚姻礼俗歌是苗族社会公德的传播形式，男女双方在亲友的见证下缔结婚姻，在集体监督的形势下，约束女性婚姻行为，避免了女性婚内出轨和离婚的状况发生。随着社会的不断发展，苗族女性离婚率迅速增长。离婚虽然能让受压迫的女性得以解放，但对家庭造成的危害，对孩子造成的打击，对女性本身的生活造成的影响，也都是不堪的。徐安琪在《离婚与女性地位及权益之探讨》中明确表示："尽管离婚未对女性造成显著的负面影响，但无论在离婚过程中还是在离婚后的单亲、单身生活和子

女抚养的过程中，女性权益受到侵犯或未得到维护的情形依旧屡见不鲜。这就需要立法、司法、政策和社会援助中相关方面的进一步完善和落实。"[4]

叶舒宪说："所有的父权制文明都会在某种程度上表现出对女性的贬低和蔑视，对女性的社会权利的压制和遮蔽。"[5] 不置可否，不光是苗族女性，所有父权制文明中的女性，总体地位都不会太高。齐玉莹在文章《贵州苗族地区女性家庭地位与经济发展初探》中认为："可以通过发展苗族地区的女性经济提高其家庭地位。微观上提升女性自身素质，关键在于发展女性教育；宏观上政府各部门和社会相关组织机构共同引导、扶持女性主导的文化产业，规范市场，保障女性合法权益，从而使得苗族地区经济与女性地位得以发展、提高。"[6] 新一代苗族女性已经开始用知识武装自己，来提高自己的学识和工作能力，用行动来争取自己的平等权利。

（三）女性教育的提高对女性文化的影响

"改革开放尤其是 1995 年联合国第四次世界妇女大会以来，我国政府顺应性别平等的国际潮流，采取了一系列有效措施，加强了对女性教育的扶持，使其得到了空前的发展，成为改革开放以来我国进步最大、国际评价最高的领域之一，有力地促进了我国和谐社会的构建。"[7] 在党和政府的引导下，苗族女性顺应时代潮流，接受高等教育，提升自身的科学文化素质，开始争取到相对平等的权力。与此同时，多数接受高等教育的苗族女性都把时间花在专业学习上，疏于对苗族传统文化的学习。笔者认为，新时代的苗族女性，在学习新知识的同时，也要集中学习苗族传统文化，弘扬苗族精神。

四、结语

冗翁坪苗族通过传唱婚姻礼俗歌，讴歌祖先业绩，激励苗族女性传承或创造物质文化和精神文化，体现出苗族女性勇于承担历史责任，敢于扛起女性的责任，甘愿牺牲自己的利益，为家庭和社会做贡献。婚姻礼俗歌从不同视野下塑造的女性形象，体现了苗族群体对女性文化的不同建构。然而这种群体审美意识，塑造出千篇一律的女性形象，也限制了女性更多的创造性和可能性。

随着社会的发展，慢慢觉醒的女性开始解构贞操文化和女德方面的问题，同时也带来了很多社会问题，苗族的经济和文化皆遭受重创。苗族女性在争取到平等权利的同时，其实也应该继承优秀的传统女性文化，同苗族男性一起传承苗族文化，发展苗族经济，办好苗族教育，让苗族和其他兄弟民族一样，都能过上美满幸福的生活。

（作者：杨雪，贵州大方人，贵州民族报社编辑，研究方向：少数民族语言（苗语）。审校：吴正彪）

参考文献：

[1] 吴占杰. 湘西苗族古歌的伦理道德教育研究——以龙井村为例 ［D］. 重庆：西南大学，2009.

[2] 曾静. 云南少数民族史诗歌谣中女性形象的认同研究 ［D］. 昆明：云南大学，2012.

[3] 周泓. 妇女人类学的社会性别与性别地位、权利研究 ［J］. 新疆师范大学学报（哲学社会科学版），1999（2）.

[4] 徐安琪. 离婚与女性地位及权益之探讨 ［J］. 浙江学刊，2007（1）.

[5] 叶舒宪. 中国神话百年回眸 ［J］. 学术交流，2005（1）.

[6] 齐玉莹. 贵州苗族地区女性家庭地位与经济发展初探 ［J］. 改革与战略，2018（1）.

[7] 吴燕霞. 关于农村妇女文化教育权益保障问题的思考 ［J］. 中共福建省委党校学报，2007（1）.

西部方言落北河次方言苗族婚姻习俗

蓝文书

西部方言落北河次方言苗族在缔结婚姻的过程中历来都为一夫一妻制，其习俗丰富多彩、特色鲜明、别具一格，充分体现出中华民族仁、义、礼、智、信、孝等传统文化内涵。新中国成立前，苗族青年男女的婚姻一直都是以父母包办为主，自由恋爱极少；新中国成立后，苗族青年男女的婚姻则以自由恋爱与父母包办并举，逐渐过渡到现在以自由恋爱为主。本文对该支系苗族婚姻制度和类型、婚姻缔结过程、结婚前的几道程序到接亲作如下陈述。

一、婚姻制度和类型

苗族崇拜一夫一妻从一而终的婚姻。民国时期，多年不育或有权势者也有一夫二妻或三妻的。但是，新中国成立以后，依照《中华人民共和国婚姻法》，一直实行一夫一妻制。

婚姻缔结类型有父母包办、自由恋爱父母代办以及私奔后再按传统婚姻程序履行手续三种类型。

新中国成立前的父母包办婚姻，主要源于攀附权势或贪图富贵。新中国成立以后，偶尔也有因为弱智者不善交往，由男方父母的亲朋好友根据"相女配夫"的潜规则，到女方家牵线搭桥撮合而成的包办婚姻。青年人都以自己决定婚姻为荣。有能力的青年男女都是自由恋爱，男女双方达成初步协议后，由父母按传统婚姻程序代办；私定终身而遇到父母不同意的，就先私奔，而后再按传统婚姻程序履行手续。苗族普遍认为，举行婚礼获得双方家族亲友认同就是合法夫妻。婚姻是靠道德、感情和责任维系的，不依靠物质和财富维系。当结婚双方的年龄相差不大、家庭地位平等时，婚姻基础比较稳固。所以，他们只注重婚礼程序，不在乎法律保护。偶有离异解体的婚姻，大都属于父母包办类型。

二、婚姻缔结过程

每年的正月间，在规定轮流的时间和地点开展斗牛、跳芦笙舞等民族娱乐活动，为未婚青年男女提供一个广泛公开的交往平台。跳月互相认识中意以后，就利用赶场天或者有月色的夜晚继续约会。相距较远或不熟悉对方父母的，就找借口寻找机会在双方伙伴陪同下领意中人到家里来玩，也叫"看家"，有意向父母暗示和征求家人意见。如果家里不反对，男方就请媒人到女方家说亲，苗语叫"$na^{24}qhi^{24}$"（问客，意译为说亲或探路）。说亲一定要选择良辰吉日。所请的媒人必须是善于辞令、有丰富经验且与女方家关系较好的已婚男女，忌用丧偶、再婚者和孕妇或孕妇之夫。媒人从男方家到到女方家时，又从女方家回到男方家时，都必须走大门。媒人携带礼物到女方家，说明来意后，女方家即使同意，也不会当即表示，而是故意要媒人多跑路，借口还没有征求姑娘或某个家庭成员的意见，暂时留下媒人拿来的酒糖等。男方继续下一道程序，请一位副媒陪同主媒，带着酒、糖果到女方家。女方家父母把房族请来，告知媒人的来意。媒人拿酒和糖与大家共享。女方家把红线拴在媒人带去的酒壶上，交给媒人带回男方家，苗语叫"$tu^{24}ven^{31}n\mathfrak{?}to\eta^{31}$"，意即"得花戴"，表示亲事已说成。如果女方家人不同意，媒人第一次就会被婉拒，女方家还会执意让媒人把带来的糖果带回男方家。遇到这种情况，如果男女双方决心已定，男方就领姑娘来家鸣炮，举行进亲仪式，姑娘由男方嫂子或婶娘相陪。当即奉请原来的媒人前往女方家告知，婚姻程序继续，补办嫁妆或抬嫁妆。

三、结婚前的程序

（一）订亲

男方择吉日备雄鸡、刀头（几斤猪肉）、香、烛、爆竹到女方家敬祖宗香火，女方家把亲舅爷和房族老幼邀请到家里来，告知其女儿的亲事已定。这一结亲程序，苗语叫"$n\mathfrak{?}tu^{31}ma^{24}qe^{31}$"，汉语直译为"打鸡眼"，即"订亲"。

（二）吃订亲酒

男方择吉日请媒人和帮忙的男青年送酒席到女方家，宴请女方家的亲戚朋友和家族寨邻等人，在堂屋摆设长桌请母舅和族中长辈坐首席。当天，男方家同时宴请房族和寨邻，告知其子的亲事已说成。这一程序在苗语中叫"$xo^{31}t\mathfrak{c}o^{55}zi^{55}$"，汉语直译为"喝茶酒"，意译为"吃订亲酒"。

（三）送期程

送期程，即男方家择好结婚的良辰吉日后，提前告知女方家，苗语叫"paŋ³¹ti³¹moŋ²⁴"，目的是让女方家早做准备。送期程一般选择在农历六月初六，因为这一时段栽插及田间管理已基本完成，又是画花起缸作染的最佳时期。这一时段送期程，便于女方家提早准备陪嫁衣物和嫁妆。接亲日子一般安排在当年十月初到次年的农历二月以前，这样就可以有几个月的时间供女方家缝制衣裙、准备嫁妆。

四、接亲

接亲前，男女双方要同时各自操办酒席。女方家还要准备陪嫁的衣物、铺盖、家具、用具等。届时，亲戚朋友寨邻都要来送礼祝贺。有送礼物的，也有送礼金的。凡是送礼物的，一般都当成嫁妆全部送给姑娘，否则别人会说女方父母吝啬。男方家要备办一坛酒、两升米、一对雄鸡、一腿猪肉、一对新红伞（买伞时不能打开）和若干香烛纸钱爆竹，由媒人和帮忙接亲的人抬到女方家。

抬去的东西全部放在大厅里，然后由女方家总管安排。所有的东西都要用红纸或红丝线缠一圈，以红色为大吉大利。一对红伞要放在大堂内中柱靠大门一侧，否则，就视为对主家不敬。接亲队伍人数按照女方家陪嫁物的多少而定，其中要有一位妇女，这位妇女一般是主媒的配偶。晚饭后，由媒人把女方家的母舅召集在一起，商量奶母钱、针线钱等事宜。具体数额，媒人和女方家早有约定，但母舅可以当场提出一些约定以外的要求，意在多给一些彩礼钱。例如，给新娘母亲添一件衣服或一双鞋等，而后把这些多添部分折成钱。商谈结束后，媒人用蜡画花头巾把钱包好，外面用红丝线缠好，交给母舅清点。母舅清点好以后，当场退给媒人一部分，或88元，或66元，或188元不等，同样用花头帕包好交给媒人。然后，媒人对女方家表示致谢。接着就是敬祖宗。敬祖宗完毕后，吃宵夜。第二天早上，在堂屋摆长桌宴招待媒人和接亲的人，母舅坐上席作陪，饭后发亲。

新娘穿着盛装啼哭，以谢父母养育之恩，表达对父母的不舍……新娘由哥嫂或兄弟扶出大门，走到院坝后，要回望家一眼，意为我还要常回家来看你们。而后由男方家请去的伴娘打开红伞遮住新娘并搀扶陪到男方家。媒人和接亲的吃拦门酒后跟出大门，向围观的客人发喜钱（以前是硬币，现在是红包），向客人敬烟。女性和儿童围着媒人要喜钱、抢喜钱，拉扯嬉戏。也有向媒人脸上抹烟灰打花脸的（当花野猫），被抹烟灰的可以在新娘家寨子里随意抓鸡去杀吃而不为过（叫野猫拖鸡），因不太文明，所以不太流行。新娘可以邀请族中或寨中的两位未婚女友穿少女装陪去男方家，陪去的姑娘叫"送亲"，回门时一同返家。接亲路上遇着其他人家接亲，无论认识与否，新娘们都要互赠礼物，彼此祝福。

到新郎家门前，伴娘搀扶着新娘和新郎打着红伞站在一起。男方家请来的先生站在门口——退喜神。先生左手抓着一只鸡，口中不断地大声念词，右手抓起大米向外撒（撒珍珠），接着杀鸡滴血绕着一对新人走一圈后把鸡抛向远方，然后鸣炮。新郎、新娘即从马鞍上跨过大门进堂屋，由一位年岁较长且夫妻健在、儿孙较多的老奶奶给新娘接伞。新娘被直接搀扶进新房，由伴娘和送亲的两个女友陪伴。新郎在堂屋接受母舅们挂红戴花，穿亲戚朋友庆贺结婚而买送的衣服。男方主持人向庆贺者敬双杯酒、双片梳子肉（如梳子一般宽大的肉片）。而后，亲友鸣放爆竹，说四言八句，向新郎表示祝贺。新郎向着香火磕头，这一仪式叫"挂红"。

婚礼后的两天里，新娘不能去别人家。第三天，由新娘抬水、扫地、做饭菜，意思是承担家务或当家了。新娘拿出陪嫁过来的礼物分别赠给公婆和哥嫂等家庭成员，诸如床单、毛巾、枕套、花帕、鞋袜之类。其余在场的则散发糖果、葵花籽。早饭后，男方家房族及媒人争着接一对新人去聚餐，叫作认房族。家族大的要排序或预约，接不到或接而未到都觉得没面子。这实际是故意拖延新娘回门的时间，让一对新人多有机会在一起。

房族认遍了，新郎抬一坛酒、一篮糯米饭和一块肉，并带族中一对童男童女陪伴新娘回门。两个送亲的也一同回去。男方家父母要赠给送亲姑娘一些小礼物或喜钱。

新郎来到新娘家后，新娘家就用新女婿拿来的食物招待房族。家族大的，拿来的食物不够，就由新娘家补上。完毕后，新娘家房族争着接一对新人去用餐，同时赠送礼品或打发喜钱认新姑爷。逐家请遍以后，新郎、新娘返回新郎家，整个婚姻缔结程序完成。

在缔结婚姻的过程中，充满着浓情蜜意，洋溢着欢声笑语，情趣盎然。接亲时，为增添欢乐的氛围，女方家舅爷和喜欢抛头露面的人都可以随意挑剔，找一些借口或提一些要求为难男方家的媒人。因此，各地会随之派生出来一些琐碎的细节礼数。尽管如此，因为不是苗族婚姻习俗的主流，所以没有必要在此再作赘述。

（作者：蓝文书，贵州省福泉市仙桥乡原乡长，市苗学会副会长。审校：文毅）

黔南苗族民俗研究

海葩苗传统婚姻习俗解读

陈显勋

摘　要：每一个民族缔结婚姻的目的大都相同，而具体的形式却千差万别，呈现出各自独特的民俗事象。苗族历史悠久，在中国古代典籍中，早就有关于5000多年前苗族先民的记载，苗族的先祖可追溯到原始社会时代活跃于中原地区的蚩尤部落。海葩苗作为苗族的一个支系，在其长期的经济和社会生活中，形成了自己独特的婚姻模式和特定的规矩，在恋爱和婚礼上呈现出不同样式。这也给海葩苗传统婚姻习俗及爱情观赋予了新的内容和含义。

关键词：海葩苗；传统婚姻；习俗

苗族是他族对整个苗族的统称。苗族的历史源远流长。史学家认为，黄帝是今天汉族的祖先，而蚩尤则是现在苗族的祖先。据陈世荣《苗族传统婚姻模式》研究，"蚩尤因与黄帝发生争战，后退出黄河流域，成为三苗集团的成员之一。三苗被禹击败后，苗族先民逐步西迁，最后大部分定居贵州"。海葩苗作为苗族的一个支系，主要生活在苗岭山脉中段今贵州省黔南布依族苗族自治州的龙里、贵定、惠水三县接壤地区，是苗族支系中人口较少的支系之一。据不完全统计，海葩苗目前在全国仅有3万余人。"海葩苗"之名源于其身上佩戴海贝。苗语自称"蒙牂"，意为生活在大田坝地区的苗族，说明海葩苗从事农耕的历史非常悠久。各个民族的婚姻形态是地理环境、历史渊源、心理素质、宗教信仰、经济发展等诸多因素综合作用的结果。[1]苗族婚姻也如此，苗族婚姻是苗族男女两性结合而成的一种特定的社会生活组织形式，这种形式成为当时社会制度所确认的夫妻关系。海葩苗在苗族婚姻发展的历史过程中，同样经历过血缘婚、对偶婚等制度。随着生产力的发展，其婚姻也逐步从对偶婚转变为一夫一妻制。1949年以前，海葩苗除了个别因原配妻子不生育而娶小妾之外，基本上都实行一夫一妻制。由于历史、语言和生活习俗等障碍，海葩苗一般不与他族通婚。就是同一民族不同服饰的支系，也少通婚或不通婚。严禁家族内通婚，但也存在姑舅表婚的旧习俗。解放后，随着科学的发展和社会的进步，在懂得姑舅结亲不科学后，海葩苗逐渐改掉了姑表婚的旧习俗。在新中国成立前乃至新中国成立后很长一段时期，海葩苗的婚姻关系确立一直实行子女自主择偶与父母包办并存的制度，后来都实现了婚姻自由。本文通过对海葩苗"坐花场"等传统婚俗的解读，来反映海葩苗青年男女对婚恋自由的追求和向往。

一、奇特的坐花场

坐花场是海葩苗特有的一种民间习俗，也是苗族海葩苗支系一种奇特的婚恋形式，在海葩苗青年男女中传承久远，直至 20 世纪末期还很盛行。在海葩苗聚居区，每年正月初一到十五，男人们都会给辛苦了一年的女人"放假"（也有的"假期"一直延续到正月末）。这段"假期"内，所有家务都由男人操持，年轻姑娘和成年妇女们只管在寨子附近"坐花场"，又称"坐正月"。海葩苗坐花场，一般分为两种形式：一种是离寨子较远的"姑娘花场"，活动规矩比较严格；一种是离寨子较近的已婚妇女花场，这类花场一般建在寨子附近向阳当眼的地方，形状因地形而异。"姑娘花场"一般都用从山上砍来烧火取暖的柴棒围成圆圈或长方形，也有的用从山上砍来的整把整把的竹子编制成长方形，还有的用石头堆砌成一个个"小城堡"。总之，围制花场都是就地取材。建花场所用的各种材料，都是姑娘或已婚妇女们邀约上山亲自搜集的。建造的花场既有利于防风避寒，又方便参与者们聚集交流。中老年妇女的花场离寨子较近，不太讲究。花场内一般能容纳 20 人左右，有的可围坐三四个火塘。而堆放在花场外供烧火取暖的柴火，一般够用一个月左右。

海葩苗花场，既是妇女们自制盛装和相互交流学习的场所，也是未婚女青年结交朋友、谈情说爱的浪漫之地。从正月初一开始，姑娘们每天都盛装打扮，带着小板凳、糯米粑、刺绣用具等先后来到花场，在花场的火塘内燃起火堆，围着火塘一边挑花刺绣，一边说笑摆谈，等待着海葩苗支系的苗家小伙前来"玩花场"。在正月期间，分散各地居住的海葩苗小伙都会不约而同来到花场边。他们有的在花场外吹起动听的芦笙或口哨，以吸引姑娘们的注意；有的则直接进入花场与姑娘们搭讪。不管来自什么地方的海葩苗小伙走进花场，坐花场的姑娘中总有一人会对来访者进行暗中观察，并与姐妹们私下耳语，议论某小伙可与某姑娘相配等。对象物色好后，则以劝说的口气去取下姑娘的银手镯、项圈、腰带、花头帕等递给相中的小伙作为相识物证。小伙们拿到相识物证后，在花场内稍作逗留，便借故离开。此时，被拿走相识物证的姑娘就会跟着走出花场，为拿走自己相识物证的小伙"送行"。在送行过程中，姑娘们与小伙们边走边谈，相互观察和了解对方的情况。通过交谈，如果姑娘对小伙不满意，便会委婉地向对方索回自己的相识物证。如果双方互有好感，姑娘不仅不要回自己的相识物证，还会深表爱慕之心，相约某月某日或某个赶集日再约会，然后将自己中意的小伙相送很远。自此，"相识物证"便成了姑娘与小伙进一步加深了解的"月老"，直至取得双方家长认可而实行婚配。

过去，受当地社会其他民族习俗的影响，一些海葩苗青年的婚姻也往往掌握在父母手中，子女没有申诉选择权。因而，有些彼此相爱很深的姑娘、小伙会因不忍被拆散，相约私奔或双双殉情，酿成了人间悲剧。而在花场交流送行过程中，因未被姑娘相中而被要回"相识物证"的小伙，不得再返回原来的花场。他们会自觉到别的寨子去玩花场，等待中意的姑娘出现。

"坐花场"这一奇特的民俗事项，折射出海葩苗对其族群恋爱自由的一种包容，以及苗族青年男女对爱情的美好追求和向往。

二、独具一格的传统婚礼仪式

在海葩苗的传统婚姻习俗中，虽然苗家姑娘小伙们有一定的恋爱自由，但受千百年来封建制度和其他民族的影响，直至新中国成立后相当长一段时间，父母包办及媒约婚姻仍占有较大比例。在父母包办婚姻制度下，不管子女是幼年、少年还是青年，只要父辈之间商定了儿女婚约，或经媒人介绍双方父母同意，即算给儿女定了终身。待到双方父母认为合适的时间，就要按海葩苗的规矩举行婚礼。

海葩苗传统婚礼主要有两种形式：一是接姑娘亲手织制的背牌或服装；二是直接迎娶新娘。而接背牌或服装的形式较为普遍。婚期由男方家请人到女方家商定，并交付一定的彩礼钱。彩礼钱一般以一年十二个月计，数额根据当时的收入和物价而定。在海葩苗聚居区，结婚收彩礼只是一种象征性的习惯。当地苗家人认为，嫁姑娘如果一分彩礼不收，会被人认为女儿"嫁不出去"；而彩礼收高了，不仅无利于女儿女婿将来的发展，而且会被人耻笑是在"卖儿卖女"，让女方家颜面扫地，在当地抬不起头。

传统的海葩苗接亲仪式，因生活地域不同而有所差异，一般来说有三种规格：一种礼节为五人一行。即新郎家请族长一人（在族中有威望、品行端正、儿女双全和能说会道者）担任押礼先生，请未婚小伙一人为陪郎，另请两人抬礼品。押礼先生背一把红色的桐油伞，去时伞把方向朝天，回来时伞把朝地，也称"遮天遮地"，以护佑新郎、新娘平安。两位挑礼品者，其中一人抬一对箱盒，内装猪腿一根（约20斤）、肉一方（6～

8斤），俗称"一方一肘"，大米数升，还有点心、香纸等；另一人抬酒一坛（10斤左右）、公鸡一只等礼物，步行到女方家接亲。第二种礼节为三人一行，即押礼先生、新郎和陪郎。押礼先生背红色桐油伞一把，陪郎抬猪肉一块（6~8斤）、米数升、酒一坛等礼物，步行至女方家接亲。第三种礼节为两男三女。即押礼先生、新郎，男方家的已婚中年妇女两人、未婚姑娘一人，抬公鸡一只、大米数升等，步行到女方家接亲。不管用哪种规格的礼节，抬去的公鸡，女方家都要先杀来祭祖，并"打发"用红纸封着的木炭一节（象征木炭点火传宗接代）给男方家。同时也象征性地打发男方家一些白糯米（表示团结）。

以上三种礼节的前两种，只能用来接"新娘"的背牌或服装，"新娘"暂不去夫家。送亲那天，女方家办酒请客，俗称"要糯米饭"。送亲时，押礼先生、新郎和陪郎接来新娘的一块背牌或一套服装。押礼先生和新郎等返回时，女方家族妇女在大门口摆酒席拦路对唱酒歌。妇女们先准备好一水瓢自酿米酒、一根用粽丝包着的木棒，对着押礼先生唱歌。唱完一首歌，妇女们立即倒水瓢的米酒给押礼先生喝。押礼先生喝酒时，妇女们用木棒舂水瓢，边舂边说："把酒糟舂出来！"意思是叫押礼先生交出男方家给的姨娘钱米，直到押礼先生喝不下酒，把姨娘钱米交出来方可放行。

男方家接到背牌或服饰即在家办酒。将新娘家"打发"男方家的糯米煮成糯米饭，并准备少量糯饭和酒水在堂屋祭祖，新郎向母舅爷和族长叩拜。余下的糯米饭，捏成一个个小圆团分给亲友吃，俗称"吃糯米饭"。凡用第一、二种礼节举行的婚礼，婚后，在双方认为合适的年份的春节期间，由男方家再请一位男青年和两位女青年陪同新郎去接新娘。去时抬猪肉若干块（份数按女方家族亲属户数多少而定）、米1升、大糯米粑2个和点心等礼品，到女方家拜年，双日去，单日回来。新郎去拜年的当晚，新娘的伙伴们会前来向新郎要"拜年钱"。如不给拜年钱，姑娘们便暗中用手粘上锅烟偷偷往新郎脸上抹，俗称"打花猫"。直到新郎给拜年钱并"投降"，姑娘的伙伴们才会善罢甘休。第二天上午，"新姑爷"还要分别到新娘的家族中拜年。拜年完毕，新郎家请去的两位女青年即向新娘的父母道谢，请求接走新娘。新娘到夫家过年一天，第二天又返回娘家。此后，不分时间、季节，接来送往，夫妻感情日深。直至身怀有孕，新娘才落夫家定居。自此，新媳妇才留长头发（当姑娘时头顶留长辫，不留鬓角，这也是海葩苗已婚妇女和未婚女孩的区别）。采用第三种礼节（派两男三女迎亲）的，办喜酒时即请"外家客"，不需经过拜年程序。

在海葩苗聚居区，接新娘和接新娘的背牌或服饰的程序基本一样，不同的是第三种礼节一开始就接新娘来家办喜酒。接亲头天，押礼先生、新郎、陪郎和请去抬嫁妆的人前往女方家接亲。女方的父母为自己女儿出嫁，特邀请家族女青年十多人为陪娘。出嫁当天凌晨，新娘、陪娘的母亲们便开始为姑娘梳妆打扮，将已备好的挑有红、绿、黄、蓝、紫、白、青等不同颜色的头巾（俗称"花鸟帕"或"鸟王帕"）亲自（或委托人）戴在女儿头上，并为其佩戴银耳环、银丝耳坠、银项圈、银项排、银手圈、银戒指等饰品。新娘会穿上在衣领、衣袖、衣脚缀满大小银泡的织锦挑花衣服，披上缀有海贝的漂亮"背牌"，围上百褶"喜鹊裙"，系花腰带。新娘和陪娘3人，身穿黄或红色丝绸上衣，其中一人头上佩戴一对银木叶、一根五彩丝绸绣球线坠。新娘的头上装饰一对银星，胸前挂上珠链，装扮分外古朴而华丽。

出门时，女方家在大门前设酒席送亲。在鞭炮唢呐声中，新娘迈出家门。全寨男女老幼聚集，将新娘送出寨外。

新娘被接到新郎家寨门口，送迎亲队伍簇拥着新娘向新郎家走去。新郎家院内设有桌凳，桌上置茶水、喜糖、果品、葵花籽、板栗等，两旁备有脸盆、毛巾，以示迎接新娘。押礼先生奉上四言八句祝福话后，放鞭炮、吹唢呐，请新娘进家。这时，屋内客房和火塘边（相当于现代家庭的客厅）早已坐着儿孙满堂的一男一女族中老人，等候迎接新娘和陪娘。新娘、陪娘进去，迎亲老人便立即起身，让新娘、陪娘就坐，以示今后发子发孙，儿孙满堂。

迎亲后办喜酒，亲友们向新郎、新娘赠送礼物。内亲送银花、丝绸等。押礼先生为新郎、伴郎插银花，挂丝绸。接着，新郎、新娘叩拜祖宗、母舅、族长。母舅、族长分别向新郎、新娘嘱咐成家立业、勤俭持家、生儿育女、尊老爱幼等事项。

第二天，男方家房族集体设宴迎新娘，女方家房族的女青年陪同用餐。桌上碗筷、酒瓶等用红纸条封上，陪娘唱开封歌后才启封用餐。

新娘回门的那天，新郎家在堂屋内设宴送行。男方家房族的女青年分别在大门前、寨中间和寨门口摆三道拦门酒，隆重欢送新娘回娘家。双方对唱"㹀（牛）角"酒歌。男方家房族女青年唱伴歌时，新娘早已走出寨门等候，由其伴娘唱答谢歌。在对唱中，女青年如无答词应对，只好拉开路桌让陪娘走；如陪娘无答谢词，则会在笑声中被"轰"出寨门去。

新娘在回娘家后，逢年过节会由男方家接来送去，直到有身孕才定居夫家生活。婚后生子，也要请满月酒，俗称"看婴儿"。先择吉日，邀请亲友前去看望，摆酒同贺。亲友们去"看婴儿"时，会送些布料、母鸡、鲜蛋、糯米等，以示祝贺。

三、结语

像其他民族的许多风俗习惯一样，海葩苗的传统婚俗在经济社会高速发展的今天，也在悄然发生着符合时代节拍的演变。自改革开放中百万民工奔沿海和国民教育大发展以来，在经济全球化和中华民族伟大复兴浪潮的推动下，海葩苗的大批青少年纷纷走出大山，前往沿海和内地城镇务工、上学、就业，有了更多的交友择偶机会，不仅过去的父母包办和媒妁婚姻失去了生存的土壤和条件，而且婚恋和结婚形式也逐步走向"现代化"。以海葩苗青年男女传统的"坐花场"为例，外出务工、上学的年轻人每年春节期间回乡探亲访友的时间很短，不可能再有余暇参与筹建花场和玩花场等活动，"坐花场"就不再是年轻人自由恋爱的唯一途径，而实现了物色对象渠道和途径的更加多元化。他们也会利用工作、生活中的直接交往和现代社交软件，如 QQ、陌陌和微信等，频繁地与认识不认识的异性联系，直至条件成熟而"私定终身"。由于民族团结意识的不断增强，选择配偶的范围已不再局限于苗族或海葩苗支系内部，异族通婚成了普遍现象。至于结婚仪式，海葩苗的婚姻习俗包括接亲礼仪在内，并非来源于成文的判例或正式立法。它只是世世代代苗族先辈沉淀下来的历史遗存，体现出独特的地域性、民族性和时代性，不可能万古不变。现在，海葩苗青年男女谈婚论嫁的年龄都比过去增长了许多，在符合法定婚龄的时段结婚，新娘没有必要（在外务工就业者也没有条件）再回娘家居住。婚礼仪式有的可以保留传统的原生性，有的则在保持一定民族特色和喜庆、朴实、简洁、方便的前提下进行了简化。即使是按过去的三种模式迎亲，男女双方委派的代表也不再步行和挑担，逐步改为由汽车组成的"花车队"迎亲，接送亲代表增加了不少，气氛更加喜庆隆重。这既是时代的进步，也保留了民族的风俗，值得留念，也应当发扬。

（作者：陈显勋，贵州省黔南州非物质文化遗产保护中心副主任、副研究馆员，州苗学会学术委员会副主任。审校：吴进华）

参考文献：

[1] 王学辉. 从禁忌习惯到法起源运动 [M]. 北京：法律出版社，1998：14.

黔南苗族民俗研究

惠水苗族"坐花园"习俗

吴　波　吴永福

摘　要：婚姻是人类社会普遍存在的现象，不同的民族有着不同的婚姻制度和习俗。苗族人民在穿越历史时空中仍保持着绚丽多彩、极富地域和民族特色的婚俗文化。

关键词：苗族；坐花园；习俗

新中国成立前，惠水苗族婚姻的缔结，主要有包办婚姻和自由婚姻两种形式。惠水苗族青年都有以择偶为主要目的的自由社交活动，苗族青年男女通过坐花园、跳花场、走亲戚、赶集、节日、跳月、游方等社交方式，进行交友择偶，而且社会习俗允许并维护青年的选择。所以，自古以来惠水苗族地区的婚姻自主程度较高。坐花园是惠水苗族一种古老的习俗，是苗族青年男女自由择偶的一种"社交"方式。惠水县苗族现有人口11万5千余人，是黔南州苗族人口最多、占全县人口比例最高的县。全县有9个支系的苗族，每个支系都有坐花园的习俗，每个支系的每个寨子都有固定的"花园"。惠水苗语方言一般称男女谈恋爱为"玩姑娘"和"玩后生"，"玩"即是相会的意思。

一、摆金支系苗族坐花园

摆金支系的苗族称"坐花园"为"纽的虽"。春节前，有姑娘的人家，家长要准备木炭给自己的女儿坐花园。每年正月初一到十五，各个寨子的姑娘们相约每人拿一点木炭集中在寨子附近比较显眼、地势开阔的地方，燃起炭火。然后，大家围坐在炭火旁，烧着糯米粑，挑花绣朵，唱着山歌，等待外寨男青年的到来。中午过后，外寨的男青年们穿戴整齐，三五成群地来到火塘旁边，吹起芦笙，试探性唱道："一把芦笙六个头，背把芦笙田坝游，姐们听见芦笙响，小郎来到花园游。"姑娘们随即答道："叫你过来你过来，过来我们站一排，过来我们一排站，跳曲芦笙心开怀。"

吹唱中，后生同姑娘们和着芦笙节拍，翩翩起舞。舞蹈中，后生和姑娘们用目光搜寻着意中人。舞罢，大家围坐在火塘边烤火。男女双方由年龄大一些的或者老相识的互相介绍自己的人，并有意进行搭配。女方如果中意哪个后生了，就有意请他吃粑粑，后生即使不饿，也要吃几口表示心意。不一会儿，后生会借故离开花园，姑娘则起身相送，如果双方互相满意，就相约再会。

二、鸭寨支系苗族坐花园

鸭寨支系苗族称坐花园为"如东"，"如"是坐的意思，"东"是花园。鸭寨支系苗族山区坐花园时间是正月初二到十五，因为苗族正月十五以前禁忌劳作，过了十五，山区就开始劳作了；坝子地区则可以坐花园到"了年"（正月二十七）。正月初二开始，女青年相约到寨子边风景优美的地方围坐在一起，飞针走线地绣着花，唱着花园歌，等待外寨男青年的到来。她们唱道："唱歌唱在花园边，哪人心好哪人还，哪人心好哪人唱，唱首山歌解焦难。"男青年来到花园边，唱道："出门打伞望伞圆，问伞值钱不值钱，问伞值钱哥来买，问妹有心哥来连。"若双方相互中意，就把歌头接了。经过几个回合的对歌，双方觉得情投意合，男青年就各自散开，女青年就走向意中人。坐花园遂进入叙谈诉衷情阶段。双方如果在第一天觉得满意，就相约第二天再会；如果话不投机，则第二天不再相约。也有在花园边一直唱山歌的，如果遇到唱歌唱得情投意合的，就会唱到天黑。这时，男青年会借故到女方寨子亲戚家。晚上，女青年就会相约到男青年所在的那家来唱歌，有时通宵达旦还不能罢休，就约白天到花园坡继续唱。不少人通过坐花园唱山歌相互倾慕，从而组建起幸福家庭。不会唱山歌的后生，来到女生坐花园的对面坡或坡脚，就用清脆的口哨声来打动姑娘芳心，或者向姑娘们摇手巾，如果姑娘也用手巾摇一摇，那便是有戏了，赶紧过去吧。

三、摆榜支系苗族坐花园

据摆金小学赵寿发副校长介绍，摆榜支系每个寨子都有固定的花园，而且属于寨子的公用土地，神圣不可侵占。他们把坐花园称为"啊炯栽"。正月初一开始，姑娘们来到寨子的花园里，把各自从家里带来的木炭集中在一起，烧得旺旺的，然后围坐在一起，一边唱着山歌，一边绣花，等待外寨后生的到来。后生们来到花园里，和姑娘们一起烤火，如果看中哪一位姑娘，就去摇这个姑娘的椅子。姑娘如果看不中，可以不让座；如果看中这个后生，就会主动让他坐下来。交流了解一番后，后生会借故离开花园。如果姑娘想继续同这个后生交往，就唱山歌或打口哨留住后生，两人就会到花园边比较隐秘的地方私聊，相互倾吐爱意。他们如果情投意合，就会互相赠送定情信物，相约再会。

四、大坝支系苗族坐花园

据摆金教育集团唐家文老师介绍，大坝支系苗族称坐花园为"佐得嚷哈"，"佐得"是烧火的意思，"嚷哈"是正月，"佐得嚷哈"就是指正月间烧火，也就是正月间在花园坡烧火等后生来玩。大坝支系的每个苗族寨子都有花园坡，花园坡在离寨子约 500 米远路口的山坡上。正月初一早上，姑娘们早早地到花园坡燃起大堆的篝火，随后就有外寨的后生来游玩了。如果后生们来到花园坡后没有见到姑娘们，只要打口哨、吹木叶或唱山歌，姑娘们就会出来相见。

值得一提的是正月初二这天，原来坐花园谈得比较合心的后生和姑娘，姑娘要拿酒拿菜到花园坡里请后生，后生则约好友一同前来吃酒。吃酒前，姑娘寨子的孩子们会跑到花园坡跟后生讨要压岁钱，后生必须打发压岁钱给每个孩子。吃酒之前，姑娘把酒倒在酒碗后，把筷子摆成十字架的形状，放在一对或两对酒碗上，意思是要求后生唱年歌。年歌的大概内容是从开天辟地到头年种庄稼收获再到过年及过年后的正月初一至十五的习俗等，要把生产生活用具的来龙去脉说清楚，比如说碗是贵阳黔陶出产的，坛子是惠水宁旺出产的，等等。然后，要说清楚正月初四到十一这八天（每天在不同的地方）在贵阳高坡、龙里摆省、惠水大坝苗族聚居区跳洞和赶花场的地点，每一个场所的发起人、组织者等情况。喝酒之后，若姑娘有意，会让自己的兄弟来请后生到寨子做客，会通宵达旦地对唱情歌，继续用情歌交流感情。第二天，还要在寨子跳芦笙的地方跳芦笙舞。直到吃过中饭，后生才离开。姑娘们会送后生到半路。如果后生的伙伴心仪某位姑娘，双方就会相约某个时间再相会。姑娘如果不中意后生，约定的时间就不会来相见。正月初一到初三的相会中，后生和姑娘们会相约去正月初四到十一的各个花场游玩，不去花场游玩的继续游花园坡，直至正月十六结束。

五、斗底支系苗族坐花园

据第十三届全国人大代表、惠水县濛江街道新民社区党支部书记罗应和介绍，惠水县斗底支系的花园是"坐洞"，是为给青年人创造谈恋爱的机会，称坐花园为"达吉者"。从正月初二开始，姑娘们就会前往自己寨子边的山洞。外寨的后生们也会来到洞口，吹芦笙、唱山歌。姑娘们在洞中回应山歌。得到邀请，后生们就到洞中来。大家一起随着悠扬的芦笙曲子，翩翩起舞。跳芦笙舞的过程中，男女双方互相寻找意中人。舞罢，后生就主动邀请意中人出去叙谈，姑娘若有意，就跟着出去；如果谈得来，就继续约会。

六、董上支系苗族坐花园

据惠水县涟江街道梁老石介绍，董上支系把坐花园称为"林金"。董上苗族人口约1200人，有11个寨子，每个寨子都有自己的花园。从正月初二开始，姑娘们在花园中一边唱山歌，一边绣沙包，等候外寨后生的到来。董上姑娘们的沙包是用花边布把沙子和棉花籽包在一起做成，在沙包的四角和中间缝上彩带，每人一般绣两个。后生来到花园坡附近唱山歌，姑娘们就在花园坡上回应。一阵山歌对答之后，后生们就来到花园坡上。姑娘们会拿出自己的一个沙包给心仪的后生，得到沙包的后生就同姑娘一起玩丢沙包的游戏。沙包落地一次，就唱一首山歌；落地三次，就要送小礼物给对方，直丢到对方不愿意才结束。送给对方的小礼物，可以讨回。如果双方觉得有继续相处的意愿，小礼物就可以留给对方，以此来继续发展关系。坐花园从正月初一一直持续到正月十五才结束。

七、长田摆竹支系苗族坐花园

长田摆竹支系每年正月初四到初六，要在翁吟河"跳花场"举行节日活动。初四下午，附近各苗寨和外县苗族男女老少汇集跳花场。场主在跳花场中间立三根木桩，将长两米左右的红布条系在竹竿顶端后，便宣布"立花树"开始。顿时，铁炮、鞭炮齐鸣，芦笙队翩翩起舞。几个汉子将竹竿举起来，红布条在空中迎风飘扬。之后，芦笙队又围绕"花树"吹奏，姑娘们围着圆圈跳芦笙舞。夜晚，各寨芦笙队又在院坝跳芦笙舞，男女青年在火炉边对歌，通宵达旦。跳花场期间，男女青年通过对唱山歌，互相交流、倾吐爱意。这也是坐花园的一种形式。"跳花场"一直欢庆三天三夜，到初六才结束。正月初七至初十，该支系的青年男女还要到花溪桐木岭跳花场，与贵阳地区苗族参加跳场活动，进一步加深感情。

八、长田罗马支系苗族坐花园

据长田罗马寨王德贵介绍，长田罗马寨苗族属贵阳市花溪支系，该支系自称"谋",他族称"花苗"。该支系分布在贵阳市花溪、党武、燕楼、青岩、马铃、孟关,清镇市中八、龙窝、百花湖,平坝县林卡等地。该支系在惠水县只有长田罗马寨18户人家,分王、陈、赵、张四姓。他们称坐花园为"姑栽"。"坐花园"是通过"跳花场"的形式来实现,每个寨子轮流坐桩三天。罗马寨是正月初四到初六在翁吟河跳花场举行跳场活动,外地青年男女前来参加,互相交流;初七到初九,就轮流到青岩的燕楼旧盘跳花场,外地青年男女继续前往参加活动;以此类推,到正月三十结束。值日期间,姑娘们在跳花场等着后生的到来。后生们来到花园边,吹芦笙、唱山歌,然后同姑娘们一起跳场。跳场过程中,后生如果相中某位姑娘,就会在跳场结束后把自己的银项圈送给她。在连续几天的跳花场活动中,对对方有了初步的认识,女方如果不中意男方,三天后就会把银项圈退回;同样,男方如果不中意女方,就会把银项圈要回;如果双方互相满意,他们便会把银项圈当作"把凭",相约再会。

惠水苗族坐花园期间,一个后生可以在不同寨子的花园坡与不同的姑娘相会,姑娘也可以在自己寨子的花园里与不同寨子的后生相会,但最终只会选择一个。在同多个异性的交往过程中,对自己不喜欢的,就逐渐疏远,甚至不再继续相会;对自己喜欢的,就相约在花园坡、赶集、节日、跳月等场所继续相会。继续相会的过程中,再继续试探对方,如果不如意,也不再相会。这样逐一淘汰,有的谈到三年五载,直至找到相互可以托付终身的人(也有一见钟情的)。到了谈婚论嫁的年龄,姑娘就让后生请媒人来说亲了,一经说媒定亲,双方即商谈聘礼和结婚日期,一对新人将步入婚姻的殿堂。

九、结语

纵观惠水苗族坐花园的习俗,实际是母系氏族社会的一种遗风。随着社会的发展,至改革开放以来,受打工潮的影响,大批青年在正月初就涌入沿海一带打工。惠水苗族婚姻习俗的内涵与外延都在不断发生变化,坐花园习俗正在逐渐淡化甚至消失,被主流文化所取代。现在的苗族青年男女谈恋爱交友的方式已发展为用手机和网络交流感情。或许几十年后,苗族坐花园的习俗只能在文献中去浏览和观赏了。

(作者:吴波,贵州省惠水县鸭绒学校教师,县苗学会副会长。吴永福,贵州省惠水县政协原副主席,县苗学会老会长。审校:吴进华)

濒临危机的白裙苗坐花场

王永秀　杨必清　赵文荣　陈　武

　　白裙苗的坐花场也叫坐花园，与其他几个支系的坐花场既有大同，也有小异。白裙苗坐花园，苗语叫"宁网摁"，"宁"是坐的意思，"网摁"是"花园"或"花场"的意思。正月初一到十五期间，苗族女人坐在自建的花园（花场）里挑花刺绣。这分为两种情况：一种是未婚姑娘坐花园，一种是已婚妇女坐花园。

一、姑娘坐花园

　　在距离寨子不远的地方，未婚姑娘们用细小树木编织成一个围栏，每天就在里面烧一笼火，围坐火边，挑花刺绣。这其实是青年男女们谈情说爱的一个特殊的场所。借此机会，姑娘们在花园里等待来自其他村寨的小伙子们。穿着漂亮衣服的小伙子们走进花园，简单地与姑娘们交流后，相互"对上眼"，有好感的就进行对象挑选，采取相互交换礼物的方式，收下礼物就表示双方互有好感。这时，姑娘就要拿自己的糯米粑烤给这个小伙子吃，还要带这位小伙子到家里去吃晚饭。然后，这位姑娘就和小伙子在一起了。美丽浪漫的爱情故事从此开始。

二、妇女坐花园

　　正月初一至十五期间，苗族已婚妇女相约在寨子里的某个适当的场地，用木材围成一个花园（花场），在里面烧一笼火。大家围坐在火边挑花刺绣，缝补衣服。坐花园是苗族女人特有的一项权利。在这期间，妇女是不做家务的。每天男人做好家务，做好饭菜，就去请女人来吃饭。有此风俗源自两种原因，一是女人挑花刺绣，要保持手部清洁；二是在一年之中女人很辛苦，正月里就让女人休息一下。

三、白裙苗坐花园的来历

传说古时候苗族居住在山坡上，人口稀少，豺狼虎豹很多，人们常遭受虎豹的袭击，生活艰险。有一天，苗家两兄妹在山上干活，为了躲避豺狼虎豹的侵害，就在农历十二月初八那天，用手摘来一些树枝，编成一个园子，晚上就住在里面，白天干活回来，也有了一个躲避的地方。

后来，苗族有了居住的房屋，但是这种坐花园的习俗一直延续不断，且有了进一步的发展。每年农历十二月初八这天，苗族的姑娘要上山砍来小树枝，在坡上围出一个花园，坐在里面挑花刺绣。再后来，花园又成了青年男女谈情说爱的特殊场所。姑娘们在大年初一至十五到花园里去坐，一边挑花刺绣，一边等待前来走访的苗族青年。小伙子们穿着新衣服前往花园里找自己如意的姑娘，通过交谈和互换礼物后，就可以相约回家或上山谈情说爱了。

四、白裙苗面临的危机

近年来，随着社会的发展，外出务工的年轻人越来越多，他们脱离了传统文化的环境，致使传统文化面临断层的危机。20 岁以下的姑娘不会刺绣，也不会唱苗歌，更不会吹竹箫和芦笙。中老年花场还存在，但面貌已变，围栏变成了水泥墙，形似砖房，已没有从前毛竹围栏那样的自然气息了。年轻人的花场已被冷落，变成了门可罗雀的草场，没有了青年男女们窃窃的"呈罡"情语，没有了苗族姑娘们嘹亮的飞歌，没有了如泣如诉的箫声，更没有了气势如虹的芦笙场面。姑娘们偶尔造访花场，也只是走走过场，无花可挑，无绣可刺，只有手机里传来的现代铃声。如今，姑娘们正月里或骑着电瓶车、摩托车到处兜风，或在家玩手机、看电视，对老人们的挑花刺绣漠然视之。正因姑娘们不会刺绣，不会唱苗歌，不会吹竹箫，花场对她们失去了吸引力，男青年也不串花场了，他们结识异性朋友的方式趋于现代化，骑着电瓶车、跨着摩托车，走村串寨、上门入户，或者通过 QQ、微信交流，寻找异性朋友。这种现象不仅在白裙苗中存在，在其他支系也同样存在。

五、坐花场濒危的原因

苗族坐花场濒危的原因，一是外出务工及语言环境的改变。由于多数苗寨居住地离城市较远，交通不便，经济不发达，为了过上好日子，苗族同胞外出务工较多，远离了苗族原居住环境。语言环境的改变也不利于苗族传统文化的传承。久而久之，苗族青年们忘记了本民族的传统文化，致使苗族"坐花场"逐渐断层和濒危。二是思想观念的改变。在过去，苗族都存在重男轻女的思想，女孩多数没有进入校园读书的机会，她们能学的只有女红，所以女孩从小学刺绣。随着思想的解放，重男轻女现象不断改善，女孩都能上学了。父母都是望子成龙、望女成凤的，都想让自己的孩子好好学习，别花心思再学其他东西，所以不要求子女从小学习本民族的传统文化。三是教育理念的偏倚。在教学质量评比和升学率的重压下，苗族传统文化难以进入课堂，更谈不上传承。四是传统文化教育师资缺乏。应试教育与传统文化相分离，传统文化掌握者多数是不识字的，而学校的老师大部分又不掌握传统文化技能，无法将传统文化内容编辑成课本教材供下一代学习，不能系统地将苗族传统文化纳入教育课程内容，难以全面开展民族文化进校园、进课堂。五是现代文明的冲击。随着经济的发展，年轻人更容易接受现代文化，苗族传统文化均无文字记载，仅靠口口相传，传承存在一定的难度，年轻人不愿意接受，因此失去了传统文化传承的环境。没有传统文化的存在，坐花场就更不会存在了。

六、结语

苗族传统文化是民族的，也是世界的，拯救苗族"坐花场"等习俗迫在眉睫。为了能更好地将苗族传统文化代代相传，建议从以下几点做起：一是充分利用乡村振兴战略契机，将苗族传统文化纳入乡村振兴范畴，让苗族传统文化得到重视。推进乡村振兴发展，不能忽视甚至牺牲乡土文化的独立性和主体性，乡村旅游的发展离不开传统民族文化的衬托。因此，苗族传统文化的传承和发展，要有效利用国家的有利政策，结合实际，体现苗族特色，发挥乡土文化的作用。二是通过多组织开展苗族传统文化节庆和技能竞赛等活动，激发苗族年轻人的积极性，让年轻人自主加入苗族传统文化的传承行列。三是成立民间保护组织，形成工作机制，争取政策支持。同时，聘请专家进行指导，将苗族坐花场与乡村旅游发展相结合，鼓励苗族同胞积极参与，营造文化氛围。

（作者：王永秀，贵州省龙里县疾控中心主管医生，县苗学会副会长兼秘书长；杨必清，贵州省龙里县水务局职工，县苗学会副秘书长；赵文荣，贵州省龙里县教育局高级教师；陈武，贵州省龙里县移动公司中级维护师。审校：文毅）

海葩苗"系郎周"

王永秀　赵文荣　杨　钦

在黔中腹地云雾山麓龙里、贵定、惠水交界的云林深处，居住着一支苗族支系——"茂穰"，他们有一个诗意般的名字——海葩苗。"茂穰"支系苗族人民勤劳善良、能歌善舞、文化独特、历史久远。"茂穰"传承农耕文明，"海葩"感念族源记忆，他们不仅创造了灿烂的文化，而且在生息繁衍的过程中保留了鲜明的文化特质。"系郎周"便是这支民族世代相传的独有的文化现象。

一、"系郎周"基本内容及表现形式

"系郎周"是苗语，"系"就是"接"的意思，"郎周"是"粽子"的意思，意译为情郎阿哥接粽子，情妹阿妹包粽子送情郎。主要叙述的是海葩苗青年男女通过正月"坐花场"结识，四月"臘糯稻"相知，在六月份，由阿妹用"系郎周"的形式巧寄情意。这无疑是海葩苗族男女青年独有的爱情表达形式。在"系郎周"前一周，阿妹们相约前去摘粽叶。形状美丽、颜色青绿、大小相当的粽叶为首选，包粽谷草须为上年精心准备的黑糯米稻草，仿佛这样的粽叶和谷草才能满满实实地包住情深似海的那份情义。在包粽子时，每个粽子大小几乎一样，二两左右一个，四角棱角要突出明显，包粽谷草必须绕五圈以上，并在每串粽子的谷草上系上雕花刺绣特用的红线，寓意美好情意一线牵。盛粽子的篮子必须用新竹来编，篮子也要编得形状美丽、棱角分明、坚实牢靠。这段时间的集市上，海葩十八寨，寨寨十八妹都在争先恐后地挑选竹篮，好一番热闹非凡的购篮景象。

"系郎周"中，通常第一年情妹送情郎 7 串粽子，即 70 个粽子，7 寓意"吉"，是美好情缘的开始，而且粽子篮底里不放其他礼物；第二年送 9 串，90 个粽子，粽子篮底里放有一件长衫，寓意长长久久；第三年送 11 串，110 个粽子，寓意情爱一生一世，粽子篮底里放着姑娘亲自刺绣的背牌一个，托物言志，至死不渝，情深似海，生死相依。无论是 7 串粽子、9

串粽子，还是 11 串粽子，篮子的四个底角都要分别放一枚煮熟染红的鸡蛋，寓意"情意之至，爱情丰收"。同时，每个篮子上都盖上白色毛帕子，寓意纯洁而又有几分羞涩的爱情表白。情妹赠送情郎背牌是"系郎周"中最高贵、最神圣的礼俗，它预示着这对青年男女感情已经到了可以永结同心、结为伉俪的时候，只等双方家庭结缘。如果这对恋人有情人终成眷属，这个背牌将用作情郎百年归天之时的枕垫，寓意生死相依；倘若这对恋人不能步入婚姻殿堂，这个背牌也将放在情郎百年归天之时其腋下，陪伴情郎生死轮回之旅，寓意今生不能在一起，来生再相会，见物思人，此乃三生有幸。在海葩苗"开路"古歌中，射背牌之说即为此证。

接粽子时，男方也要回赠礼品。根据相处时间的长短、感情的深厚，回赠的礼品也不一样。礼品通常有自染衣布、针线、围腰、头帕、花伞、银手镯、银项圈、银耳坠及其他银饰品等。其中，银饰礼品又是情郎回赠姑娘的最高礼俗，一对银手镯、一把银项圈（12 个）、一对银耳坠即表示情郎渴求情定终身、一世姻缘。

"系郎周"那天，海葩苗族村寨热闹非凡，亲朋好友互邀庆祝，要么庆祝家里姑娘送粽子，要么祝贺儿子接粽子，好一场盛大的"成人礼"。那天，本寨未成婚的兄长会受姊妹之托，前去花场邀请情郎到家做客。席上，情妹会为情郎夹菜、包饭、盛汤，直至情郎不得不"有吃有剩"。几番劝酒、包饭、盛汤后，情郎起身谢过主人，离开情妹家。情妹的母亲会立刻将备好的粽子篮交到女儿手里。在父母的祝福下，情妹提着粽子相送。途中，情哥情妹多以"呈罡情语"道白，一路木叶、飞歌、手哨、箫笙。海葩苗十里八寨的乡间小道，好一派妹妹拎篮相送，到处都充斥着满满的情意。

二、主要流传的区域

"系郎周"是海葩苗族独特的民族习俗，是一项具有地方区域特色、海葩苗特点、海葩苗青年独有的爱情表现，是见证和考究海葩苗生活习惯、爱情故事、生产生活的历史篇章。"系郎周"主要流传于龙里县湾滩河镇云林岱林的营盘村、岱林村、云雾山村，龙里县冠山街道办大新村、龙山镇平山村，少部分分散流传并运用于邻近的贵定县云雾镇以及惠水县、平塘县部分临近云雾山周边的村寨。

三、"系郎周"面临断层和濒危

海葩苗"系郎周"习俗延续至今，没有发现任何史书记载。通过当地寨老介绍后得知，"系郎周"起源于 20 世纪初，盛行于 20 世纪中叶。只有 20 世纪 70 年代以前的人曾经历过"系郎周"这个习俗。20 世纪 80 年代以后的海葩苗同胞已不了解这一独特的习俗了，靠祖祖辈辈口传心授，儿女自然婚恋一直延续至今，历经上百年。

随着社会的发展进步，外出务工的年轻人越来越多。受汉文化的冲击和影响，"系郎周"只作为海葩苗普通节日来庆祝，"系郎周"关于爱情表达的功能被逐渐淡化。特别是 20 世纪 80 年代和 90 年代以后的年轻人，离"系郎周"的社会环境越来越远，致使"系郎周"面临断层和濒危。近年来，为传承弘扬这一民族优秀文化习俗，龙里县湾滩河镇岱林片区海葩苗同胞后辈在每年的"系郎周"时间，带头组织年轻一代开展"系郎周"系列庆祝活动。这天，海葩苗族同胞聚集一堂载歌载舞，表达对民族独特习俗的深深热爱。民族的也是世界的，拯救海葩苗"系郎周"习俗迫在眉睫。

四、拯救海葩苗"系郎周"习俗的建议

1. 成立保护领导小组，完善保护工作机制，争取政策支持和保护。

2. 成立研究机构，制订工作计划，深入"系郎周"研究和资料收集整理等工作。

3. 聘请专家进行指导，将"系郎周"与乡村旅游发展相结合，鼓励群众积极参与这一传承活动。

4. 多方面筹集资助，多组织"系郎周"活动，激发年轻人参与的积极性和主动性，确保保护工作的顺利进行。

（作者：王永秀，贵州省龙里县疾控中心主管医生，县苗学会副会长兼秘书长；赵文荣，贵州省龙里县教育局高级教师；杨钦，贵州省龙里县中等职业学校教师。审校：文毅）

平塘里中村苗族的传奇婚俗与演变

龙发良

一、奇特的婚俗

平塘县大塘镇里中村一带的苗族，是较早定居平塘的苗族支系，因其妇女头饰都有一把木梳，学术界称之为"木梳苗"。木梳苗有一个奇特的习俗——在每年农历腊月二十至除夕夜之前的十来天里举行婚礼，大年初一举办酒席，初二送新娘"回门"。除此之外，平时很难看到苗家青年男女结婚。几百年来，关于这一习俗的来历一直流传着一个美好的故事。

相传，里中村苗族迁徙到平塘县大塘镇里中地区聚居后，有一个叫周穆王的男孩，从小父母双亡，孤苦无依。有一天，小穆王外出迷了路，迷迷糊糊地来到现在的惠水县摆榜高山上的赵姓人家。赵家父母见周穆王聪明伶俐，怪可怜的，便收留了他。过了不久，里中村的寨邻找到摆榜，发现了小穆王，便把他接回了家中。村里人你凑一升粮，我捐一件衣，东家接去吃一天，西家喊去住几日，把这个可怜的孩子用百家饭养了起来。稍长，大家还凑钱供他读了书。周穆王感念乡亲们的热心帮助，自幼勤奋好学、刻苦攻读，后来终于进京赶考高中状元。朝廷委周穆王以高官厚禄，他却念念不忘乡亲们的养育之恩，婉拒了朝廷的委派，返回家乡带领乡亲们建设家园。周穆王回到里中后，第一天便赶到当年收留他的赵家，感谢收留之恩。赵家共生养了七个女儿，周穆王见到他家的第七个女孩时，顿生爱慕，一见钟情。回到家后，便请村里的寨邻帮忙说媒。媒人第一次到摆榜向赵家说明来意，被赵家父母当场婉拒，理由是他们的第七个女孩年岁尚小，还未到谈婚论嫁的年龄。周穆王于心不甘，又继续请媒人三番五次上门求婚。赵家看到周穆王确属诚心诚意，才答应这门亲事。因为临近年关，考虑到七姑娘确实年龄小路上不安全，赵家要求周穆王必须派可靠之人到摆榜来接其女儿。结婚的时候，男女双方的代表要送到半路交接。大年初二，周穆王必须送七姑娘回家和父母家人团聚，待到成年后才能接回周穆王家居住。媒人回到里中，如实向周穆王说明了赵家父母的要求。

周穆王请来寨邻商量，大伙一致认为：应当完全答应赵家的要求。同时，周穆王因孤身一人，婚事需要大家帮忙。时至农历年关，婚礼就定在腊月底。结亲的当天，周穆王家安排了五个人为代表，其中未婚姑娘两人，未婚男子三人。两个男青年负责安全，防止野兽袭击；另一个男青年负责抬装有糯米粑的箩筐和一根猪腿送往新娘家。送糯米粑的意思，是祝愿新人永远粘在一起、白头偕老。结亲队伍来到赵家后，赵家先把新郎家送来的糯米粑和猪腿捧到堂屋贡桌上敬献祖宗，表示新人结婚，请祖宗保佑他们平平安安、幸福美满。随后，赵家便邀请摆榜寨邻一起喝酒吃饭，为其女儿梳妆打扮，并派人随结亲队伍送亲到半路。赵家也回赠周穆王家一箩糯米饭和一根猪腿。送亲到半路时，里中寨子的乡亲们早已等候在路上，双方交接完毕，寨邻们便将新娘接到周穆王家中。由于周穆王是一个人，寨邻们家家户户都请周穆王夫妻到家里吃饭，直至除夕夜。周穆王为了答谢寨邻的盛情，大年初一便邀约大家到家里吃饭，也就是男方的结婚喜宴了。按照和赵家的约定，大年初二，周穆王在亲友们的陪同下，按时把新娘送回了赵家。赵家看到女儿归来，非常高兴，立即邀请全寨邻里和亲友到家里陪同新婚女婿和里中寨邻吃饭，表示贺喜。周穆王回家后，觉得赵家盛情难却，几天后又邀请新娘的父母来到里中家中做客，以表谢意。如此往来数年，直至赵家的七姑娘长大成人，周穆王才将其接回里中家中共同生活。

周穆王的婚事，成为里中村的一段佳话。此后，里中苗家结婚就一直按照周穆王结婚时的礼仪规矩办理，延续至今：每年农历腊月二十至除夕这段时间，全村适龄的男女青年都在这个时间段举行婚礼。大年初一举办酒席，初二送新娘回娘家。男女双方的亲戚朋友和寨邻老幼都在半路上接送新娘。同时，媒人须去女方家说媒三四次方能达成协议，以体现男方的诚意。结婚时，男方家用箩筐抬着糯米粑和一根猪腿送到女方家，女方家同样回赠一箩筐糯米饭和一根猪腿。结婚后，新女婿要邀请女方父母及其亲友到家里吃饭（现在称为亲家酒）。待女方成年后，才接其回夫家共同生活。

二、现代婚礼

事易时移，随着时代发展，里中村一带苗族的婚礼虽然还保持着传统习俗，但因苗家经济条件的改善和周边社会的影响，许多规矩和礼节也在悄悄演变。比如，接送亲队伍从过去的步行发展到今天的大小车接送，有的新郎改用骑马接亲；女方由过去的年幼结婚暂时不坐夫家改为现在的已达法定婚龄才结婚，初二送回娘家不久就可以接回夫家共同生活等。但过年前结婚的古老婚俗不变，青年男女婚恋的方式和结亲礼仪等也在"不变"中有所变革。

（一）"认亲"及恋爱

过去有订"背带亲"，奉行"父母之命，媒妁之约"包办婚姻的习俗，现在里中村的苗族青年男女基本上都以自由恋爱为主。许多年前的每年正月初三到初十，里中苗族每个寨子都有绣花场，绣花场是用来给少女挑花、刺绣、谈情说爱的地方，是青年男女对歌的场所。同时，在每年的七、八月份，小伙子们会在有月亮的晚上拿着芦笙到芦笙跳月场吹芦笙，通过吹芦笙展现才华，吸引姑娘。交友恋爱的方式主要有绣花场跳月、对歌等。此外，还有每年农历二月初二的跑马坡节（有的叫姨妈坡）活动，通过开展跑马、对山歌等活动吸引姑娘。随着时代的变迁，现在的里中年轻人缔结婚约已比较自由。男女双方在你来我往中有了一定感情基础后，便告知家中父母，请媒人说合，经双方老人相互"认亲"后，即喝彩礼酒。在条件具备的年份，情投意合的男女青年就可以在农历腊月除夕前嫁娶，结为百年之好。

（二）说亲，里中苗族缔结婚约的第一道程序

男女青年在各种节日和集会中经过多次接触了解，已产生一定好感。男方便征求父母意见，约请媒人到女方家试探。男方家请媒人第一次到女方家说亲时，媒人需要携带礼品，比如糖、饼干、糕点、酒等。按照传统，无论双方感情基础多深，媒人第一次上门，女方家一般是不会答应的，都要等到男方媒人代表上门求婚三四次，体现出男方家的诚意，女方父母或家长才会明确表态同意双方交往。一来二往，女方家也逐渐了解了男方家的为人处世情况。得到女方家长默许或同意后，男方家才能正式请媒人前往说亲——商谈婚期。

说亲礼品为两升糯米饭、两个熟鸡蛋（不染色）和两三根白线。行至女方家时，媒人用线拴住带来的蛋，套在姑娘的脖子上，且边拴边用苗语念道："新人新亲，命中注定有缘分，祝愿将来生九男、养七女，发财发富长命百岁，夫妻白头到老……"鸡蛋表示生命，拴鸡蛋就是把两个生命紧紧地拴在一起。待媒人返回男方家时，女方父母又另外拿出两个熟鸡蛋和两三根线请媒人带回，并用线把鸡蛋拴好，套在男孩的脖子上。经过这些程序，双方才算正式定了亲。

当媒人把定亲成功的喜讯带到男方家后，男方父母便在农闲季节选好日子，邀约家族中的妇女二人（穿上盛装）、兄弟数人（总人数以单数为宜），带上一箩筐糯米粑和一根猪腿等礼品，前往女方家里做客，称为亲

家酒。进入女方家之前，男方家须提前推选出一名会喝酒的家族人员代表男方家喝入席酒。到达女方家后，女方家则在家里中堂摆上一张八仙桌，准备酒菜，迎接男方家到来。酒菜一般包括六碗酒、六碗菜及干果等。待女方家完成祭奠祖先仪式，女方家也请出一名代表和男方家的代表坐在八仙桌上喝入席酒，表示两家已结为亲家，预祝新人婚姻幸福。酒过三巡，方能收桌，随后请双方入席吃午饭。吃饭前，每人也要先喝三大碗酒，以体现诚意和盛情。午饭后，稍作休息，女方家又安排酒菜进行第二轮交流，同时邀请舅爷等亲友前来陪客。舅爷家也会带些鸡鸭之类的礼品前来祝贺。男方家当天返回，女方家也会准备一箩筐糯米饭作为"回礼"。从此，双方家人来来往往，结为亲戚。

三、接亲

男女双方达到法定婚龄，条件成熟，经男方家提出，商得女方家同意，即可筹办结婚事宜。接亲前，男方要先送女方家彩礼。新中国成立前的彩礼为大小黄母牛各一头、银子三两、银元三个；新中国成立后改为人民币，多少不论，一般视男方的家庭情况，与女方父母商定。

里中苗族娶亲嫁女一直按照古代周穆王婚俗传说延续至今，在每年农历腊月二十至除夕之间的单日子里举行，只要不与家中老人的祭日相同即可。以前接亲时，新郎骑马，男方家中有未婚女青年二人、未婚男青年一人和媒人陪同前往。女青年身着盛装，带青色雨伞一把。所带礼品种类和数量应与定亲时相同，有一箩筐糯米粑和一根猪腿等。现在有的用小车接亲，有的骑马接亲，根据男方家情况而定，但接亲人数必须为单数。

以前接亲的队伍走到半路就停下来，只准同来接亲的两个女孩和媒人去新娘家，其余的人在原地等候。现在接亲队伍可以到新娘家，家族中的老人和小孩在半路等候新娘。

新娘出门前，父母请来家族老少为新娘梳妆打扮，让她脚穿自制"高丁鞋"，身穿苗族自制礼服。经过一番打扮后的新娘，全身上下银光闪闪，美若天仙。

吃完中午饭后，新娘手持雨伞。行进的亲友及邻里达六七十甚至上百人，有的走路，有的骑马，有的挑着与认亲时数量相等、内容相同的礼品和嫁妆，一路上唢呐高奏，锣鼓鞭炮齐鸣，热闹非凡。

以前，在通往新郎家的半路上，新郎及其伴郎早已等候多时。双方互换礼品，新娘家送行的亲属当即全部返回。现在女方家送亲的亲属都被邀请到男方家里做客。同时，男方还为女方家送亲的亲属披上红布，表示鸿运当头。由于里中苗族的娶亲嫁女都在这个时段内，难免出现两支对进的送亲队伍在一条路上相遇而互不相让的情况。按照风俗，双方都想站在高处以求将来婚姻幸福，站到低处的一方不愿吃亏，偶尔还会发生打架斗殴事件。为防止这类情况再发生，2000 年，大塘镇人民政府引导里中村民委员会组织每个寨子德高望重的老人开会，成立了娶亲嫁女村民自治理事会。在每年临近过年的时候，由理事会通知有娶亲嫁女的人家来开会研究，以某个地方为界，明确娶亲嫁女一方须在规定的时间内（如早上 12 点前）到女方家或者男方家，彼此错开。如果因违反约定而导致与其他娶亲嫁女的队伍相遇，违约的一方则按照有关规定受到处罚。这样避免了娶亲嫁女产生的矛盾纠纷和群体性打架事件的发生。

接亲队伍和新娘来到新郎家，进门时，家中亦燃放鞭炮相迎。进屋后，寨中老人让新娘将盛装换下，用箩筐装起，摆在堂屋中间的大桌上，供大家观赏其刺绣的技艺。另外，在大桌旁另摆一桌酒席祭奠祖先，并为新婚夫妇念祝词，同时杀猪宰鸭款待接亲和送亲的人们。

新婚期间，家族中的每户人家都要邀请新娘到家中吃饭。新郎、新娘不能同房，新娘由家族中的姐妹相陪。而新郎家大办酒席宴请宾客，也要等到正月初一这一天才正式开始。正月初二，是新郎送新娘"回门"的日子。这天，新郎及家族兄弟 9～11 人（以单数为宜）带着礼品（除了糯米粑及 6～8 斤的猪腿一块外，新郎家的姐妹和姑妈等还把自制的绣品送给新娘带回女方家），敲着锣鼓，吹着唢呐、大号等，热热闹闹地前往女方家拜年。同时，还要拿着糯米粑及猪腿等礼品逐一拜访新娘的家族叔伯等。饭后，新娘留下，新郎一行返回。

到正月十七，新郎请家中的两个未婚姑娘前去把新娘接回。这一夜，才是这对新婚夫妇的"初夜"，也是他们一生一世"蜜月"的开始。但因时代的发展，新婚夫妇的"新婚之夜""蜜月"已随之改变。

（作者：龙发良，贵州省平塘县苗学研究组秘书长，县民宗局办公室主任。审校：吴进华）

黔南苗族民俗研究

月亮山东南麓苗家简朴的婚嫁与丧葬习俗

王殿华　潘星财

摘　要： 荔波县月亮山地区苗族习俗文化种类很多，除语言文化外，还有衣食住行等物质文化、乡规民约等制度文化、婚丧嫁娶等习俗文化以及有对超越自然力量给予依托的信仰文化等。结合地方经济社会发展需要，对民族传统文化进行扬弃，是民族文化创新发展的必然趋势。

关键词： 月亮山；苗族；婚嫁；丧葬

地处月亮山脉东南麓的荔波佳荣片区苗族，如按服饰划分，可分为"红苗"和"黑苗"两大支系。红苗即操苗语东部方言的苗胞，衣着尚红，其先辈原居住在铜仁市松桃苗族自治县境内，后移迁至从江县宰便乡一带，民国初年又由从江迁居荔波县佳荣镇的水维村，县境内只有两百多人。黑苗系操苗语中部方言的苗胞，先辈原由湖南麻阳进入贵州三都，又由三都迁至榕江而从江，民国初年再迁居荔波县佳荣镇水维地区，历经百年的繁衍生息，现已发展为十多个聚居村落。在荔波境内，这两支苗族约占全县苗族总人口的70％。其中，黑苗又占当地苗族人口的90％左右。红苗有一部分已改穿黑苗服装，操中部苗语。尽管他们的语言和服饰有明显差异，但在婚嫁和丧葬方面，都保持了苗家崇尚节俭的良好风俗。

月亮山区苗族的服饰大致可分为三种类型。其中，佳荣镇水维村黑苗妇女服饰最具特色。黑苗妇女上穿无领对襟衣，下穿长裤，外罩百褶裙。上衣肩部镶圆形托肩，以红、绿、蓝等色压边缝制，前面宽约3厘米，后面宽约10厘米。衣长过膝，前后襟下端为25度尖角，前后衣片在衣袖腋下缝合10厘米。衣摆开口较长，领口、襟边、袖口、衣边均镶栏杆花边4条，每条宽约0.5厘米，衣扣2排，每排3对，扣头是圆形铜质或银质，扣桩长约4厘米。上衣内系围腰，围腰以4片红、蓝、绿的布条镶嵌为菱形，长约60厘米，宽约80厘米，上片绣花。百褶裙分为前后两片，每片宽约90厘米，长约40厘米，上半段为青布，下半段约有15厘米，左右白底绘蓝花蜡染图案。平时的装束，胸前系围腰，外罩青布衫，下穿长裤和后片百褶裙。在跳芦笙舞时，上衣加穿到六七件，再系前片百褶裙，裙边另加一圈绣花，还缀几十个小银玲，膝部以下系脚笼，脚笼彩带是用苎麻做成的6条穗子，染上青色，脚穿黑色布鞋。头发梳成螺旋形。未婚女子须戴帽、着盛装时，戴上银角、银花等头饰，分为上下两排，每排10个，颈项戴两三个项圈，手腕戴三四副银手镯，全身所戴银饰重达几公斤，最重者可达10公斤。男子上穿对襟短衣，下穿长裤，头包青帕，一端绣齿轮形花纹，包头时花纹竖于额前。

红苗妇女服饰与水族妇女略有相似，衣长及膝，领口、衣襟、袖口缀一宽10厘米的栏杆花边，下穿长裤。现在许多红苗妇女也改穿黑苗装束。红苗男子的日常服饰与布依族男子基本相似。散居苗族的男女服饰与汉族基本相同。

苗族婚姻的缔结，历来都比较自由，父母包办的较少。过去曾有姑舅表婚的优先权，同时还保留有同宗同姓不准开亲的习俗。在水维和大土地区，较早打破了异族不通婚的禁忌。其中，苗族与水族早已建立了相互通婚联姻的传承关系。一些村寨往往苗、水杂居，你中有我，我中有你，村民既讲苗话，也会水语。但婚约的缔结，还是要经过一定程序的，一般都要经过提亲、订亲、接亲等环节。在具体操办婚庆方面，各支苗族的习俗也不尽相同。

提亲：红苗正式提亲时，女方家要当着媒人的面杀一只鸡，将鸡煮熟后，观察这只鸡的眼睛状态好坏，若这只鸡眼睛闭合一致，预示婚姻将缔结成功，甚至可以自行择定吉日办理订婚或接亲程序。如果这只鸡的两只眼睛一睁一闭，婚约就难以缔结。而黑苗提亲，与汉族有些相似，要由女方的父母请人测算双方的年庚八字，如不相克，便同意成亲；相克，男女双方则各奔东西。

订亲：黑苗在订亲前，由男方先用"割蛋"的方法卜算吉日，并备办一桌订婚酒席，送给女方家2.5公斤酒、2.5公斤肉、若干糕点、一张帕子、一对银手镯、数十元彩礼，还有若干布匹、几双新鞋等，作为双方成亲的信物或回馈的礼品。

接亲：苗族接亲素有不重视彩礼、不讲究排场的良好风尚。在黑苗内部仍然保持着由男方赠与女方家一头牛作聘礼的习俗。男方家有牛送牛，若无牛，亦可折算成银两或现金相抵。一般苗族人家以一两头牛就可迎娶媳妇。女方陪嫁礼也较为简单，一般只送2只鸡、2只鸭、3块圆形大糯米粑以及姑娘的衣服和首饰等。改革开放以来，随着时代的进步，经济不断发展，人民生活水平日益提高，彩礼略有增加。女方陪嫁也比较讲究，添置了一些床上用品、皮箱、立柜、彩电、冰箱、打米机、摩托车等作陪嫁物品。但与其他民族相比，这仍属于从简节约办理婚事。接亲时，男方家请几个青年男女作接亲专职人员，女方则把新娘打扮好并穿上盛装，在几个送亲姑娘和自家亲兄弟的陪同下出阁。新娘到家后，男方全家老小到屋外回避，并让一位资深的苗家妇女作为迎亲婆，取一盆火、一罐井水放在门槛上，扶新娘跨火进门。新娘跨过火盆时，把随身携带的鸡蛋有意丢在地上，寓意生儿育女、传宗接代。进屋后，男方家即把烹调好的鲤鱼、糯饭和3碗米酒端上来，新郎拿出一点鱼背、糯饭和酒洒在地上，表示祭祖完毕，接着燃放鞭炮。婚庆这一天，客人尽兴喝酒、唱歌直到天黑。新娘会在新郎家住上一至七日，但不同居。返回娘家时，男方给新娘一只手镯、一元钱，并给陪同送亲的每人一只鸡、一包糯饭和几块钱作"路费"，迎亲即告结束。散居苗族的婚俗与汉族大抵相似。

苗族家庭不论聚居或散居，都是男人当家，并在家庭中占据支配地位。男子成婚后，如果是长子，且有两个以上的弟弟，便与父母分家，自己另立家业。多数父母均与小儿子一起吃住。分家时，家产平均分配。谁照顾和赡养安葬父母，父母的遗产归谁继承。家庭成员按性别、年龄进行不同层次的分工，男的负责犁耙田土或外出务工，女的管理家务、饲养牲口、纺纱织布、刺绣缝补。青少年就放牛、打柴；老人协助做家务，带小孩。秋收时，全家男女老幼一起出工出力。

苗族实行棺木土葬，各地葬俗大同小异，程序也较简单，崇尚厚养薄葬。水维地区的黑苗，老人健在时不能备棺木，只将山上能制棺木的杉树作个标记，日后使用。待老人去世，上山现砍现做寿木，将尸体抬到葬地装殓入棺。而红苗可事先备好棺木，其葬俗大抵相同。老人去世后，由儿子洗身，更换寿衣，但不剃头发。然后，在堂屋正厅顺着屋梁铺放三四块木板，将尸体搁置其上，子女披麻戴孝守灵。接着请人测算吉日，若当天恰逢吉日，即可出殡安葬。出殡时，由一老者手持一把砍刀、一把竹火领前先行，边走边念边咒又边舞。紧随其后的便是由一二十人组成的持鸟枪的送葬队伍，一路上鸣放排枪。死者安葬完毕，在坟前插一根木棍子，把死者随身的遗物（如烟杆、鸟笼等）挂在木棍上。若死者系女性，孝家要给母舅家送一头牛（或折银算钱），舅家则带一只鸡和几把糯谷等食物前来吊丧。下葬三天后，子女要到坟边送火，去时带上酒肉饭菜供奉逝者，并在坟前烧一堆篝火，然后把食用的供品吃光，葬礼就算全部结束。

（作者：王殿华，汉族，贵州省荔波县政协退休干部，县苗学会理事；潘昆财，贵州省荔波县民族研究所干部，县苗学会副秘书长。审校：宋荣凯、吴进华）

放假学艺：海葩苗坐花场的有益功能

金宗伦

海葩苗的海葩，就是海中美丽的花朵，寄托着苗族人民对大海的深情眷恋和美好向往。海葩苗妇女的服装清新亮丽，以海水蓝为基调，象征大海的纯净和深沉。她们的头饰用白布折叠后围成一圈，配以银饰，象征蓝天白云。背牌全由手工刺绣，各种花边图案栩栩如生，表达了苗家对生活的美好追求。背牌的尾端，则用五光十色的海贝缀成一横排，画龙点睛，强调先辈们来自沿海的身份。"海葩苗"也因此得名。海葩苗女人们的所有穿戴，没有一件不是她们精心刺绣的杰作。

人们都知道，海葩苗有一个坐花场的传统习俗。其主要作用是给未婚姑娘们结交男友提供方便，为未来正式择偶打下基础，充满着浪漫和遐想。但许多人却不知道，海葩苗妇女坐花场还有另一个重要功能——学习交流苗家挑花刺绣的技艺。坐花场也是海葩苗妇女的一份特权——每年从正月初一到十五，乃至月底的30天，各家各户的男人们都要给辛苦了一年的女人们"放假"，让她们心情愉悦地去参加坐花场活动。但凡有海葩苗的寨子，都会有花场，而且每个寨子的花场不止一个。花场又分为两类，一类是未婚姑娘绣花交友的联络站，一般安排在离寨子较近的地方，称为"姑娘花场"；另一类则在寨子内部或寨子边缘，是已婚妇女切磋女红技艺的场所，称为"媳妇花场"。

姑娘花场或用木柴围成，或是用竹子编成，或用石头垒成，因地制宜，围高 1.5 米左右，四周封闭，仅留一道门进出。花场内根据姑娘的多少，设有相应的火坑。姑娘们根据各自喜好，自由组合成不同的组，在腊月间提前集中商议，分工采购木炭，上山砍柴，把整个正月间的取暖之物备足。从正月初一开始，每组还要安排值日，由轮值人员提早到场生火，等待姐妹们的到来。姑娘花场只有未婚姐妹才可去坐，任务就是学习挑花刺绣等女红技艺，制作自己结婚的服装。难点是制作背盘，必须一针一线，一个图案一个图案地绣好，再进行排列组合。这项大工程很多姑娘从懂事到出嫁只能完成一套，特别能干的也不会超过两套。学会一手精巧女红，是苗家姑娘必备的看家本领，也是她们长大后找到理想伴侣的重要条件。正月初一，姑娘们吃完早饭，穿上最漂亮的服装，打扮得花枝招展，带上凳子、绣花包、中午饭，就三三两两地来到花场，开始享受一年中最轻松惬意的时光。女伴们五人一堆、六人一伙，有说有笑，相互切磋，也不乏暗中竞技。一件件精美的手绣工艺品就在坐花场中产生，一个个能干的绣娘也在坐花场中被培养出来。

坐花场也是未婚女青年观察、挑选男友，进而谈情说爱的重要桥梁。需要强调的是，无论男女，凡已婚之人，严禁随意进入姑娘花场取闹。违者会遭到大家的严厉谴责，以至名声扫地。

"媳妇花场"一般正月初六前安排在寨子边缘，初六后可以搬到寨子里来，是专供已婚妇女们交流绣花技艺的场所。这里虽然没有姑娘花场热闹和浪漫，但大家一早来到花场，唠唠家常，看看孩子，比比手艺，也拥有难得的闲情逸致。和姑娘们比起来，妇女们更多的是责任。她们要花一些时间给自己制作普通装，更多时间就是给自家女儿做嫁妆。嫁妆属于最高级别的盛装，一般只有出嫁或重大节日才舍得拿出来穿戴。女儿越多，负担越重。这嫁妆可不便宜，除了精美的刺绣外，还要在衣服、背盘上缝上各种精美的银饰，银饰越多，表明其家底越丰厚，层层叠叠，彰显其高贵气质。

当然，媳妇花场也有传统的习俗和禁忌。结过婚的人，自然容不下第三者插足，所以正月间妇女们的花场，同样不允许本寨之外的已婚男人进入。这正月里闲适的 15～30 天假期，是妇人们独享的特权。她们的地位至高无上，什么做饭、扫地、喂猪、放牛、洗衣等，统统是男人们的事情。中午和晚饭时间，男人们还要亲自到花场去请媳妇回家吃饭，而且态度要诚恳，时间不能太晚。谁家男人如果到花场请媳妇吃饭的时间过晚，态度不如别人热忱，回到家是要挨批评的。

千百年来，海葩苗一路迁徙，在深山老林间保存了自己独特的传统文化。别具一格的坐花场，是海葩苗妇女学习交流女红技艺的场所、欢乐聚会的场所，也是姑娘们浪漫交友的场所、苗族文化代代传承的场所。

（作者：金宗伦，贵州省贵定县实验小学校长，县苗学会常务理事。审校：吴进华）

平塘姑卢：迷人的"闹寨"之夜

陈国正

　　远离平塘县城约 70 公里的原新塘乡（现大塘镇新塘社区），苗语称作"姑卢"。在姑卢与本县的西关和惠水县原摆榜乡相连的数十平方公里大山中，分布着大小十多个苗族自然村寨，苗族人口一万多人。仅在原新塘乡境内，苗族人口就占全乡总人口的 53.16％。由于地处偏远，峰峦叠嶂，古木葱茏，环境封闭，受外界干扰较少，走进星罗棋布的大小苗寨，总给人一种"百里不同风，隔山不同俗"的印象。正是这相对封闭的自然环境，让苗家许多古朴独特的风俗习惯得以完好地保留下来，至今成为苗族文化宝贝中的一朵朵奇葩。其中，姑卢苗寨未婚男女青年每年两次的"闹寨"之夜，便是一个令人流连忘返的去处。

　　姑卢苗家有个规矩：姑娘晚上不准出寨。意思是说，交结异性朋友要让男性主动找上门，女性不能太主动。为了解决年轻男女的交友择偶和恋爱交往问题，不知从什么年代起，经过年轻人的争取和族长寨老们的同意，搭建了一个平台：每年的正月和五月夜间，其他苗寨的小伙子们可以相约来到女孩居住的寨子"闹寨"。这种男女交往的活动又被称作"赏月亮"。

　　姑卢一带的苗族青年男女第一次"赏月亮"，从农历正月初三开始，至正月十五元宵节结束。在晴朗的夜晚，当夜幕降临，每个村寨寨门外，三五成群的青年男女都以苗家特有的音乐和舞蹈为媒介来呼唤对方。他们吹起芦笙，或吹响木叶、打起口哨，呼唤对方走出寨子，然后对唱苗家的《月亮古歌》。男唱女和，且歌且舞，歌声与芦笙的吹奏声、铜鼓的敲击声交融在一起，非常热闹，动人心魄。通过近半个月的交往与观察，到了正月十五的"赏月亮"，一些初步有意的青年男女就开始从集体对唱中分离出来，转为一对一歌唱"单身恋歌"，成双成对地走向大树下、竹林里，用歌声互诉衷肠，初步建立感情，相约五月间的"闹寨"再来一起"赏月亮"。

　　五月的初夏，农忙告一段落。温暖的夜晚，月亮还未爬上山头，各个苗寨的小伙子们便匆匆忙忙地吃完晚饭，三五成群地带着木叶、竹笛和芦笙，目标明确地赶赴选定的寨子，去寻找自己的意中人。

小伙子们在夏夜进行的"闹寨"，不再像正月间那样"大轰大嗡"了，而是通过单人歌唱或吹奏木叶、竹笛、芦笙和口哨来向姑娘报信。寨子里的姑娘们听到这些悠扬美妙的乐哨声，自然会分辨出谁处是自己要找的方向，于是结伴寻声走去，看看是否是自己先前初识的意中人，或者看看有没有称心的新伙伴出现。如果姑娘中意哪个小伙子，小伙子又钟情于姑娘，男方就会主动将女方请出人群，找个僻静处坐下，悄悄倾吐心中的情话。姑娘如果中意小伙子，她会先用山歌婉转地打听男方家住何处、家境如何、对自己有何看法等。男方爽快地用歌声对答之后，也会用"盘歌"的方式与女方交谈一番，一问一答，情意缠绵，步步深入，直至月亮落坡仍难舍难分。这样来来往往地"赏月亮"一个月左右，终有一些意中人订下终身，只等条件成熟再喜结良缘。暂时没有选定的，那就耐心等待来年"闹寨"，再来一起"赏月亮"吧。

（作者：陈国正，贵州省平塘县新塘小学校长，县苗学联络组成员。审校：袁廷科）

文化生活篇

苗族民间舞蹈长衫龙的文化考察

文 毅

摘 要： 长衫龙是一种集舞蹈、歌词、乐曲为一体的文化形态。长衫龙的历史可追溯到苗族鼓社时期，起源涉及黑蛮龙、龙神等传说，为的是纪念英雄祖先，祈求族群人畜兴旺、五谷丰登。长衫龙的举行时间为每年农历正月初二到二十九，依次轮流进行，以贵定县德新镇谷撒村为长衫龙文化核心区域，流行于龙里、福泉、开阳交界的苗寨。长衫龙通过实施立法保护、校园传承、数据库建设等工作实现传承保护。

关键词： 苗族；舞蹈；长衫龙；文化考察

长衫龙全称"鼓龙鼓虎·长衫龙"，是贵州苗岭山麓小花苗聚居区黔南州贵定县新埔乡谷撒村一带所独有的一种苗族民间芦笙舞蹈，历史悠久，风格独特，古朴神秘，粗犷奔放，2006 年 6 月入选第一批国家级非物质文化遗产名录，享有"东方探戈"的美誉。长衫龙在祭祀仪式和丧葬活动中传承龙的精神，演绎着当地关于龙的传说与英雄祖先的故事，用苗族特有的舞蹈形式来叙述和解说这个支系苗族的历史和当前的生活状况。

一、长衫龙的历史追溯

（一）文本记述

据史料记载，隋开皇元年（公元 581 年）建立宾化县（今贵定县境内），朝廷准予以"长衫龙"为庆典之舞。据明代熊大木所著《大宋中兴史话》记载，贵州苗族首领蛮龙，因"面如锅底而有光芒"，世称"黑蛮龙"；因跟随民族英雄岳飞（1103—1142）抗击金兵立功，被封为龙虎将军。后来岳飞被奸臣陷害入狱，黑蛮龙弃官回乡。岳飞被害死，黑蛮龙痛哭数日，绝食而亡。苗族民众为了纪念这位英雄，称他为黑神，立庙祭祀，并以芦笙舞为祭祀之舞。因黑蛮龙曾受封为龙虎将军，此舞便被称为"鼓龙鼓舞·长衫龙"，并代代相传至今。[1]此外，黑蛮龙的故事也写入古典小说《说岳全传》。而今贵定旧治尚有黑神庙。德新镇黑神庙虽已被毁，但"黑龙宫"和"黑神田"等地名仍然保留。据《黔南识略》记载："花苗……孟春合男女于野，谓之跳月。择平壤为月场，以冬青树一束植于地上，缀以野花，名曰花树。男女皆艳服，吹芦笙踏歌跳舞，绕树三匝曰跳花。跳毕，女视所欢，或巾或带与相易。然后通媒约义聘资……"这段文字描述了两百多年前花苗"跳月"的情景，说明明清时期黔中地区花苗广泛流行跳月。

（二）传说故事

传说花苗由江西朱市巷流迁贵州，经开阳县江边迁徙至萝卜寨。老祖公在劳动中听到秧鸡叫声，寻声发现龙形水井，于是举族迁来，形成谷撒寨。为感谢龙神帮助，老祖公约定，每年农历二月初一，封寨杀牛祭龙神，同时把自己装扮成"龙"，模仿龙的模样，跳舞愉神，祈求龙神护佑。人们用热情和真诚感动神灵，神灵教会他们制作芦笙，传授龙舞和芦笙舞相结合的长衫龙芦笙舞，代代相传。[2]传说故事虽没有时间的确切考证，但与当地苗族支系迁徙定居相关，它强调了本群体对现在定居区域的拥有权以及传说的民族性和地域性。

（三）歌谣

当地苗族现今仍然在传唱先辈的歌谣，歌唱黑蛮龙，传承长衫龙。例如：天上仙宫有苍龙，苍龙下凡到龙宫；黑龙宫里黑龙在，修炼成了大英雄。大英雄是黑蛮龙，武艺高强当先锋；帮助岳飞抗金兵，打退金兵立大功。龙虎将军皇帝封，朝中出了害人虫；奸臣害死岳飞后，气死祖公黑蛮龙。黑龙归天显神通，黑神有庙万家供；黑神田产收租粮，有钱有粮好跳龙。纪念祖公黑蛮龙，大家跳起长衫龙；保得人兴六畜旺，保得庄稼五谷丰。跳起长衫龙，纪念黑蛮龙；保得村寨人兴旺，保得收成满囤笼。

从史料记载到英雄祖先传说，再到民间歌谣，不管是曾为岳飞部将并被封为龙虎将军的苗族黑蛮龙因岳飞遇害而痛哭几日绝食致死，之后苗族民众以长衫龙的舞蹈纪念这位苗族英雄，或是苗族的祖先迁徙谷撒寨时得到龙神的帮助和护佑的美丽传说，都反映了长衫龙久远的历史。

二、长衫龙的文化空间

文化空间是定期举行传统文化活动或集中展现传统文化表现形式的场所，具有空间性和时间性。花苗跳月就是典型的具有民族特色的文化空间，它要求在相对固定的时间、固定的跳月场，举行具有一定内容和形式的世代热爱的文化传承记忆活动，具有空间性、时间性、民族性、传统性。

（一）节日空间

节日空间指节日流行区域。据史料记载，清水江畔的苗族芦笙会俗称跳月。花苗跳月有着悠久的历史，始于唐代，宋代开始见于史籍，明清时期广泛流行于黔中地区各花苗中，并逐步演变为历史悠久、规模宏大、流传广远的芦笙舞会。清代初期，清水江两岸苗族已经形成了每年农历正月从初二到二十九依次轮流在今福泉市、贵定县、龙里县和开阳县清水江沿岸苗寨跳月的习俗。现在，长衫龙仍然流行于贵定新埔、德新、定东，福泉仙桥、王卡、黄丝，龙里巴江以及开阳县南部高寨等乡镇苗族村寨，贵定新埔的谷撒苗寨为长衫龙文化核心区域。

（二）节日时间与内容

长衫龙苗族芦笙舞过去用于丧葬和祭祀仪式中，现在则用于节日集会、婚嫁、立房、跳月等活动，具有记载历史、丧葬祭祀、娱乐教化、维系族群等功能。丧葬时，长衫龙舞师走在出殡队伍的前面；阳历二月初一祭神，在杀牛祭祖踩场时表演；立房，在踩屋基时进行；春节，多在正月初二至三十的跳月场活动中表演。长衫龙表演场景的变化，也促使其表演的相应改变。在这些神圣的仪式中，舞师多为男性，有男子双人舞、男子四人舞等。苗族跳月贯穿了整个春节，轮流在福泉的王卡（正月十七、二十七）、龙里的平坡（正月初十、二十）、开阳的平寨（正月十五、二十五）等几个苗寨举行，参加的苗胞都在万人以上，其余各苗寨跳月参加人数均在 500～5000 之间。每逢节日，吹笙跳月，盛装出席，观者无数，热闹非常。芦笙吹得越好，舞跳得越好，尾随跳舞的姑娘就越多。跳月成为男女之间传情和选择配偶的重要途径。

三、长衫龙芦笙舞蹈、词与曲

（一）芦笙舞蹈

长衫龙芦笙舞蹈包括群龙出现、龙腾虎跃、群龙抢宝等环节。祭祖时，在巫师的主持下，舞师依次以双人舞、四人舞和群舞的形式出场表演。舞师身着黑色大襟长衫，头插两根野鸡翎，口戴髯口，腰系红色银饰腰带，脚穿草鞋，手执芦笙，自吹自跳。长衫龙包括"龙斗角""龙吐水""龙出洞""龙戏珠""龙飞膀子""龙摆尾""二龙拼斗""二龙抱柱""二龙闹海""朝拜龙神"等舞姿。舞姿动作多依靠甩手和摆腰的动作来完成，主要在双脚的跳、转、踢、跺、蹉、拍脚板和胯部左右摆动的随机应变上，基本体态为双膝微屈、臀稍往后翘、稍微含胸和下颌，上身尾随中段摆动，前俯后仰，以圆、卷、上下翻腾的拟龙化形态出现。[3]舞师的眼神、舞步、体态与芦笙合而为一，跳出了龙之神、形之韵。长衫龙芦笙舞伴奏主要是芦笙，还有鼓、钵、钗等。

跳月时，每个队一般由两名或四名男青年（过去也有老年和中年的）在前吹芦笙起舞，姑娘们则跟在后面围成一圈，随着芦笙音乐的节拍跳舞，参加人数不限，时间以曲子长短而定。一个月场有几组或多组舞蹈同时进行，吹笙者可以互相竞争。由于花苗服饰紧凑繁琐的特点，女孩的舞蹈动作幅度不大，常含有割草、打稻、嬉戏的元素在里面，相对于男孩来说要简单一些，而男孩的舞蹈动作则非常夸张，豪情奔放。群舞时宛如蛟龙，有时上下跳跃，有时左右游动，有时快慢有别，急步顿走。因此，长衫龙芦笙舞蹈是历史形成、集体参与、赋予一定的社会内容和文化内涵、经过长期演变、为苗族社会所接受的相对固定的一种表演形式。

（二）芦笙词

芦笙词是芦笙曲子词的简称，通俗地说是配芦笙乐曲的歌词。苗族芦笙，除了有优美的旋律外，还要闻笙起舞，另外，音乐表现了一定的语义和传说故事。概括来说，芦笙艺术包括了芦笙曲、芦笙舞、芦笙词，具有显性特征和隐性特征。其显性特征是指芦笙音乐和芦笙舞蹈，隐性特征是指芦笙词和芦笙承载的传说故事。芦笙舞的动作、姿态和芦笙乐曲来源于歌词的主题和内容。学习芦笙，首先要学唱词，然后学吹芦笙，最后再来学跳芦笙。

芦笙词内容丰富，有传统遗存的，有即兴编创的。传统遗存的芦笙词主要指苗族先民创造的、民间流传的芦笙词，这种芦笙词以丧葬、祭祀场合使用最为集中，数量最多。即兴编创的，主要指在芦笙场上为取悦女性或为营造愉快热闹气氛而临时编创的芦笙词，大多在谈情说爱或休闲娱乐的场合使用。长衫龙芦笙词分开场（如《芦笙响起来》）、散场（如《不如刚才不要来》）、庆典（如《启蒙调曲》）、庆贺（如《来给主家踩华堂》）、感谢（如《感谢主家好心人》）、敬酒（如《酒喝不完不让行》）、赞美（如《苗岭风光好》《苗家姑娘多辛苦》）、感恩（如《走路调》）、祭祀（如《吃分离饭》）、生产生活（如《七月里来米花黄》《收割曲》）、婚恋（如《情妹越玩情越深》）、丧葬（如《跟祖宗去》）等内容形式。

苗族芦笙词大多结构短小，内容简洁，语言朴素直白，精炼明快。在吹奏中多重复，变化少，节奏感强，富于歌唱性，具有极强的表现力。语言（语词）与曲调极为吻合，与舞蹈结合紧密，歌、乐、舞三者完美统一。例如《问妹哪方人》吹道："表妹客，表妹客，你是哪里哪里的？你是哪里哪里的？"又如《劝退出舞圈》吹道："表妹有其夫，表姐有其娃，表妹表姐不要跟，表妹表姐不要跟。"等等。根据《苗族芦笙词曲：苗语西部方言罗泊河次方言》"后记"记述，该书收录芦笙词曲163首，这只是"芝麻"，却丢失了很多的"大西瓜"，该支系苗族原来月月有节日，"每一个节日都有其特定的芦笙词曲和舞蹈"。现在，"很多礼仪仪式的芦笙词曲已经销声匿迹，如迎接工匠艺人、媒公媒婆、远方来客与丧葬仪式中的迎接指路歌手等的芦笙词曲。"该书"所收集到的芦笙词曲缺头断尾，或有曲调而无语言，或有语言而忘却了曲调。"显然，随着很多掌握芦笙词曲老人的相继离世，众多的芦笙词曲也将悄无声息地被遗忘，消逝在历史的长河中。[4]今后，芦笙词的收集与整理，芦笙词的保护和利用，多角度对芦笙词进行研究，将是民族文化工作者的工作重点。

（三）芦笙曲调

西部方言罗泊河次方言苗族传统芦笙调有大调、小调之分。大调均为古老的苗语，内容比较多而且复杂，十分难懂，虽有很多人会吹，知道在什么场合吹，但他们并不明确含义；小调相对简单，除了比较固定的前奏、过门和结束外，一般都是一句话或两句话的反复循环。苗族传统芦笙有六个音阶，有人说芦笙就是"六声"的谐音。六管分别发出612356六个全音阶，没有半音阶4和7。芦笙曲调由前奏、过门、歌词和结束四个部分组成。前奏、过门和结束几乎都用最高最响亮的6作伴奏。歌词（叙述）部分不用最高音伴奏。[5]

清水江畔的花苗所用的芦笙多为降A调芦笙，总共只有六个音f、降a、降b、c、降e、f，虽然所吹奏的乐曲很多，但大多数乐曲都属于我国民族五声调式中的F羽调式，四四拍或者四二拍。花苗笙管粗长，声音低沉浑厚，音乐节奏鲜明，舞蹈动作与音乐紧密结合为一体，形成一种独具魅力的艺术形式。不同的芦笙曲表达不同的意思。如吹奏《约会》是小伙子向姑娘传递的约会信号；吹奏《烧糍粑》是客人告诉主人肚子饿了，该烧糍粑了。因此，芦笙也是苗族人民进行情感交流的工具。

（四）芦笙舞蹈、芦笙词、芦笙音乐的关系

"芦笙响，脚板痒"，长衫龙芦笙的曲子大都以劳动场景与缠绵恋情为主题，其曲调悠扬甜美、动作粗犷乐观，令人感动。男子吹着跳着，动作抽象；女子跟着舞着，模拟收割、筛米、织布、绣花，动作具体。芦笙舞牌就是曲牌，也是诗的题名，三者异称同指。《墨子》记载："诵诗三百，弦诗三百，舞诗三百。"即是说《诗经》是综合艺术样式，可诵、可歌、

可乐、可舞。《乐记》说："诗，言其志也；歌，咏其言也；舞，动其容也。三者本乎心，然后乐气从之。"反映了诗、歌、舞三者的依存关系，其共性是表达思想感情。"就芦笙舞来说，其舞蹈一般都有固定的传统曲谱，而曲谱则沿袭词谱而成。每首词谱有专指的语义内容，只有懂词才能通曲，一般用于芦笙会期间进场、祈雨、叙述当时当地发生的事情。笙词一旦形成，就相对稳定，也因为传布各地而有所变异……但一旦吹跳起来，芦笙吐出的却是经过排列组合的音符，而含义清楚的歌词表面与音乐符号脱离，只留下动律与旋律两种可见可闻的物象形式。"[6]苗族谚语"一支芦笙六个管，六个管子六个音；六个音吹六个调，六个调子六种舞"更直接地反映了三者的关系。因此，芦笙音乐既可以表现芦笙词的内容，又可作为舞蹈的导向，三者相互依存。

四、长衫龙的交流与影响

长衫龙形成至今有一千多年的历史，但是从定型到 20 世纪 50 年代，由于表演的时空局限于丧葬和族群祭祀仪式，参与人群受限，其知名度或影响范围仅限于本区域内的成员。20 世纪 80 年代至今，尤其是近 30 年来，因表演场景的变化和社会流动方式的巨变，长衫龙得以在重大节日集会、婚嫁、立房、跳月等传统民族活动以及政府或民间主办的各种文艺活动中进行表演，扩大了长衫龙展演的时空范围和参与成员，超越了长衫龙核心文化区域苗族族群生活区域，也超越了原来单一的神圣性仪式表演，变成多种形式的文艺展演，具备了娱乐性、健身性，并且还被改造为竞争性原则主导下的民族传统体育项目。例如，参加民间艺术节、少数民族芦笙舞比赛、国际旅游文化艺术节、电视狂欢节、建州 50 年庆典、"非物质文化遗产日"演出、少数民族传统体育运动会等。长衫龙文化区域与社会各阶层互动频繁，扩大了自身在社会中的知名度，让更多的人通过电视、网络、报纸等媒体了解、领会和欣赏到了长衫龙及其相关文化。

五、长衫龙的传承和保护

祖辈传习长衫龙，规矩是传男不传女，传内不传外。因此，吹芦笙的是男孩而不是女孩，一般不准女孩吹芦笙，女孩只学跳舞。20 世纪 80 年代以前，凡是男性，基本上个个会吹笙跳舞，经常有老者翩翩起舞，孩童亦步亦趋，跟着学舞。随着社会的发展，年轻人纷纷外出打工，加之外来文化等多方面的影响，以及受限于长衫龙原来的家族传承方式和本寨传授方式，使得外寨和外族得不到传授，会跳的人越来越少，且只有在祭祀时才跳。这一古老的民间艺术形式已处于严重的濒危状态，亟待保护。[7]

立法保护。2003 年，《贵州省民族民间文化保护条例》颁布实施，省教育厅、省民宗委联合下发了《关于在我省各级各类学校开展民族民间文化教育的实施意见》等文件，各县、市对民族民间文化、民族民间教育十分重视。2006 年 6 月，"长衫龙苗族芦笙舞"被列入国家级非物质文化遗产名录；2009 年，贵定县成立了非物质文化遗产保护中心，安排专人负责长衫龙的收集、整理和建档等工作；2012 年，又配合摄制专题片《长衫龙》等，长衫龙得到了前所未有的重视和保护。

校园传承。开展民族文化进校园是传承保护民族民间文化的新途径，当地政府、教育局、民宗局高度重视。2008 年，长衫龙的第 35 代传人兰衡接到教育局的调令，由小学代课老师转入正式编制，调入贵定县新铺中学任教，教学任务就是向学生传授长衫龙。这已成为该校的必修课，每一个班每周分别要上两节。他带的学生一届有两百多人，能坚持并且跳得不错的有二三十人。到 2014 年，兰衡教授的 1000 多名学生中，有 300 多名学生已经可以参加表演活动。政府还投入资金，为新铺中学、四寨小学等学校增添配备芦笙、服饰，在四寨村谷撒寨修建长衫龙培训场地。[8] 此外，长衫龙传承人朱登信还受邀到贵州财经大学艺术学院编排中国非物质文化遗产原生态舞蹈长衫龙等。请进来、走出去，扩大了长衫龙的传承范围和受众。但由于学生聚精于学业，一名教师也不可能带出众多徒弟，大多数孩子仅局限于会跳而不会吹，有"南郭先生吹竽"之嫌。如何教会学生既会跳又会吹，还得下苦功夫。

数据库建设。2016 年 7 月，贵定县文化馆在贵州省文化厅非遗中心的支持帮助下，对长衫龙发源来由，传承人员姓名、年龄和参加表演的场次，地方举行活动的时间范围，以及舞蹈动作等进行数字化资源采集、录入，包括传统祭祀活动，1 人、2 人、4 人、8 人、群舞等原生态表演以及传承人兰衡、兰廷美老师对长衫龙的逐一分解等，从现代技术的层面对国家级非物质文化遗产长衫龙进行了有效的传承保护。[9]

六、结语

长衫龙历史悠久，舞蹈形式独特，是历史形成、集体参与、赋予一定的社会内容和文化内涵、经过长期演变、为苗族社会所接受的相对固定的一种艺术形式，是一种集舞蹈、歌词、乐曲为一体的文化形态。长衫龙反映了苗族人民的淳朴、热情和雄浑遒劲的性格与气质，表达了他们的祈求与憧憬。通过实施立法保护、校园传承、数据库建设等工作，长衫龙必将得到有效的传承和保护。

（作者：文毅，黔南民族师范学院民族研究院院长、研究馆员，贵州省黔南州苗学会副会长兼学术委员会主任。审校：吴进华）

参考文献：

［1］吴正彪，吴进华. 黔南苗族［M］. 北京：中国文化出版社，2009：42.

［2］涂艳. 贵定长衫龙"苗族芦笙舞文化探析［A］. 李建军. 中华传统文化与贵州地域文化研究论丛［C］. 贵阳：贵州人民出版社，2006：408—409.

［3］刘远林，董英豪. 贵州苗族芦笙舞的表演形态及其文化价值［J］. 北京舞蹈学院学报，2011（4）.

［4］贵州省民族古籍整理办公室. 苗族芦笙词曲：苗语西部方言落北河次方言［M］. 北京：民族出版社，2017：2.

［5］贵州省民族古籍整理办公室. 苗族芦笙词曲：苗语西部方言落北河次方言［M］. 北京：民族出版社，2017：2.

［6］杨鹃国. 苗族舞蹈与巫文化［M］. 贵阳：贵州人民出版社，1990：54.

［7］阿土. 贵州省国家级非物质文化遗产——芦笙舞（鼓龙鼓虎）［J］. 贵州民族研究，2010（5）.

［8］郭邱磊. 东方探戈长衫龙［N/OL］. 多彩贵州网－贵州都市报，2014－09－04.

［9］佚名. 传承与保护：贵定《鼓龙鼓虎长衫龙》［J/OL］. 黔南热线，2016－07－07.

从"踩月亮"看民族文化的传承与保护

杨再清　吴进华

摘　要："踩月亮"是一株锁在深山人未识的苗族传统文化奇葩，原来影响所及不过30多平方公里。经过三都打鱼民族学校开展民族文化进校园活动的传承与保护，"踩月亮"从校园走向各级民族文化展演的大雅之堂，进而蜚声海内外。其实践证明，对苗族文化遗产的适当开发与利用，是对它最好的传承与保护。但这项工作还面临许多难题，人民教师和学校应当义不容辞地肩负起民族文化传承与保护的历史重任，在实际工作中有所作为。

关键词：踩月亮；民族文化进校园；难题与思考

　　民族文化是宝贝，是民族的精神皈依。丰富多彩的少数民族传统文化，是整个中华民族文化的重要组成部分。坚持文化自信，不仅要传承和弘扬以汉文化为主体的博大精深之中华文化，而且要传承和保护好各具特色的少数民族文化。对少数民族文化进行传承和保护，最好的办法就是与它的开发利用结合起来。20年来，三都水族自治县盖赖、打鱼两所中小学积极把当地的苗族传统芦笙舞"踩月亮"引进校园、进而推向社会和蜚声海内外的成功实践，充分证明了对少数民族文化的合理开发利用，就是对其最好的传承和保护。

一、一株锁在深山人未识的苗族文化奇葩

　　苗族，是一个历史悠久而文化灿烂的古老民族，芦笙文化是整个苗民族最具代表性的民族文化。"芦笙响，脚板痒"，是苗家人酷爱吹奏芦笙和跳芦笙的真实写照。在偏远的苗族聚居区，几乎每个苗寨都有他们独具一格的芦笙文化传说和芦笙歌舞的"保留节目"。地处苗岭雷公山腹地的黔南州三都水族自治县盖赖村，距离县城48公里，现有村民760多户，约3000人，除十多户水族同胞外，98％以上都是苗族。四周森林环抱的盖赖苗寨，生态环境幽静，民风淳朴。依山而建的苗式吊脚楼鳞次栉比，错落

有致。层层梯田从坡脚一直延伸到坡顶，到了秋收时节，满坡金黄，尤为壮观。苗族的服饰、语言和风俗习惯保持完好，世代相传的民族风情特别浓郁。在通村公路修通以前，这里几乎与世隔绝，苗族同胞很难与外界交往。2016 年，盖赖苗寨被列入中国传统村落保护系列。这个在黔南州境内规模较大的古苗寨，历来有一个酷爱芦笙的民族习俗：只要哪家买来新的芦笙，整个寨子的人们都会拿上几串爆竹或十多斤米酒，三三两两地来到主人家"贺芦笙"。有的人家一闹就是十天半月，只要天一黑，爆竹总在他家门口炸翻了天。每当这种时候，女人们会端上酒碗，或捧着牛角酒杯出来"拦路"，非得让来客喝上一两大碗米酒，方可让其进门来"赏芦笙""吹芦笙"和"议芦笙"，一直闹到天亮都舍不得离去。

在盖赖苗寨，还有一个古老的传承：逢年过节，或遇红白喜事，抑或是茶余饭后的寂静夜晚，妇女们总会在男人们的芦笙、芒筒伴奏下，遥望着皓月当空的苍穹翩翩起舞，感谢上苍的恩赐。加入舞队的姑娘媳妇们时而成排，时而成列，时而围成几道圈，步伐一致地向一个方向转动，节拍快慢有致，脚步轻重交替，踢踏有声，经久不息。这种舞步与一般芦笙舞最大的区别，在于上身较少舞动，主要是腰部以下的双腿不断踢出又收拢，双足有力地跺地，手持彩带舞出各种轻快的动作，令人目不暇接。舞者高度兴奋，观者跃跃欲试，老少同乐，高潮迭起。民间称之为"跺月亮"。它是千百年来一直锁在深山人未识的一株苗族文化奇葩。

"跺月亮"有许多讲究。一是必须随着芦笙的伴奏舞动。《诗经·小雅·鹿鸣》之"鼓瑟吹笙"，讲的就是吹芦笙。苗族芦笙曲的每一段落都有相应的芦笙词和特定的舞步，必须舞达词义，步落曲点。盖赖苗寨的"跺月亮"，芦笙词有开天立地、走亲访友、赞美山水、传道授业、谈情说爱、下游指路、跺步跺堂等 13 个类别。其中，跺步跺堂又有一跺步、两跺步、三跺步等步法，"步随曲而生，曲随情而鸣"。芦笙手往往根据不同的场合而奏出不同的曲调，用不同的曲子表达出不同的苗歌含意。苗家有"一曲芦笙三首歌"的说法，不同的曲子也会搭配不同的舞步。比如，十三年一度的鼓藏节《开门调》，问：6 2 3 2 2 5 一，3 6 3 2 2 一 5 6 3 一？答：2 一 2 2　2 一 2 2　2 2 3 6 5 3 3。苗歌大意就是："清水江源头、都柳江一带的同胞们，欢迎你们回家来！"跳此类芦笙曲时，一般要用"跛脚"步伐。所以，盖赖民间又有"芦笙跛脚舞"的说法。二是舞者要怀着对月亮的无比崇敬之情表演。盖赖苗族支系自古信奉自然崇拜、月亮崇拜与祖先崇拜。在众多的白喜（丧葬）下游指路曲中，词曲都是随着苗族祖先的迁徙路线变化的，与苗家巫师词的《指路经》不谋而合。其他曲调也多是如此。在雷公山区众多苗族支系中，盖赖苗族衣领尚白，俗称"白领苗"。

白领苗除了语言、服饰与其他支系有所区别外，最重要的区别就是他们崇拜月亮。月亮是他们的图腾，代表光明、吉祥与智慧。苗寨中流传的许多古歌和民间故事，都与月亮有关。芦笙舞"踩月亮"则是"白领苗"月亮崇拜和祖先崇拜的艺术表现。三是"踩月亮"不能想"踩"就"踩"，它有一定的习俗和禁忌。在盖赖，自春天播种，寨老（活路头）将稻种撒下田时，直至中秋稻谷成熟以前，全寨就不能再吹芦笙。老一辈的说法是生怕芦笙的声响妨碍水稻的生长，其实暗含着农忙时节不要吹笙跳月贪玩偷懒的意思。盖赖村规民约规定，如果谁违反了这个千百年来的规矩，就要罚"三个一斤"，即给全寨每人提供一斤米、一斤酒、一斤肉，让大家吃上三天三夜，接受教训。这是苗家崇尚农耕、奖勤罚懒的文化体现。

二、从登上大雅之堂到蜚声海内外

学校是青少年扣好人生第一颗扣子的地方，也是传承和保护民族优秀传统文化的最佳平台。过去，盖赖苗族传统芦笙舞"踩月亮"虽然在三都县小有名气，但由于它的表演场合和时间都受到传统习俗的制约，舞蹈形式也局限于原生态水平，大多都是苗家自娱自乐、自我欣赏，影响所及不过圆30多平方公里。随着改革开放的春风吹进苗乡和中小学教育的全面普及，苗家孩子们从小离开了父母，离开了苗寨，包括"踩月亮"在内的许多优秀民族文化失去了口传身授的环境，面临着逐步消亡的危机。"踩月亮"能够绝处逢生而蓬勃开展、异军突起，很大程度上得益于党和政府倡导的民族文化进校园活动。

早在20年前，当民族文化进校园工程刚刚启动之际，长期生活、工作在苗乡的盖赖小学和打鱼民族学校的一群青年教师就敏感地注意到"踩月亮"这株苗族芦笙文化的奇葩。我只是普通师范毕业，并不懂得多少音乐和舞蹈知识，但凭着对苗家传统文化的热爱和从小会吹芦笙、跳芦笙的功底，义不容辞地挑起了辅导孩子们学习"踩月亮"的担子。在学校领导的支持下，我和同事们研究出一套以踩月亮舞蹈语汇为基本动作的"苗家广播体操"，在节奏分明的芦笙曲伴奏下，从教会中小学生掌握"踩月亮"的基本身法、手法和步法等入手，进行盖赖苗族芦笙舞的普及教育。而后，又从8~14岁的苗族女孩中挑选出20多名舞蹈基础较好的学生，组成一个"表演培训班"，坚持课余时间开展基本功训练，编排出一套有情节、有意境、队形不断变幻而又整齐划一的"踩月亮"舞蹈。经过不断打磨，反复排练，日臻成熟，在校内和苗寨汇报演出后，获得师生和苗胞们的一致好评。2011年，被推荐到县里参加少数民族原生态舞蹈选拔赛，一炮而红。又在黔南州复赛中获得第一名，在贵州省决赛中荣获最高奖金黔奖，登上了各级民族文化展演的大雅之堂，很快声名鹊起。许多参加评审的舞蹈界专家高度赞誉，称之为"苗家 party"和"东方踢踏舞"。随后，"踩月亮"又在参加中央电视台和中国舞蹈家协会主办的全国舞蹈大赛中捧回中国舞蹈荷花奖银奖。这是国内舞蹈类最高级别的赛事，一群乳臭未干的苗家女孩能获此殊荣，确实给贵州、苗族增了光、添了彩。"踩月亮"从北京载誉归来后，还多次代表贵州参加国内外各种大型公益演出，获得了中外政要、专家和观众的一致好评，分别通过 CCTV1、CCTV5、CCTV9、CCTV 少儿、新加坡国际地理频道等著名媒体的宣传介绍而蜚声海内外。2015 年底和 2016 年初，"踩月亮"被抽调北上首都，南下广州参加黔南布依族苗族自治州成立 60 周年成就展迎宾演出活动，再次受到与会中外来宾的赞扬。时任中共中央政治局委员、中央书记处书记栗战书在看了演出后说："盖赖苗族'踩月亮'舞蹈非常具有民族特色，一定要好好地跳、好好地演。"这是对盖赖苗族文化的赞扬，也是对黔南州重视传承保护民族文化工作的褒奖。

依托"踩月亮"的影响力，三都打鱼、盖赖两所学校又把民族文化进校园活动推向了新的高度。学校在教授好文化课的同时，坚持全体师生天天跳"踩月亮"舞蹈艺术操，建立了"踩月亮"文化长廊，修建了"踩月亮"文化展厅，还成立了"踩月亮"艺术团（表演骨干适时更新），组建了民族文化科研团队，开设了芦笙社团、苗族芒筒舞蹈社团、苗族飞歌社团、飞越彩虹社团、苗族传统手工艺社团等学生文艺团体，聘请民间艺人进校园传授"踩月亮"技艺，让孩子们从小接受芦笙吹奏、苗族舞蹈及苗家刺绣、蜡染、编织花带、剪纸等艺术教育。他们不仅从中学习、传承和保护了优秀的苗族非物质文化遗产，活跃了校园文化生活，使学校成为贵州省乡村学校少年宫示范校，而且把苗乡打扮得更加漂亮，带动了当地群众自发创办乡村民族文化体验游，正吸引着一批批来自北京、上海、香港、澳门等国内大城市以及英国、美国、加拿大、老挝等国家的旅游团队、摄影爱好者、文化体验者、田园生活体验者、亲子夏令营团体，前往深山苗寨，与苗家共享苗族传统文化，同时也有力地促进了苗乡的脱贫致富和乡村振兴。

三、民族文化进校园面临的难题与思考

"踩月亮"源于生活而高于生活，源于原生态而高于原生态。它通过民族文化进校园活动的开展而获得新生和飞跃式发展，充分证明了对优秀民族文化遗产的适度开发利用就是对它最好的保护。如果没有党和国家的关心支持和广大师生的积极参与，没有众多民族文化爱好者走进校园悉心

传授，"踩月亮"如今还会停留在原生状态，甚至面临失传的危险。我们研究苗族民俗文化，不是为研究而研究，而是为了去粗取精、去伪存真，取其精华、剔其糟粕，在继承创新中获得较大发展。从这个意义上说，三都打鱼民族学校和盖赖小学的民族文化进校园取得的成绩非常鼓舞人心。但由于各种主客观因素的制约，这方面的工作还面临着严峻的考验，对一些亟需解决的问题应当进行认真思考。

第一是师资问题。打鱼民族学校现有的 53 位教师中，懂得苗族芦笙文化的少之又少，能吹奏芦笙的少之又少。加上教师的各种工作负荷量超载，其业余时间非常有限。盖赖小学都是低年级学生，民族文化传承从娃娃抓起，更需要懂行的师资。而在教师平时的晋级考评中，主要考察的是文化课教学的水平和业绩，必须专业对口才有希望。这就让那些热心民族文化教育且富有特长的教师望而却步，因失去晋升机会而积极性下降。解决这个问题的途径不外乎三个：一是把民族文化课的业绩纳入教师晋升考评的重要内容，充分调动现有兼职文化课教师的积极性。二是在新的师资招聘中适当向懂得民族文化的人才倾斜。例如，打鱼民族学校早期培养的"踩月亮"舞蹈队学生，有的已经或将要从师范专业毕业。如果能够把他们吸收进教师队伍，拿来就能派上用场。三是继续实行民间艺人临时聘用制。高手在民间，有他们作为补充，可以解决燃眉之急。

第二是资金问题。开展民族文化进校园、进课堂，组织学生文艺社团对外演出，购置乐器、道具、服装，以及加班训练、交通往来和聘请校外辅导员等，都需要经费支撑。但义务教育预算中根本没有这类开支，学校经费更加捉襟见肘。以近几年打鱼民族学校每个学期都要聘请 3～5 位民间艺人授课为例，由于学校经费紧张、支付课时费过低，有的艺人宁愿外出务工，也不愿再到学校当"孩子王"。小学和初中实行义务教育，既不能向学生家长摊派，更没有任何"创收"手段。除了申请政府民族工作部门和教育部门增加补助之外，别无他法。而有关部门如何从根本上帮助解决这一难题，需要做好科学预算，建立一定的激励机制。

第三是坚持民族特色与融入现代元素问题。多年来，打鱼民族学校在打造苗族芦笙舞蹈"踩月亮"升级版方面，进行了不少探索和试验，但收效甚微。有些由县里请来指导大型庆典的"大腕"，也试图对"踩月亮"进行改造加工，使之融入更多现代元素，皆因主客意见不合而未能付诸实施。我认为，对已产生相当社会影响的原生态民族文化品牌，不是不可以修改提炼和润色加工，但所有的改动和提升都必须建立在保持民族特色的基础之上。"踩月亮"之所以能够从一个锁在深山人未识的苗寨走进学校，又从学校走向繁华大都市、走进央视荧屏和国际大舞台，最根本的原因就是它具有极其鲜明的民族特色和原生态特色。如果丢掉特色，那就丢掉了苗族文化的灵魂。

第四是以"踩月亮"为借鉴，进一步推动其他苗族文化的传承保护问题。盖赖民风淳朴，苗族文化丰富。除了以"踩月亮"为代表的苗族芦笙舞之外，大量的苗族古歌、古曲、古词、民间传说、独特风情等，都有待进一步发掘抢救和整理。有的可以引进校园，有的则应当记录下来，以利于存史、资政和育人。因为历史的原因，大量的资料都是靠一代代人口口相传保存下来的。而目前掌握古歌传说的长辈和民间艺人正在逐渐老去，他们早晚会把仅有的传说和活态技艺带走，再不抓紧工作，就没有机会了。我们这一代应当义不容辞地挑起这副重担。

人民教师是人类灵魂的工程师，也是人类文明的传承者。中小学是教授青少年打下扎实"童子功"的平台。教育是党之大计、国之大计。只有民族的才是世界的。传承和保护好整个中华文化和各少数民族文化，是增强文化自信的根本大计。《贵州省非物质文化遗产保护条例》规定："鼓励和支持教育机构以开设相关课程等形式开展传播、弘扬优秀非物质文化遗产活动。鼓励和支持中小学校将本地优秀的非物质文化遗产项目内容纳入素质教育。"这都为学校教育传承民族民间文化提供了强有力的法制保障。我们再也不能犹豫迟疑，而应勇于担当，少说多做，努力在传承、保护和弘扬民族文化中有所作为，才无愧于当今的伟大时代。

（作者：杨再清，贵州省三都水族自治县打鱼民族学校教师，县苗学会常务理事；吴进华，贵州省黔南州人大常委会原副主任，州苗学会原会长）

惠水摆金苗族支系跳花场的由来和变迁

李家贵

　　惠水苗族摆金支系，是惠水县苗族九个支系中人口最多的一支（约占全县 11 万苗族人口的 50％），居住区覆盖范围也最广（涵盖惠水 1992 年行政区划调整及"建并撤"前几个乡镇的大部分地区，即老摆金镇片区、宁旺大寨片区、关山打铁片区、大华片区、甲浪片区、鸭绒片区、斗篷片区、大龙九龙片区）。摆金苗族"跳花场"，苗语称为"跶扣嶂"，原是苗族先祖们在特定的时间和地点，商议族内事务、敬祖祭祀、祈祷平安、风调雨顺、求祐子嗣的仪式。随着不同时期历史背景的变化，"跳花场"的场所和内涵也在不断变化。时至今日，其已演变成当地苗胞庆丰收、比技艺、展风采，新老亲友往来交流，青年男女聚会、谈情说爱的场所和时节，更成为当地苗族特色文化的一大亮点。

一、摆金支系苗族跳花场的起源

　　摆金支系苗族，族源大多传说来自江西，始于明洪武十五年（1382 年），"调北征南、调北填南"时期，因战事、屯边、天灾、民族压迫等原因，多方向、多线路，先后来到惠水摆金，距今已有 600 多年的历史。根据大华米新寨寨老杨塘二、杨三元仍在吟唱的古歌叙述，摆金支系的苗族先祖，最早是落脚摆金的冗章、冗锄，在此安居生活了一段时期，有的族人后散居相邻地区。很早以前，先祖们在族源地口传心授的一些文化印记，在长期的、分散的、跋山涉水的迁徙路途中，已经遗失。时至清嘉庆年间（约 1798 年），族人中出了一位女性，名叫马祖，十分聪慧，悟性很高，胜似仙女下凡。苗族的历史和文化，诸如敲鼓、吹芦笙、吹唢呐以及迁徙到每处后形成的诗经（苗族后来的开路经），她无所不能、样样精通。当时，由于苗族住地人少、分散，联系、协调族内事务、举行相关活动十分不便，她便产生了不断点化族人，学会击鼓和吹芦笙的想法，并以这些民族乐器特有之声作为特定的信号，无论是议事还是祈福、祭祀等活动，鸣号而动，并指定摆金冗锄寨脚地名叫"地弄"的坝子为聚会的场所。这个场所，随后演变成摆金苗族支系的"花场"，后人称之为"嶂地弄"。这是摆金苗族支系"跳花场"最早的发源地，距今有200多年的历史。

二、摆金支系苗族跳花场变迁的过程

摆金苗族跳花场的时间最初在每年的正月，白天和晚上皆可进行。跳花场也可在农历七、八月（庄稼成熟季节）的十二日至二十日夜间月光明亮的时段进行。后来为便于集中和统一，相互往来交流，时间相对集中在农历正月初三至十八日，现今最负盛名的是大华甘塘正月十七节，苗语称"嶂各桑"。

还有鸭绒三月的"荊媠醉"，基于国家民委对民族节日的不断认定、规范和跳花场场所的扩展，随后有了该支系不同片区"三月三"、"四月八"、"六月六"、交秋等跳花场节日。

随着社会的发展和进步、人口的不断增加，有以下几方面的因素推动摆金支系苗族跳花场场所由相对集中演变为以片区为主。一是摆金苗族支系居住区域宽而散，早年交通不畅，照明工具缺乏，解放前甚至有匪盗伤害，来往实在不便。二是跳花场所原在田坝中间或山冲里，人流多、场地窄，庄稼容易受糟蹋。三是当时苗族地区的经济落后，人民生活较为困难，而参加跳花场的人员过于集中，邻近花场村寨的苗族群众接待压力大，难以承受。基于以上原因，摆金苗族跳花场场所只得以片区寨老约定为主，顺应各片区需求而扩展。

老摆金片区以原花场"嶂地弄"为主，后开启了甲浪片区沙锅寨的花场"嶂贺港"，关山片打铁马坡脚花场"跑马场"。"嶂地弄"花场，20世纪60年代中期，修建摆金老场坝戏台后，迁至摆金老场坝戏台及其周围。每逢三月三节日，附近苗胞都在此云集，载歌载舞，一直持续到1992年。后因城镇建设的需要，老戏台被拆除，场地改变用途，寨老们又把花场移到合理仓（摆金新粮管所内）及老摆金镇附近的田坝中。2014年，摆金镇在新一轮小城镇开发建设中，在新医院背后，修建了可容纳万人以上的民族活动场所，该区域的民族活动已向这里转移。

鸭绒、斗蓬、大华三个片区的花场，片区寨老大约在1913年左右，于三个片区的中心区——鸭绒摆构一个地名叫"阿养喳"的山冲里开启了花场，苗语称"嶂养喳"。这个花场热闹了十来年，虽处三个片区中心，但场地较窄，距离附近村寨太远，村寨又少，接待客人很困难。三个片区的寨老协商后，决定三个片区各自选定花场，以方便各片区族人在节日开展娱乐活动。"嶂养喳"自此解散和消失。

鸭绒片区，以新摆寨老杨流芳为代表，他和邻近几个寨（含甲浪上片区）的寨老协商后，于 1923 年共同集资，购买松荣至冗雨田坝中的一块大田（5 亩左右）作为跳花场地，现在称鸭绒花场，苗语叫"嶂集那"。这个花场每年举办正月十七节，苗语称"嶂各桑"。在农历三月初五过后，逢摆金甲子场（猪天）的当天和前一天，都是跳花节日，连续三个星期两天轮回，当地人称这个跳花节为"蓊蝼醉"，现在依然十分隆重。其和国家认定的"三月三"节日，从时间上具有明显的区别。

斗篷片区，以小斗篷的寨老王冒进为代表，和邻近寨老协商后，先是在滴水岩寨的一个半坡山洞的洞口，地名叫"吧览"的地方开花场，苗语称为"嶂吧览"。这个花场地势狭窄险陡，活动不便，热闹几年后，寨老们又把花场迁到高坪到烫水冲地名叫"大田"（原高坪小学周围）的坝子上，苗语称为"嶂览涝"。这两个花场，由于所处片区的人口相对少而分散，交通较闭塞，外面来客行走较困难，热闹十多年后，也就自然消失了。

大华片区的花场，根据米新寨寨老吟唱的开路经记载和老辈叙述，曾经有在米新寨麦秆田开启花场的过程，是在摆金花场"嶂地弄"之后，因年代久远，具体时间无法核查。早期，整个大华片区的苗族群众都是赶往斗篷片的花场同欢共乐。大约在 1930 年，瓮孔寨老李塘间、小寨寨老李龙杰、米新寨老杨龙保等协商，准备重新规划大华片跳花场的场地，意向定在大华甘塘范围，但当年没有成功。次年，恰逢巴畲冲寨上的男青年杨满湾、杨树高、杨三高、杨长毛、杨树长、杨幺侗等，在正月某天的傍晚，从巴畲冲赶往斗篷片花场"嶂吧览"，途经瓮孔和小寨之间的大甘塘。几个年轻人看天快黑了，干脆决定在甘塘的场中休息一下，吹一曲芦笙再走，但又想，此地不是花场，不好意思在场中吹芦笙，不如到甘塘坡脚鱼冲关的小窝函吹。小寨的李乔岩、李树农、李高胖等闻讯后，也陆续拿着芦笙去一起吹奏。他们的长辈跟着前往观看，感到在窝函里跳芦笙舞，附近老幼去观赏实在不安全，就规劝年轻人转到甘塘的中场来吹奏。大华甘塘的笙歌由此响起，甘塘的花场自此确立。后明确甘塘花场的节日为每年正月十五至十八，尤其以正月十七（苗语称"嶂各桑"）最为热闹。至今，大华甘塘花场正月十七节，节日气氛仍然浓烈。

九龙片区，他们的苗族先辈，都由鸭绒司岗、卜所、兴邦、富邦等地先后迁徙而来，大约有 300 年的历史。早期，九龙片区在春节期间没有集中的花场。从正月初一到十五，主要是各村寨自行组织"跳洞"。苗族寨子都有一个比较大的洞，能容纳 300 人左右。"跳洞"内容主要是男生打陀螺，女生"打鸡"（用鸡羽毛制作的形似羽毛球的玩具，球拍是雕有花的小木板）和踢毽，男女共跳芦笙舞等。按老一辈的约定："嶂各桑"（正月龙片区集中赶花场一年中有三次，即"三月三"（主要是吃用染饭花染黄的糯米饭）、"六月六"和"交秋"（立秋日，主要是吃粽子）。

三个节日，以"六月六"最为隆重。自2005年九龙寺恢复重建后，来九龙过"六月六"节日的人数逐年增多，各方宾朋云集，最多时近5万人。该片区就逐渐以现马门为中心确立了自己的花场。因九龙花场集民族文化、佛教文化为一体，这个花场至今人气很旺。

三、摆金支系苗族跳花场的活动内容

每年跳花场的节日来临，花场当地的苗族群众，男女老幼都要穿节日盛装，提前准备好五色糯米饭、粽子等，迎接四方来客。客人回去时，主人家还要包上糯米饭和粽子送给客人。除当地苗族群众参加跳花场外，方圆几十里乃至百里内以苗族为主体的各民族群众也会盛装前来参与助兴。当跳花场的时间有冲突时，外来的苗族同胞，会选择老亲老戚多或朋友多的目的地游玩。

跳花场的活动内容，主要以斗牛、赛马、摔跤、对歌、芦笙舞为主，后期又丰富了一些现代游戏和文体竞赛项目。其间，以女青年用竹饭箩盛五色糯米饭送情郎吃的情景最为浪漫和神秘。竹箩最底层为五色糯米饭，上面是一层煎豆腐，二层为腊肉，三层为煎鸡蛋盖面。姑娘们在花场各自寻找中意的情郎，将自己精心准备的糯米饭送出去。男青年可以在品尝的过程中通过不同的吃法表示对姑娘的喜欢程度。整个跳花场的活动，丰富多彩，民族特色浓郁，充分展现了一个民族的习俗风貌、文化底蕴、才艺智慧、传承创新。随着时代的发展，加之文化的时代性、多元性，苗族跳花场大都演变成多形式、多内容的喜庆集会，经济交往、感情交流的民族盛会，是一个民族历史文化与现代气息的聚焦。

（讲述：米新、小寨、摆架、扣摆、卜所、九龙等寨老。作者：李家贵，贵州省惠水县政协环资委主任，县苗学会副会长兼秘书长。审校：周庆）

罗泊河次方言花苗民俗文化概览

兰开兴　兰建国

苗族是我国民族大家庭中的一员，主要分布在贵州、湖南、云南、广西、四川、重庆、湖北、海南等省、市、自治区内。在东南亚的越南、老挝、泰国、缅甸等国也散居着为数不少的苗族。据曾到龙里县探寻苗族文化的加州大学教授（美籍苗族）介绍，20 世纪 70 年代印度支那战争结束后，还有不少被卷入战争的苗胞被迫迁往美、欧、澳等地区避难，仅美国现在就有大约 35 万苗族同胞居住。苗族散布世界各地，已成为一个国际性民族。在贵州省的开阳、龙里、贵定、福泉和瓮安等县（市）交界的清水江畔及相邻村寨，就居住着一支很独特的苗族，俗称小花苗。小花苗属于苗族西部方言罗泊河次方言支系，目前约有 5 万人，因其服装上绣满鲜艳的小朵花纹与图案而得名。因类似的"小花"苗族服饰还有好几支，学术界多以其居住区域和方言，称之为罗泊河次方言花苗。这支花苗长期避居山高谷深的河谷地区，既具有苗族的共同特点，也养成了一些独具特色的民俗文化。

一、服饰的类别

传统的花苗妇女服饰，从头到脚都离不开自家纺织的蜡染布料，剪裁设计上与苗族其他支系有着很大区别。按年龄段，可分为未恋少女、恋爱少女、未育少妇、已育少妇、中年妇女（40～50 岁）、老年妇女（50 岁以上）六种。通过观察服饰，即可识别小花苗女性的婚恋、生育、年龄等状况。未恋及恋爱少女服饰一样，较为简单，头戴椭圆形布帽，由绣花帽顶、帽牌、帽体及帽带组成，身穿右开襟青色长衫、长裤，腰系围腰。不同之处在于戴帽子的方式，正戴（帽牌正对前方，帽带塔在后背）为未恋少女，歪戴（帽牌往右，帽带塔在左肩）为恋爱少女。少妇服饰为典型的小花苗服饰，头戴花帽子、花帕子，身着花衣裳，腰系蜡染百褶裙，小腿缠青色绷带。花衣裳图案较为复杂，颜色非常鲜艳。未育少妇与已育少妇服饰的不同之处在于头上帽、帕，戴六角花帽的为未育少妇，戴花帕的为已育少妇。中年妇女头戴花帕子，身着花衣裳，腰系蜡染百褶裙，小腿缠青色绷带。花衣裳图案较为简单，颜色没有少妇服饰鲜艳。老年妇女头戴花帕子，身着花衣裳，腰系蜡染百褶裙，小腿缠青色绷带。花衣裳图案以蜡染画为主，偶尔绣上一点点花样，头帕蜡染图案线条较粗而简单。妇女衣服上的图案是她们自己一针一线绣上去的，图案的内容很丰富，有山川、河流、跳月、斗牛和劳动场景等。以前，苗族姑娘因受封建传统和家庭影响，上学读书的较少，从十来岁就开始绣花，母亲便将姑娘所绣的花，一块块地缝成花衣裳，逐年累加，到姑娘出嫁时作为嫁妆陪嫁。陪嫁的花衣裳、花裙子、花围腰、花帕子多，一是说明主人家的姑娘心灵手巧，以后肯定是个巧媳妇、好媳妇，持家是个好能手；二是说明主人家富庶殷实，家教良好，从而得到赞誉和敬重。妇女们穿衣服的程序很繁琐，特别是戴头帕，往往要花很多时间，并且在戴头帕前几天不能洗头，如果洗了头，就要在头发上打上啫喱水，这样头帕与头发才能粘在一起；否则，头帕戴在头上就不稳，加上剧烈运动，容易滑落。她们的双脚还要用青布带裹上，并且要裹严实；否则，剧烈运动也会使其滑落。虽然苗族服装很漂亮，但受到时代的影响，苗族姑娘们平时较少穿戴本民族服装，只有妇女们还在穿。不过，一到春节，苗族姑娘们会将自己最漂亮的苗族盛装展示出来。这时，身着盛装的苗家姑娘们便成了节日里一道亮丽的风景。

二、传统的"跳月"

芦笙，为西南地区苗、瑶、侗等民族的传统簧管乐器。在中国大地上，只要有苗族的地方，就有芦笙和跳芦笙活动，民间又称"跳月"。贵州许多的苗族村寨，享有"芦笙之乡""歌舞之乡"的美誉。芦笙，是苗族特别喜爱的一种古老乐器，逢年过节，他们都要举行各式各样、丰富多彩的芦笙会，吹起芦笙跳起舞，庆祝自己的民族节日。小花苗"跳月"有着悠久的历史，始于唐代，宋代开始见于史籍，明清时期广泛流行于黔中地区各花苗村寨中，并逐步演变为历史悠久、规模宏大、流传广远的芦笙舞会。清代初期，清水江两岸苗族已经形成每年农历正月初二到二十九依次轮流在今福泉市、贵定县、龙里县和开阳县清水江沿岸苗寨跳月的习俗。据《黔南识略》记载："花苗……孟春合男女于野，谓之跳月。择平壤为月场，以冬青树一束植于地上，缀以野花，名曰花树。男女皆艳服，吹芦笙踏歌跳舞。绕树三匝曰跳花。跳毕，女视所欢，或巾或带与相易。然后通媒约义聘资……"这段文字生动地描述了两百多年前的花苗"跳月"交友情景。清水江畔的花苗所用的芦笙多为降 A 调芦笙，总共只有六个音 f、降 a、降 b、c、降 e、f，虽然所吹奏的乐曲很多，但大多数乐曲都属于我国民族五声调式中的 F 羽调式，四四拍或者四二拍。"跳月"一般每个队由两名或四名男青年（过去也有老年和中年的）在前吹芦笙起舞，姑娘们则跟在后面围成一圈，随着芦笙音乐的节拍欢跳。参加人数可多可少，可以中途参加，也可以中途退出。芦笙吹得越好，舞跳得越好，技巧特殊、高难优雅的，后面跟着跳舞的姑娘就越多。一个月场可以有几组舞蹈，互相之间展开竞赛。由于花苗服饰紧凑繁琐的特点，女孩的舞蹈动作幅度不大，常含有割草、打稻、嬉戏的元素，相对于男孩来说要简单一些。男孩的舞蹈动作非常夸张，豪情奔放。享有"东方迪斯科"之美誉的贵定新埔花苗芦笙舞"鼓龙鼓虎·长衫龙"就是在此基础上发展起来的。

苗族的"跳月"活动贯穿整个春节期间，轮流在四个县的几个较大寨子举行，其中最为热闹的是福泉市的王卡（正月十七、二十七）、龙里县的平坡（正月初十、二十）、开阳县的平寨（正月十五、二十五）等几个村寨。届时，苗胞们从四面八方如约而至，每场参加的苗胞都在万人以上，其他苗寨参加跳月的人数也有 500～5000 人不等。每逢节日，月场上就会有来自各县市乡、镇、村的芦笙队齐聚一堂，欢跳芦笙舞，加上成千上万来看热闹的苗族、汉族、布依族同胞，使得整个月场变成了欢乐的海洋。芦笙舞跳得好的小伙子，后面往往跟着许多女孩子起舞，小伙子则成为众多女孩倾慕的对象。"跳月"成为男女青年之间传情和择偶的一种方式。

三、清水江畔的山歌

清水江畔的小花苗因为交通不便，很少与外界交往，仿佛过着一种世外桃源般的生活。苗民勤劳善良，每天日出而作、日落而息。苗族山歌就是他们内心世界的真实再现。苗族山歌题材很多，有劳动歌、酒歌、渔歌、情歌等。小花苗山歌的旋律悠扬婉转、高亢自由，一般由四乐句组成，也可以适当加以变化；属于民族五声调式中的羽调式，特别讲究对称与押韵；一般没有固定的歌词，大多是根据唱歌的场合即兴而唱。歌唱的形式多样，有独唱，齐唱，轮唱、对唱、一领众和等。如《鱼水永远不分家》就是齐唱、轮唱、领唱的综合。在贵定、龙里、福泉、开阳四县交界的地方——两岔河，也就是顺岩河与清水江交汇的地方，小花苗的少男少女们经常到江边砍柴、割草、放牛。这里也是少男少女们隔江约会的好地方。因此，他们经常到江边来对歌。只要歌声响起，江畔的少男少女们就会听到你的歌声，就会有人来和你对歌。这时，山谷里的歌声、口哨声、呐喊声、流水声、鸟叫声便汇成了一首动听的山谷交响乐。

和芦笙舞一样，山歌唱得好的姑娘或小伙都是异性争相追求的对象，唱山歌也是少男少女们择偶与传情的一种方式。花苗山歌表现出苗族人民勤劳善良、民风淳朴、热情好客、对爱情忠贞以及对美好生活的向往。由于花苗大多居住在大山深处，生活环境恶劣，经济文化落后，其山歌又表现出当地群众对现实生活的某些无奈，充满着悲凉的沧桑感。例如，苗族山歌《鱼水永远不分家》歌词大意如下：

> 哥你在坡上干活，妹我在家里做饭，
> 月出日落才安心，高高兴兴把家归。
> 大山脚下是客家，走亲访友到你家，
> 好酒好菜多又多，我吃一家又一家。
> 我家美酒醇又香，喜迎亲朋来做客，
> 老老少少聚一堂，我家盛情胜酒香。
> 油菜开花金灿灿，姑娘漂亮像朵花，
> 少男少女齐欢聚，只看姑娘不看花。
> 哥你是漂亮的鱼，妹我是清亮的水，
> 鱼游向江河湖海，鱼水永远不分家。

四、古老的杀鱼节

小花苗古老的传统节日——杀鱼节。传说每年到人们春耕的季节，上天总会久旱不雨。苗族同胞们便会去采摘化香树的树叶（胡桃科植物化香树，叶中含有"萘醌类化合物"），先用碓将其捣成药泥，用稻草包裹好抬到河边，然后选择在水流湍急的地方把药泥抛入河中。河中的鱼被药水"闹昏"，因轻度麻醉而失去自控能力，漂浮在水面。守候在江岸上的男人们个个手持钢叉，叉中一条条大鱼。此时，群情激昂，欢呼四起，壮观异常。又说天神的公主得了一种怪病，喝了鱼类熬制的汤后病就治好了，所以鱼类对天神是有恩的。天神看到鱼类被人类捕杀，就会伤心痛哭，流出的眼泪顷刻间化作倾盆大雨，浇灌农田，使万物得以滋润，旱情解除。因此，清水江畔一年一度的"杀鱼节"也被称为"祭祀求雨节"。

杀鱼节一般会选择在农历三月间，这时候正值化香树叶嫩绿、药性较好。各寨的"鱼头"（寨内较有威信的"寨老"）向其他寨子发出通知，约定好杀鱼的时间和地点。这天早上，男人们早早地起床，背着背篓上山采药，女人们则在家里做饭。男人们采好化香树叶，用碓将其捣成药泥，再用稻草包裹好。吃了午饭之后，全寨的男人们扛着药包、鱼叉，相约前往江边。凡是前去杀鱼的男人，必须持药包前往杀鱼集结地点报到，如发现不带药包去的，一律驱逐出场，并受到大家的指责、鄙视，取消杀鱼资格。在此之前，女人们是不允许出门的。据说男人们在去杀鱼的路上如果碰到女人，是不吉利的，在杀鱼的过程中容易分心而没有收获。男人们都走了以后，女人们便准备好糯米饭、腊肉等饭菜，放在竹篮里。中午过后，身着盛装的苗族妇女们带着小孩，拎着饭菜篮子，沿着崎岖的山路，来到了男人们杀鱼将要路过的河边。到了河边，女人们有的与河对岸的苗族同胞们对山歌，有的则做着刺绣，悠闲地等待着上游杀鱼男人们的到来。等到太阳快下山的时候，上游传来阵阵喧闹声，细看江水渐渐变得比以前浑浊（药水混入河水），再看河面上开始出现一些晕头转向的鱼儿。这时，沿河两岸开始沸腾了。女人们停下手中的活，开始把饭菜摆在沙滩上，因为她们知道男人们就要到了。没过多久，男人们扛着捕杀到的大鱼陆陆续续沿江而下，兴高采烈地来到沙滩上，与女人和小孩共进美餐，同时也向对岸的同胞们炫耀自己捕到的江鱼，看看谁的鱼多，谁的鱼大。杀得鱼多的小伙子，更是受到姑娘们的青睐，说不定因此次突出表现而获得心上人的芳心，以后组成幸福美满的小家庭呢！用完餐后，天色渐晚，女人们便带着小孩，扛着男人们捕获的战利品——鱼，先回家去准备晚餐。而杀鱼兴致正浓的男人们则准备着火把，好继续在夜间杀鱼。

"杀鱼节"是小花苗最喜爱的传统节日之一。它从一个侧面印证了苗族来自东方水网地带的历史。但是随着社会的发展，以及清水江下游的大花水电站的兴建，以前水流湍急的江河变成了现在一望无垠的高原平湖，这里已经成为人们观光旅游的好去处。传统的"杀鱼节"面临消失，反映出苗族人民渔猎生产和原始生活的场景开始远去。由于受到现代文明的冲击，人们都在忙于自己的生计。小花苗传统的服饰、"跳月"、杀鱼节、音乐等已渐渐地失去了原来的本色，古老的文化以及淳朴的民风渐渐离我们远去。但是，作为民族民间文化的精髓，其已经搭载上时代的列车，正式进入校园课堂，登上文艺舞台，作为一个民族的精神财富步入高雅的文化殿堂，为更多人了解苗族与苗族文化提供了更为广阔的空间。

（作者：兰开兴，贵州省龙里中学一级教师，县苗学会理事；兰建国，贵州省龙里县正科级政协干部，县苗学会常务理事。审校：文毅）

摆金苗族芦笙曲舞的表情达意

龙文斌　陈文溢

汉族同胞有一句谚语,"外行看热闹,内行看门道。"这句话用在观看苗族芦笙表演时也非常贴切。许多人都喜欢观看苗族吹芦笙、跳芦笙,却不知道芦笙曲谱和芦笙舞蹈里有很多"名堂",更不知道芦笙曲舞中还含有生动感人的"芦笙词"。本文仅以惠水县摆金地区的芦笙曲舞或芦笙舞曲为例,简介苗族的部分芦笙文化。

一、摆金苗族芦笙曲舞的特点

摆金,是惠水苗族的大本营,也是全县苗族文化、芦笙文化的聚集区。在惠水苗族的九个支系中,摆金支系苗族人口约占全县苗族人口的50％左右。这支苗族的语言、服饰、信仰和文化习俗完全相同,主要分布在摆金、关山、宁旺、甲浪、大华、九龙、斗篷、鸭绒、雅水、合爱、甲戎、清水苑等地区,也有少数插花性散居在汉族、布依族村寨中。他们和整个苗族一样,一般都以一个姓氏或宗族聚族而居,形成自然村寨,也有两个或多个姓氏组成一个自然村寨的。由于历史原因,绝大多数苗寨都处于比较偏远的深山区或石山区。像摆金苗族这样有不少村寨分布在坝子边缘的,在贵州极为少见,在其他省区市也不多。相对较好的居住环境,为摆金支系苗胞开展与周边汉族、布依族等兄弟民族的交往,向兄弟民族学习,提供了许多方便。因而,这一支苗族群众的受教育程度与其他地区的苗族同胞比起来相对较高,其芦笙文化也较发达。摆金苗族的乐器有芦笙、木鼓、铜鼓、唢呐、大号等,芦笙则是他们的最爱。

摆金地区的芦笙制作,主要集中在县内摆榜、岗度和贵定平伐等地区。制作芦笙离不开苦竹、杉木和铜片。以上地区正好是竹木产地,也是著名苗乡,对芦笙文化情有独钟。他们制作的芦笙做工精致、工艺美观、浅黄锃亮,发出的声音清脆悦耳、悠扬动听。传统芦笙由笙斗、笙管、簧片和共鸣管构成,分大、中、小等多种类别。传统的芦笙一般装有6根芦笙管。现在经过改进,也有12～18根管的,音域更广,能吹奏的调式更多。摆金苗族的芦笙吹奏主要有两种方法：一种是"梗纳"（苗语），即游走时吹的曲调，多在正月间，男青年"游花园"时吹奏；第二种是"梗浪"（苗语），是逢年过节、举行丧葬祭祀时吹奏的曲调。吹芦笙，苗语称为"号梗"。芦笙舞，即以芦笙为伴奏的舞蹈，苗语称为"蹬梗"。摆金苗族支系的芦笙舞舞步形式复杂多变、丰富多彩，在当地最具代表性。这种芦笙舞有着悠久的历史，在苗族地区广为流传，最普通也最受苗族同胞喜爱。一般都是以领头芦笙或芦笙队为中心，层层围成圆圈，步调一致地踏步起舞。男人吹笙在前，面朝圈里，横着领舞前进；妇女随后或前后并排，面朝前进方向，随音乐的节拍舞动，肩并肩，手挽手，左右肢交替前进。

二、摆金苗族芦笙舞的传承演绎

根据相关史料记载，大约在 300 年前，摆金苗族支系的先祖们或因战乱，或因饥荒，先后从不同的地方、不同的路线迁徙流动来到摆金、甲浪、大华、鸭绒等地定居，形成了"九乡（姓）十八个寨"。寨老们团结和睦，共同商量族内事务，遇外敌入侵，一致抵抗。为便于商议族内事务，女头领先祖母"阿年明"提议将冗锄寨子对面坝子中一块名叫"嶂地弄"的丘坡劈为九乡十八寨寨老们集中议事的聚会场所。同时，也明确为摆金地区苗族年轻人逢年过节"跳花场"的场地。芦笙舞是"跳花场"的主要项目之一。后来，无论"跳花场"场地如何变迁，芦笙舞始终如影随形，成为经久不衰的保留节目，并在传承中不断创新。

摆金苗族"跳花场"的时间，早期约定为每年的正月间，白天晚上皆可进行。农历七月、八月份庄稼成熟后的夜间，在月光下也可以开展。后来，为便于集中统一、相互交流，举行芦笙舞会的时间相对集中在农历正月初三至十八。传承至今，逐步形成了最负盛名的以大华甘塘为中心的正月十七节，苗语称"嶂各桑"。鸭绒片区则在农历三月举行"莿婼醉"，其他片区每逢"四月八"、"六月六"、交秋等节庆也举行跳花场节会。据年近 90 的摆架村苗族老人唐光荣介绍，自清朝乾隆、嘉庆年间以来，每年农历七月的"狗场天"，摆金苗族都要举行斗牛和芦笙舞比赛。届时，各村寨都把木鼓、铜鼓、铁炮摆在斗牛场的两旁，敲锣打鼓、放铁炮，男青年吹芦笙，女青年跳舞，护送本寨的斗牛进场，参与斗牛比赛。斗牛结束后，芦笙舞比赛开始。周边的其他民族都前来观看，人山人海，热闹非凡。今天的芦笙舞会，已不限于过去约定的时段，往往在四种情况下举行：一是逢年过节期间；二是农闲时的明月夜；三是遇到丧期和祭祀活动；四是有喜事和庆典时。改革开放以来，随着人们生活水平的提高，对精神文化的需求日益增长，芦笙舞更成为苗家的经常性文化活动。

在苗乡的每个自然村寨，都有自己的芦笙队和跳芦笙舞的中心院坝（芦笙场），形成了跳月（跳花场）的传统习俗。每当秋收后的月明之夜，各村寨都会自发组织吹芦笙、跳芦笙舞。"芦笙响，脚板痒"，男女老少不请自来，随着轻松活泼的芦笙曲翩翩起舞，尽情享受美好生活的欢乐。摆金地区的苗族节日，除春节外，还有"了年节"（苗语称"里普"）、端午节、"三月三"（苗语称"蓟婼醉"）、"四月八"（苗语称"堖滔炯"）、九龙苗族摔跤节等。这些节日按民间约定，分地区或村寨轮流举办。主办的村寨作为东道主，附近的村寨都来助兴。以摆金地区为例：当地的高寨、卧马、长寨、钢金、石头寨等自然村寨都过了年节，时间为正月三十晚及二月初一至初三，其寓义是正月就要结束了，请亲戚朋友、姑妈姑婆们前来团聚。过完节后，春耕大忙就开始了。而摆金的摆架、冗锄、冗章、孔引、冗贡、杨梅坡、葫芦山、三叉路等村寨重点过端午节，桐木哨、米新、杉木、扪摆、小寨、大华、瓮孔等村寨负责组织"四月八"庆典，苗语称"堖滔炯"（即在过节时，用山上几种木叶汁液将糯米饭染成黄、红、绿、紫等颜色供大家食用）。过节的村寨，都要邀请亲朋好友前来同乐，准备美酒佳肴迎宾客。节日当晚，以村寨为单位举行芦笙舞会，表示对姑妈姑婆和亲朋好友们的欢迎，祝福家家平安、人人幸福，以此展示本村寨芦笙舞技巧的高超和舞姿的精彩。其中，大华、甘塘和鸭绒花厂等地的跳花场，节日气氛尤为浓烈。在花场里，芦笙的吹奏声，人们的对歌声、欢闹声此起彼伏。男女青年们抓住这难得的机遇，交友择偶，互诉衷情，赠送信物，感谢月下老人的眷顾，整夜忘归。老人们则聚在一起谈生活、摆家常、议丰收，充满桑榆的幸福。孩子们也不会错过这从小学习继承民族传统文化的日子。他们当中大一点的男孩都穿上漂亮的节日盛装，从家中拿来少年芦笙，跟在大人们后面边吹边跳；女孩们则跟在大姐姐后面欢快地起舞；连三四岁的幼童也会"插队"参加踩歌堂，一招一式十分可爱。九龙地区虽然远离摆金坝子，但九龙沟里的都属于摆金支系，与鸭绒片区的同胞渊源最深。"三月三""六月六"和交秋节是九龙地区苗族承头主办的传统节庆，尤以"六月六"最为隆重，浓郁风情与摆金、鸭绒、大华不相上下。总之，芦笙在摆金苗族各个村寨文化生活中已经成为不可或缺的好伙伴。

芦笙不仅是一种乐器，还是苗家的祭器。对于苗家人来说，它也是"说话"的工具，能够代人表达思想感情和喜怒哀乐。在苗族的社交生活中，芦笙占有突出的地位。离开芦笙，就没有苗族文化活动。包括苗家的丧葬和祭祀仪式，也离不开芦笙相伴。一些苗族老人在临终前，会要求晚辈吹奏一首芦笙舞乐曲给他听,这样才能安心离去。有些老芦笙手,下葬时还要"带走"一把芦笙。九龙村一位寨老曾说:"苗族丧葬仪式吹芦笙和放铁炮是有原因的。芦笙嘴朝天,吹芦笙,死者才能上天成仙;放铁炮能惊天动地,报告上帝死者要上天了,请上帝接纳。"因此,苗族有老人过世,一是开路前,先在灵堂中吹奏一首芦笙舞乐曲,通知祝颂神婆,死者要到阴间去,要祖公祖婆收留死者,并指引他从阴间转世到阳间,重生投胎做人。吹芦笙、跳芦笙舞结束后,开路师抱着鸡才开声,鼓师才敲鼓。从开路的那天晚上起,丧期每天晚上都要吹芦笙、跳芦笙舞,悼念并送别死者。同时,吹奏芦笙可以驱除冷清、凄凉和悲伤,安慰死者家人,化悲痛为力量。若死者是姑妈或姑父,舅家要组织寨里的芦笙队到灵堂吹奏芦笙舞曲进行悼念。吃过午饭后,舅家要举行丧葬仪式,苗语称"哄吉",追述死者的一生,以死者为榜样教育其家人,特别是后辈要勤恳劳动,诚实做人,给他们以安慰和祝福。然后,再次吹奏芦笙舞乐曲,悼念死者,与死者道别。如果死者为未婚青年男女,要一路吹奏芦笙,护送灵柩到坟边。可见,芦笙不仅是摆金苗族最重要的乐器,也是苗族文化的符号和象征。芦笙舞乐曲是表达苗族人民思想感情的纽带,是苗族人民坚韧不拔、奋发向上、奋力前行的精神支柱。

三、芦笙舞乐曲和芦笙词

芦笙舞乐曲是摆金苗族文化音乐的外在表现,它的内含因曲调和场合的不同而各有深意。芦笙舞乐曲主要有节日曲、祭祀曲、礼乐曲、交际曲等。节日曲(娱乐曲)和礼乐曲大体相同,曲调欢畅,旋律强烈,矫健刚劲。而最具特色的是祭祀曲和交际曲,低缓而抒情,曲词内含丰富,细细品味让人荡气回肠。现以祭祀曲和交际曲为例作简要介绍:

(一)祭祀曲

祭祀曲是重大祭祀活动时演奏的曲子,曲调悲壮。苗族丧葬祭祀中的芦笙曲调,不仅是为死者的亡灵指路,也是为死者的家人在现实生活中指引方向。因此,摆金苗族凡姑爷或姑妈过世,舅家先在家放三响铁炮,组织全寨的男女老少,穿着盛装,抬着丰盛的祭祀品,吹奏着芦笙、大号、唢呐等,浩浩荡荡,前往死者家进行悼念。悼念分两次进行:一是刚走进死者家生活的寨子,就吹起芦笙,边吹边走,接着步入灵堂,吹奏芦笙舞悼念曲;二是吃过午饭后,舅家要举行丧葬祭祀仪式,苗语称"哄吉",叙述死者一生的经历和对死者家人进行吩咐,指出做人的道理,并表示安慰和祝福。死者家要在本寨较大的场地,请舅家演奏苗族正规的悼念芦笙舞蹈曲，男笙歌引领，女舞后跟随。整个场面宏大、庄重、悲壮，催人泪下。随着祭奠礼法，送给死者一双草鞋，祝愿死者跋山涉水跟着祖先走。每当主祭者念到此处，死者家人悲痛欲绝，哭诉着表达对死者养育之恩的深深感谢和阴阳两隔的不舍之情。

以九龙片区为例，悼念仪式吹奏的芦笙舞曲，其汉意直译如下：

姑妈（或姑爷）呀！

姑妈（或姑爷）呀！

姑妈（或姑爷）呀！

自从盘古开天辟地，

把场地设在野鹿乡，

把场地设在野鹿城，

儿媳到场买药来治您，

而您的人生寿缘已尽。

听到您与世长辞，

悲痛万分欲断肠。

姑妈（或姑爷）啊，姑妈（或姑爷）啊！

您左等右等，

等到二月春来到，

等到三月天气暖，

树木发芽，

草木重生。

您变成一只阳雀鸟，

站在杉树枝头上，

昼夜啼叫不停，

泪流满面。

您变成一只凤凰鸟，

站在樟木枝头上，

昼夜啼叫不停，

泪水湿透衣裳。

姑妈（或姑爷）啊，姑妈（或姑爷）啊！

您梳妆打扮成仙，

脚穿仙统鞋，

身穿绫罗绸缎，

颈戴银项圈，

头缀银梳、银簪、银泡，

身披红披袍，

儿媳知道您要走，

伤心茶饭吃不香，

觉睡不香。

姑妈（或姑爷）啊，姑妈（或姑爷）啊！

今天我们舅爷来，

吹奏芦笙曲送您一程。

舅爷来，

舅爷从哪里来，

舅爷到，舅爷从哪里到，

舅爷从田坝的姜脚到，

请来秦军和胡帅，

请来八方神仙，

乘风破浪，飘似嫦娥，

降落到您寨上穿，

保佑儿孙富贵荣华，

保佑儿孙万代平安。

姑妈（或姑爷）啊，姑妈（或姑爷）啊！

您要从西往东走，

走祖先迁徙走的路，

翻越千重山，

涉过万条河，

历程千般苦，

受尽百种难，

才走到祖公祖婆居住的地方，

祖公祖婆接收了您，

才把您从阴间转回阳间，

重新做人。

姑妈（或姑爷）啊，姑妈（或姑爷）啊！

您人生寿缘已尽，

安心地走吧！

（二）交际曲调（游花园）

大约在20世纪六七十年代，春节期间，未婚女青年摆金苗族还保留着坐化园的传统习俗。从正月初一到十五，大约半个月时间，以自然村寨为单位，由未婚女青年选择本寨一个平坦的地方作为花园场地。春节到来之前，先筹集资金购买木炭。春节期间，未婚女青年到花园里坐着绣花、唱情歌，等待异姓未婚男青年前来游花园。花园是未婚男女谈情说爱、寻找伴侣的场所。在游花园过程中，有严格的禁忌，男女之间必须保持一定的距离。即使在男女单独谈情的时候，互相也不能靠近，决不允许有越轨行为发生。如发现未婚青年有伤风败俗之举，寨老要按当地的村规民约和族规，拉他家的耕牛扫寨，并对当事人采取严厉的惩罚措施，纯洁寨风族规，树立正确的谈情求爱的风气。兄弟、叔侄不允许到花园里游玩。异姓未婚男青年前来游花园，一路上要吹着芦笙，但到距离花园一百米左右，就要停止吹奏芦笙，表示对女方寨老、叔伯、兄弟的尊重。要是吹着芦笙进入花场，寨老就要将其芦笙折断，并驱逐出花园所在的场地。进入花园后，男方吹奏的芦笙曲有代表性的词意是：

得意来望紫花开

得意来，

得意来望紫花开，

得意来望紫花树，

不知紫花开不开？

哥们远乡远路来，

不为金子不为财，

不为金子不为宝，

为连情姐哥才来。

郎骑白马过寨前

郎骑白马过寨前，

遇到情姐坐花园。

大姐出来牵着马，

二姐出来卸马鞍，

三姐牵马进槽去，

四姐抱草到槽边，

五姐提壶去打酒，

六姐鲤鱼炒三鲜，

七姐热水哥洗脚，

八姐拿鞋到哥前，

九姐铺床给哥睡，

十姐问郎成哪些。

挖了高坡填平地，

填了平地建花园。

高坡点豆望结果，

平地栽秧盼丰年。

姐们热情多厚义，

只恨哥穷衣袖短。

这回面愧对情姐，

下次好好陪姐玩。

类似的芦笙词与芦笙曲相匹配，例子还有很多。其表情达意，只有内行才能心领神会，一般听众和观者体会不出来。摆金苗族芦笙舞是整个苗族传统音乐舞蹈的优秀组成部分之一。其深刻寓意独具特色，值得进一步发掘和研究。

近年来，随着党的民族政策的深入贯彻落实，农村经济的不断发展，苗族人民生活得到明显改善。摆金苗族的芦笙文化也在实践中得以传承和创新。它与全国苗族和各兄弟民族文化一道，"百花齐放"中展现出更加灿烂的风采。不仅摆金苗族芦笙歌舞在苗乡迎送了一批又一批海内外来宾，受到各级政府、外国友人、其他兄弟民族的由衷赞誉，而且其代表队还曾受邀到首都北京参加展演，彰显了苗家的正能量。在各族人民以整齐步伐迈向中华民族振兴的伟大进程中，苗家的芦笙将吹奏出更加雄浑有力的时代强音。

（口述演奏：杨通美、王启发、王启标、唐光荣、唐大富。苗语记录：龙文斌，贵州省惠水县公安局原副局长，已辞世。文字整理：陈文溢，贵州省惠水县发改局退休干部。审校：吴进华）

惠水摆金苗族的"莿媘醉"

杨靖辉　李家贵

　　"莿媘醉"是盛行于惠水县摆金支系苗族的历史悠久、独具特色的苗族传统节日，尤以摆金支系的甲浪上片区、鸭绒下片区的苗族群众过得最为隆重。"莿媘醉"用当地苗语的本意解释，说的是山上一种可以食用的野菜，后有的地方把这个节日用汉语译为"采菜节"和"掏姨妈菜"，似乎都不太准确，与国家民委认定的"三月三"节日相近而不相同。

　　通过对摆金苗族支系进行田野调查，"莿媘醉"的来历有两种说法。一种说法是，在清朝年间，本地苗族长期受到官府欺压、歧视和追赶，被迫迁徙在荒野深山中穷苦度日。每逢农历三月时节，族人的生活就青黄不接，断炊缺粮，唯以荒山岩石中，采摘一种形似芹菜的野菜（即莿媘醉）充饥，渡过难关。民国初年，形势有所缓解，族人因感怀这种山野菜的救命之恩，就确定农历三月的一个时间为纪念日，才有了今天的"莿媘醉"节日。第二种说法是，本地苗家有位始祖，名叫"阿绵"，家庭较为殷实。他有个漂亮美丽的女儿，做事勤快。阿绵的女儿三月初上山砍柴，突遇一只凶猛雄壮的悍雕在她头顶盘旋而下，伸出锋利的双爪，要把她叼走。危急时刻，有一个长期隐居深山，正在附近打猎，靠捕猎为生的英俊小伙，见此险情，急向悍雕猛射一箭。悍雕中箭而逃。姑娘被救后，后生默默地把三根漂亮的野鸡毛赠送给她，并插在她的头上，没有通报姓名和住址，就辞别了。姑娘回到家后，日夜思念她的救命恩人，茶饭不思，日渐消瘦。始祖阿绵发现此状，查问女儿心事，方知事情原委。为了却女儿心愿，阿绵通告四周近邻，要在当月即三月初，杀猪宰牛，特制米饭，举行声势浩大的聚会娱乐活动，其目的是通过这种方式，吸引后生出现。第一场和第二场活动，这位后生小伙没有出现；直到第三场，后生方才得见。始祖阿绵把他接到家中，盛情款待，并有意把他招为上门女婿。小伙过惯了自由自在的捕猎生活，婉言辞谢。但姑娘表示愿意与后生同住深山，过一辈子的山野清苦生活。白此，两小夫妻，长年以野菜为食，以围猎为乐，清苦中浪漫，平淡更恩爱。后人为纪念他们传奇而真挚的爱情，就明确了三个场天（每场两天轮回）的活动纪念日，才有了现在的"蓊婼醉"传统节日。究竟何种说法更靠谱、更贴切，我们无法考证。但传说故事反映的是苗族先辈们当时生活的基本状态，符合苗族靠口传心授的文化特征，有其存在的真实性。这也充分说明"蓊婼醉"节日的来历，有其悠久的文化底蕴和丰富的内涵。

"蓊婼醉"节日，过去要赶三个场次，后减到两个场次，每个场次是两天。第一个场次在每年农历三月初五以后，逢摆金甲子场（猪天）的当天和前一天。第一天以跳花场为主，第二天以到摆金场游玩为主。"蓊婼醉"节日，摆金苗族支系的村村寨寨都要过，家家户户都要提早做好节日的各项准备工作：一是男女老幼的节日盛装和精美的苗族背扇，该支系男女服装分别以自制的长衫子、百褶裙为主。背扇制作工艺复杂，图案设计精美，集刺绣、挑花、蜡染、布帖为一体，镶有银饰和挂珠，古朴典雅，彰显富贵豪华，展现针线绝活。二是节日菜肴食材的采购，主要以畜禽鲜肉、时令蔬菜、苗家腊肉为主。三是精心制作五色糯米饭，这是一道极具民族特色的食品。五色糯米饭主要在苗族传统节日"蓊婼醉""三月三""四月八"等时享用，家家都要特制好，等待来客品尝。五色糯米饭，有红、黄、蓝、白、黑五色，是用当地特种植物汁液作为天然色素，浸泡糯米蒸熟而成。四是有姑娘的家庭，要为自己的掌上明珠准备特色小饭箩，小饭箩中下层盛的是五色糯米饭，上层先放油炸三角豆腐、梳子状的腊肉，再用圆形的蛋卷盖面。小小饭箩，内容丰富，别有洞天。这是当地苗家女青年在"蓊婼醉"节日跳花场时，送给心爱之人品尝的特殊礼物，有其特殊用意。也可以说，它是苗家男女青年谈情说爱、相互认可、心有归属的最好见证。

"蓊婼醉"节日，摆金苗族支系的村寨虽普遍都过，但节日的中心在甲浪上片区和鸭绒下片区。这两个地区过得最热闹、最隆重。每当节日来临，各家都要亲自当面或以传口信的方式，预约四方亲戚朋友到家共度佳节。

"蓊婼醉"节日第一天，主人们安排好客人吃中午饭后，全寨空寨云集鸭绒花场，当地苗语称为"嶂集那"。各村寨苗族同胞，无论青年男女、中老幼龄，都身着节日盛装，男青年手持芦笙，女青年背着精美的背扇，中老年人牵儿带女，陆陆续续赶往花场。几十上百里的其他民族同胞，也身着本民族盛装，参与助兴。下午一两点钟开始，整个鸭绒花场，就成了人的海洋、舞的海洋、歌的海洋。

"蓊婼醉"跳花场活动，初始有斗牛、赛马、摔跤、对歌、芦笙舞等内容，后因饲养斗牛，其食料和训练十分讲究，在人力、物力、财力等方面花费大、成本高，一般家庭饲养不起，斗牛赛在花场中就逐渐减少甚至消失了。现保留的节日活动有赛马，赛马首先看马的生相，即头、眼、耳、蹄、尾，整个身架和花印如何，好马还要配好鞍；其次，赛马有快跑和慢跑表演。快跑表演会统一设定目标，以先到者为胜，此项以年轻者参与居多。慢跑表演以中老年人为主，以马蹄落步之声"七个八个"为最优。对歌群体主要是青年男女，无论是何地何方的，只要有所感觉，双方就在花场的周边寻找恰当的地点开始对唱。对歌的内容以情爱追求、互敬祝福、期盼美好为主。情到深处，双方难舍难分，相见恨晚，只能再次预约，后会有期。跳芦笙舞是整个跳花场的主旋律。苗族芦笙舞，有的节奏明快，有的节奏舒缓。摆金苗族支系芦笙舞曲属舒缓型，整个支系芦笙曲调和舞步大体相同，悠扬的笙歌让人不禁抚今追昔。男方舞步，一进一退三柔身，手持芦笙左右扬；女方舞步一踏三踮随音跟，歌舞协调有序，沉稳而不乏灵动，简洁而不乏厚重，充分体现了苗族同胞乐观向上的精神和文化传承的智慧，展现出勤劳善良、踏实进取的民族本色。已当家的年轻妇女，用花背扇背着自己的子女，展示自己背扇的独特设计和针线绝活。年轻男女则借这个机会，展示自己美妙的舞姿、才艺，盛装打扮，希望获得心上人的倾慕，更引来里三层、外三层的围观者，一片片惊羡的目光和赞叹。整个花场，人山人海，一圈圈、一层层，让人目不暇接。接近黄昏，花场的组织者或寨老，又组织各村的摔跤好手，进行摔跤比赛或相互切磋技艺。比赛遵循三战两胜的规则，摔跤选手高超的技巧赢来了围观者阵阵叹服的叫好声。夜幕降临，花场的人逐渐散去，花场附近村寨的主人就邀请四方客人到家落脚休息。夜晚，中老年人把酒言欢、交流感情，家家户户的约酒令——"酒余酒呀"，此起彼伏，响彻每个村落。年轻男女吃好夜饭，又在花场附近游方，激情对歌，互诉衷肠，表达爱意。如双方有意，心领神会，姑娘则以手镯或项圈为定情物，赠与男方，相约明天，也就是摆金场天，在马道花场再见。花场第一天的娱乐，持续到夜深人静。

"萴嬬醉"节日第二天，也就是摆金场天，早饭过后，大家穿上盛装，三五成群，及时往摆金场坝汇集。特别是苗家女孩，提着与之年龄段相符的精致小饭箩（通过媒人提过亲而未过门的女孩，则由男方赠送），和闺蜜们一起，打着各色的小花伞（过去多是红纸伞），走在往摆金场坝的路上，有说有笑，交流着昨天跳花场的心得和收获。一到摆金场坝，各村寨都有自己俗成的集会地点，中老年人座谈休息，招呼幼龄子女吃一些新上市的零食。姑娘们先到针线布摊购置自己喜欢的布料和各色花线，小伙子们则四处游走，看看自己的心上人是否已来到场坝，做到心中有数，以备游方谈爱的首选。时至下午三点左右，披金戴银的人流又向摆金马道（临时花场）聚集。到马道后，大家在回家方向的路口稍作休息。中老年人看是否有娱乐活动，如有，就观赏一阵后，或背或牵着幼龄子女慢步回家。姑娘们则提着小饭箩守候着意中人的到来，但若看到自己的叔伯哥弟，也会敬重地、热情地把小饭箩送到他们面前，敬请他们先品尝小饭箩的糯米饭，但多数都客气地婉谢了，因为他们也知道，真正打开小饭箩的另有其人。当看到在昨天花场送过定情物的情郎，姑娘们就大大方方地把小饭箩送上。盛情难却之下，小伙子们就悄悄地找一处较隐蔽的地方，礼节性地吃一点，表示已领受姑娘的心意，芳心有了归属。然后，双方坐下来或交流或对歌，看时间不早，才依依不舍地返回各自家中，准备晚上的约会……一个个苗家青年男女浪漫的爱情故事，就在这里不断延续，直至双方成为终身伴侣。

摆金苗族支系"菊婼醉"节日，2006 年 11 月被列为惠水县第一批非物质文化遗产保护项目。悠悠岁月，其特有的民族历史文化内涵，在众多异彩纷呈的民族节日中，独领风骚，经久不息，演绎着苗家人世代的追求和传奇。

（故事讲述：杨永庆（扪摆寨）；罗弼富、罗荣森、杨开阳（卜所寨）；王发平（松荣寨）。协助收集文稿：陈文溢、罗荣超、吴军、罗浩等。作者：杨靖辉，苗族，贵州省惠水县科协退休干部；李家贵，苗族，贵州省惠水县政协环资委主任。审校：周庆）

民间信仰篇

黔南苗族民俗研究

都匀新场地区苗族的"祭天神"奥秘初探

卢庆文　吴进华

　　摘　要：都匀新场地区苗寨的"祭天神"治怪病仪式，源于苗族原始宗教巫教的传承。其"神药两解"的奥秘何在，值得深入发掘和研究。

　　关键词：都匀；苗族；祭天神

　　都匀市匀东镇的格多苗寨及其所在的新场片区，包括原新场乡所辖的新场、五寨、桃花三个苗族聚居村，近年来在党和政府的大力扶持下，依托本地资源和民族传统文化，积极打造美丽乡村旅游新景点，在黔南州内外已闻名遐迩。但它有一项长期流传的"祭天神"原始宗教仪式，据说可以用来解除少年儿童罹患的一种怪病，却鲜为人们知晓。"祭天神"仪式简朴而神秘，屡试不爽，很难用现代医学原理进行科学解释，给人们留下许多神秘感。

　　都匀市历来是苗族聚居的重镇之一。其居住区主要分布在原坝固、王司两镇（现已并入新建的匀东镇）境内，都操苗语黔东方言北部土语，民居、服饰、传统文化和习俗禁忌等基本相同。而王司片区的苗族同胞，则集中居住在原新场乡境内，片区苗族人口逾万人。其中的格多苗寨，系新场村的"六大苗寨"之一。全寨现有村民 380 余户，1700 多人，都是苗族，且绝大多数人家姓卢。相传，卢姓苗族先辈从外地迁到格多定居已有300 多年的历史。"祭天神"这种带有浓厚原生态色彩的宗教仪式，既是新场苗族的"家传"，也是整个苗族信奉的原始巫教在这片土地上的遗存。这项当地苗家独有的祭祀仪式，已被贵州省人民政府批准列入省内第三批非物质文化遗产保护名录，值得深入研究和探讨。

一、简朴而神秘的"祭天神"仪式

　　在格多苗寨及其周边苗乡，从每年的初秋到入冬时节，往往会有个别人家因为孩子患上一种苗语称为"修芈（音 mǐ）"的怪病，且在多方求医用药后不见好转，只好请苗家通晓巫术的祭师前来举行"祭天神"仪式，祈求上天神灵庇佑孩子转危为安。据说，这种被苗家称为"修芈"的怪病，一般每年一个寨子只有一例，而且都发生在 14 岁以下儿童身上（个别也有 25 岁以下成人罹患此病的）。发病时间大致在农历八月至十一月左右。患病儿童既不伤风感冒，也未遇邪中毒，面部却突然出现红斑，不痛不痒，还不容易被发现。但如果不及时采取措施救治，面部红斑会蔓延全身，严重者将导致死亡。乡村医生（包括普通苗医）对这种奇怪的皮肤病既叫不出病名，也查不出病因，基本上束手无策。谁家孩子患了这种病，都会给家人带来巨大的精神压力。于是，按照当地苗家不知什么时候流传下来的习俗，请巫师来家"祭天神"就成了他们唯一的寄托。主祭的巫师有严格的传授规则，父传子、传男不传女、传内不传外。无论哪个寨子发生此类怪病，他们都会有求必应。

孩子患上"修芈"病久治不愈，家长都很着急。一般他们会悄悄来到巫师家，请巫师判断是否属于"天神放药"而"修芈"。当巫师认定是"修芈"需要"祭天神"时，家长就要从家中秘密带上两个鸡蛋交给巫师，请巫师"帕圭"（划蛋）。巫师用苗药将两个鸡蛋煮熟后，分别从中间划开，取出一半蛋黄和蛋白喂给患儿，再用糯米草芯从蛋壳中穿过，系上一块从患儿身上撕下的布条，让患儿的家人把鸡蛋带回家，挂在吊脚楼堂屋中柱靠左边的第五匹瓦块之下。患儿的病状逐步减轻之后，就可以举行"祭天神"仪式了。

一般来说，当年春夏之交就应开始准备工作，正式祭祀活动则安排在秋收开始至入冬时节。祭祀活动必须选择在与患儿属相不冲突的日子进行，从黎明前的卯时（凌晨 5 点）开始，历时三个小时左右。仪式开始前，要用一只木制大谷桶搭起祭坛。派出一名健壮男子从山中连根挖来一株长势茂盛的竹子，放置于门前的祭坛之上。祭师在祭坛竹竿上悬挂五条母鲤鱼、一方白布、一个项圈和一杆秤，依次摆满香案、杀好的小猪、脱毛的公鸡、菜碟、酒碗和糯米饭等。祭师身着法衣，虔诚地向天祷告，口中念念有词，一边诵经，一边向空中抛撒米粒等。

诵经（咒语）完全用苗语表达，内容很长。大意是：天神啊，主人家某某姓甚名谁，其子（女）某某患了"修芈"，合家不得安宁。为祈求天神帮助孩子祛病消灾，他们诚心诚意准备了祭品，选择了今天的吉日良辰，委托我来向您禀报求援。我从主人家居住的寨子出发，一路上翻山越岭，涉水渡河，历经艰难险阻，才一步步来到天堂，恳请两位天神下凡，及时赶往人间去帮助驱病除魔（如一时请不动天神，祭师还会反复耐心地劝说，直至天神应允为止）。当天神来到人间帮助患儿解除病魔后，祭师则大声表示感谢和欢送，祝天神尽快离开人间回到天堂去。如果天神拖延不行，将会影响患儿的康复。

送走天神后，祭祀仪式结束。专门在一旁协助祭师的两男两女会及时将祭坛上已经煮熟的小鱼和糯米饭分送给患儿、家长和所有在场的亲友当场食用。男助手负责分送祭祀品给男人食用，女助手负责分送祭祀品给女人食用。寨子中的邻居和过路行人听到祭师的诵经之声，也可以赶来探望，参与分食祭祀品。与此同时，祭师将挂在竹竿上数小时的五条母鲤鱼解下，派人放入养鱼的稻田中。鱼儿很快就会从昏睡中恢复过来，欢乐地在水中游荡，来年还会产蛋孵仔，繁殖后代。主人家则将各种祭品收拾起来烹炒煎炸，设宴款待来宾，共祝患儿平安越险，早日康复。

"祭天神"仪式简朴而神秘，在新场地区至少已沿袭了两三百年。即使在农村医疗条件大为改善的今天，也还有村民传承沿用，先后为数十名患者解除病痛，挽回了生命。以最近二三十年为例，新场地区通过"祭天神"挽回生命和恢复健康的中青年大有人在。如格多苗寨的卢治银、卢治超两家的孙儿罹患"修芈"后，都是经"祭天神"治好的。笔者卢庆文的外甥朱文宝家住五寨村，早年患上"修芈"，病危时也举行过"祭天神"仪式。卢庆文曾亲自到场观看。朱宝文现已长成英俊的半大小伙。其中的奥妙，真是令人难以置信。

二、"祭天神"必须遵循的规矩

作为苗族巫教的一种表现形式，格多苗寨的"祭天神"与世界上许多宗教活动一样，都有自己的一套"仪轨"与禁忌。虽然这种禁忌或规矩不像世界几大著名宗教那样复杂和严苛，但它对保证"祭天神"活动的顺利进行和祭祀目的的实现，同样具有极为重要的意义。概括起来说，在"祭天神"活动中至少要遵循以下规矩，做好组织准备工作：

（一）严格的保密性

无论谁家的孩子得了"修芈"怪病，都不能公开张扬。"祭天神"也不能包医百病。只有在多方求医服药都不见好转的情况下，患儿家长才能秘密邀请巫师帮助诊断。巫师通过一定手段确认属于"修芈"，确实可以通过"祭天神"祛病除魔时，举行祭祀仪式的筹备工作也要秘密进行。比如，家长从家中带去两只鸡蛋请巫师"帕圭"（划蛋），就不能让人知道。

祭祀仪式要在择定的日子的凌晨5点多开始，天大亮时（早晨8点左右）基本结束。邀请亲朋好友参加，开始主要限定在兄弟姐妹和姑舅表亲等内亲之中，不到正式的祭祀日，不对外宣布。其他近邻和好友在获知祭祀信息后前来帮忙，当然也要欢迎，但那时祭祀仪式已经公开化了。

（二）认真做好物资准备

"祭天神"需要准备的物资不少，而且都有一定讲究：

一是要准备足够的活鱼。鱼是繁殖能力很强的水生动物，深受渴望繁衍更多后代的苗家崇拜。祭天神时，要将五条母鲤鱼悬挂在祭坛竹竿上。它们一定得是性成熟的活鱼，保证仪式结束后放回水田里仍能活过来，产卵繁衍下一代。事先挑选出的鲤鱼要放入水池或水缸中喂养，在此期间，主人家不能食鱼。在"祭天神"当天，还要准备一些较小的鲜鱼，用酸汤煮熟后分送给客人食用。但主人家吃的鱼一定要有一条是雄鱼，一条是雌鱼。

二是要准备质量上乘的野生花椒、大蒜和不知名香料等。举行仪式的前一天，巫师要亲自出马或派出助手到海拔较高的山上采摘野花椒和一些叫不出名称的奇特香料，拿回家中与生大蒜一起捣碎，再与鱼、肉、糯米等一起煮熟，捏成糯米团，给大家分而食之。

三是要提前酿酒。苗家无酒不成席，无酒不敬神。仪式若干天前，主人家就要酿制足够的烧酒，封坛储存，不到祭祀活动开始，不许打开。

四是至少要准备一头可以宰杀的乳猪和一只公鸡，以及必要的肉食贡品、上百斤糯米饭等，以备祭祀时搬上祭坛供奉和待客。

五是要准备一方白布、一个项圈和一杆秤等。白布为天神引路，秤代表苗家主张的公平，项圈则是送给女天神带回天堂的饰物。

（三）严守祭祀时间

"祭天神"仪式都安排在每年的农历八月到十一月期间举行。这也是"修芈"怪病的多发季节。祭祀日子的择定不能与患者的出生属相冲突。祭祀活动准时从卯时（凌晨 5 点左右）开始，早上 8 点多基本结束。整个过程大约持续 3 个小时。如果祭祀时间过长或过短，都会影响祭祀效果。

（四）邀请特殊人员帮忙

活动开始前，主人家要选定已婚且生有两个以上男孩的成年男女各两名，充当祭师与天神之间的"中间人"，在仪式进行中负责给天神敬献贡品，并在仪式结束时负责给来宾分发糯米饭等食物。糯米饭团每人一份，每份都附有一条或半条煮熟的小鱼。男子给男宾分发，女子给女宾分发，不得交叉进行。其他受邀的亲朋好友，可在现场主动帮忙。其中，苗家最重视的姑舅内亲要送米、肉、鸡、鱼等重礼，一般亲友也可送一定礼信。

祭祀日宾客越多，祭祀成功的可能性才越大。

（五）及时放生母鱼

用于祭祀、悬挂在祭坛上方的五条母鲤鱼，祭祀结束时，要及时为其"松绑"，放回稻田中养殖起来。这些鲤鱼离开水体三个多小时还能存活，实属神奇。但只有让母鱼成活并在来年产蛋繁衍后代，祭祀才算成功。

（六）严守传统忌讳

祭祀结束后，主人家要热情招待亲朋好友。客人散去后三天内，主人家的粮食、钱款和物品等一律不准借出。已经借出的东西，三天之后才能收回。

以上规矩，是当地苗家人通过上百年实践总结而逐步形成的。至于为什么要这样做，谁也说不清楚。按照巫师的说法，这都是上天的旨意，"信则灵，不信则废"。许多规矩约定俗成久远，要想改变也不容易。

三、"祭天神"的奥秘初探

在今天的人们看来，"祭天神"确实存在许多神秘感和无法解释的疑问，但它与封建迷信无关，而与苗族的原始宗教——巫教有着直接的联系。

苗族是我国最古老的民族之一。与汉族等古老民族一样，在远古的原始社会蒙昧时期，苗族对许多自然现象无法做出科学的解释，于是就产生这样那样的幻想，把世间的一切都视作"有灵"的上天之"神"与地下之"鬼"所为，人间的一切活动都受鬼神支配。人们遇到灾难，包括病魔缠身无力自拔的时候，只有祈求神鬼的帮助，才能挣脱苦难。这就是最早的鬼神论（或神鬼论）原始宗教产生的根源。

史载，苗族先民原始部落联盟的最高首领蚩尤就是一位伟大的发明家。蚩尤不仅发明了冶金术，"以金作兵"——用金属制造兵器，也发明了刑罚和原始宗教——巫教。蚩尤时代的三大发明，对中国乃至世界的古代文明做出过重大贡献。苗族的巫教，则是一种原始多神教。它以信鬼尚巫、多神崇拜为内容，认为万物皆有灵，最初鬼神不分，善神与恶神不分，好鬼与坏鬼不分。

许多史书都有这类记载。如《国语·楚语下》："少皞之衰也，九黎乱德，民神杂糅，不可方物，家为巫史……"《汉书·地理志》："（楚人）信巫鬼，重淫祠。"元人《赠医氏汤伯高序》亦云："楚俗信巫不信医……凡疾，不计久近深浅，药一入口，不效，即屏去。至于巫，反复十数不效，不悔。""苗人崇信神巫，尤其于古。""婚丧建造，悉以巫言决之……"等等。这里的"九黎"就是蚩尤时代的苗族部落联盟，"楚人"就是三苗时期"荆楚"地区的苗人，"楚语"就是苗语，"楚俗"就是苗俗。

"崇信神巫"与"婚丧建造，悉以巫言决之"，早在远古时期就成了整个苗族先民的共同习俗，而且逐步传播到汉族和其他少数民族中，对整个中华文化产生过不可估量的影响。只是苗族先民在古代战败后，长时期被驱赶追杀，避居深山，受外界影响较少，经济社会发展停滞时间较长，巫教巫风才保持那么长久。长期以来在汉族中盛行的《易经》五行说、风水学、占卜学等，也渗透着苗族巫教的元素。但是，苗族并非只"信巫不信医"，而是"药一入口，不效"才"屏去"，不得已改用巫教形式来祛病除魔。巫术产生于苗医，苗医又在巫术的掩盖下进行。因此，苗区长期盛行巫医不分，信奉"神药两解"，"祭天神"就是一个典型的例子。

"祭天神"的巫教来源是什么？据老巫师介绍，新场苗族的"祭天神"来自一个古老的神话传说：相传在古苗寨里，最先迁入的是一对苗族夫妇，丈夫叫"嘎荣"，妻子叫"搬努"。他们一共生了五个儿子，长子嘎啦（猴）、次子嘎佛（雷）、三子嘎勇（龙）、四子嘎笑（虎）、五子嘎腰（豹）。嘎荣喜欢狩猎和养鸟。每当外出时间较长时，嘎荣都会交代妻子搬努替他给画眉鸟喂水添食。一次，嘎荣外出打猎13天才归来，走近鸟笼一看，往日活蹦乱跳的画眉已经死亡。他责问妻子道："你为什么不替我把画眉养好？"搬努没好气地回答："我就是不耐烦帮你养鸟，就是要让它饿死！"嘎荣听罢，愤恨地骂道："你这个没良心的婆娘，这日子没法过了！"从此离家出走，长期不归。后来，人们才知道他去了天堂另谋生路。在天堂里，嘎荣另娶了一位妻子，名叫"搬念"。但他们没有生育，日子过得并不愉快。自嘎荣负气出走后，其原配妻子搬努逐步意识到自己的不对，不觉后悔起来，常常思念嘎荣，终于忍不住带信到天上，让嘎荣回来看望她和孩子们。嘎荣回话说，待到人间电闪雷鸣、风雨大作的时候，他会回来。于是，嘎荣背着后妻搬念，多次趁打雷下雨的时候回到人间与妻儿相会。这件事让搬念知道后，搬念非常生气，但她又无法劝阻。为了从根本上堵死嘎荣下凡与妻儿约会之路，搬念狠了狠心，悄悄在狂风暴雨的时候洒下一些病毒，试图让搬努的孩子们染病而亡。这样，人间的儿童患了"修芈"，才不得不请巫师通过天地对话，求嘎荣说服搬念下凡来到人间，收回她所施放的"嘎米"（不好的东西，即病毒），帮助患儿解除病魔。但搬念也不是那么好请的。她只在"那否哪算（稻谷黄稻米熟）、波奶阿酒（开鱼倒酒）"的时节才会下来。这才有了"祭天神"。

那么，巫医并用、"神药两解"的"药"是什么呢？巫师们对此讳莫如深。通过以上介绍，有几个环节很值得留意：首先，谁家的孩子得病之后，都会求医用药，包括西药、中药和苗药。不能说这些药都不起作用。其次，患儿家长去请巫师秘密"帕圭"（划蛋）时，巫师会将这两只鸡蛋加苗药煮熟，划开后取出部分蛋黄和蛋白给患儿食用，接着才让患儿家人将蛋壳系好挂到堂屋中。在苗族地区，无论谁家孩子病了，家里人都会将鸡蛋浸泡在药水（或清水）中，经过浸煮，待鸡蛋出锅、稍加冷却后，把鸡蛋放在患儿的头部、胸部等处滚来滚去，最后让孩子把鸡蛋吃掉。这样做几乎都可实现"蛋到病除"。这是一种很普遍的现象。至于巫师用来煮蛋的苗药是什么，那就"无可奉告"了。再次，祭祀前，巫师或其助手上山采集的野花椒、生大蒜和"不知名香料"等，都有相当的药效。其中的"不知名香料"也许就是多种苗药的搭配。将这些东西捣碎掺入鱼、肉、糯米之中煮熟，就成了"药膳"，分送主人家（特别是患儿）吃，客人也吃，岂不是既能治病又能防疫吗？

改革开放以来，贵州等苗族地区的苗医苗药被大量开发利用，发展风头正盛，而且受到党和国家的重视和扶持，说明苗族医药确实是中华医药宝库的一个重要组成部分。当今的苗医药虽然不再被人们披上巫术的外衣，但它与苗族巫术的神秘渊源难以抹煞。保护和传承"祭天神"之类的苗族传统文化，对于研究苗族的历史、宗教、医药、文化以及开发民族风情旅游等，仍然具有不少积极的意义。

（作者：卢庆文，贵州省黔南州新华书店党支部书记，州苗学会副秘书长；吴进华，贵州省黔南州人大常委会原副主任，州苗学会原会长。审校：廖光文）

苗族鬼神观念及其传统文化建构
——黔中地区田野调查札记①

张 杰

摘 要：要想进一步了解苗族社会历史传统文化，苗族的鬼神观念是一个非常好的窗口。基于万物有灵的观念，苗族人通过祭祀鬼神，求得鬼神的保佑。这是万物从生到死，再到鬼神，从一个简单体到拥有超自然力的过程。无论是蒙昧无知的旧时代还是在科学技术飞速发展的今天，苗族人的鬼神观念一直未淡化。本文从苗族人请小鬼仪式角度去解析苗族的鬼神观念和传统文化构建。

关键词：鬼神；传统文化；万物有灵

宗教是一个民族寄寓思想情感的载体，人们通过不同的形式表达出来，而苗族人的鬼神观念正是他们表达思想情感的独特方式，万物有灵便是苗族鬼神观念的根基。人类学和宗教学家泰勒把万物有灵理论分解成两个信条，第一是生物的各种灵魂，并认为这些灵魂能在躯体死亡之后继续存在；第二是其他鬼神，鬼神掌握着物质世界。[1]也就是说，灵魂在脱离躯体之后，就拥有了某些力量，它们通过这些力量来满足自己的要求。宇宙万物的兴衰更迭，人间祸福的起止回旋，皆由神灵而定。要想达到目的，就要取悦神灵。[2]鬼神有鬼神的私欲，人也有人的私欲，人满足鬼神的私欲，就能达到人的目的。苗族人常常会搭桥、请小鬼、祭祀祖宗、祭祀树神等，想通过这些方式，取悦鬼神，以求得到鬼神的保佑。苗族万物有灵的实质是万物平等的思想。[3]苗族人古经传唱中，不仅有对人类祖先的信仰，还有对万物之灵的信仰，所以苗族对鬼神的信仰实则为苗族人与大自然和谐相处的表现。

①基金项目：贵州省政府文史研究馆2018年"多彩贵州民族民间文化之黔中苗族历史文化存世资料——亘古'茂饶茂穰'草根说."抢救项目（黔馆字〔2018〕4号）课题研究阶段性成果及教育部规划基金项目"黔南民族民间古籍留存现状调查及整理研究"（15YJA870015）系列成果。

此次笔者参与贵州文史研究馆黔中苗族历史文化存世资料抢救项目田野调查，深入贵阳市高坡乡杉坪村的红毡苗 hmaox raof（茂饶）、龙里县湾滩河镇岱林村的海葩苗 hmaox rangf（茂穰）两个苗族支系中，采访了两个支系的祭师，对比了不同区域、不同支系的苗族鬼神文化特征。

一、鬼神与人类世界的中间人媒拉婆和祭师

所谓人鬼殊途，鬼神会通过一些渠道将信息传达给生者，让生者知道鬼神的需求，但是并非所有人都能读懂鬼神所传达的信息，这就需要一个中间人。维系鬼神与人类生活圈子的专门的职业人员，一种是神婆，苗语称 meif lad。高坡杉坪村"茂饶"支系和龙里岱林村的"茂穰"支系都把神婆叫作"媒拉婆"。媒拉婆是人类生活圈与鬼神圈的中间人，她能通过人们表现出来的症状读懂鬼神的需求，也能通过某些方式和鬼神进行交流。是否需要请鬼神或者驱走鬼神，都是媒拉婆读出来的。另一种就是"祭师"。"茂饶"支系称其为鬼师，"茂穰"支系称其为"祭师"。祭师负责请或驱走鬼神、组织祭祀活动等。"苗族信仰多神崇拜的巫教，敬畏鬼神，在人类与鬼神之间起沟通作用的是巫师。"[4]可以看出媒拉婆和祭师都起到与鬼神沟通的作用，但两者还是有区别的。媒拉婆可以知晓某人冲撞某种鬼神，但却不能将这个鬼神请走；祭师是在媒拉婆告知了某人冲撞了某种鬼神之后，通过一些仪式将其请走，祭师本身不能读懂鬼神的信息。媒拉婆和祭师是相辅相成的。

（一）媒拉婆

1. 如何成为媒拉婆

在苗族社会中的媒拉婆是一个非常具有神秘色彩的身份，也可以说是一种比较神秘的职业，属于神职。这个职业是鬼神界与人界的联系者，一般以女性为主。那如何成为媒拉婆呢？

在杉坪村茂饶支系中，每年的正月间，寨上的媒拉婆就会带着年轻男女到杀牛祭祖的牛桩附近，或是坡顶，或是偏僻的三岔路口，让每人拿一炷香，向四方作揖。媒拉婆口念死去的祖先的名字，希望能够得到神灵的指导，帮助自己成为媒拉婆。媒拉婆点三炷香插在地上，一炷香拜天，一炷香拜地，一炷香拜老祖先。众人跟着拜神。天黑之后，大家摸黑回到家中，围着火炉坐成一圈，得用东西将火炉蒙住，家中不能点灯，然后把背回来的竹箩用一根绳子从中间拴着，绳子的两头各拴在一男一女的腰上，竹箩里面装 6～10 个铜钱、打火石、手镯等，用帕子蒙住，以此检验谁请到了神。若是有人请到了神，那这个人的双腿就会不停地抖动，双手不停

地摆动。请到神的人可以成为媒拉婆。媒拉婆一般以女性为主，也说明男性在其中只起到辅助作用。

岱林茂穰支系也是去向祖先学习，并把神请回来，能请到神的就可以成为媒拉婆。据寨上王光禄老人说，每年的正月间，寨上的妇女会在腰间挂一个竹箩，在某个傍晚，相约前往小型瀑布请神（这是一种人死去之后的灵魂合成的神），一定是人烟稀少且有水声的瀑布，并携带香烛纸钱。这群妇女会在瀑布做请神的仪式，等到清晨才回家。她们会相约到一家去，当回到家门口的时候，就要把竹箩挂在家外面的树枝上，意味着已经把神请来了，再去请寨上有经验的媒拉婆来帮忙验证。这些妇女围着火炉坐成一个圈，并且在头上蒙一块布。媒拉婆含一口茶喷到她们背上，若是有人请到了神，那么脚就会抖，手也会不停地摆动，同时还说一些大家听不懂的话。媒拉婆再喷一口茶到这个人身上，便可让这个人停下来，也就说明这个人可以成为媒拉婆。

没有去请神的人可以在旁边观看，也并非只有请神的人才能成为媒拉婆。有的人在生了一场小病之后，就得到了这种力量，然后成为媒拉婆。成为媒拉婆的人不能再吃狗肉。没请到的人，下次还可以去请。一般来说，能成为媒拉的人少之又少，一个寨上可能就一两个，甚至没有。也就是说，神选人是看缘分的，因为在与寨上的老人交流中得知，成为媒拉婆的人并非有什么过人之处，这是一种偶然事件。

2. 媒拉婆社会职能

人们去到苗寨中会经常听到"打媒拉"的说法，打媒拉其实就是一种请媒拉婆的仪式，很多人家会因为家中的大小事情去打媒拉，也就是请媒拉婆帮忙看看他们家是否冲撞了什么鬼神。但凡打媒拉，都要带上一升米，媒拉婆也会应主人家的要求而帮忙。茂饶支系的媒拉婆通常将带来的米抓一点丢在火中，等米烧成一团黑色的固体，就能通过观察这团黑色的固体，看出这人是什么鬼神作祟或者需要请什么鬼神。媒拉婆会将剩余的米装在碗里，再盖上一块帕子，用手在帕子上一抹，掀开帕子，通过观察碗里米的纹路来判断这家人是什么鬼神作祟或者需要请什么鬼神，然后把情况告诉主人家。接下来，主人家就去请祭师来请鬼神。苗族一直以来都以农耕为主，在农耕技术落后的旧时代，田地里的作物产量少之又少，而每次只要去请媒拉婆，都要带上一升米，做完仪式之后，这升米就归媒拉婆所有，加上受传统鬼神观念的影响，人们遇到意外时都会去打媒拉，所以媒拉婆是一个很吃香的职业。

媒拉婆虽然受到人们的尊重，但是她们对苗寨事务并没有主导权，她们只负责与鬼神的沟通。在寨上商议大小事务的时候，她们的身份就变成了妇女，没有权利参与。

（二）祭师

1. 怎样成为祭师

虽然说成为祭师不像成为媒拉婆那样具有偶然性，但是一个寨子里通常只有三四个祭师。成为祭师有两方面的条件限制，第一是外部条件，首先必须是本族人，其次要在老祭师身边学习；第二是内部条件，首先得是男性，其次就是个人的努力。每年的正月间，苗族男子就会相聚于寨子里的祭师家，每个人拿上几斤酒肉，去向老祭师学习，学习内容大致是背祖宗的名字、了解祭祀过程、背常用的祭祀词、记古经、学歌舞等。因为农忙或者生计问题，且只有正月间可以学习，所以很多人并不能真正学到相关技能，只有部分用心的人才能成为祭师。年轻的祭师都会在老祭师的指导下慢慢地通过实践来熟悉祭师要做的事，这样久而久之就熟悉每个环节的流程了。

每个寨子、每个家族都有自己的祭师，若是遇到丧葬、祭祀，都会去请祭师帮忙。祭师不仅不推辞，反而会很乐意前去帮忙，即使祭师通常都得不到什么回报。

2. 苗族祭师的社会职能和地位

笔者所采访的杉坪村和岱林村，杉坪茂饶支系的罗家明、罗朝贵，岱林茂穰支系的王光禄、王光清、王光径都是寨上的祭师和寨老（见表1）。在走访的几个村子中，所有寨上的祭师都是本族中的男子，因为祭师除了驱鬼神、请鬼神外，还要负责在丧葬和祭祀活动中祭祖，而女子早晚都是要嫁人的，所以祭师只能是由男性来担任。成为祭师就不像媒拉婆那样有偶然性了。

表1

支系村寨	姓名	年龄	职务	采访时间	采访地点
杉坪村 茂饶支系	罗家明	81 岁	寨老、祭师	2018.07	杉坪村 杉木寨
	罗朝贵	70 岁	寨老、祭师	2018.07	
岱林村 茂穰支系	王光禄	67 岁	寨老、祭师、歌师	2018.08	岱林村 长寨
	王光清	55 岁	寨老、祭师	2018.08	
	王光径		寨老、总管	2018.08	

苗族的祭师拥有很多的社会职能，同时对应的是他们的特殊身份——寨老。一般来说，祭师都是寨老，但是寨老并不一定是祭师。寨老在每个寨上都是备受尊重的。在茂饶、茂穰支系中，并没有族长的说法，寨上的

大小事务，都是通过几位寨老一起商议决定的。寨老也并不是大家推举的，而是在一个寨子中，年长且有能力的人自然而然公认的。祭师作为寨老，除了组织祭祀活动和丧葬事宜、调解纠纷以及驱除邪祟等外，还是民族文化的继承者和传播者。祭师需要通晓苗族的古歌、神话故事、祖宗名字、鬼神名称等。茂饶、茂穰支系中只有祭师会通过口传心授的方式继承和传承相关文化。岱林寨上的祭师王光清，算是同辈人中的佼佼者，他对之前寨上老祭师遗留下来的开路词手抄本加以完善，经三次整理之后，终于将寨上开路词、祖宗的名字以及各家各户的长房名字统计清楚，而且解决了每家死去一个老人就要往上加名字的问题。之前的手抄本因未考虑到这个问题，所以并未留有空余的位置，带来了很多麻烦。而且，之前都是用汉字谐音字记录苗语，所以很多字只有记录的老祭师才能看懂。于是，王光清统一了记录方式，并且分与大伙传阅。他还将鼓谱用谐音字记录了下来，方便年轻人学习。

说起苗族请小鬼，常常会使人联想到泰国养小鬼，会以为这是为达到某种私欲或对某人不利而举行的仪式。其实不然，虽然苗族人也是说请小鬼，但是请小鬼有请来的意思，也有驱走的意思。不同的场合会以不同的仪式来请鬼神，祭祀会请祖先；治疗疾病会驱除孤魂野鬼；祈求家中顺利会搭桥或者请鬼神等。人们会根据不同鬼神的需求来做不同的仪式。

二、举行鬼神祭祀的社会功能

（一）疾病治疗

这是一种不同于医药治疗的方法，在苗族社会中普遍存在。天花、麻疹、红白痢疾等病在以前的苗族社会中是非常可怕的病。由于地理环境的限制和医疗知识的缺乏，不少苗族人民花了很大功夫都不能将病治好。加上受鬼神观念的影响，苗族人民就把这些疾病解释为是有鬼神作祟，需要通过某种仪式把鬼神请走，将疾病祛除。这就是不同于药物治疗的仪式治疗。仪式治疗是一种表达特定文化观念的社会行为，它是否能够改变自然身体的状态，即让患病的身体自然康复，这并不十分重要。[5] 苗族人民自古就有自己的医药，很多人生病了，除了找药物治疗，仍然会请媒拉婆来看是否冲撞了鬼神。若是小病，要么不理睬，要么靠药物治疗；如遇到大病，便会去请媒拉婆来看。

在杉坪茂饶支系中，若是寨子里有人得了天花、麻疹、红白痢疾等比较严重的疾病，那是因为有天上游荡的鬼来到寨上了，寨上的人就会一起凑钱买需要用到的东西，将这个鬼请走。需要用一个竹篮子，竹篮边用绿旗、红旗、白旗、黑旗插满，拿碗装着猪头肉、饭、酒、鸡肉、三块豆腐、碗筷并放入竹篮中，由两个人抬着走在前面，有专门的人吹叶子和小唢呐以及打鼓跟着，祭师跟随其后，拿着鸡和捆着草的东西。将草扎成一个人的样子，上面插绿、红、白、黑色的旗帜。祭师要从寨子头念到西方，念词叫"changd nghaob yaob"，然后跟着往西边走。如遇到三岔路和丫口，祭师就把带的东西都丢在那里，然后去跟其他人汇合。一行人需要将这个竹篮子送到寨子西方，那是祖上留下的地方。送到了那个专门的地方，祭师便带着大家吃带来的东西。大家吃饱后，就会一个跟着一个悄悄地离开，吃剩的酒肉饭菜和碗筷不能拿走，这样做是为了不让鬼知道人走了。在医疗条件欠缺的情况下，人们只能通过这种仪式治疗来驱除鬼神。而在今天，遇到一些疾病，人们依然采用这种方式来治疗。

有人生病了，即使不是被鬼神缠身，也可以请鬼神来庇佑。人们认为每个寨子都有鬼神守护着。岱林茂穰支系中，若家中有孩子生病，就会去打媒拉，媒拉婆若说孩子生病是因为有树倒了，就需要去祭保树雷神。树木生前守护寨子，现在它的魂魄还在，就拿点东西去祭它。在所倒下的树前用四根小棍子立于四个角，上面铺着草，做成桌子的样子，桌上放一升米，插三炷香，旁边放着五碗茶，祭师边念词边卜卦。卦是用竹子砍成6cm×20cm左右的两块，竹子内部为白卦，外部为黑卦，白是好的，黑是坏的，一黑一白，代表阴阳平衡。桌子旁边放着一正一反、一长一短捆在一起的水竹子。祭师念完五首词①，就拿黄牛肉或者黄牛皮去煮熟，同时杀鸡，也将鸡肉煮熟，然后将鸡肉、黄牛肉或黄牛皮一起拿回来"回熟"，先请保树雷神来吃，再请山、石头、水井、塘、古树等来吃。吃完后，拿汤来给"天火地火年火月火时火"和保树雷神漱口，再请山、石头、水井、塘、古树等来漱口，最后把吃剩下的东西卖给保树雷神带走，意为把不吉利的东西带走。这种仪式治疗是以祭祀寨子中的自然神灵，以求得到鬼神的庇佑，驱除疾病。若是整个寨子要举行这种仪式，那规模就非常大了，所做的仪式叫"保寨雷神"。祭保寨雷神时，要用稻草扎成人形，两个人抬着稻草人绕寨子一圈，再拿到寨上指定的地方。岱林称此处为"bangb njeix"，自古便是举行该仪式的地方。抬着这个稻草人去，意为把保寨雷神送走了。摆设以及回熟都和保树雷神一样。

---

① 第一首："领"某某拿钱买来大公鸡你来领去，把不好的、不吉利的都领去，保佑他家顺顺利利的。第二首："帮扶"某某家全家老小，现在气力衰弱，你现在来帮扶他们恢复到之前的样子。第三首："挖"他们家没有的东西，你要想办法去挖点好东西来给他们家，若是有疾病，就把不好的东西挖掉。第四首："抬走"你来了，你就把他们不好的东西、不吉利的东西抬走。第五首："总计"拿鸡来祭祀你们，有不好的东西，你们就领走。

（二）祈求家中顺利

在过春节之时，千家万户都会祈求神灵保佑在新的一年里家人身体健康。每年的正月间，苗族人民也会根据自己家中的情况，去请祭师来为自己家请鬼神，希望这些鬼神能保佑他们在新的一年里顺顺利利、财源广进、人丁兴旺等。

在岱林、茂穰支系中，若是家中不聚财、常有人生病等，那这家人就会带一升米去打媒拉。媒拉婆用小碗装一碗米，碗上盖一块布，用手在布上一抹，然后揭开，看米的形状，就知道这家有什么东西在捣鬼。这家人不聚财，常有人生病，媒拉婆就告诉他们家中遭遇破家财神。得知是破家财神捣的鬼后，这家人就会去请祭师来将破家财神请走。这时需要用到四个碗，一个碗装茶；一个碗装米，米上插一炷香；一个碗装少许菜和钱；一个碗倒扣在装菜和钱的碗上。将四个碗放在一个凳子（祭台）上，凳子（祭台）放在大门内。祭师还要用一对卦来卜卦，凳子前面烧三张纸，可以买点猪肉放在凳子上（如是用鸡的话，就把鸡的翅膀和脚捆了，放在凳子下），把打粑粑的棒子挂在大门中间。随后，祭师就在家里念五首词，每念一首，就要卜一卦，卦象一四五为不吉利，二为平衡卦，三是吉利。等念完之后，就把猪肉或者鸡煮熟并拿来"回熟"，也就是吃。祭师要先请破家财神来吃，再请山、石头、水井、塘、古树等来吃，等它们都吃完，再用鸡汤来请破家财神漱口，最后请山、石头、水井、塘、古树等来漱口。请它们漱口的时候，每念完一个鬼神，就用小木瓢舀一点点汤洒在地上。接着把吃不完的肉卖给破家财神。把它们送走了之后，就把吊着棒子的绳子解开，用棒子把放钱米的两个碗砸碎，意为把破家财神已经打碎，请他走了，主人家可以把这些钱拿回去用，菜则直接丢掉，肉则被大家分而食之。

门是一个家的进出之道，很多人家会在正月间去打媒拉。若是说这家需要请个门神，请门神来可以保护这家一年的顺气，那这家人就会叫寨上的祭师来为自己家请门神。请门神时会用一只母鸡，因为门神属阴性，所以就只能用母鸡。具体的仪式和破家财神一样，只是没有棒子和两个倒扣的碗。

为了让自己家中顺顺利利、财源广进、人丁兴旺，除了将鬼神请到家中外，苗族人民还有另一种仪式"搭桥"，在茂饶支系中唤作"zhux lax"。首先找两块石板和一条水沟，水沟不到一尺宽，石板一块朝东方，一块向西方，摆在水沟两边，用竹子弄成一个拱桥的样子，两尺多，放在石板上，用纸剪成五六个手牵手的小人，还要请有儿有女的祭师和媒拉婆去请死去的老人。两人在桥的两端念词。念词大意：哪年哪月搭的桥，目的就是请来荣华富贵、人丁给这家人，等等。这一房族的人，每家要拿来一条白色腰带，以及母鸭、酒、猪肉、豆腐、碗筷、糯米粑，准备两份，摆在桥的两头，用被掐死的母鸭的羽毛插在桥的两端，还要在桥的两边烧纸钱。放在桥上的东西，除了拱桥，其他的当天收回来。若是有人家抬死人通过这里，那就得重新再搭桥一次（洗一次）。所以，一般情况下，搭桥都要请人去看护三天，因为可能有人把桥下的泥巴挖掉，偷走桥上的气运。

茂穰支系中也有搭桥，有的人家为了家中顺利、财源广进、人丁兴旺，会去请媒拉婆来给自己家搭桥。搭桥是在堂屋完成的，媒拉婆把竹子编成的桥用烧过的草木灰固定于堂屋，在家中神龛前摆放一张桌子，上面摆好酒肉，点香烧纸。然后，媒拉婆开始为这家人念好话，大意就是希望这座桥能为这户人家桥儿桥女、桥米桥财。做完后，要将这座桥挂在摆放神龛的后面一间屋子里。

在杀牛祭祖之时搭桥，叫作搭牛桥。人们希望通过这座牛桥，将所杀的牛桥给自己的老人。搭牛桥时，会砍一棵竹子编一座桥，将牛桥搭在专门的地点——祖宗搭的石桥上，祖宗搭的桥就是拿一块小石板铺在地上。这桥世代传下来，不能随意更换。然后，要在牛桥下面摆放四个碗，两碗酒、两碗肉交叉摆着，碗的前面铺一块头帕。竹桥是代表阴间连接人间的桥。

（三）为生者驱除不利的邪祟

从古至今，苗家人一直认为一个人不顺气、一家人不和谐等，都是因为有鬼神作祟。这种传统思想一直延续到今天。在苗族寨子里，随处都有禁忌，不论是外人还是寨子里的人，都对这些禁忌十分敬畏。或许某人会因触犯了禁忌而遭到鬼神的惩处，也有的人家会因为鬼神作祟而处处不顺，这时就会去请祭师来为其驱除。

在茂穰支系中，若是夫妻、情侣经常吵架，或者处于恋爱阶段的青年男女在谈婚论嫁时不顺利，家人就会拿一升米去打媒拉。媒拉婆装一碗米，上面盖一块布，用手在布上一抹，然后揭开，观察米的形状，就知道这家有什么东西捣鬼了。夫妻、情侣吵架就是有勾绞神（苗语称 gwd jiaob），那就让这家人去请祭师来把这个神请走。祭师准备一碗米，米上插一炷香；准备一碗茶；准备一对用竹子做的卦。将碗、卦放在凳子上，凳子放在大门内。一定要用公鸡解。再用茅草扎两个茅草人，用树枝做两个钩捆在稻草人的手上。将茅草人放在凳子的前面，祭台下面烧三张纸（钱纸）代表用阴间的钱财来请勾绞神，念五首词，每念一首都要占卦，之后就把公鸡杀了做回熟。然后请寨上的老人来吃这些鸡肉，除了不顺利的这对年轻男女不可以吃，其他人都可以吃。茅草人一是代表这两个年轻的男女，二是代表勾绞神。用完之后，就把茅草人丢在太阳落坡的方向。茶倒掉，卦就用火烧掉（在哪里烧都可以），这样仪式就完毕了。

茂饶支系中，当活人遇到被撞死、从房子上掉下来摔死、落水死、被枪打死、落树死、火烧死等非正常死亡的人，或者是生孩子难产死去的以及遇到火化死人等情况时，为了不让遇到这些事的活人再发生这种事，就要请祭师来驱走这些鬼神。准备一只会打鸣的公鸡，一瓢水，捆三节的稻草、树叶、刺。让祭师把"鬼"送走，希望送到阎王那里，不要来扰乱看到他们死掉的活人。第一步，遇到事的人围成一圈，祭师先把水含在嘴里，之后喷出来，一手拿着点着了的稻草火把，一手拿着割了个口子还在滴血的鸡，围着这些人顺时针和逆时针来回转三圈，并念词。念词大意：遇到死得不好的人，你们不要来骚扰我们活着的人，拿鸡来"祭"你们，就不要再来骚扰我们。念完之后，就把鸡杀来吃掉。年纪大的才能吃，年纪小的不能吃，且当事人不能吃这只鸡。参与仪式的所有人要在家门外吃这顿饭，一顿饭吃下来，若是鸡肉没有吃完，就倒掉，然后由祭师洗碗筷。做完这些，就表示把鬼神请走了。

若是背着小孩子去参加亲戚的葬礼，回家来小孩子一直哭，那是因为去世的亲戚惦记这个小孩子，所以要去请祭师来把鬼神请走。祭师拿一个碗装点饭，放点水，拿一对筷子放在碗上，手拿一把点燃的柴，含一口水喷在小孩子身上，接着念词。所念的词需要一口气念完。词的大意为：天灵灵，地灵灵，水、火灵灵，日月照麒麟，请九天玄女、太上老君急急如律令。念完，便把饭拿到外面倒掉，碗第二天拿回来。

并不是小孩子才会被孤魂野鬼纠缠，年轻人去参加葬礼，也会被鬼缠身或者与一些孤魂野鬼冲撞，出现晕倒的状况。这个时候就需要马上用冷水喷在晕倒的人身上或者脸上，也需要念词。念词大意是：我们来遇到你们死得不正常的人，不要来打扰我们，否则我们也不客气。

（四）打扫寨子、打扫屋子

这里的打扫，并非传统意义上的扫除灰尘污渍。虽都是将不干净的东西打扫掉，但这个不干净的东西就是能够给一家人甚至一个村子带来不利的邪物。在笔者走访的两个村寨中，都有打扫屋子和寨子的习俗。一般打扫屋子很常见，因为所需要的人力、物力、财力都较少，但打扫寨子算是比较重大的事情，除非情况严重，否则不会轻易进行。不管是打扫屋子，还是打扫寨子，都是苗族人民对于传统文化的继承。即使在科学技术发达的今天，他们依旧遵守着祖先留下来的办法，并将这一传统方式根植于下一代的思想中。

若是寨上有妇女流产，就会在妇女流产两三天后请祭师来打扫屋子。这家人会准备一只公鸡给祭师做仪式，祭师右手拿火把、左手拿鸡，念完词后，把不吉利的孤魂野鬼扫走，再用刀子把鸡杀死，然后把鸡甩出门外去，鸡就拿在外面做吃的。流产的妇女不能吃，她家里的人都可以吃，男性吃得多。吃完之后，祭师就把碗筷洗干净，吃不完的就丢掉。

若是两个寨子的人发生了口角或者肢体冲突，情况严重的，那就需要打扫寨子。哪一方理亏，哪一方就需要买一头牛来给另一方寨子上的人打扫寨子。打扫寨子的人就是祭师牵头，和寨上的人一起进行，只有打扫了寨子，才能让寨上的人家顺顺利利。

苗族人民最初居住的是用木材搭建的干栏式房屋，茅草盖顶，容易引起火灾。他们认为火灾就是鬼神引起的，为了防患于未然，大家就会进行扫寨，祭祀鬼神，以求得安宁的生活。在茂穰支系中，大家会请祭师来扫寨，以防火芯。人间可能会得火灾，是源于一个神话故事：七仙女在私下凡间与董永相恋、诞下孩子后又返回了天庭。孩子长大之后，董永对孩子说，我没办法改变生活艰苦的现状，但在七月半仙女下凡来洗澡时，你可以去那里好好守着，最后一个就是你母亲，她会给你想办法。孩子最后等到了自己的母亲，母亲就给了孩子一个法宝，有了这个法宝，想要什么就有什么。这个法宝后来被其他人发现了，他们将法宝抢走，却不小心将其打翻，最后引起了大火。当时，玉皇大帝就去请龙王运水来浇灭。现在凡间着火了，玉皇大帝就会说让火多烧一会儿。于是在正月间、七月间，寨子上的人就会一起凑钱买只鸡，请祭师来扫寨。祭师左手拿鸡，右手拿火把（稻草、刺、茅草），之前是家家扫，现在则是从寨子的那头扫到这头。祭师要念三首词①。之后的摆设、流程都和请保寨雷神一样。

（五）对于自然界的信仰

苗族人民一直都秉持着对大自然界的信仰，也是对大自然感恩的表现。据杉坪寨上的老人说，当初老祖是因战乱才搬到这里来的，刚来到杉坪这个地方时，这里是一片原始森林，因为林深好躲避敌人的追杀，就在此定居下来。岱林寨上老人讲述，之前岱林是一片非常大的竹林，"人能够在竹子上绕着整个寨子走上一圈而不落地"，于是就在此定居，然后在竹林四周开垦田地，有土匪山贼来抢劫时，就利用这片竹林来躲避土匪山贼。

---

①第一首：攀，我们寨上拿钱买来鸡，你拿鸡去，就不要再来骚扰我们。第二首：解，如果你拿麻绳铁索捆着我们，我就拿这只鸡来解掉。第三首：强行，我们拿这些来，你不走，我们也要强行让你走。

在黔西苗族老人唱的古歌中，苗家的迁徙史也是苗家的苦难史。苗族人民带着自己的苦难到处迁徙，然而像杉坪、岱林这种比较原始的大森林，给了苗族人民一个隐身之所。于是，千百年来，苗族人民都会在重大的节日去感恩和纪念大自然的庇佑。

在杉坪和岱林，如果有非人为倒下的大树，寨上就会请祭师把树的灵魂送走，倒下的树不可以砍去烧掉，只能等它自己腐烂掉。寨上的古树都不能随意砍伐。若是实在不得已需要砍掉，也得请寨老和祭师来做仪式之后才能将树砍掉。杉坪村现在有 10 棵古杉树已经被政府列为保护对象，岱林寨上有 12 棵榉木古树。据寨老讲述，王家是最早搬迁到这里的，居住于此将近 20 代人了。老祖搬到这里的时候，这些树就已经存在了，已经不知道树的年轮了。除了古树之外，在岱林的丧葬开路词和平时祭师所念词中也有提到大自然界的神灵。不管是请鬼神还是祭祖宗，在请完祖宗之后，都会请上山川、河流、古树、石头、古井等。岱林王光清老人讲述，每次都会把这些"有名有姓"的山川、河流、古树、石头、古井等请来回熟。这里"有名有姓"虽然是王光清老人从苗语翻译过来的，不过依然可见苗家对于大自然的敬畏。自然恩赐给苗族人民生活的环境和材料，所以人类也要回馈自然。苗族人民一贯都是平等地对待大自然界，比如重大节日需要杀猪，同样也会请祭师来将猪的来历叙述一下，再将今天为什么需要杀猪的原因说清楚，最后才可以将猪杀掉。

三、结束语

苗族人民认为万物都有灵，灵魂不灭，世间万物都是平等的，在人类看不见的地方存在着鬼神，鬼神与人类的生活密切相关，遇到了灾祸就会第一时间请祖宗和神灵庇佑，用某种方式取得鬼神的认可之后，就可以达到自己的目的。人类与鬼神相互制约，形成一个平衡稳定的时空。"举头三尺有神明"，人们在敬畏鬼神的同时，也严格地约束着自己的言行举止。在科学技术发达的现在，仍有许多科学解释不清楚的超自然现象，这也为苗家的鬼神蒙上一层朦胧神秘的面纱。苗族人祭祀鬼神体现的就是与大自然和谐相处的美好愿望，也体现出苗族人与世间万物平等相处的观念。

（作者：张杰，苗族，贵州省水城县人，贵州省黔西南州图书馆专业技术人员，研究方向：苗族历史文化，民族文献。审校：吴正彪）

参考文献：

[1]［英］爱德华·博纳特·泰勒. 原始文化［M］. 连树生，译. 桂林：广西师范

大学出版社，2005.

[2] 陆群. 试论苗族鬼神文化的世俗价值 [N]. 吉首大学学报（社会科学版），
1997 (2).

[3] 何泌章，夏代云. 从万物有灵看苗族建筑中的环境伦理思想 [N]. 吉首大学
学报（社会科学版），2010 (5).

[4] 刘援朝. 苗巫与传统社会 [J]. 贵州民族研究（季刊），1995 (7).

[5] 刘宏涛. 仪式治疗新解：海南美孚黎的疾病观念和仪式治疗的文化逻辑 [J].
民族研究，2013 (1).

浅议瓮安北部苗族的"砍火星"习俗

王成义　马顺才

　　据《瓮安县志》记载，瓮安县在古代原为苗族等少数民族聚居地。后由于战乱，少数民族遭到封建统治者的残酷镇压，人口锐减，从外省迁入的汉族人口逐渐成为瓮安人口的主体部分。在清末和民国时期，从县外迁入的少数民族人口逐渐增多，才在一些乡镇重新出现了苗族村寨和散居住户。1990 年人口普查结果显示，瓮安苗族人口为 13402 人，到 2017 年底已增加到 23460 人。现居住在瓮安北部的江界河镇、珠藏镇的苗族同胞，主要从遵义、绥阳、开阳乃至四川、云南等地迁入，自称"蒙"，苗文为"monr"，属于苗语川黔滇方言族群，有西方传教士帮助创制的"老苗文"曾在小范围内通行，但瓮安北部苗族的书面文字已基本失传。主要姓氏有王、马、杨、项、侯等。他们与瓮安南部从黔东南黄平、凯里和麻江等地迁入的操苗语中部方言（黔东方言）的同胞，在语言、服饰和生活习俗等方面有着一些比较明显的差异。这是苗族历史上分多路多次大迁徙之后，长期被山重水复相阻隔造成的结果。

　　瓮安江界河、珠藏一带的苗族，至今仍然保持着"砍火星""杀圈门猪"等独特的风俗习惯。所谓"杀圈门猪"，就是同宗族的一房人，在约定的人家及日子里，将专门喂养的猪拉到正房的堂屋中宰杀。将猪头、四大腿及猪尾巴煮熟，遵照先辈留下的传统，祭祀祖宗。之后，所有族中到来的男女老少包括女婿及特别邀请的贵客等，要围坐在堂屋内吃团圆饭，边喝酒、边大块吃肉，共同享受劳动的成果。但这其中有三条规矩：一是只讲苗话；二是前三碗酒不能推辞；三是必须将整头猪吃干净，不留剩菜。显然，这是凝聚族人、维系亲情的一种家族聚会。如今，由于民族交融步伐的加快，苗家孩子们从小在以汉族为主的学校里读书，长大即外出务工或就业，会说苗语的人少了；农村房子的堂屋也都用混凝土硬化，保障不了不说汉话，更无法在堂屋里按传统办法打地灶杀猪，因而这一习俗已逐渐淡化，不符时宜了。

　　"砍火星"是汉语的说法，在川黔滇方言苗语中叫作"若锁"，活动内容有些类似于汉族"清明会"挂重青。瓮安北部苗族从云南、四川等"老家"带来的"砍火星"习俗，历史悠久、影响深远，传承至今已难以说清它的起源时代和具体地点，但它的重要意义和对苗家的影响经久不息。"若锁"的原意是防止火灾、消除灾难、祈求安康、确保丰收。随着时代的变迁，"若锁"的内容已逐步演化为同宗族人们在一年辛勤劳作之后，在规定的特定日子里团聚，加深联系，依照族规家法讨论处理族内事务，交流生产经营和发家致富的经验，教育引导家族成员团结友爱、遵纪守法、勤奋学习、诚实劳动、严守村规民约和加强自我管理，创造新的业绩，为民族和先辈增光。本文着重介绍的，就是瓮安北部苗族每年都要举行的"砍火星"习俗。

一、"砍火星"的由来

据年长的苗族老人口传，在以往的年代里，苗族先民聚居深山老林，其住宅多为木屋草棚，常因雷击或人们用火不慎引起火灾。还有就是在生活中诸事不顺，比如养猪猪死、养鸡鸡死、人长期生病久治不愈等。苗族先民迷信鬼神，以为这些都是"火星"降灾，所以定在每年农历的八、九月间的某一天，家族内每户人家至少要派一人作为代表参加聚会，举行"砍火星"（若锁）仪式，祭神除灾，祈福平安。

"若锁"以家族为单元分别举行。同一家族中由各户轮流负责主办，由族长统筹协调一切。届时，主办者不再每户通知，各户的住地不管远近，都要派人如期参加。如果连续三年不参加"若锁"，则视为自行脱离宗族，此后这些家庭发生任何变故，宗亲们也不再过问。

在举办"若锁"的那两天，一般不邀请其他家族和汉族朋友到会。但是，本宗族中若没有人会做"若锁"法事，可邀请其他家族一位懂得法事活动的"祭师"主持，一位配合"祭师"放箭的"弓箭手"协助。各家族"砍火星"的时间不一致，比如在江界河镇茶园村上寨组，王姓、杨姓家族"砍火星"的时间是每年农历九月二十九，马姓家族是每年农历九月二十七，侯姓家族是每年农历九月二十四。如该年农历九月前闰月，则提前到八月的相应日子举行。"若锁"的习俗沿袭至今，其程序虽略有变化，但基本内容没有多大改变。

二、"砍火星"的流程

（ ）事前准备

"砍火星"前一天，每户宗族成员代表必须在晚饭前赶往一年前决定的轮值主办人家，参加当晚召开的家族会议以及第二天清晨的开启仪式。

出发前，需准备二指宽五色布条各一根，五色线各一根，芭茅草（当地人称"巴尔斯草"）三根，将五色布条及五色线缠绕在三根芭茅草上，在自家房屋各个房间象征性地扫一圈，意在清除藏在阴暗角落的孤魂野鬼以及一切不吉利的东西，将其带走交由"祭师"处理。在前往主办活动人家途中，不能将芭茅草带入他人家中，否则会给其他人家带来"灾祸"。到达主办活动人家以后，也不能把芭茅草带入主人家中，必须放在房屋外自己知晓的地方藏匿，第二天清晨交由"祭师"处理。

"砍火星"前一天，主办活动的主人很忙碌，除了要准备丰盛的晚餐外，还要准备"砍火星"必备的相关物品。主要是采伐一根"刺老包"树（一种浑身长刺的乔木植物，上留三枚叶片）；准备一个圆形筛子，将五谷（黄豆、玉米、高粱、谷子等）放入圆筛内；准备锄头、柴刀各一把，两把玉米种（未剥粒），两碗大米，两个生鸡蛋，一个火盆，一点黄蜡，一个高板凳（或小桌子）；准备一个装满水的酒壶或矿泉水瓶（以前为酒葫芦，盛满酒）供祭师使用；准备一副用竹子和绳子做成的弓箭；准备自家的芭茅草、五色布条及五色线等。

（二）家族会议

实际上，"砍火星"前一天晚上的晚餐聚会即为家族会议，也是苗族"砍火星"习俗中最重要的一个环节。家族各户代表欢聚一堂，畅所欲言，欢声笑语不断，其乐融融。他们一边喝酒吃饭，一边商量族内事务。

家族会议由族长主持（过去族长一般为家族内德高望重的男性老人，现在有的家族也推选有知识、有文化的年轻人担任），各户代表按自愿原则分别发言，简要汇报本户一年来的情况，通报自家在来年有无儿女婚事，告知时间地点，对修订完善族规族约及家谱等家族内部事务提出意见建议。族长在会上要求家族各户：一要团结互助，不论谁家有婚丧嫁娶等重大事务，其他族内成员必须尽快到位帮忙，对于困难的要尽力支持帮助；二要加强沟通交流，家族成员要经常沟通思想，消除隔阂，交流生产技能和致富经验，共同勤劳致富，增强凝聚力；三要遵纪守法，全家族成员，不论老幼，都要遵纪守法，遵守村规民约，家族内是共产党员的，要起到示范带头作用，决不允许家族内成员有违法坐牢现象发生。

（三）室内祭祀

"砍火星"当天清晨，在天色微明、太阳未出之前，祭师即开始举行室内祭祀仪式：先将各家带去的芭茅草和五色布条编成辫子捆绑在"刺老包"树上，然后在堂屋中端着装有五谷的圆筛荡来荡去，不断念动咒语，清除邪魔鬼怪，将之驱逐至门外。然后，祭师扛着"刺老包"树，端着圆筛，走进主人家的每一个房间，将圆筛内的五谷撒向各个角落，一边撒一边念咒语。咒语大意是："我们不扫金银财宝，不扫五谷杂粮，不扫家禽家畜，不扫族人魂魄！我们要扫除灾星灾难，扫除病魔，扫除孤魂野鬼，一切磨难、血星、灾星、火星、妖星以及妖魔鬼怪都到西方去报到！"屋内祭祀完毕，祭师将圆筛倒扣在堂屋大门口右侧，然后扛着"刺老包"树走出大门口，开始室外仪式。

（四）室外仪式

在祭师进行室内仪式的同时，主人已将"砍火星"室外仪式场地布置完毕，一般在主人家院坝正中，放置一个高板凳（或小桌子），高板凳两边各放一把玉米种，中间放两个碗，碗中装米，再在碗中各放置一个生鸡蛋。高板凳上放一点黄蜡。高板凳下放置一个火盆（烧有炭火）、一把锄头和一把柴刀。家族各户代表以及主人家男女老幼围绕高板凳成一个圆形。祭师扛着"刺老包"树来到院坝，拿起主人准备好的酒壶或矿泉水瓶，装满酒，即开始室外仪式。"祭师"将捆绑在"刺老包"树上的芭茅草和五色布条编成的辫子用火点燃后，围着站在院坝中的人群（前来参加"若锁"的全体族人）顺时针方向一边转圈一边念第一段咒语。几圈后，祭师念完第一段咒语，接着要求家族成员将五色线连起来，围住参加活动的全体族人。"祭师"按逆时针方向一边转圈一边念第二段咒语，以驱魔驱灾驱鬼。再转几圈，待第二段咒语念完后，祭师从肩上放下"刺老包"树，然后用柴刀把围绕在人群外围的五色线割成 10 段，并将割下的五色线捆绑在芭茅草和五色布条编成的辫子上用火点燃。这时，主人将黄蜡放入火盆中，立即燃烧产生烟雾。祭师则又将"刺老包"树扛在肩上，继续沿顺时针方向一边转圈一边念动第三段咒语。再转几圈，待此段咒语念完后，祭师又将"刺老包"树放下，将其置于院坝一角站立。此时，意为一切磨难、血星、灾星、火星、妖星以及妖魔鬼怪都被收服在此。祭师双手背于身后，手持柴刀，再沿逆时针方向一边围着站立的"刺老包"树转圈，一边念动第四段咒语。转着转着，祭师忽然伸手拉住正在燃烧的五色布条及五色线辫子，另一手握住柴刀，手起刀落，砍断五色辫。同时，邀请来的那位外姓人手持弓箭，将箭向西方射出，意为一切火星、灾星及邪魔已被一箭送往西方。接着，祭师高举柴刀，那位射箭的外姓人举起手里的弓，形成一道通往平安、吉祥的拱门。所有参与"若锁"的族人，依次从两人架起的这道门中走出去。自此，整个仪式结束。

三、"砍火星"的濒危

一是由于苗族没有自己的文字记载，加上过去瓮安北部所处的环境地域闭塞，富有民族特色的民俗文化未能得到较好的传承和保护，"砍火星"仪式流程逐渐简化。二是随着市场经济的影响加剧，农村住房和消防条件的改善，人们的文化生活日益丰富，审美需求相应提高，对"砍火星"的兴趣愈来愈淡漠。一些苗族青年常年外出打工，参加活动的人也越来越少。三是外来文化的冲击和渗透，苗族摆脱封闭的生活环境，开始不自觉地受外来文化的影响，本民族的一些历史悠久的文化逐渐被遗忘。四是随着时光的流逝，许多德高望重、对"砍火星"历史渊源有较深研究的苗族老人相继去世，祭师越来越少。如居住在江界河镇茶园村上寨组、桂花坪组的苗族同胞仅有一两位年长的苗族老人懂得"砍火星"流程，其他家族到时会争相邀请，"砍火星"习俗面临消失的危险。而年轻一代由于受各种因素的影响，不愿意学习和充当传承人，使部分家族沿袭久远的"砍火星"习俗逐渐中断。

四、"砍火星"的传承建议

"砍火星"是苗族人民征服自然、创造物质财富的原始符号和象征，是一种规则和历史的存根。它虽然带有强烈的原始印迹，但并非纯粹的迷信活动。每年一次的"砍火星"仪式，实际上也是一次对全体宗族成员的防火防灾和发扬家族光荣传统的教育，客观上具有十分重要的现实意义和历史意义。防火减灾，对于任何一个民族和国家来说都不会过时。但通过民间宗亲家族用独具民族特色的形式来达到居安思危的作用，则是其他形式难以取代的。

西部方言苗族的"砍火星"活动，仅在《瓮安县志》中略有 400 字左右的简要介绍。为抢救苗族文化"砍火星"，建议将瓮安北部苗族"砍火星"仪式纳入县级非物质文化遗产保护项目，明确"砍火星"传承人，拨付一定的传承经费，深入挖掘"砍火星"等有关苗族文化内涵，编印苗汉双语的"砍火星"活动组织、程序、内容、咒语及神歌等，录制相关视频专题，力争将这一古老神秘、五彩缤纷的"砍火星"文化在新形势下发扬光大，造福苗乡。

（作者：王成义，贵州省瓮安县文体广电局副局长，县苗学会理事；马顺才，贵州省瓮安县珠藏镇干部，县苗学会理事。审校：吴进华）

丧葬习俗篇

摆省苗族洞葬文化初探

杨玉玺

　　龙里摆省地处苗岭中段的泛云雾山区，与贵阳市花溪区高坡苗族乡、黔南州惠水县大坝乡一道组成"红毡苗"支系的聚居区。红毡苗是外界对这支苗族的普遍称谓，在惠水县大坝乡等地，还称之为"背牌苗""白苗"或"印牌苗"等，本文统称为红毡苗。按苗语分类，红毡苗语言属于西部方言惠水次方言北部土语，该土语区还涵盖了龙里县境内的海葩苗和白裙苗。[1]

　　2014年3月，龙里县乡镇行政区划调整，摆省乡与近邻的湾寨乡、羊场镇合并为湾滩河镇。在摆省，苗族洞葬人人皆知，但不是所有苗族家族都有洞葬。保存最好、现存规模最大的是果里村吴氏家族洞葬，又称为果里岩洞葬。洞葬是丧葬仪式的一种，也是丧葬礼仪的组成部分。这片区域的苗族洞葬存在了四五个世纪，有的洞葬时间还更早一些，反映了黔中地区苗族独特的丧葬文化。

一、溶洞——苗族心灵深处的"家"

　　摆省地理坐标为东经 106°51′～106°57′、北纬 26°10′～26°16′，海拔高度在 1200～1500 米之间，平均海拔 1300 米，属于典型的喀斯特地貌。境内山体连绵，溶洞众多。这些溶洞分为两大类：地上溶洞和地下溶洞。当地苗族把高于地面的溶洞称为"靠岜"，位于地下的溶洞称为"靠壤"。"岜"是汉语"山洞""洞穴"的意思，是当地苗语"家"读音的变音，原始意思是"家"。"壤"在当地苗语里是"龙"的意思。苗族崇拜自然神灵，认为龙潜水里，龙住地下。"靠壤"为龙居之洞穴。

　　苗族与大自然有天然的亲近感，这不仅来源于其原始意识中的自然神崇拜，更来源于他们的祖先在长期战乱迁徙中靠山吃山的现实。

　　在摆省地区苗族古歌《榜朗歌》里，苗族把洞穴当作长途跋涉休息、住宿的客栈。至20世纪六七十年代，庄稼成熟时，为防止偷盗，苗家会首选田土附近的山洞夜宿守护。生产劳动中，洞穴成了苗族村民躲避天气变化和自然灾害的避难所。在野外，村民经常进洞穴找寻甘甜的清泉。纵观人类进化史，"原始人类大都过穴居生活，死后也葬于穴崖之中"。人类活动的生与死，留下了大量的文化遗址和活动遗迹。[2]

摆省地区苗族从贵阳及其附近迁徙而来，面对极其恶劣的自然环境，选择洞穴居住过渡，无疑是最经济、最实惠和最方便的。居无定所或者一直在寻求理想安居之地的苗族先民，在亲人去世后，会将其暂时放置在洞穴中，便于以后找到祭奠。这也是最无奈的办法。对摆省地区的苗族而言，无论活着或逝去的人，溶洞都是一个天然的、心灵深处的"家"。

二、摆省地区的家族洞葬

原摆省乡 13 个行政村中都有苗族，有红毡苗居住的 12 个村，分别为摆省、打夯、果里、谷孟、新合、新龙、新庄、摆主、摆琴、摆绒、渔洞、金星村。其姓氏主要有杨、吴、王、张、庭、唐、潘、陈等。而 200 户以上的家族有源于摆省寨的杨氏家族，源于果里寨的吴氏家族、打夯寨的王氏家族。这些较大的家族分布在几个村。例如，杨氏家族除了居住在摆省村外，在新龙、新合、谷孟、新庄、摆主村都有分布。果里吴氏家族在果里、谷孟、摆琴、新庄村的人口超出所在村的 50%。而杨、吴、王三大姓占摆省地区苗族人口的 70% 以上。摆省地区洞葬目前发现的共三处，都是家族洞葬，除了人户较多的摆省村杨姓和果里村吴姓洞葬外，在摆省村还有张氏家族洞葬。

摆省境内有些洞穴也有棺木，但不属于家族式集中安葬地，或无从考证其家族。例如，摆绒村摆绒水库边一处高壁洞穴有棺木，据考证，属于摆绒村杨氏家族所葬，原本棺木放置洞中，后遭到人为破坏，棺板散落，又重新垒土。这类洞葬属于单家独户，洞口很小，一般只能容纳一副棺木。再如打夯村北边岩洞中也有棺木，洞较大，但不属于打夯王氏家族洞葬。据打夯寨老人说，打夯寨之前可能有龙里县的白裙苗支系居住过，洞葬极有可能是他们的，但无从考证。

果里吴氏洞葬是摆省地区发现最早、保存最好、现存规模最大的岩洞葬。2015 年 5 月，其被列为贵州省文物保护单位。洞葬在果里寨的背后，洞呈南北向，居半坡上，洞口朝北，高出坡脚平地 200 余米，洞内干燥通风。据《龙里县志》记载，该洞高 10 余米，宽 20 多米，深达 1000 余米，存放棺木 300 余副，明清时代都有，现存棺木部分腐朽垮塌。最晚的洞葬发生在 20 世纪 30 年代。果里洞葬属于家族洞葬，里边存放的全部是吴氏家族的人。洞内按照家族支系分区摆放，果里、谷孟、新庄、摆琴等寨吴姓家族的分支都有不同的棺椁摆放位置。[3]

摆省村杨氏家族洞葬规模较大。洞葬点位于龙里县摆省村与贵阳市花溪区甲定村交界处的坡头上，洞呈东西向，洞口朝西，距离摆省寨约 1.5 公里，地势隐蔽不易发现，洞内大厅宽阔，通风条件好。洞口高约 5 米，宽约 10 米，斜坡而下，底部平坦形成大厅，大厅面积 500 多平方米，顶高 20 多米。据曾经进去的杨氏家族老人说，大厅往洞内深处平坦笔直，棺木摆放最深处距离洞口 300 米左右，中间留有抬棺木的过道。与果里洞葬平地铺开摆放不同的是，摆省洞葬棺木呈立体式累积摆放。现大厅处所存棺木摆放搁置在平坦岩石上。

摆省村杨氏家族洞葬原本大厅平坦，据说因为杨氏家族的勇士保护寨子杀了入侵者，与人结怨，后洞葬被人放火烧毁，不仅把大厅存放的棺木烧尽，而且把岩洞顶上的岩石烧崩，致使现在大厅里巨石林立。

摆省村杨氏家族洞葬大厅处现有完整棺木两副，残存棺架一副，残存底板一副，可视范围内共四副洞葬棺木遗迹。两副完整棺木由居住于新龙村地坝寨的杨氏家族存放，没有桩架，雄头棺，全为女性。其中，存放最近的一副棺木是 20 世纪 80 年代初期的。洞内大厅残存的一副桩架和一副底板，是摆省寨杨氏家族迁坟土葬后遗留的。摆省寨停止洞葬的时间有 100 多年了。洞葬大厅岩石缝隙间随处可见残破的祭器。

摆省村张氏家族洞葬与摆省杨氏家族洞葬相隔一个山谷，其洞葬距离摆省寨更近，约 1 公里，位于摆省寨南边的牛角坡（地名）半坡上，与摆省寨隔田坝相望。张氏家族的洞葬是一个穿洞，两头洞口高约 4 米，宽 7~8 米，中间部分顶部垮塌堆积，高度略低，最高处不足 2 米，宽 20 余米。洞葬穿过整座山坡，长度约 100 余米。洞内棺木摆放顺洞两侧，呈南北向，有些有棺桩，有些直接搁在石板上。洞内通风很好，进出口光线较好。成型的有 30 余副，多处人为翻过棺板，靠近摆省寨（北边）的棺木被火烧过，洞口岩石上还留有火烧的印痕。现存棺架和棺木全在靠近南边出口那头。洞内较为平坦，曾是摆省寨张氏家族通往冷冲（地名）做农活的捷径。以前，族人还抬牛粪从洞中穿过。

其他家族洞葬。在摆省乡境内居住的其他家族，比如新庄村的王氏，他们属于相邻的贵阳市高坡乡甲定村王氏家族。该洞葬被称为甲定洞葬，属于贵阳市文物保护单位。又如在摆省乡渔洞村的王氏，他们是从贵阳高坡乡五寨村迁来的，其家族洞葬在五寨村。再如果里村和摆琴村的杨氏，其家族在惠水县大坝乡板长村。这些在摆省境内没有洞葬。另有一些家族，如摆绒村杨氏、谷孟村潘氏（大部），原本是汉族，后被收留或娶苗家女，演变成苗族，也就不可能有洞葬了。

三、洞葬点的选择

摆省地区苗族家族式洞葬地点一般距离村寨 2 公里以内，选择那些居于高处、光线较好，洞内较为宽阔平坦的溶洞。摆省村、果里村洞葬位置在半坡或接近坡顶上，与摆省村和果里村接壤的贵阳市甲定村王氏家族洞葬也是在半坡上。位置较高，不担心被洪水淹没。从洞葬位置及周边环境看，这样的选择有如下优势：一是洞葬点距离村寨适中。既方便抬送，又比较卫生。二是洞口较高或高出地面很多，方便观察，一旦发生火灾等，便于及时扑救，且有利于保持空气流通，洞内干燥，使棺木存放较久。三是采光较好，便于举办各种仪式和进出放置棺木等，也避免因为光线暗淡而点火照明，留下隐患，甚至发生火灾。四是洞内宽阔平坦，利于存放和便于垒积更多棺木。五是全部为岩石结构，石棚石底，十分坚固。例如，果里洞葬位于寨子背后的"煤山"，摆省张氏洞葬在寨前的"牛角坡"上。

四、洞葬的安置资格

洞葬是一个神圣的场所，不是所有去世的家族成员都能进来，要具备一些资格条件，存在一些禁忌。在摆省杨氏家族中，年龄是第一道门槛。摆省杨氏家族传统规定，男人要满 5 岁，女人要满 8 岁才能"上册"，俗称"上鬼""上神"。这就是说，不满这个年龄要求的，死后不会按照家族丧葬仪式请祭师"开路""引路"，不列为家族成员，自然没有资格进入洞葬。然后看是否举行过正式的丧葬仪式，俗称是否"得饭吃"。没有举行丧葬仪式，也就没有买祭品进行"开路""引路"，其灵魂就不能回到祖先那里，不仅成不了神，反而成为孤魂野鬼，保佑不了家人。这类亡魂多是中青年人，家里因为贫穷，买不起祭祀物资，无力请祭师，只好先简单埋人，什么时候家庭条件好了，才补办丧葬仪式，称之为"冷丧"。这类人不论年龄高低，没有经过正规丧葬仪式，都回不去祖先那里，也与洞葬无缘。最后是非正常死亡的，必须"过火"，即火化。火化的在屋外举行丧葬仪式后，灵魂可以回去与祖先团聚。但火化的没有大棺木，也不能进洞葬。

果里洞葬的进入条件更严，必须是正常死亡的。凡是因刀枪伤、上吊、吃毒药、落水、坠崖、难产等死亡的，果里吴氏家族认为死得"不干净"，都不能洞葬。比较而言，摆省杨氏家族年龄规定要宽松一些。所以，对摆省地区苗族而言，洞葬不是简单的坟场，而是祖先聚居的殿堂和族人灵魂的归属地，需要"资格认证"。

五、洞葬——苗族家族亡魂的归宿地

摆省苗族地区洞葬不是一开始就有的，而是后来确定的。摆省杨氏家族的洞葬，虽然成为摆省杨氏族人去世后的最后归宿，但是，洞葬并不是杨氏家族从贵阳迁徙而来最早的祖先归宿地。摆省杨氏家族有名有姓的先祖，是老祖公"尤沙优"和老祖太"波宙柔"，他们带两个儿子一路从花溪青岩到高坡来。两位先祖来到今天贵阳市高坡乡水塘村岩脚寨的水潭岩石边上休息，商量下步去向，结果产生分歧，老祖公要去西南部比较隐蔽的地方，老祖太要去东南部比较敞亮的地方。于是商量分开带孩子各去生活。老祖太带大儿子"奢沙"，老祖公带小儿子"利沙"分开走。老祖太一直没有居住在摆省寨，而是住在与摆省寨相隔一个坡、现在贵阳市高坡乡掌几村叫作"小掌几"（地名）的地方。

杨氏家族老祖太去世后，被安葬在"小掌几"背后山，今天这山还叫作"杨家山"。但是，摆省洞葬里安葬的杨氏家族大寨支系最早的老祖公，名叫"哨奢公"，他已经是杨氏家族的第三代了。这里需要强调的是，苗族取名讲究"父子连名"[4]，"沙优"的儿子就作"奢沙""利沙"，跟母亲到摆省的"奢沙"的儿子叫作"哨奢"。洞葬里的"哨奢公"是摆省杨氏家族大寨支系的共同祖先。"哨奢"生育三个儿子，成了摆省杨氏家族大寨支系的三大宗支，后代遍布黔中各地。

无独有偶，作为省级文物保护单位的果里洞葬，其家族中最早来到果里寨的老祖公"沙伍"，去世后也没有安葬在洞里。洞里安葬的是吴氏家族后人，但其家族去世的人，最后也魂归"洞"里。

事实说明，洞葬不是苗族最初的选择，否则，在这片土地上生活的其他家族都应该有自己的祖先崇拜殿堂才行。应该说，洞葬是家族后人的选择，为什么选择，有待进一步研讨和考证。推算起来，摆省地区洞葬盛行于明末清初，摆省杨氏家族在最近的七八代人中，基本都能找到其土葬坟墓，但再往上就找不到了，包括洞葬的"哨奢公"的三个儿子及其之后的四五代人，虽然名字在祖先的祭祀词里，但是整个家族一直不知道其葬在何处，找不到土葬的遗址。这期间的 150 年左右的时间里，应该是洞葬最为盛行的时候，极有可能就在洞葬里。

六、摆省洞葬棺木较少的原因

黔中地区的洞葬，之所以保存下来的棺柩不多，除了因年代久远外，一个很重要的因素是火灾造成大量棺柩被烧毁。果里寨、摆省寨洞葬中都经历过火灾。据果里寨的老人们回忆，原来果里洞葬棺柩安放众多，说是有一次，果里吴氏家族的成员赶场回来，为抄近路，从洞葬所在的洞穴穿过，发现洞口处棺木起火，赶忙灭火，但是因为人少扑灭不及时，洞口西侧的棺木皆被火烧毁。所以，现在的果里洞葬，吴氏家族中的新庄和摆琴支系祖先棺木被毁，只留下果里和谷孟支系的棺木。加上七八十年内没有增加新棺柩以及洞葬被外界发现后，原始生态存放环境变化，造成原有棺木加速腐朽，今天果里洞葬西侧基本上看不见存放棺木的痕迹，只有零星的朽木碎骨可觅。据说摆省洞葬经历了一次大灾难。摆省杨氏家族居住的摆省寨，曾经被周边其他族群侵占，并引发重大打斗死亡事件。摆省寨的保寨勇士杨阿汪得知"夜货脚"人要侵占摆省寨并半路截杀他后，一气之下，趁夜隐蔽在"夜货脚"人的寨子，杀死多人，成功保护了村寨（这段故事在当地家喻户晓，而且杨氏家族给亡魂开路的祭祀词里有专门提及，以警示家族后人居安思危）。后来被人报复，洞葬被人纵火烧毁，造成洞葬大厅岩石崩落。这段故事中关于放火烧洞的事件无从考证，但是摆省杨氏家族洞口的摩崖石刻见证了洞中存在火灾隐患的事实。摆省洞葬洞口东侧岩壁上，1917 年阴刻着警示不准在洞中生火炼硝的告示，落款为家族"公议封禁"。而一山谷之隔的摆省张氏家族洞葬，也经历过乞丐烧火引燃棺木的事件。1995 年春节，笔者刚参加工作，寨老们组织年轻人熟悉老祖宗居住地的活动，曾经穿过张氏家族洞葬，当时就有一个乞丐在洞中烧棺木烤火取暖，最后被张氏家族轰走。穿过存放棺木的洞穴，看到中间有三四副棺木不是顶板就是墙板被掀开，手电照处，依稀看见风干的先人遗体，进口处几乎没有什么棺木。可见，洞葬被火烧的说法极为可信。关于洞葬火烧，基本上都是人为因素，究其原因有四种：一是诸如摆省杨氏家族洞葬所传的被人报复，纵火烧毁。二是人为冶炼矿物质，比如炼硝。当地除了洞葬处，很多洞穴都有炼硝留下的遗迹。炼硝拆除棺板当燃料是可能的。三是外来人在躲避匪患等时拆除棺板取暖烤火以及烧火引发火灾，致使棺木被烧毁。四是盗贼点火照明，入洞撬棺木，导致火星掉落，引发火灾。

无论是摆省村杨氏、张氏家族洞葬，还是果里村洞葬，大规模集中安葬的时间都比较久远，这是我们今天见到很多棺桩和棺木朽烂严重的原因。但是，此后零星的洞葬一直存在，果里洞葬直至 20 世纪 30 年代，摆省寨的洞葬也是在这个时期停止的。地坝寨杨氏家族直至 20 世纪 80 年代初期还在实行洞葬。从摆省杨氏家族去世老人安葬情况推算，在清后期，基本上停止了大规模洞葬，大量改为土葬，加之苗民迫于压迫不断起事，死于刀枪者众多，不能入"洞"，也是造成今天看到明清棺木旧存和保存较好棺木很少的重要原因。

参观摆省地区苗族洞葬者络绎不绝，但深入研究者不多。为什么选择洞葬，众说纷纭，有回归说，有朝北说，有祖居说，也有风水宝地说。至今，家族式洞葬依然是个谜。摆省地区苗族洞葬是一个重要的历史文化现象，通过科学探寻洞葬文化，可以了解当地丧葬习俗、迁徙线路、传承年代、穴居文化，从而揭开黔中高原苗乡洞葬文化的神秘面纱。

（作者：杨玉玺，贵州省龙里县文化和旅游局正科级干部，黔南州苗学会常务理事。审校：文毅）

参考文献：

[1] 惠水县史志编纂委员会办公室. 惠水县志 [M]. 贵阳：贵州人民出版社，1989：435.

[2] 陶立璠. 民俗学概论 [M]. 北京：中央民族出版社，1987：247.

[3] 龙里县地方志编纂委员会. 龙里县志 [M]. 贵阳：贵州人民出版社，1995：156.

[4] 黔南布依族苗族自治州苗学会. 黔南苗族 [M]. 北京：中国文化出版社，2009：384.

"述岜"——神秘的苗族跳洞

吴倍初

据文献记载，苗族芦笙已有 3000 多年的历史。它早在 2000 多年前就流传于我国的湖南、贵州、云南和广西等省，其后甚至流传到东南亚的老挝、泰国和越南等国。芦笙在苗族人民的生活中有着重要的地位。逢年过节、重要庆典等，苗族群众都要吹奏自己的芦笙表示庆贺，千百年来已经成为全民族的一种习俗。有苗族的地方就有芦笙。可以说，芦笙是苗族文化的重要组成部分，是苗族文化的符号和象征，是表达苗族人民思想感情的纽带，是苗族人民奋进向上的精神支柱。"芦笙响，脚板痒""苗不离笙""楚笙冠中华"等，反映了苗族对芦笙的热爱，也反映了芦笙在苗族中的重要地位和深远影响。苗族芦笙歌舞，至今仍以其古朴原生而又与时俱进的独特文化表现形式享誉黔中大地。

坐落于贵州省黔南布依族苗族自治州龙里县湾滩河镇高坡南麓云雾山西陲的果里村，是一个苗族自然村寨。从广义地域上看，果里处于贵阳、龙里、惠水交界地区的黔中腹地。这里是黔中苗族最向往的地方，因为它自然配置着黔中苗族文化活动几乎所有的场所，如跳洞（苗语称"述岜"）、牛打场（苗语称"述贵"）、洞葬等。

在果里大寨的后山，有一个长约 500 米、宽约 80 米、高约 30 米的溶洞，当地苗语称之为"岜茅路"。每年正月初五，聚居在贵阳市花溪区高坡乡，黔南州龙里县湾滩河镇、龙山镇，惠水县摆金镇、高镇镇，贵定县云雾镇的苗族同胞都会携带芦笙、身着苗族盛装自发集结到这里"述岜"。他们在山洞里吹奏芦笙，欢跳芦笙舞，在自觉与不自觉中传承着苗族久远的芦笙歌舞文化。

一、跳洞的空间与时间

远古时期，苗族部落联盟因战败罹难，从中原向东南、西南的蛮荒山地、崇山峻岭跋涉求生，背井离乡，一次次被迫离开自己富饶美丽的家园。一次次的迁徙就是一场场辛酸的旅程。颠沛流离的黔中苗族远离中原，散居于祖国边陲深山老林中。居所没有一块平地，加之野兽出没，更为重要的是不能让"追剿者"发现自己的踪迹。而自己的文化不能不传播，族人之间不能不交流，民族凝聚力不能不增强。于是在新春佳节欢庆之际，智慧的苗族人民自然而然地选择了相对宽敞、相对封闭、利于自保的"啊㟆"作为族人进行文化交流活动的场所，也是"山地民族"在特殊地域中合理选择文化传承的平台。

在黔中一带，"述㟆"是苗族最盛大的节日，也是规模最大的文化交流平台。黔中苗族"述㟆"相当于黔东、黔北苗族的芦笙节。不同的是，黔东、黔北以固定的芦笙场（芦笙堂）以及集中活动的时间为特征，黔中"述㟆"虽然也遵循着固定的时间（每年正月初五开始直到十一结束）、地点（轮转于较为集中的苗族村寨的山洞或平地），特别是地点轮转的特殊内涵和价值意义是极为切合苗族——山地民族的社会生活实际的。黔中"述㟆"以果里的"㟆茅路"影响力最大，此外还有沙坪、甲定、洞口、克里、摆弓、摆本新寨等。

二、维系族群和谐发展

从黔中苗族的历史文化习俗上来看，"述㟆"其实比"过年"更像"年"。在"述㟆"期间，黔中方圆百里各个村寨的苗族，除了组队参加"芦笙歌舞"活动外，纷纷举家外出到各个活动地点或临近的村寨走亲访友。主人家就在年前准备了充足的宴饮物资，如喷香的腊肉、甘甜纯美的米酒等。有宾朋来临，宾主白天通常会相约去"述㟆"观看芦笙歌舞演出，晚上宴饮酬情。当大块的腊肉端上来、大碗的米酒斟满后，宾主通常对酒当歌、畅饮欢悦，在温馨融洽的氛围中论古谈今，交流生产生活心得，叙叙家常，往往通宵达旦。

安步当车的年代，在交通不便的山区，苗家也只有在每年的这些节日里才得以相聚，自是万分珍惜这互通有无的机会。"述㟆"中，族群中的舞者和观者都在舞蹈当中感受到了秩序与团结，以节日为纽带不断加深、巩固苗族群体的情感联络，促进共同发展。苗族历史文化也就蕴含在这不变的节日中代代相传。

三、构建苗族青年社交平台

在广大的苗族聚居区，高山深处的苗族村寨星罗棋布。苗族的年轻人大多就在自己的居所进行农业生产活动，鲜有外出"社交"的机会。"述㟆"因此成为苗族青年一年一度交朋结友的良好时机。在"啊㟆"里，当某个村寨的男孩们吹奏起雄浑的芦笙，列队起舞时，如果另一个村寨的女孩们被感动，就会自动结队跟随其后，踩着芦笙的节拍翩然共舞。他们在一圈圈的舞蹈中彼此以芦歌笙舞交流着情感。在苗族社区，会吹奏芦笙的小伙是很受欢迎的。偶而，会在"啊岜"周围的路上、山上、林间传来芦笙与"木叶"的合奏，抑或间杂着阵阵嘹亮的歌声，那该是年轻人在以独特的方式交往，并有可能走向自由恋爱了。

无论是"群体"的芦歌笙舞，还是"个体"的音声相和，都是苗族年轻人以自己民族特有的方式在交流情感，情投意合者就此组建新的家庭，进而延续着苗族的社会历史。

四、芦笙竞演与文化传承

苗族是一个世界性的民族，也是一个历史悠久、苦难深重、文化积淀深厚的民族。苗族古代没有自己的文字，于是芦笙成为苗文化的载体和代言。任由世事沧桑，苗族至今没有遗失自己的文化，而是用苗家的方式传承着苗族的文化。苗族芦笙承载了诸多苗族文化内容。关于芦笙的故事，古往今来有很多记述。虽因"地域差异"而呈现一定程度的"小异"，但其精神实质和故事的构架基本上是"大同"的。即苗族先祖创制了芦笙，有苗族的地方就有芦笙，芦笙与苗族生产生活息息相关，芦笙是苗族的社会"名片"。

据果里苗族寨老吴启林描述，黔中地区苗族芦笙曲共分 6 个部分 72 章，每部分按一年 12 个月的顺序分 12 章。可惜，如今能完整吹奏的人已是寥寥无几了。"述岜"就是在山洞里展演芦笙歌舞，演绎苗族先民迁徙的艰难历程和苗家追求的真、善、美，表达苗家儿女的情意，把对历史的记忆、对先祖的祭奠、对丰收的喜悦、对生活的憧憬都寄托在芦笙上。芦笙文化满载着苗族人民对艺术和美的追求。

尽管各村寨的芦笙歌舞队演出的主角多是年轻人，但编剧、导演以及监制等都是本寨的老人们。可以说，"述岜"虽然没有设立"奖项"，但其实就是各个苗族芦笙团队竞技的盛会。当然，评判者也就是广大的苗族群众。老人们会在"啊岜"里仔细聆听各个团队吹奏的芦笙曲是否完整，音调是否切合舞步，配合是否流畅优美等。同时，在议论中向年轻人指明学习的方向。更为可贵的是，"述岜"盛会结束后，每个寨子的老人们都会总结所见所闻，本着精益求精的原则，取长补短，查缺补漏，向后辈们教授芦笙演奏的技艺。山间地头即课堂，表演即学习。

五、苗族服饰文化的展示

"述岜"既是苗族的节日盛会，也是苗族文化的大演。如果说芦笙文化更多的以男性为主，那么女性服饰则是"穿在身上的史书"。"述啊岜"期间，黔中苗族无论男女老幼，通常都会在凌晨时分开始着装，精心打扮自己。父母要把为子女准备的精致服装、金银首饰等拿出来供子女"全副武装"，女孩们更要把自己挑花刺绣制成的背牌、腰带、围裙、挂镂等物件，依照一定的层次精挑细选穿戴在身上后才出门。穿苗族盛装出场，尤其是女孩们，既是为了给节日增添亮丽的风景，也是彰显自己的俏丽美艳以及家族的富庶殷实。

历史只留下传说，生活却需要延续。在对比中学习，在芦笙技艺的竞争中共同发展。苗族就是以这样的方式在传承自己的历史，延续自己的生活。苗族作为一个国际性民族，虽然不慎"遗失"了本民族的文字，但是，任由世事沧桑千般变幻，至今尚未遗失自己的文化，而是以芦笙歌舞"述岜""亚鲁·果乐"等方式传承和发展着那一份独特的原生文化。

（作者：吴倍初，高级教师，贵州省龙里县中等职业学校办公室主任，县苗学会执行会长。审校：文毅）

黔中苗族丧葬仪式中的舅权制痕迹窥探①

张新罗

摘　要：舅权制是母系社会（母权）产生、发展、衰落后遗存的一种文化习俗，在父系社会（父权）萌芽、产生、发展的过程中继续得以遗存。随着父系氏族社会的发展，舅权被削弱，但并未彻底消失，在具体的人生礼仪活动中依然得到呈现。

关键词：黔中苗族；丧葬仪式；舅权制

在近年来的民族学研究中，已经有很多学者对各个民族的"舅权制"进行了广泛的探讨。如邝东认为，"舅权"是母系家庭中，母亲的兄或弟这样特定的成员在一定的社会发展阶段，在一定社会经济、家庭条件下所表现出来的为社会公认的权力和地位。[1]杨晓勤从口头叙述中也谈到，在父权取代母权的漫长过程中，舅舅作为双方代言人，逐渐活跃于历史舞台，而且以"娘家人"的身份，将其承袭的权力予以神圣化。[2]此外，吴文定《布依族婚俗中的舅权》、薛平《论姑舅表婚制的历史存在》、黄秀蓉《贵州化屋歪梳苗"谈姑妈话"习俗："舅权"的历史遗留与变迁》、阿奎《浅析"舅权"》等对此也有研究。这些研究中，体现出不同的民族社会历史发展进程不一致，有关"舅权制"的文化痕迹也会有所不同，即使是同一个民族，由于居住分散和各地的发展情况不一样，舅权制的痕迹也呈现出多种多样。2018 年 7 月 7 日至 8 月 19 日，笔者有幸参加贵州省文史研究馆黔中苗族历史文化存世资料抢救项目，期间到贵州省龙里县湾滩河镇云雾村打铁寨开展田野调查。打铁寨苗族自称"$m_{\llcorner}o^{35}\, z_{\llcorner}an^{43}$"，意译为"茂穰"。在龙里县湾滩河镇云雾村，茂穰支系苗族主要分布在打铁寨、猫耳洞、龙井、大田、场边寨、摆哈等 14 个寨子，这些寨子保存着本民族较

①基金项目：贵州省政府文史研究馆 2018 年"多彩贵州民族民间文化之黔中苗族历史文化存世资料——亘古'茂饶茂穰'草根说"抢救项目（黔馆字〔2018〕4 号）课题研究阶段性成果及教育部规划基金项目"黔南民族民间古籍留存现状调查及整理研究"（15YJA870015）系列成果。

为传统的丧葬仪式。在父权制社会中，女子一旦出嫁，就会跟随男方一起到男方家开始新的生活，不再属于原来的家庭。在该支系苗族中，如果自己出嫁在外的同胞姐妹（即姑妈）去世，亡者的兄弟（舅舅）必须给自己的同胞姐妹上祭。这是整个丧葬中的重要仪式之一。从祭奠仪式过程中，我们可以窥视到这种舅权制现象的存在。

一、祭奠前的准备

当某一家的姑妈去世后，她的家人会想办法告知舅舅，让其做好丧葬仪式活动中的祭奠仪礼准备。在舅舅家得知同胞姐妹去世后，家里人会亲自一一邀请全寨子关系最为亲密的家族至亲同去祭奠，并告知被邀请者要去祭奠的时间。祭奠的那天，全寨子被邀请的男女老少都会跟着去，妇女和女孩会拿出苗族的盛装精心打扮。在听到舅舅家放三个铁炮后，全寨子不约而同来到舅舅家吃早饭。来的时候，男人们会把酒集中起来，带去姑妈家喝。寨子里的人主要是帮忙舅舅家抬礼物，因为随舅舅去的人不需要送任何礼钱。舅舅家会准备好两份厚礼，一份为：九幅分别绘有老虎（两幅）、铜鼓（两幅）、鸡（两幅）、龙、凤凰、伞的画，再把砍来的九棵竹子在竹子尖破开一条小缝，把这些画分别夹在竹竿上，竹竿顶端插着一朵白色小花，再用一根绳子来绑定破开的竹尖，固定竹尖里的画，插着正方形纸伞的竹子，是穿过纸伞中间，这份礼给死者（姑妈）准备的；另一份礼为：一头活猪（一般 50 斤以上的，最大的送 200 斤左右）、一只羊（60斤左右）、一只鹅（3 斤以上）、一只公鸡。还需要备有"一幛①一席"，"一幛"是 20 多年来受周边民族（主要是汉民族）的影响而出现的，其主要内容是对姑妈的悼念，讲述姑妈的生平事迹等；"一席"即指由专用的竹篮子提着祭品，祭品共七碗菜，包括螃蟹（用猪肉做成螃蟹的形状）、鸡蛋、新鲜肉、回锅肉、面条，还有一碗米饭、一碗酒和一双筷子。待所有的东西准备好，吃完早饭后，随行的人会帮忙把舅舅家准备好的两份礼带上，从舅舅家开始出发。

二、"迎舅舅"

舅舅一行人到姑妈家附近的时候，先放三个响炮作为提示信息。当听到三声炮响后，姑妈家会回舅舅家三声炮响；随即，舅舅家在寨子门口外再次确认带去的两份礼，并检查随礼是否完整无误。等随行人员到齐后，

---

① 幛：民间丧葬时用的白布，写死者生平等。

男性（小男孩或成年男子都可以）扛着八旗一伞，即用纸画有两只老虎、两个铜鼓、两只鸡、一条龙、一只凤凰、一把伞，其他人员带好另一份礼，即活猪、羊、鹅、公鸡和"一幛一席"，准备进寨。此时，姑妈家这边会先由两名唢呐师吹着唢呐出来，一直吹到寨子门口，在寨门口吹两分钟左右，迎接舅舅家的一行人向寨门口走来。迎接者是舅舅的外甥们，即姑妈的儿子儿孙（不分男女），头戴孝帕。走在最前面的是姑妈的亲儿子，手里拿着孝棍，弯着身子，身穿白色麻制衣服，脚穿草鞋；紧跟其后的是亡者的儿媳妇和孙子孙女。在迎舅舅队伍的两边，是姑妈家请的两名祭师，一个大祭师，一个小祭师。大祭师身穿深黄色长袍、头戴斗笠，小祭师穿淡黄色长袍。大小祭师分别走在迎接队伍的两边。姑妈的儿子走到与两名唢呐师平行的位置时停下，双手拿孝棍在两边，低着头跪在寨子门口。舅舅家一行人由祭师走在最前面，向姑妈家跪着迎接的人走过来。走到姑妈家儿子的前面时，舅舅家这边的祭师会问道：你们来这里做哪样？姑妈的儿子回道：我妈没了，她死了。祭师回到：你妈不是死了，她只是和龙抢地盘，和老虎抢穴去了，主要是为了保佑子孙能文能武，传钱传米来给你们，让你们一家富贵双全，平平安安，各方面顺顺利利的。说完后，就把跪地的人扶起来。随后，跪着的所有人都跟着起来，由迎接的一行人走在最前面引路。引路的人依然是姑妈的儿子，他弯着腰，拿着孝棍，表示非常悲伤、痛苦。把舅舅家一行人带进寨子去，舅舅家这边扛旗的、抬礼的，以及随行的全寨子人，跟着来到姑妈家早已安排好的休息点。

三、"哭丧"

"哭丧"主要分为女儿家妇女哭丧和舅舅家妇女哭丧。在进寨的时候，舅舅家随同前来祭奠的妇女，一进寨来就开始痛哭，即舅舅家妇女"哭丧"。哭丧时会受多种因素的影响，如丧事现场氛围、哭丧者与亡者感情深浅等。因而，有的过度伤心，离姑妈家大约几百米的地方就开始痛哭，有的到姑妈家寨门口才开始双手蒙着脸"哭"。一般情况是，祭师把姑妈儿子扶起来时，同舅舅家来祭奠的妇女有一个人会先蒙着脸痛哭，随即舅舅家一行人中的所有妇女都全部蒙着脸，一路走一路哭，哭到放亡人的堂屋，进屋后还会一直站在亡人灵柩周围痛哭。

"哭丧"是很有讲究的，有的是哇哇痛哭，有的则数着话哭。数着话哭的一般是女儿，数话的内容大多是感谢自己的兄长和嫂嫂对母亲的照顾、周边亲朋好友对母亲的关心，以及葬礼时所有到场帮忙人送的礼等；数着话哭丧的只有能从头到尾哭完的才敢去数着哭，因为哭丧是在放置灵枢的堂屋哭，而堂屋坐的全部是先生、祭师，都懂哭丧的内容，如果数着哭，哭的不好甚至不会哭，先生和祭师就会在心里笑话你。之前就闹过一个笑话：有一个祭师，他的老婆本不会数话哭丧，但是在给自己去世母亲哭丧时，她却在灵枢旁数着哭。这位祭师看不下去，不想让她丢人现眼，想把她带走，就跟他老婆说："不要哭了，再哭把你骨头敲了。"然而祭师的老婆却说："让我哭完，你再来啃我的骨头吧。"言外之意是让我哭完吧，我也不想活了。因此，不会数着话哭的哭丧者都不会轻易去哭，很多哭丧的妇女情愿哇哇地哭，也不愿数着哭，怕闹出笑话。这个笑话反映出妇女哭丧是该支系苗族丧葬中的重要环节，是生者对亡者哀悼的一种形式，也是对亲人朋友的特殊感恩方式。

四、祭仪

进寨后，舅舅家扛来的"八旗一伞"，在未进入姑妈家的祭祀程序前，是不能竖立插在地上的，只能横放在地上。只有在先生举行仪式后，才能把"八旗一伞"插立在亡者家门前，让四方宾客都能看到。

祭"旗"的仪式过程是，主人家递给礼师（读席文的老师）一只公鸡，由他负责祭"旗"。祭"旗"时，礼师双手拿着公鸡，用苗语念道（意译）："这只鸡不是非凡鸡，头戴凤冠子，身穿五色六毛衣，'than^{31} sen^{55}'爷爷带来三十六个蛋，抱出三十六只鸡，主家将钱来买你，拿你来做点旗鸡，点旗点力，点子孙发达，荣华富贵，主人家双方吉祥！富贵鸡血落地。"先生念完后，就把鸡杀了，提着鸡一一从横放的"八旗"面前过，鸡血会随机掉落在旗上，掉落在旗上的任何位置都可以。随后，礼师把舅舅家的旗立起来，点旗仪式完成。

五、"吃双席"

舅舅家一行人到休息的地方安顿好后，姑妈家会细心照料，第一时间安排吃饭。姑妈家会把最好的酒饭，牛肉（必不可少）、猪肉、淡汤和自家酿的米酒等一一端上桌，请舅舅家的一行人坐好，坐齐后就开始吃饭。席间，姑妈的儿子或儿媳妇会很客气地来说："zau^{33} zau^{33} non^{55}、zau^{33} zau^{33} hou^{55}。"即："好好吃、慢慢吃，好好喝、慢慢喝。"在舅舅家一行人酒席正酣时，姑妈家会有人再次来劝吃喝，依然是："zau^{33} zau^{33} non^{55}、zau^{33} zau^{33} hou^{55}。"

第二次劝完后，呈上双席（即给舅舅家上的第一道菜是什么样，第二道也上相同的菜）。在上双席前，姑妈家会统计好这一行人的妇女和孩子数量，为妇女和孩子每人准备一碗瘦牛肉，并配相应装牛肉的袋子，方便把这碗牛肉带回家。待舅舅一行人酒足饭饱，吃双席结束。

舅舅家吃饭期间，姑妈家会收拾放着灵柩的堂屋出来，待舅舅家吃完双席后，将他们请到收拾好的堂屋来跳芦笙舞。吃双席和在堂屋跳芦笙舞是舅舅家的特殊待遇，其他任何人都没有机会甚至没有资格享受。这种待遇在其他民族中也有体现，如在布依族婚事中，舅舅依然是最尊贵的宾客，抬着最多的礼物，放着最多的鞭炮庆贺。[3] 从这些明显的特殊待遇依然可以窥探舅权痕迹所在。

六、"回舅舅礼"

舅舅在上祭时带来了最厚重的两份礼，姑妈家为了表达对舅舅的尊重和礼仪习俗的往来，也会送出一只牛腿给舅舅作为回礼。在舅舅家一行人跳完芦笙舞后，作为舅舅家身份出场的祭奠仪式结束，舅舅家前来祭奠的众人都会各自回家。舅舅在第二天会返回来帮忙，只有特殊情况时才等到送亡者上山的时候回来。当他们要起步离开时，姑妈家把准备好的牛腿回礼给舅舅，舅舅则百般推辞。这时，姑妈家这边的妇女会开玩笑地说道："你不快点把肉收好、背好，我们就拿小刀来把牛肉割走了哦。"目的是希望舅舅快点接受姑妈家的回礼。随即，舅舅就把牛腿背着，带随行祭奠的人一起离开亡者家。

对于舅权的地位和权力，从"茂穰"支系苗族的上述丧葬仪式过程中可以看到，舅舅在祭奠这一过程中具有举足轻重的尊贵地位和特殊待遇，首先是舅舅上祭时送的两份礼，到迎接舅舅、祭"八旗一伞"、吃双席和跳芦笙舞，最后把牛腿作为回礼。从表面看，这似乎是很平常的你来我往间礼物的互相馈赠，以及丧葬活动的各程序，但舅权痕迹却从大小仪式过程中令人瞩目。"男儿膝下有黄金"，男人不能轻易行跪拜之礼。而"茂穰"支系苗族在迎接舅舅时，作为舅舅的外甥，无论男女，都必须在寨门向前来祭奠的舅舅行跪拜之礼，手中还带有孝棍。在跪拜时相互间的对话中，外甥告知母亲已离世的事实，内心是恐慌舅舅向其问罪的。但舅舅并没有怪罪，言语中更多透露的是安慰、鼓励和祝福。像这种平和的丧葬情况，是舅权仪礼的重要表现，虽然在跪拜中舅舅有居高临下之意，但对于亡者来说，是以娘家人身份出席葬礼，使其亡灵得以超度，更符合父权制下舅舅的身份特点。除此外，祭"八旗一伞"、吃双席和跳芦笙舞、把牛腿作为回礼，从舅权制而论，它已没有了那种不可侵犯的威仪和至高的权力，也没有了对外甥事事关心和进行支配的权力，只剩下这些"特殊"待遇，特殊在于舅舅权力从对外甥的支配权转向关心维护自己血缘同胞姐妹在父权制下的利益。因为在父权制下，难免会出现男尊女卑现象，而此时的父权，又必须关心维护自己外嫁血缘同胞姐妹的利益，即舅舅（舅权）。因此，承认父权制下的舅权，舅舅终会以维护女性权力者的身份出场，这种"特殊"待遇在短时间内甚至长时间里都不会消失，而且父权对于这种"特殊"待遇也会在一定程度给予支持。

七、结语

作为母系社会向父系社会过渡时的中立权力拥有者，舅舅在母权没落和父权尚未成型时确立了自己的地位，此时拥有巅峰舅权和初期父权，作为两种权利拥有者，依旧考虑自身最核心的权力和利益。而渴望父权不再受到舅权的钳制，在父系社会必然成为现实情况，舅舅也必然向最有利于自身利益的一方倾倒——父系（父权）制社会，且不会完全放弃自己的已有权力，因此，舅权的存在成为必然。

如今，在父系社会稳定发展，舅权面临消亡的今天，我们依然还能在"茂穰支系"苗族的丧葬中窥视到曾拥有神圣权威的舅权制现象残迹，使我们不得不慨叹其在民族历史文化变化发展长河中留下的民族痕迹和不息生命力。在全球经济一体化潮流的今天，舅权制已成为一去不复返的历史事实，残存的舅权制正慢慢被开放的现实社会所冲淡。或许是否会在某一天，"茂穰支系"苗族的丧葬中呈现的种种舅权制痕迹也会逐渐消亡呢？答案是肯定的！而舅权制在父系社会中的衰落和消亡，同样是不争的事实。在当今各民族社会生活中，从各种仪式里所体现出来的舅权制，作为少数民族的精神文化内容之一，深深地烙印在这些民族的情感里，依然在当今社会中规范着每个家族和家庭的姻亲关系。

（作者：张新罗，贵州省威宁自治县人，苗族，上海师范大学在读博士，主要从事苗语语音研究。审校：吴正彪）

参考文献：

[1] 邝东. 舅权的产生、发展和消亡初探 [J]. 民族研究，1985（2）.

[2] 杨晓勤. 论普米族口头叙事中的舅权痕迹 [J]. 民族文学研究，2016（6）.

[3] 吴文定. 布依族婚俗中的舅权管窥 [J]. 牡丹江大学学报，2012（10）.

麻山"亚鲁王"后裔丧葬习俗锁记

黄　凤　黄元勋

摘　要： 川黔滇方言麻山次方言的苗族早在隋唐时期或者更早的时候就迁徙到了贵州麻山地区居住。这支苗族始终尊崇苗族古代英雄"亚鲁王"为其先祖，简称"麻山苗族"。千百年来，他们在这片石漠化严重的大山里繁衍生息，顽强生存，形成了自己独具特色的民风民俗。从罗甸麻山苗族的丧葬习俗，可以管窥苗族对死亡的认识和态度——认为丧葬礼仪是生命意义的终极形式。

关键词： 麻山苗族；亚鲁王；丧葬习俗

一、概况

苗族按其语言分类有三大方言，即东部方言（亦称"湘西方言"）、中部方言（亦称"黔东方言"）、西部方言（亦称"川黔滇方言"）。西部方言的苗族分布较为广泛，总体呈大散居、小聚居态势。其语言复杂，内部又可分为8个次方言，即川黔滇次方言、滇东北次方言、洛北河次方言、重安江次方言、贵阳次方言、惠水次方言、平塘次方言、麻山次方言。各次方言间不能正常交流。世居在罗甸县境内的苗族主要有麻山次方言、平塘次方言、川黔滇次方言3个支系，还有少部分尚未查清其归属的小土语。2015年，罗甸县总人口35万余人，其中苗族人口46596人，占全县总人口的13.2%。全县八镇一乡都有苗族居住。麻山次方言苗族主要聚居在木引镇和边阳镇，散居在龙坪镇、逢亭镇和罗悃镇，与麻山地区的紫云、惠水、望谟、长顺等县操麻山次方言的苗族相连成片。

操麻山次方言的苗族，本文简称为"麻山苗族"。据贵州考古专家对麻山苗族洞葬的考证，这支苗族早在隋唐时期就进入麻山地区，至今已有上千年历史了。麻山地区，是对贵州省的罗甸、平塘、惠水、长顺、紫云、望谟等县相连接的自然区域的统称，也是麻山苗族的聚居区。长期以来，麻山苗族始终把苗族的古代英雄亚鲁王尊为他们的先祖，从人生在世到生命结束都唱诵亚鲁王。据不完全统计，麻山苗族有20余万人，其中罗甸县境内有 3.8 万余人，约占全县苗族的 82%。麻山次方言本身也较复杂，内部可分为 6 个土语，各种土语虽有差异，但大多数尚能互相交流。在贵州古代汉文献上，对不同时期的麻山苗族有不同的称谓，如"桑州苗""炕骨苗""牯羊苗""康佐苗""青苗""老苗"等。麻山地区是典型的喀斯特地貌发育成熟区域，仅核心区域就有 1000 余平方公里。在 20 世纪以前，这里一直是贵州省生态环境最脆弱也最贫困的区域之一。改革开放 40 年来，在各级党委、政府的大力扶持下，经过麻山各族人民的共同努力奋斗，麻山地区的基础设施建设、生存生态环境和人民群众的生产生活条件都获得了较大改善，但脱贫攻坚和精准扶贫的任务依然十分艰巨。

二、备丧

人生固有一死。在麻山苗族的观念中，人生有三魂。人生在世，三魂归一；而人一旦死亡，三魂就分开了：一魂要守护自己的子女和后人；一魂要踏上遥远的东方之路，返回东方故国苗族先辈的发源地，与先祖汇合在一起；一魂要到"天的那边"返回"祖奶奶"的地方，和"祖奶奶"在一起。麻山苗族家庭一旦有老年人死亡，为对死亡的老人敬重怀恩，事死如事生，其丧葬礼仪肃穆而庄严、隆重。

麻山苗族虽然贫穷，但十分重视养老孝老。在日常生活中，家里老人一旦久病不愈，就要提前准备老人身后事所需的棺材和老衣（寿衣）。老人在世时，要将准备好的寿衣给他们试穿或看一次。还要准备小猪、粮食、酒、黄豆、青麻、小米、菜油、烧钱纸等。家中有高龄老人的，一般不卖粮食、不卖酒，平日积累，以备急需。

老人病重不能进食，要及时通知其兄弟姐妹和子女赶来探视看护。如果是妇女病危，还要派专人通知其娘家舅舅舅妈们，特别是其女儿女婿必须到场，大家共同守护。眼看病人即将落气时，要抬到堂屋或火炕边观察、问话和安慰，让他放心去，不要思念家人。最后时刻，病人的儿子或孙子要亲自从背后抱住老人，帮助老人抽气。据说父母落气在谁的身上，将来这人就会发财致富。

老人落气后，先用火药枪鸣枪一响，放鞭炮一串，向本村寨和邻近的人们报丧。寨子里的人们听到枪声和爆竹声，就会放下手上的活，主动赶来慰问死者家属并帮助料理后事。家里的姑娘、媳妇和侄女们都会哭丧。人们赶紧架起灵床，安放亡人遗体。

这时，主人家要请可靠之人或由亲属自己动手，为亡人剃头（或梳头）、洗身、穿寿衣。并请来"东郎"唱诵《亚鲁王史诗》，为亡人送行。在麻山地区，每个家族都有自己的"东郎"，如果本家族没有，也可到别的寨子请"东郎"做法事。给亡人剃头（梳头）和洗身要用新毛巾、新盆和温水。穿寿衣讲究穿单不穿双，一般是五件衣服、两条裤子，穿得最少也要有三件长衣服。一边穿衣，一边告诉亡人，寿衣是谁置办的。衣服要留一个扣子不扣。穿戴完毕，仍将遗体放置在灵床上，用一段白布覆盖着，待到太阳落坡才能入棺。

前来帮忙的人们七手八脚把事先准备好的棺木抬出来，用松香和蜡熬溶，倒入棺材密封缝隙，然后铺上木炭、灯草或草纸，在太阳落坡后即把棺材抬进堂屋，开始装殓。装棺完毕，将棺盖盖上。非正常死亡的一次性封棺，正常死亡的一般都不密封，要到"做客"之夜凌晨两点开棺让子女亲属最后一次瞻仰逝者遗容后才盖棺密封。装棺不许有铁铜入内，因此装棺的必须是内亲人，外人不能搭手。装棺完毕，随即放一大串爆竹，然后在棺材尾部和下方分别摆放饭碗和用小木升装满的大米或小米，插上蜡烛，点燃"地油灯"，进行供饭。这时，亡人的女儿、儿媳、侄女、侄媳和姐妹们再次哭灵，历数亡人在世的勤劳与辛苦，或者与病痛作斗争的坚强，哭请亡人"去那边"要保佑家人平安。

麻山苗族的晚辈们戴孝的方式与众不同。一般都用糯谷稻草和青麻反方向搓成绳索，拴在家族晚辈的腰上。亲生女儿和堂侄女就要用一片青麻捆上头发，不准戴头帕，放下绳子。民国时期，亡人的儿女和亲侄男女都只能打光脚，不能穿草鞋和布鞋，以示敬重和悲伤。现在改戴孝帕，亲兄弟姐妹的儿女们所戴的孝帕与棺材一样长，其他的稍短一些。长辈、同辈不戴孝，亲朋的晚辈可以戴孝帕，但不能发孝索。腰缠孝索的人都是亡人的家族小辈或内亲。

三、吊丧

老人去世当天晚上，家人就和"东郎"们商议，择期安葬。送殡的头一天，苗语叫作"阿哈"（做客），汉语直译为祭日。停丧的时间讲究单数，一般在5～9天以内。如果"东郎"测算近期不能下葬，就将棺木抬到坟地先浅浅掩埋，暂不垒坟，另择吉日再垒坟。

老人死后，家族中的小辈们就要开始忌荤，不吃动物油，要到亡人上山入土后才可以开荤。老人死后的第三天做"热客"。热客来的都是亡人的内亲。其女儿女婿要请一桌人吹唢呐，带领自己的家族前来吊唁。女婿家至少要抬一坛酒、一筐糯米饭（或者糯小米饭）、一只煮熟的鸡（不去除内脏）。吹唢呐的队伍来到时，亡人的儿孙要跪地迎接。亡人的女儿则陪同前来的女客到堂屋哭吊亡人。吊丧的队伍到门外时，放爆竹，然后进入灵堂烧香作揖。内亲做"热客"的同时，要向主家说明祭日那天准备来多少亲戚，带什么祭物，以便主人家有所准备。麻山苗族安葬老人都有敲牛砍马的习俗，没马的人家可送黄牛来砍杀。

亡人停丧期间，每晚都要有人守夜。除了其儿孙轮值守灵外，村寨里的邻居和亲戚朋友也会主动陪伴，每天晚上都有男男女女陪坐到深夜或天亮。小青年们有的玩粑棒舞，有的吹唢呐（麻山苗族的芦笙文化已经失传）。夜深以后，主人家安排一餐夜宵招待帮忙的亲友。夜宵之后，多数人散去，轮值守灵的人却不准中断，要随时在灵堂为亡人添灯、焚香、烧纸等。

停灵期间，每晚都要请东郎唱诵《亚鲁王史诗》（过去叫《亚鲁祈》），由本家族的东郎为亡人唱诵。东郎一般有5~7人，1~3人站在棺材前面唱诵，剩下的人在一旁协助。苗族没有文字，学唱《亚鲁王史诗》全靠强记硬背，没有5~10年的时间难以出师。有的人从15岁起步，学到35岁左右才能独立熟练唱诵。唱诵过程中还要做许多仪式。《亚鲁王史诗》从开天辟地说起，到万物起源、人类诞生，才出现亚鲁王的先辈，再唱到亚鲁王的诞生及英勇战斗的故事，包括亚鲁王与赛阳赛霜发生的"龙心之战""盐井之战"等，随后亚鲁王失败，就带着族人从海边来到平原，从平原来到丘陵，从丘陵来到麻山定居。东郎在唱诵这首史诗时，每唱到苗族一次次被驱赶追杀，一次次大逃亡，都忍不住流下悲痛的眼泪，听的人、唱的人都沉浸在历史的悲痛之中。这首史诗，其实是借助丧葬时唱诵，告诉世人，苗族经过长期的战争、逃亡、迁徙，好不容易才来到麻山这样的穷乡僻壤，大家都要珍惜和爱护今天的安定日子。麻山次方言各支苗族传唱的《亚鲁王史诗》，内容都是一样的。包括红水河对岸广西乐业等地的苗族，已经从罗甸搬迁出去20多代400余年，他们在丧葬场合传唱的《亚鲁王史诗》还跟贵州麻山苗族唱诵的一样。

四、择地

老人死后一两天，其子女就要与"东郎"和族人一起去选择墓地。墓地的选址，要遵从死者生前遗愿，生前没有遗愿的大多葬在家族墓地上。如果家族墓地没有空位了，就选择到未开垦的荒地安葬。墓地选定后，暂不挖墓坑，可以砌墓前拜台，先把墓地整理出来，待到"做客"以后才测定时辰打井。

五、做客

做客这天，亡人家要准备好碗、筷、锅、柴火、盐巴、辣椒等，当然也煮饭、做菜，这是给前来吊唁的散客准备的，都是家常便饭。那些集中来下祭的亲戚，如嫁出去的姑娘、姐姐家、妹妹家及媳妇的后家等，都要先在他的家里下祭，有的要牵马牵牛来砍，有的抬200多斤的猪来杀，或者抬100来斤的架子猪送给主人家。在祭主家里，参加下祭的寨邻每户都会拿5斤大米或者黄豆，并买一串爆竹。如果是家族成员，还要拿两张祭幛和主祭人家一起去祭奠，也可以用现金折算送礼。领头主祭的人家，要花100多元买一套纸扎，有马、羊等各种纸幡，还要自家煮饭，带菜去（菜都是自家推做的豆腐）。如果是邻近的村寨，全寨老老少少都陪着去，带去的饮食要足够午饭、晚饭和夜宵食用，亡人家是不煮饭菜的。嫁到汉族人家去的侄女们杀猪下祭，还要带道士先生去超度亡人。如果路途较远，就在前一天安排人抬着米来，到亡人家安排地点自己做饭。下祭的人家要带酒、白糯米饭或者糯小米饭，然后组织大家牵马、牵牛、抬猪，吹唢呐，举着祭幛、纸扎幡等，浩浩荡荡朝亡人家走去。

快要到亡人家时，牵马或牵牛的人走在前面，然后是去哭丧的妇女们，再就是抬猪的，以后跟随的有道士先生、吹唢呐的、放炮的和陪同下祭的族人、乡亲等。麻山次方言已不会吹奏芦笙，但吹唢呐的一组有6～8人，相当热闹。

前来祭奠的亲属亲戚临近寨子时，主人家要安排3～5名家族中拴孝索的晚辈跪在门外，2人跪在堂屋迎接客人，还要安排家族中的媳妇去接来哭丧的妇女，带她们一起到停放亡人的地方哭丧。前来下祭的亲戚在带来的人过完后，就要把下跪的人扶起来，相互作揖，讲些安慰话。

下午两点，举行砍马砍牛仪式。一般选择离亡人家不远的地方，找一棵杉树栽牢，把马或牛牵过去套在杉树上。"东郎"口念《砍马经》或《砍牛经》时，孝家男男女女围着即将被砍的马或者牛不停转圈。当"东郎"唱完《砍马经》《砍牛经》后，被请来砍马或者砍牛的大力士挥舞大刀用力向马（牛）的脖子砍去，其他持刀者也你一刀我一刀地轮流砍，直至将马（牛）的脖子砍断在地。这时，孝家代表立即跑进灵堂向亡人报告，马已被砍倒了，老人您有马骑了，请您老人家骑着马像亚鲁王一样，在返回东方故国的道路上疾步如飞吧！砍牛送亡人，则是希望让他回到东方故国后有牛耕田犁地。砍马敲牛仪式隆重壮观，十分震撼，犹如古代苗族为出征将士壮行的景象。

"做客"的晚上，还要继续传唱《亚鲁王史诗》。这是一部庞大的史诗，连续几天几夜唱颂不完。到了恭送亡人出门的前夜，就要唱《指路经》。即由"东郎"用唱词指引亡人寻找自己的父母、祖父母、曾祖父母……一直往东找寻而去，告知亡人要经过若干村寨、荒坡、冰天雪地、虫蚁坡、老蛇坡、老虎坡等，提醒亡人不要走错路，最后才能面会祖宗，回到故国，与亚鲁王先祖们在一起。这是一段指引亡人返回东方故国的历程。《指路经》唱诵结束后，"东郎"就把一只鸡使劲砸在棺材上，把鸡摔死。这样，亡人得到了鸡，鸡也会为亡人返回东方故国引路。大家赶紧帮助撤离各种杂物，把棺材抬出家门，准备抬杆，捆住棺材抬上山。

六、出殡

抬棺路上，走在最前面的是一个射手。他用树枝弯成一把弓，以巴茅秆为箭，瞄准前方，边走边射，一直射到墓地，意在驱赶一切鬼神。走在第二位的是手持火把的人，用干竹槁点着火，走在棺材前面，为亡人照亮引路。后面就是抬棺材的队伍，一般是八人抬，前后各四人，其他人紧跟帮扶，途中一般不能停。如果路远坡陡，中途也可以换人抬，或者增加人力前拉后推，直至抬入墓地。跟在抬丧队伍后的哭丧妇女和吹唢呐队伍等，走到半路就停下来准备向后转了。按苗家习俗，妇女不能看亡人下葬。"东郎"在新挖的墓坑里，用三匹茅草扫过后，就用朱砂铺坑，朱砂起着防蛇虫蚂蚁乱钻的作用。当大家把亡人棺木在坟坑内放置平稳后，首先由其儿子挖三铲泥巴撒在馆盖上，人们才七手八脚地帮助掩埋，挖泥砌石，垒成坟堆，然后立碑，再放若干爆竹，宣告安埋完毕。过去苗族不通文字，没有立碑的传统。现在受汉族影响，也为先辈立碑纪念。

新坟垒成后，有的就当场"倒簸箕"，而有的三天后才"倒簸箕"，即请亡人回家，为亡人供饭，使他知道在世时他的家在哪里。摆好酒菜后，把亡人之魂抬上大桌，通过"东郎"与亡人对话，请亡人上坐。今后家人逢年过节也如此摆放饭菜祭祀。祭祀毕，将老人的遗物分给女儿，如帐笼、木织布机、木纺花机等。从第一天下午傍晚时分开始，要连续三日给亡人送火送水，即用三节竹筒子捆在一起和茅草装的火子，送到坟地；第二天晚上送到半路；第三天晚上送到离家不远的三岔路口。

亡人一被抬出家门，人们就开始帮助亡人家打扫屋内外卫生，把亡人以前穿过的衣物、用过的被子床单等拿到送葬的路上烧掉，但不能烧得太多，太多太重，亡人带不走，也背不动。与此同时，还要请一位"东郎"和帮忙的人，走进寨子的家家户户，为邻居扫家。"东郎"抓起大把黄豆或玉米，口中念念有词，边撒边扫，意在驱除一切鬼神，确保全寨平平安安。苗寨一家人的丧事，家家都参与其中。这既是原始部落的遗存，也是族群团结的象征。

七、结束语

麻山苗族的丧葬仪式，随着时代的发展和社会的变迁，有的需要传承和保护，有的正在进行改革，简化了一些程序。但麻山苗族内部有 6 个土语，各个土语之间也有一些明显的差异。虽是一个次方言，十里不同风、百里不同俗的情况也是存在的。笔者认为，民族习俗也不是一成不变的，麻山苗族的丧葬仪式也应当进行改革，要适应社会的发展而与时俱进。例如"敲牛砍马"祭祀亡人的传统，许多地方都做了改进。近年来，《亚鲁王史诗》作为"苗族英雄史诗"，成为国家级非物质文化遗产，增强了苗族同胞的文化自信心和民族自豪感。

（作者：黄凤，贵州省罗甸县文化和旅游局干部，县苗学会会员；黄元勋，贵州省罗甸县老年大学退休干部，县苗学会副会长兼秘书长。审校：吴进华）

一条苗族家训带来的正能量

宋泽贵

在贵州宋氏草塘支系中，苗老祖太曾定下家训："宋氏族人辞世后，禁忌传统停棺方式，必须'顺梁停'。"（民间传统的停尸方式是"横梁停"，即头朝香火牌位，脚朝门外）即取"顺从朝廷，服从王化，知书达理，苗汉一家"之意。本文试就家训的形成及深远影响作如下叙述。

一、家训的形成

千余年来，在瓮安草塘流传着一个美丽的爱情故事。据说在草塘城中，生活着一位聪慧俊秀的苗族姑娘，姓名大家已经忘记，但她是宋氏虔心顶礼崇敬的远祖姁，宋氏草塘支系族人尊称她为"苗老祖太"。话得从北宋初年说起，公元975年，武昌都总管昭武大将军宋景阳奉赵匡胤之诏平定广右（今广西柳州、河池、南丹一带）诸夷之乱，接着进军今都匀、开阳，兵锋到达瓮安草塘时，面对坚固的城池，久攻不下。一天清晨，心情焦急的宋景阳在随从人员陪同下，牵马到塘边饮水，见到一位漂亮的苗家姑娘带领百姓在塘边取水，二人一见钟情。景阳劝说苗女一定要服从王化，帮助宋军，并挑明自己的身份，同时表达对苗女的爱慕。苗女是城中土酋首领的女儿，很有见识，见景阳生得英俊潇洒，气宇轩昂，对景阳亦很倾心。她对景阳说："我们苗家历来喜好和平，厌恶战争，也明白汉族离不开苗族，苗族离不开汉族的道理。我可以助您破城，但您要答应我两个条件：一是你我必须成为夫妻，妻帮夫破城，天经地义，别人不会怪我。二是不许伤害城中任何人，他们都是善良的老百姓。"景阳听后大喜，欣然允诺苗女的全部条件，于是顺利取得草塘（今猴场）。之后在苗族夫人的鼎力协助下，宋军尊重民族风俗，以德服人，大军所到之处，纪律严明，秋毫无犯，迅速平息了贵州地方割据势力之乱，强化了北宋王朝对西南边疆的统治。捷报传至朝廷，皇上甚慰。宋太祖赵匡胤于公元976年给宋景阳颁发嘉奖书，书曰："嗟尔宋氏没辱祖皇，德垂后裔，世代忠良，不负朕命，永爵守土南邦。"由此，景阳在黔地设置了"七司八营"。分封二儿子宋存悌治理草塘司，使宋氏一脉在这块土地上繁衍生息，成为一方望族。从此，苗女在族中地位尊显，寿过百岁，被尊称为"苗老祖太"。其夫君宋景阳成为宋氏入黔始祖，虽远在西南边疆，仍念念不忘朝廷，对朝廷忠心耿耿，辞世时面向北方（开封），顺梁倒下。为把景阳大将军一生追求的理想信念发扬光大，苗老祖太立下家训：宋氏族人辞世后必须"顺梁停"。意在"顺从朝廷，服从王化，知书达理，苗汉一家"。并率领家人在祖宗牌位前宣誓："恪守'顺梁停'家族兴盛，子孙昌达……"宋氏草塘支系后人世代传承苗老祖太规定的"顺梁停"家训，他们把家训作为传家宝，在维护国家统一、促进民族团结、发展地方经济、重视文化学习、保持良好家风方面均有不俗的建树。

二、家训对宋氏草塘支系带来的正能量

宋氏草塘支系后人，贵州宣慰使蔼翠及夫人奢香对明朝平定西南边疆，促进民族团结做出了突出贡献。在明朝平定云南的战事中，贵州宣慰使蔼翠（据水东宋氏族谱明嘉靖年间修谱记载，记载详实，世系清楚。蔼翠姓宋名阳彩，宋景阳后裔，贵州瓮安草塘人）支持大明军队经贵州进伐云南。蔼翠与奢香筹备战马一万匹、米一万石、毡一万领、刀弩牛羊各万只，以助明军，为朝廷最终统一云南提供了通道、军需物资和后勤保障。蔼翠去世后，因子宋文芳年幼，由其妻奢香代袭贵州宣慰使职。她牢记苗老祖太家训，顺从朝廷，言行与朝廷保持同心同向，以机敏过人的才智多次避免了内乱和战祸。她努力发展生产，积极开修驿道。在著名的龙场九驿中，其中一条驿道由贵阳经过瓮安草塘直达四川，驿道修通后，她不顾路途遥远，前往草塘，住达三月。其间，在贵州宣慰使同知宋钦夫人刘淑珍（瓮安草塘人，明代著名女政治家，与奢香系亲叔伯妯娌）的陪同下，她拜祭宋家祖坟，拜祭苗老祖太，问候族中长辈，走访普通民众，宣传民族平等；与刘淑珍经常到下司后岩观、报恩寺、现龙寺一带活动，教育人民勤耕守法，积德从善；组织民众兴修水利，发展生产，繁荣经济，建成了普安塘、赎珠塘等水利设施，造福百姓。她的言论和行动均维护了朝廷权威，强调了民族团结，为贵州少数民族地区的发展做出了卓越贡献，赢得了朝廷的器重和各族人民的拥戴。奢香去世后，朝廷遣使祭之，并封她为"大明顺德夫人"。

宋景阳后裔，贵州宣慰使同知宋钦及夫人刘淑珍为维护国家统一不遗余力，显示了杰出的智慧才能。宋钦系皇帝朱元璋赐名，族名宋阳举，元朝水东草塘司人（今贵州瓮安草塘，与蔼翠系亲叔伯兄弟）。因平寇保境有功，被元朝授昭勇将军，加镇国上将军。明太祖洪武四年（1371年），

宋钦审时度势，顺应历史潮流，与霭翠率众归附明朝。明太祖授宋钦为怀远将军，任贵州宣抚司同知，后升任贵州宣慰使同知。任内与明朝廷在政治上保持高度一致，在经济上发展生产，在交通上修建驿道，使草塘成为当时贵州重要的商贾云集之地，有"市列珠玑，广盈罗绮竞豪奢"的繁华，迁客骚人亦多会于此。宋钦去世后，因子宋诚年幼，由其妻刘淑珍代袭其职。洪武十六年（1383年），大明王朝设贵州卫于贵阳，马皇后侄儿马晔任贵州都指挥使。马晔持大汉族偏见，蔑视少数民族，企图消灭奢香部落，达到专横贵州的目的，于是以莫须有罪名裸挞奢香，欲激起少数民族造反，为挑起战争寻找借口。刘淑珍闻讯，立即从草塘赶到水西奢香部落，将马晔之阴谋告诉奢香，并与奢香共谋良策，凭着自己的政治远见和聪明才智，嘱奢香一定要谨记苗老祖太"顺从朝廷……苗汉一家"的家训，决不能中了马晔的奸计。旋即亲自赴京告御状，入朝见到明太祖朱元璋及马皇后，据实陈述贵州时局现状，历举马晔弄权误国、辱挞奢香、破坏民族团结，欲激少数民族造反等罪行，并要求惩治马晔，安民兴邦。朱元璋被刘淑珍的拳拳之心所感动，对马晔放弃朝廷安抚之策，推行暴政，破坏民族团结等行为非常气愤，决定把马晔召回京城治罪。为表彰刘淑珍反对分裂、消弥战乱，维护民族团结和国家统一所做出的贡献，朱元璋诰封刘淑珍为"大明明德夫人"。人民群众崇敬这位"巾帼英雄"，2007年在草塘下司原址上重建的"草塘安抚司署"，塑有宋钦、刘淑珍的雕像，以供游人缅怀。

苗老祖太制定的家训激励着子孙们欲知书达理，就要勤奋学习，自强不息。千百年来，宋家的莘莘学子奋发有为，扬名考场，成就了许多有影响的往哲先贤和当代才俊。在瓮安草塘古镇，有一处被人们誉为"一门三进士，五代十举人"的宅邸。这座清康熙至嘉庆年间延绵一个多世纪的科举世家宅邸高悬御赐金匾，它就是内阁中书第，即宋廷芳故居，故居中什物找不到丝毫的豪华痕迹，足可印证其代代秉持的廉洁家风和为官的清正。在这座宅邸里，清代中期出了三个进士、一个解元、十个举人、两名副榜、六个贡生。任内阁中书者一人，任知县者八人，任学官者五人。他们是：宋如嵩、宋毓琪、宋毓璋、宋梅、宋耀、宋荣、宋楫、宋廷芳、宋培芳、宋衍镛……其科甲之鼎盛，直可冠绝黔省。受此影响，宋氏草塘支系这条文化长河波澜壮阔，流淌不息。延至今日，又有宋荣彩、宋泽普、宋彪、宋德勇、宋碧波、宋永祥、宋章会、宋亭亭、宋博、宋泽毅、宋艳、宋泽备、宋正阳、宋娜娜、宋琴、宋纯著等博士后、博士、硕士百余人，他们在各条战线上尽展才华，为中华民族的伟大复兴奉献力量。

宋氏子孙始终不渝践行苗老祖太家训，树立良好家风，使家族人员做到了"穷则独善其身，达则兼济天下"。一是在宋氏草塘支系中，号召宋家的媳妇们以刘淑珍、奢香为榜样，虽然不能向两位"巾帼英雄"那样叱咤风云，但要当好贤内助，全力支持丈夫的事业，支持丈夫在不同岗位上勤奋工作，有所作为，特别是丈夫在党政部门任职的官员，一定要支持他们为老百姓做好事、实事。二是牢固树立爱党爱国爱家的思想，怀揣一颗感恩的心，支持党和政府的工作，决不在政府的各项建设或征地拆迁中，为了自己的蝇头小利，无理取闹，搞上访或堵工堵路，此种行为是宋氏族人所不屑的。三是秉持"自强不息，厚德载物"的理念，坚信人生要像天那样高大刚毅而自强不息，要像地那样厚重广阔而厚德载物。当族中有人地位显贵或当了著名企业家时，族人会要求他们不断提升自己的思想素质和道德境界，做到不忘初心，多服务于社会，多做德方面"量"的积累。四是重视"耕读为本"的传统观点，那些游手好闲、好吃懒做、打牌赌钱、不务正业之人，在宋氏族人中是没有市场的，族人欣赏的是勤劳致富的能手，赞美的是高考场中的翘楚。五是与邻里和睦相处，要求族人不断强化品行修养，做到"心中有德行，外表有形象"，注重个人仪容、家庭、出行、社交、购物、待客、步行、驾车、乘车方面的礼仪，弘扬家族人员明礼仪、知廉耻的良好品行。

三、结语

综上所述，苗老祖太制定的家训，为社会、为家族、为家庭提供满满的正能量，对宋氏草塘支系族人影响尤为深远。从古至今，子孙们始终遵循"顺梁停"赋予的内涵。他们不论居官还是为人，都能做到热爱祖国、遵纪守法，保持一个家族的崇高名声，从而取得了家族人员"乱世驰骋疆场，盛世扬名科场"的可喜成就！

（作者：宋泽贵，苗族，贵州省瓮安县委宣传部退休干部，县苗学会副会长兼秘书长。审校：吴进华）

黔南苗族民俗研究

惠水县板长村苗族丧葬仪式调查^①

王仁芝

摘　要：丧葬习俗是人生礼仪的一个重要组成部分，从中体现出丰富的人际关系。在苗族的传统社会中，每一次丧葬仪式都能使孝子孝女、亲朋好友以及当事人之间的亲密关系得到强化。文章通过对贵州省惠水县大坝乡板长村苗族丧葬仪式的实地调查和参与式观察，就这一文化现象的原生性过程进行了描述和记录。

关键词：板长村；苗族；丧葬仪式

对于各个民族丧葬文化的调查与研究，中国自古就有很多丰富的历史文献资料记载，如《贵州通志》《黔记》《黔苗蛮记》《苗俗记》《苗防备览》《黔中纪闻》等。进入 20 世纪以来，随着国外人类学、民族学、社会学等学术思想的引入，国内有关丧葬仪式的研究得到了前所未有的发展，其中有较大影响的如凌纯声、芮逸夫的《湘西苗族调查报告》，石启贵的《湘西苗族实地调查报告》等。到了 21 世纪，这类研究的深入探讨已经成为人类学中国化的特色和亮点。

在人类学研究史上，对于仪式的研究热度经久不衰，而生命仪式作为人类仪式文化体系的重要组成部分，更是从没有脱离过人类学家的视野。生老病死乃是人类社会发展的必然规律，为逝者举行盛大繁复的丧葬仪式，是为了安息亡灵。从灵魂观念来看，这支苗族支系具有"灵魂不灭"的朴素信仰，他们认为人离世后只有经过"开路"等完整丧葬仪式过程，其灵魂才能安然离去，返回祖先栖息之所。而这一过程既是对生者的慰藉，同时也使得人与人之间的关系得到强化。正如马林诺夫斯基所说："从根本上说，所有的巫术和仪式等，都是为了满足人们的基本需求。"丧

①基金项目：贵州省政府文史研究馆 2018 年"多彩贵州民族民间文化之黔中苗族历史文化存世资料——亘古'茂饶茂穰'草根说"抢救项目（黔馆字〔2018〕4 号）课题研究阶段性成果及教育部规划基金项目"黔南民族民间古籍留存现状调查及整理研究"（15YJA870015）系列成果。

葬仪式在少数民族社会生活中具有特殊的意义，也是神圣的祭祀活动。丧葬同时也是生者为死者举行的最后告别仪式，一方面，通过聚集亲朋好友、邻里乡亲来表达对死者的哀悼和祝福；另一方面，通过这种仪式增进人与人之间的和谐关系，促进村落的发展。

本文是笔者参与贵州省文史研究馆黔中苗族历史文化存世资料抢救项目的田野调查成果，时间是 2018 年 7 月至 8 月，地点是贵州省惠水县板长村。通过实地观察和访谈调查，记录了板长村苗族老人过世的丧葬仪式过程。

一、板长村的历史地理文化背景概述

板长村位于贵州省黔南州惠水县大坝社区（现在的濛江街道）东北大约 11 公里处，与贵阳花溪高坡乡接壤。西接绿化村，南与大保村相连，北连上龙村，是这一社区最偏远的一个村，有 8 个村民小组，6 个自然寨。板长村分一、二、三组，四、五、六组在冗族，一共有 158 户，一组有 43 户，二组有 66 户，三组有 49 户。板长村 1991 年之前属于大坝公社，撤社并乡设镇后属于大坝乡，2014 年设濛江街道，包括以前的甲烈乡、长田乡、大坝乡、高镇镇等近 30 个自然村。濛江是惠水县主要河流，在板长村西部。板长村盘山环绕，村民聚居在向阳的半山坡上。

板长苗族属于西部方言惠水次方言北部土语。有关这支苗族的来历迁徙，据当地老人讲，他们的祖先原在河北省，后来到江西杨柳街猪市巷，又来到广顺（苗语：良杨罗高寨），最后迁移到现在惠水县濛江街道办事处大坝社区的板长寨。以前板长这地方是一片大森林，有水烂窖和毒蛇猛兽，他们的祖先就将这些大树改成板子换成货币，遂将村寨命名为板长寨。他们日夜与天斗，与自然灾害斗，与毒蛇猛兽斗，开荒种地，建设家园，在艰苦的环境中靠劳动、改木板卖来维持生活，由一户发展到现在的一百多户，成为当地最大的苗寨。

板长村因地理位置特殊，交通不便，受外来文化影响较小，所以其文化底蕴保持得比较完好，是一个原生态的苗族村寨。其中，他们的丧葬仪式保存得相对完整，这从侧面也说明了板长村是一个民风淳朴、传统的民族村寨。他们通过丧葬仪式表示对死者的慰藉。丧葬仪式也是聚集宗亲家族、乡里邻里间的集体活动，体现了人与人之间的和谐关系，有利于促进亲朋好友和邻里间的感情交流。以下是板长村老人过世的丧葬仪式。

二、板长村丧葬仪式过程

2018年7月8日下午，惠水县濛江街道办事处板长村大寨某某老人①（女性）去世，7月9日开始给她办丧事。负责丧事仪式的主要有开路经师、鼓师、帮手，这三个人是丧葬中的重要角色。其中，经师念诵《开路经》等经文，鼓师主要负责敲击木鼓，帮手负责协理葬礼仪式堂屋上的祭品。

板长村老人过世有两种情况：一种是死得好，另一种是死得不好。他们仍以十二地支来判断好与不好，十二地支对应十二生肖。十二地支是子（鼠）、丑（牛）、寅（虎）、卯（兔）、辰（龙）、巳（蛇）、午（马）、未（羊）、申（猴）、酉（鸡）、戌（狗）、亥（猪），若是酉时和亥时死的就是不好的，即当地说的鸡场天和猪场天，其他日子死的就是好的。如果老人是在鸡场天或猪场天过世，就要马上做一个仪式，但不能动死者，需要一只小公鸡、两斤猪肉、五碗酒、一升米来祭祀，请经师来超度。这一只小公鸡和两斤猪肉，主人家不能吃，其他人可以吃。这个仪式做完后，直到凌晨鸡叫后才能碰死者，给其梳妆打扮，做接下来的仪式。

非鸡场天或猪场天过世的，就要马上用一只母鸭、一碗饭、一撮草来祭祀。同时，从死者床上扯一把稻草（农村都是用干稻草铺床，再垫被单）到村寨的三岔路口去烧掉，意思是告知阴间的老祖宗，让他们接应一下。

之后才通知亲戚朋友来商量怎么安排丧葬仪式，哪个做经师，喊得寨子里的人来，安排谁做什么，每人做一样。开路的第一天早上要请经师来开路，穿黄袍的是经师，他代表皇帝，也就是苗王，给死者开路，送他走。还有两个是鼓手。这支苗族有开冷丧的，即先杀那三只鸡（下文提到的三只鸡）才开始各种仪式；有开热丧的，热丧是先进行各种仪式，第二天才杀这三只鸡。这一家的丧葬是热丧，开路之前要为死者梳妆打扮、穿上盛装，准备好各种各样的生活用品，才开始开路。开路时，经师手上的鸡，若死者是女性，就要一只母鸡和一头开路猪（满两个月的母猪）；若死者是男性，就要一只大公鸡和一头开路猪（满两个月的公猪）。小猪杀了挂鼓上，这也是为了祭鼓。所有程序准备好后，才开始开路。

（一）开路

第一天，开路。用一头小猪、一只鸡来开路，在办丧事的前一天买回

---

① 调查中，死者家属不愿说其名字，为表尊重，这里用某某老人代替。

来。唱完开路词后杀掉。唱完开路词后，把烟、火石（古时候用石头摩擦起火）、一把红纸伞（不能有铁，用于死者阴间赶场时候用，若死者家有一到四岁之间的小孩，有几个就放几团米饭在死者身上，让其带去阴间，若死者是男性就用一杆秤）放在亡人身上，放进棺材里（棺材里面要填满，用纸包起来，旁边的空隙都拿东西填满，以免抬的时候里面磕到碰到），让亡人带去阴间，什么时候用都方便。

男的要杀公鸡，女的要杀母鸡，杀的小猪不拿来吃，挂在堂屋木鼓的上方，猪头拿来祭祀，后腿拿给经师，剩余的主人家也不会吃，是拿给乡亲们吃的。杀猪的时候要放箭，开路用的弓箭和砧板作用很大，弓箭是用来给死者射四面八方的鬼神，为死者开路；砧板是灵牌，放在门角边摆上酒肉和饭，由经师在旁边请老祖太、老祖公来吃。丧葬仪式这三天，每次经师穿黄袍念完经，都要有人放箭。杀猪放箭之后，主人家开始给寨子的人发孝条，比死者辈份小的都可以戴孝，儿媳妇戴孝条和披白麻，其他人都是戴孝条，死得好的就戴白孝条，不用烧掉；死得不好（跳崖、车祸、自杀、落水等）的就戴红孝条，抬上山后必须烧掉。

然后寨子里一百多户，一人拿一碗饭，送的饭有两种，一种放煎鸡蛋，一种放肉，进屋后拿筷子插起，来的人就在堂屋哭丧，主要的意思是亲戚朋友舍不得他走，在世的人很伤心，希望他走好。哭丧完之后，饭要放到箩筐里，第三天背上山放到坟边烧掉，意思就是送他走，在阴间不饿就不会回来了。因为丧葬仪式需要的人力物力比较多，没有钱是办不起的。如果主人家没有钱办不起，当有钱时就要补办给亡人，不然亡人去阴间不认识老祖宗，没有吃的。

当把猪处理完挂起时要边念经边敲鼓，敲鼓就是敲根鼓，"咚咚咚，咚咚咚"的意思是"是是是"，给天上的神仙皇帝说合格了，然后需要经师请所有已经去世的老祖宗都来吃，让神灵接受他。请也要那个鼓，送也要那个鼓。由那个鼓打头，中间也用那个鼓，结尾也用那个鼓。念经完之后，由两个人穿黄袍、戴头帕，带头吹芦笙、跳舞，在堂屋大概跳20分钟。跳芦笙喻意开敞明亮、天宽地阔。原先根鼓传说，老虎吃了苗王的女儿，苗王杀死老虎后，天黑沉沉的，被乌云覆盖。后来，苗王给他的女儿办丧事，吹芦笙之后，天才明亮起来。于是，在老人过世后，大家都跳芦笙舞。跳完芦笙舞之后，给死者脱掉衣服，裹上牛皮，放进棺材里。皮鞋压在棺材下面，草鞋在棺材旁边。没有开路之前不能放进棺材，放进棺材里后，必须拿到山上去埋起来。赶场的时候必须穿草鞋，皮鞋、布鞋放旁边。在这边是人，在那边是鬼，请那边的人来接这边过世的人去那边才有吃有喝有玩。要是不通过这个仪式，去世的人到那边后谁也不认识，便不能生活。然后，外家就拿写好的祭文和"碗帐"（经师念好后给亡人吃），里面装有水果、葵花籽和肉，还有床单被褥，再请人拿一张白纸把这些东西写上去烧给亡人。

（二）接客

第二天，接客。早上杀三只鸡，第一只杀给死亡公，第二只杀给三男二女（杀给五只鬼，现在老人死了就要杀来祭他们五个，他们吃了之后才不会干扰主人家，从而消除不干净的东西，让丧事办得顺顺利利），第三只杀给五男四女（和第二只一样，他们都是因为死得不好变成了恶鬼，现在办事情都要把这些准备好，敬他们之后，才能给死者开路）。

灵堂的左面墙上挂着悼念的奠帘，右边挂着女婿拿来的白布，上面写着悼念词，祭台上摆着一张遗照、一斗稻谷（里面插着两支红烛）、一碗茶水、一碗米、一双草鞋（放棺材下面）；随后，将亲戚朋友拿来的祭品摆上去。经师手上拿着劈成两瓣的竹子，相当于一对筷子，用于叫死者来吃来喝。

请人来吹唢呐，整个白天都在吹唢呐，乡亲们和亲戚朋友来吃酒送礼。死者是女的，就晚上吹芦笙，一直吹到很晚（男的次日是吹着芦笙上山的）。吃早饭之后，要把今天杀的鸡头用竹子串着插在门前的路边，意思是驱除恶鬼，扫除不干净的东西。亲戚来时，前面一个拿着花圈，后面的人拿着礼，有一个篮子，一般里面装有煎鸡蛋、肉、纸钱、水果、糖、瓜子、酒；另外一个人拿着被褥，被褥上贴着白纸，写着名字，还有一盘米，周围围着一圈钱；还有一个人拿着一挂鞭炮，拿着这些东西走到记礼处去登记。孝子就跪在大门口，等外家舅公来好言好语安慰。主人家拿酒给外家舅公喝了，才进家来，拿鸡（舅公家一只，姑妈家一只）给舅公磕头，磕了头之后就拿去经师家杀了，然后到灵堂哭丧，把篮子里的贡品摆在灵前，开始祭奠。自家叔伯一人念悼词，一人从亲戚手中接过小鸡崽（拿给死者去阴间可以喂养），放在左手，右手拿着两瓣竹子，来回翻动，要翻到两瓣竹子都朝下盖起就算是老祖先吃到了贡品，也带走了小鸡崽。另外一次是左手拿酒，右手翻竹子，同样是翻到两瓣竹子朝下时结束。祭好之后，糖果分给大家吃。

（三）下葬

第三天，下葬。早上先把祭祀的物品准备好，祭品有一个猪头（这是祭祀的猪头）、一罐酒、装着粑粑的圆簸箕、一盆米饭、一盆酒，灵牌上有一碗汤、两碗饭、一碗肉（从祭祀的猪头里割下来，切成小块）。祭品准备好后，经师唱经请老祖宗来吃，念一个名字就请来一个。先敬酒，再敬饭菜，最后敬粑粑。敬酒的时候，唱完鬼经，把酒洒在地上。敬饭菜的时候，先左手端起碗，右手来回翻动竹筷子，直到两瓣都朝下，就从碗里拿起一块肉，再用米饭包起，先祭死者，再祭祖宗，最后倒在要背上山的箩筐里面。敬粑粑的时候和前一个相似，只是把肉摆在砧板上面的粑粑上，一层一层垒起来，最后才倒到箩筐里。每次请一个祖宗，都要重复上面三个动作。

早上两个经师祭祀时，念给每个老祖宗吃完之后，大家才吃早饭，大家吃完了之后才送上山。祭祀的两个经师和在场的老人不能出去吃，要在棺材前和死者一起吃。之后，亲戚就来哭丧。同时，两个老人拿着一把草（把不好的东西驱赶出去）、一把锄头、一根棍子（怕死者不愿走，所以拿着棍子敲打墙面，让他走）围着死者的棺材转，先逆时针转，再顺时针转。

抬死者上山时，不需要撒纸钱，因为这支苗族支系认为，路都是苗家开的，所以不需要撒纸钱。出门的时候放鞭炮，门口先让人排队候着，排在第一的人手里拿着火把和筷子，火把是为了送亡人上山照亮亡人，筷子是为以后打媒拉（请媒婆来给她送饭，以后她才有饭吃）；排在第二的是拿着弓箭的人，是一把古弓箭，射过背牌的，边走边扔，意在射去不干净的东西，射去四面八方的恶鬼，让其不来打扰亡人，让逝者安息；排第三的是一个小男孩（穿着黄袍）和一个小女孩（穿着苗族盛装），必须要没当过家的，小男孩背着一把新的弓箭且弓箭上捆着一张帕子，小女孩拿着一把红纸伞。他们两个走路时，只能往前看，不能往后看。第二个人背的弓箭和小男孩背的弓箭到半路扔下，抬到地方后还要捡回来；排在第四的两个人抬着酒坛子，拿去坟后面埋，草鞋放在坟前埋，漏出坛子口，坛子口还要盖半边，方便下雨时能接到雨水，让坛不干掉，让亡人有酒喝；排第五的是用箩筐背着饭的人，要背到山上去烧掉。排队在前面的这些人，晚上回家后，在经师念经时，他们去跪着，经师给他们念发财、榜郎等都到来。排好队，一边放鞭炮，一边抬出来。亡人需要八个人抬（八个年轻人，不论亲疏关系），送上山以后，皮鞋和布鞋拿到山上烧掉，在葬的地方用木杆烧一小块土，象征给死者的一块新地皮，烧好后喷上酒，意思是把死者引入阴间。年轻人向寨上老人下跪，一是对死者的尊重，二是表示对亲戚朋友的感谢。草鞋和棺材一起下葬。一路上要给抬棺材的族人喝上三五次酒，到了山上也要挨个敬酒，这个酒要一次性喝完，因为表示悲伤的事情不能再有第二次。经师回来之后，头上围的布的外层要拿下来，代表已经送老人上山了。哭丧结束后要放炮，一共放两炮，一炮惊天、一炮动地，表示老人已离开世间。最后，经师要回到主人家念经，把死者的灵魂送到坟上，一直念到凌晨一两点。

三天的丧葬仪式结束后，由经师再放两炮表示整个仪式结束。至此，丧葬仪式全部结束，家族宗亲、亲朋好友、邻里乡亲等才离开。

三、结语

丧葬仪式自古以来在各民族中都具有多种文化含义和多重社会功能。从板长村某某老人的丧葬仪式描写中，可以看出在村落生活中，围绕丧葬仪式展开的人际关系互动，搭建了孝子孝女、亲朋好友以及邻里间的凝聚力和亲和力，并在一定意义上促进了人与人之间的情感交流。传统的丧葬仪式就是通过这样的人情互动、互相帮助、礼物互惠等的交流，抚慰逝者亲属，无形中和谐着人际关系，从而促进了村落社会的发展。

（作者：王仁芝，女，苗族，贵州福泉人，贵州黔南经济学院教师，研究方向：民族语言、苗语。审校：吴正彪）

参考文献：

[1] 彭兆荣. 人类学仪式研究评述 [J]. 民族研究，2002（2）.

清水江沿岸苗族丧葬习俗的演进与变革

蓝文书　严启明

摘　要：清水江沿岸花苗有着自己独特的丧葬习俗。丧葬程序有接气、烧落气香纸、洗身整容穿寿衣等程序；丧葬仪式有路祭、抬灵柩上山、打墓穴、作撒土仪式、送饭等程序；丧葬的禁忌有不能让逝者在床上落气，忌金属类落入棺材内，灵柩在抬往墓地的途中不能落地等。在外来文化的影响下，其丧葬习俗不断被同化和改革。

关键词：清水江沿岸；苗族；丧葬；习俗

西部方言落北河次方言苗族，分别聚居在清水江沿岸黔南州的福泉市、贵定县、龙里县和贵阳市的开阳县，含语言相通、风俗习惯基本相同的黔东南西家在内，有 200 个寨子左右，总人口 50000 余人。受各种因素的影响，清水江沿岸苗族在历史发展过程中，形成了独特的传统文化、丧葬文化是其民族传统文化中的重要组成部分，对该苗族支系丧葬文化的研究，不仅能从民族文化的一个侧面加深对该苗族支系的认识，而且有利于研究该苗族支系的哲学、宗教、伦理道德等诸多方面的问题，从而达到发扬优秀民族文化、改造封建陋习的目的。为之，笔者特对西部方言落北河次方言苗族丧葬程序、仪式、禁忌以及丧葬的改革作如下简要阐述。

一、丧葬程序及仪式

生老病死是人类不可抗拒的自然规律。而对死亡的态度，各民族都有各自不同的看法，而不同的态度，则是由不同的民间信仰决定的。苗语西部方言落北河次方言苗族对死亡的态度，表现在其丧葬仪式的象征意义上。丧葬仪式以打牛为最大礼节。苗语西部方言落北河次方言苗族，其古代所行的是岩洞葬，后来又改为土葬，殡葬改革后则施行火葬，但自始至终都基本上延续着世代相传的丧葬习俗。

（一）丧葬程序

丧葬程序有接气、烧落气香纸、沐浴整容穿寿衣、入殓、报丧、送饭、上祭礼品、指路仪式、打孝伞、戴孝帕、打牛、煮宵午饭、吃分离饭、发丧等程序。

1. 接气：老人在弥留之际，移到堂屋或火边守护，落气时孝子含酒嘴对嘴喂给死者。

2. 烧落气香纸：老人逝世后，由孝子烧落气香纸。落气香纸至少三斤六两，多则不限。

3. 洗身整容穿寿衣：长者死亡后，首先是为其洗身。孝子或儿媳用柏枝水洗尸体，从头洗到脚，洗浴的水必须倒在平常人踩不到的地方。其次是整容，若死者是男性，必须把胡子和头发剃掉，并且剃头时必须从左剃到右，不得随意，否则视为不孝；若死者是女性，则不剃头发。再次是穿寿衣。男性头包青色帕子，上穿三件或五件长衫，身拴青丝腰带，下穿两条裤子，脚穿软底布鞋。女性头包蜡染帕子，身穿三件或五件老年装短衣（忌穿花衣服），下穿两条老年装裙子，拴素净围腰和腰带，打绑腿，脚穿软底布鞋。所有穿戴均以丝棉麻为上品，而后以白纸盖面停放在板凳支起的木板上。

4. 入殓：洗刷棺木，铺草木灰后再垫上白纸，纸张的数量必须与死者岁数相同，兜单裹尸入棺，棺内空隙处用白纸包灰填充，以防止上山途中移位变形，腹部盖上晚辈送的盖单后盖棺。灵柩停在堂屋中板凳上，上寿者停正中，一般者位置略偏，即男性靠左，女性靠右。入殓完毕，女孝煮刀头饭供上后哭灵；男孝等则鸣铳（或鞭炮），设地狱灯、插香谷、化钱炉等。

5. 报丧：家属择定逝者葬期后，孝家奉请邻里老幼每两人一组，各背一把柴刀分别由近及远通知亲属，所到之家须用餐或饮酒或喝茶水，否则视为不到。

6. 送饭：亲属获悉噩耗后，第一件事情就是送饭去供献亡人，族人及寨邻都要陪同前往，以人多为荣。每户送一碗饭，用肉片或蛋片盖在饭上，拿去祭奠亡人。

7. 上祭礼品：一般亲友送钱或物，女婿则祭献牲口，或猪或羊。家庭条件较好的女婿则祭献黄牛。

8. 指路仪式：上山前两天晚上，请师傅设坛唱古歌。古歌的内容分为迁徙史话、打牛辞、创世之初万物生成史话、生计记忆史话、祭魂辞、送亡人回归远祖的故地六个部分。

9. 打孝伞：设坛的同时即打孝伞，打孝伞用纸的张数与亡人岁数相同，孝伞道数则以虚岁计算，每 10 岁一道，而后再加 2 道，即天 1 道地 1 道。假如亡人已经满 70 周岁，就按 80 岁计算，孝伞为 8 道，再加上天 1 道地 1 道，共计 10 道。

10. 戴孝帕：戴孝帕范围有三种，即家孝、礼孝和普山孝。孝帕的长度必须与灵柩盖子的长度相等。

11. 打牛：打牛之前先唱打牛古歌，再用亡人姑娘及侄女等送来的红布给牛换上新鼻串和新牛索。把牛拉到场地后，屠夫用斧头猛击牛头，使其昏死倒地后，再断其喉，用柴草烧去其毛，而后刮洗干净，不允许剥皮。改革开放前，耕牛是生产队集体所有，只能用猪来替代。其他做法基本相同，不同的是猪是以杀的方式，其杀法与现在杀猪方式相同。

12. 煮宵午饭：在堂屋用石头或铁三脚支锅，用柴火煮，木片起锅。用粘米、糯米各一半，并各放在一边锅掺水同煮（煮熟后粘米、糯米各在一边）。饭煮熟后，视逝者性别用东西包好（逝者为女亡人，就用蜡画花帕子包饭；逝者为男亡人，就用篾篓装饭），给亡人在路上作晌午饭。

13. 吃分离饭：上山前一夜唱指路古歌告一段落后，在灵柩前放一盆水、一把木梳。族中孝辈及姑娘女婿等，分别用梳子蘸水由前向后梳头，每人梳三下，而后依次围跪灵柩前用餐。

14. 发丧：把灵柩抬出屋外停放在院坝适当的地方。吃分离饭结束后，指路师傅唱指路古歌《送亡人回归远祖的故地》一则，也是最后一则。演唱时，打一把亮熇（火把）放在屋檐脚，其意为火把在前引路。因为祖先迁徙多数是夜间逃出，都是打着火把走路。演唱完毕后，用引路白鸡砸灵柩丢出门外，众人端灵柩走出大门停放，象征性地打扫灵堂跟出。

（二）丧葬仪式

丧葬仪式有路祭、抬灵柩上山、打墓穴、作撒土仪式、送饭等。

1. 路祭：天明时分，在灵柩前摆放两张桌子，孝男一张，孝女一张，由孝男孝女将酒肉糖果供献灵柩前，让围观众人自行取用。

2. 抬灵柩上山：抬灵柩上山时，古歌手持刀砍路在先（一边走一边徐徐挥刀作砍路之状），一人撕买路钱在后。打孝伞、背包袱、端香炉牌位者跟随。孝子挂孝棍于灵柩前引路，孝女哭灵跟在灵柩之后。一路鼓乐炮仗不绝，女婿撒糖果，敬酒敬烟。过沟过桥，孝子须匍匐在地，灵柩从孝子身上抬过（意即孝子背灵柩过沟或过桥）。

3. 打墓穴：打墓穴时先由孝子动土。孝子先挖三锄并用撮箕装好（以作撒土用），帮忙的寨邻再挖成墓穴，然后打金眼窝，撒雄黄，烧纸热井（穴），接着用活鸡跳井（穴），最后众人捧灵柩下井。

4. 作撒土仪式：孝子跪在墓穴前，背对灵柩并以手扯起两边衣角来接先生撒来的泥土。撒毕，孝子背土绕墓穴半圈倒回井中，再回墓穴去拍灵柩大呼亡人三声作别，在场者都抓土撒向灵柩，而后垒坟。下葬完毕，孝帕收尾。

5. 送饭：安葬后前三天，孝儿孝女及家族亲友每天早上都要送饭供献坟前。第十三天送对场饭，亲友家族都到坟前供献酒饭，并办理买地手续（招山仪式）。第四十九天，孝辈聚集一起洗孝帕，整个丧葬程序结束。

二、丧葬的禁忌

1. 不能在床上落气，否则犯重丧。

2. 起指路经以后，孝子不吃辣椒，不吃上祭的牛肉或猪肉，吃分离饭以后才能解除。

3. 灵柩在抬往墓地的途中不能落地，不能休息，必须轮换抬到墓地。

4. 三年内不办喜事，不贴红对联。

5. 忌金属类落入棺材内。

6. 三年内不与别人发生矛盾纠纷。

7. 孝家奉请邻里老幼到各处亲戚家报丧后，亲戚前往吊唁逝者临行前，要扯一根茅草打一个节，口念咒语邀逝者魂灵一起上路，然后将茅草往路下坎抛丢，随即动身起步。

8. 客死在外的，不能进家，只能在屋外设灵堂办理丧葬仪式。

三、丧葬文化的改革与变通

苗族丧葬习俗在历史长河中，保持着古老的文化痕迹。由于汉族丧葬文化的渗入，因此在实际操作中不断改革变通一些大家认为繁琐的程序，也引入外族一些大家认为好的做法。如岩洞葬，百米之内臭气难闻，所以模仿土葬，而成为普遍的葬俗，岩洞葬随之消失。行土葬以后又模仿招山献土，买地安龙，这些都纯粹是汉族丧葬文化。苗族指路师傅都不会招山献土，灵柩下井的撒土仪式都用汉语，唱词都是向汉族学来的。

杂居在汉族地区的苗族寨子，老人过世，因找不到指路师傅，绝大部分都是请汉族先生作道场，如福泉市的翁巴、新龙坝、袁家寨、瓮卡底、山脚苗寨、长寨等苗寨，都逐渐被汉族丧葬文化所替代。

总之，清水江沿岸苗族的丧葬文化随着时代的步伐不断地变通和改革。古老的岩洞葬因为污染空气而被废除；实行土葬占用土地也逐步被废止。试想，每个寨子一二百人，几十年后会逐渐增加一二百座坟。长此以往，山林将会慢慢变成坟山，既影响生态环境，也不同程度制约社会经济等诸多方面的发展。推行火葬则是明智之举，并且势在必行。

（作者：蓝文书，贵州省福泉市仙桥乡原乡长，市苗学会副会长；严启明，贵州省黔南州疾控中心主任医师，州苗学会办公室主任。审校：文毅）

云雾山区的苗族斗牛传统习俗探源

金连儒　施国俊

在黔南布依族苗族自治州的贵定、龙里、惠水三县和贵阳市花溪区交界的云雾山麓，分布着 20 多万苗族群众和数十个大大小小的苗族村寨。这些同操苗语川黔滇方言的多支苗族同胞，尽管在语言、服饰和习俗方面有一定差异，但他们都非常热衷于一项苗家共有的传统活动——斗牛。千百年来，斗牛已成为云雾山区苗族和各族人民都喜闻乐见的文体活动。

一、苗族斗牛的历史悠久

苗族与牛的关系源远流长。早在上古时期的苗族先民九黎部落联盟与炎黄联军大战期间，苗族始祖蚩尤率领的九黎大军便被描写成"兽身人语，铜头铁额，食沙石子，造立兵杖刀戟大弩，威震天下"（《龙鱼河图》），意思就是蚩尤的勇士们一个个长得强壮如牛（有的戴牛角），身披牛马等兽皮缝制的战袍，头戴金属头盔，以粟粒等五谷为食，手持铜造的刀枪剑戟等武器，所向披靡。说明早在 5000 多年前，苗族先民就已经跟牛打交道了。从猎取野牛作为食品到驯化牛来帮助人运输、耕作，甚至驱赶牛群在战场上冲锋陷阵，是人类历史的一大进步。这其中就有苗族的突出贡献。在中国，苗族是较早从事农耕的民族之一，也是较早将野牛驯化为耕牛的民族之一；在今天许多苗族地区，苗家人的堂屋正面没有设置"香火"牌位，却供奉着一个巨大的带角牛头，几乎所有的苗族芦笙场中央都树立着一根悬挂牛角的高杆，说明苗族普遍实行牛的图腾崇拜；在苗语东、中部方言区，中青年女性的银色头饰也插有一对漂亮的牛角等，表明苗家历来把牛当作好朋友看待。开展动人心魄的斗牛活动，既是苗族人民的一种娱乐方式，也是他们崇尚勇武雄健的表现。

贵州云雾山区的斗牛活动历史悠久，且与苗族的祭祀活动密切相关。据苗家人祖辈的口口相传和一些方志记载，云雾山地区的各支苗族都有敲牛（杀牛）祭祖的习俗。在老人过世和约定俗成的年份，都要敲牛祭奠亡人或祭祀祖宗。敲牛祭祖之前，要首先举行用祭牛踩场的仪式和开展斗牛比赛，娱神娱牛也娱人。生活在云雾山周边的海葩苗和其他支系的苗族，自古以来养牛、爱牛，特别重视挑选和精心喂养身强体壮力大无穷的斗牛，希冀在斗牛场上一展雄姿。每逢农历四月初八"牛王节"，苗胞们还会以野生有色无毒的植物汁液浸泡糯米，蒸成"花米饭"慰劳耕牛，并将少许花米饭包在牛角上，吹起芦笙，将牛牵到野外食草和洗澡，以示祝福。苗家人身体不适，还用牛祈福驱邪免灾。丧葬祭祀，都要用牛来为死者超度亡灵，护送死者回归遥远的东方祖居地。

开展祭牛踩场活动和斗牛比赛的场地，民间俗称"牛打场"。据专家考证，早在明万历年间，云雾山区三县一区（含贵阳花溪区）的"牛打场"就有数十处。其中，惠水县有城北的桥场，大坝乡的大坝场、批弓场，甲烈乡的摆王场，摆金镇的摆金场、岗度场、关山场和高摆榜场等。贵定县有老伍寨斗牛场，场主金阿伍；猴场寨斗牛场，场主罗阿金、罗沙果；甲子三口吞斗牛场，场主王党惹、王果晒；甲孔斗牛场，场主杨阿简；林武斗牛场，场主杨阿邦；新场斗牛场，场主杨阿旺；后寨斗牛场，场主吴阿务。每个"牛打场"都推选德高望重的苗族寨老轮流担任主持。随着社会的发展和历史的变迁，苗族斗牛的热度有所下降，但目前仍有惠水的大坝批弓、摆金关山、岗度和贵定的云雾、铁厂等牛打场还保留举办斗牛比赛的传统，每年正月和丰收之后照常开展斗牛活动。

云雾山区的海葩苗，种植茶叶已有近千年的历史。他们为缅怀茶祖，祈求茶叶丰收，每年在春茶开采之前都要举行祭祀茶祖的仪式。在祭祖仪式上，最隆重的节目就是斗牛。千百年来，斗牛已成为海葩苗最古老、最热爱的一项传统大型文化娱乐活动。在当地苗胞中，流传着"先有牛场，后有马厂""茶因斗牛而兴，斗牛因茶而荣"的说法。斗牛也是海葩苗献给茶祖最隆重的礼物。

苗族民间传说，斗牛已有几千年历史。从贵定巩固杨柳村"广长（zhǎng）斗牛场"场主家族传承的资料看，明朝年间首场"斗牛"始于1421年，距今已有600多年。又据惠水县大坝乡批弓斗牛场"斗牛碑"载：万历十年（1582年），批弓寨主马哈他将定番斗牛场迁至批弓并立碑为记，开了21个"斗牛场"，涉及今惠水、花溪、龙里、贵定、平塘5个县（区）。民间"斗牛"，上规模的多为苗族富有人家。只有寨主才有能力出面组织，其他"斗牛"活动规模都较小。正式的斗牛都有明确场地，场主由寨老推选若干人组成，主持人有威望，德高望重，热爱斗牛，熟悉规则。每个牛打场都有场规，有的场规还得到当地政府的认可。如巩固杨柳村广长斗牛场："光绪十一年（1885年）六月二十日，平伐长官司正堂庭告示……苗族打牛跳月，无干例禁……故广长、石门、关下一带土场，原属杨柳冲、代家庄、把关、务（吴）寨、林武、甲孔等原属苗民斗牛祭先跳月之所……当打牛之日，务须远远观望，倘径践踏是尔自取，本司出示法随，决不宽恕，各宜一体凛遵，无违特示。"又据把关寨老杨国昌家族传承的资料，苗族举办的首场斗牛在丕公（批弓）摆王，把关斗牛场距今已300多年。期间，贵定县西南面的斗牛场有烂坝斗牛场（鸟王村）、滴血坝雷打桥斗牛场（今新桥斗牛场）、代家庄猫坡斗牛场、今新龙村小龙山斗牛场、底至村底至斗牛场（属苗族杨柳村）、摆成斗牛场（场主金阿广、金阿虎）、摆哈斗牛场（场主金阿宝、吴阿仁）、把关斗牛场（场主杨猜路、杨阿雇）。

明清时期，"斗牛"多为苗族富有人家饲养，不做生产耕作用。一般中等生活水平的苗家饲养的斗牛为半耕半斗的斗牛。斗牛活动一般设置一定奖励，奖品为银角或其他生产用具。胜者披红挂彩，戴上银角，前呼后拥回程，当晚杀猪设宴，邀请村中家族男女老幼和远道而来祝贺的亲友开怀畅饮，以示祝贺。

随着社会的进步，苗族同胞生产生活日益向好，传统斗牛也随着时代进步而有所创新。特别是改革开放后，苗家斗牛不仅限于祭祖，更多是为了竞赛娱乐，发展乡村旅游，与民族民间文化活动交织进行，相得益彰，因此得到各级政府的广泛关注和大力支持。特别是农村逐步推广机械化后，苗家养牛不再仅仅用于耕作，专门饲养"斗牛"和商品牛的也越来越多。一些地方斗牛从祭祖娱乐逐步转向商业表演，牛打场也可随时开放和更加"现代化"，举办斗牛比赛的频率更高，规模也更大。

二、踩场斗牛仪式隆重热烈

敲牛祭祖之俗是苗族最盛大的礼典之一。据《苗族万古流传牛场根古》和《牛场族谱》等抄本记载：苗族敲牛祭祖时，选购祭牛非常讲究：牛角要长而宽，耳、目、口、鼻端正，必须是水牯牛或黄牯牛。主人买到"祭牛"后，要进行"迎牛进屋"仪式，三亲六戚都来祝贺。之后，主人要精心喂养，让其膘肥体壮，然后择"吉日"进行踩场和开展奉祭活动。

拉牛踩场仪式有如古代出征前的阅兵游行，非常隆重。牛主身穿无领无扣的青色长衫或珠红色长袍，腰系蜡染布带，头戴花格蜡染布帕，手持芦笙，雄赳赳气昂昂地走在队伍中间。一群族长手撑布伞在前开路。家族小青年们手撑布伞，牵着"祭牛"跟随牛主，随后是家族亲友簇拥着祭牛进入牛打场。其中，女婿或姑婆、姑妈等内亲则请人吹唢呐、长号，担上大坛的米酒，于捧爆竹前去为"祭牛"批红挂绿，并送上一只大红公鸡到场祝贺。

是日中午时分，各地准备参加踩场的祭牛集中整队。待场主宣布踩场开始，鸣铁炮三响后，各牛主牵着自家"祭牛"开始绕场。绕场时，随着牛与人群的行进高奏乐曲，不断燃放鞭炮，场地四周欢声不断。绕场三圈后，牛主先向"祭牛"喂米酒一碗，然后用大碗米酒向前来祝贺的亲友表示谢意。绕场仪式毕，各方自愿协商，经过场主同意即可斗牛。许多好斗性强的牡牛一旦接战，就奋力向前，你死我活，互有进退，互不相让。围观的群众人山人海，喊声震天，并不断鸣放爆竹、吹奏乐曲助威，场面热烈而又其乐融融。在斗牛活动中，不论胜负，相互不得争吵。经过决斗，自家牛胜了，主人自然高兴，认为"祭牛"选购得好，喂得也好，是祖宗在天之灵保佑的结果；若是斗败了，其主人会心存遗憾，于是另外选择或设法精心喂养，使"祭牛"更加健壮，以利再战。

海葩苗传统斗牛都与祭祖有关，有"六年一小祭，十三年一大祭"的习俗。大小祭前后，必须举行踩场仪式，跳场助兴。斗牛多在农历的二月、六月、七月、十月举行，并事先下"门客"（发请柬），张贴广告，邀请各民族各村寨乡亲们参加。按照祖传规矩，斗牛日的黎明时分，牛主人要鸣铜锣示意，不准他人去牛主家借东西，孕产妇不能进入牛主院内，妇女不能摸斗牛的尾部。据说遵守这些禁忌能使斗牛获胜，否则会失败。斗牛开始，由场主鸣锣叫场，向观众宣布斗牛规则，不论胜败，不听招呼的观众被踩死踩伤后果自负。任何人不能用棍棒打斗牛等。

在众多牛打场中，贵定巩固杨柳村的广长新场斗牛场历史最为悠久，规模最大，影响面也最广。这个斗牛场原来位于巩固乡政府驻地旁的龙洞泉前，首场斗牛比赛于 1421 年举行。后因场面热烈而规模太小，几经搬迁，才转移到今天的广长新场。其面积约两万平方米，呈椭圆形，群山环抱，林木葱郁，是个风景秀丽、景色迷人的理想斗牛场。杨柳村广长新场场主由该村各寨老组成，主持人轮换担任。从 20 世纪 70 年代至今，已经换了几任场主，基本都按苗家的习俗坚持组织斗牛和祭祖活动，深孚众望。每逢斗牛盛会，人山人海，不管认不认识的各方宾客都纷至沓来，成为苗家最盛大的节日。

三、敲牛祭祖场面庄严宏大

苗族民间传说，远古时代，苗族的先祖与伏羲同宗。苗族同胞非常崇拜伏羲女娲兄妹祭"天牛"的传说，他们认为祖先去世后就是归天了。祭祖就是祭天，是祈求神灵保佑人丁兴旺，子孙发达。后来，富有人家兴盛以后，便许愿为逝世的先人敲牛（杀牛）祭祀。在祭祀仪式开始之前，主人必须拉牛踩场，向人们展示"祭牛"的英姿。踩场仪式结束后，经过场主同意，可当场放牛比角，让"祭牛"一争高下，各领风骚。敲牛祭祖是西部方言苗族的共有习俗，场面非常庄严、肃穆而宏大。但在云雾山地区，有些苗族支系和村寨随着时代的发展与时俱进，对敲牛祭祖的传统仪式已经进行改革和简化，以下仅以贵定县的海葩苗为例，做一个大同小异的简介。

海葩苗语称敲牛祭祖为"脑边榔"，按照传统习俗"六年一小祭，十三年一大祭"。清乾隆时期《黔南识略》载："祀祖择大牯牛头角端正者饲之。及苗壮，即合寨共斗于野，胜者为吉，卜日杀之以祭。"道光年间《黔南职乡纪略蛮书》卷记载："祀祖择大牯牛角端正者，饲及苗壮，合各寨有牛者，斗于野胜即为吉，斗后卜日砍牛以祭，主者服白衣，穿套红褶宽腰裙。祭后和亲族高歌畅饮。"1948 年，巩固杨柳村斗牛场主还举行过一次祭祖活动。解放后，由于政治、经济等多种原因，苗家的传统敲牛祭祖曾间断过 30 多年。改革开放后的 1984 年 10 月，巩固乡杨柳村斗牛场主开始组织斗牛，并策划了一次历史上最成功的祭祖活动。笔者金连儒作为长子，替父亲以母舅爷的身份有幸全程参与这场活动，用镜头拍摄并目睹了其中的"踩倒场"、敲牛和祭祀祖先等场面，内心非常震撼。

斗牛前举行的踩场活动是沿着逆时针方向从右至左行进，而"踩倒场"则从左至右绕场一周。场主各成员分别身穿黄袍衣，头戴白丝织帕，一手持雨伞，一手持牛角酒至斗牛场中间，焚香、点蜡、烧纸，敬酒祭场。各祭牛披红挂彩，佩戴"银角"，十分威武。牵牛人也身穿黄袍衣，头戴白丝帕，牵着祭牛，按辈分大小顺序列队前行。祭牛踩场队伍前呼后拥，有持纸画十二生肖三角彩旗的，有敲铜锣铜鼓的，有吹唢呐长号的，还有鸣放铁炮和鞭炮的，锣号齐鸣，炮声不断，黄烟升腾，蔚为壮观。

"踩倒场"后，各村寨就要转回寨子里举行祭祖活动。祭祖活动一般有以下程序：

（一）筹备迎宾

祭日来临，各祭祖户分别向自己的亲友发送请束，让亲友做好准备，前来参加祭祀，同时备足接待酒席。接着设立"经堂"，竖立"牛角标志"。斗牛场主分别与自家房族共建三个"经堂"。参加经堂诵经的"经师"本祭不敲牛祭祖，但要先提前"要牛气"，以黄牛为祭祖形式，才能进经堂当经师，以保家人健康平安。主经堂建在族长家。经堂上方横跨一棵长竹竿，上挂各位经师的雨伞、黄袍衣、白丝织帕，女服饰"背牌""喜鹤裙"。堂屋中间设长条地桌，上放碗九个、半生不熟米饭九堆、竹筷九双；中堂侧边一间屋放置鼓乐器：长鼓一、大 小，铜鼓 个，每鼓挂折糯谷三把。中堂另一间屋设为"禁忌室"，为承担敲牛重任的女婿"禁忌"

使用。经堂建立后，经师们前往传统的"牛角柱"处竖立"牛角标志"。他们在经堂外的院坝中铺上草席，集体叩拜天地后，留下一名经师守经堂，不许任何人或家养动物跨进"头根"，其余经师身穿黄袍衣，头盘白丝帕，手持雨伞、牛角酒杯，在乐队长号、唢呐、铜锣齐鸣中，浩浩荡荡前往牛角柱处竖立"牛角标志"。牛角柱为高九米的小杉树，顶部留桠 1.7米，以下去掉杉皮枝桠，石灰刷白，半腰处用木板做成牛角状镶嵌，每头祭祖牛一根柱。经师到达牛角柱处，奉上敬词后深挖洞，每洞放上祭牛的"鼻圈"，无"鼻圈"则杀一只鸭，放上几片鸭肉和白米代替，然后栽上牛角柱，牛角柱按参加祭祖的房族字辈从大到小依次栽立。

祭祖当天，各族亲友宾朋身穿节日盛装从四面八方赶来，分赴各寨祭祖户参加祭祀活动，送来礼品、礼金祝贺。其中，母舅家送礼一只鸭、一段布（一丈长），到场后，立即在院坝旁拉开布，用鸭敬桥（祭户用竹子做成的竹桥），俗称"滚桥"。女婿送大铁锅一口，敲牛棒一根（青杠树制成，1.5米长），竹篾、麻绳各一根，凿刀一把（四分）。到场后，负责在敲牛处栽上"敲牛桩"（用板栗树制成，1.7米高，直径0.2米，中间凿穿圆孔直径6厘米），俗称"把朗树"。把朗树也按祭祖户的字辈顺序由高到低栽立。

当晚祭祀活动的第一个高潮是送女婿上"禁忌室"，苗语称"见别除"。晚席后，各族亲友和寨邻期待的关键时刻终于到来。祭祖经堂外，在宽阔的院坝中搭起彩棚座席，款待各祭祖户的母舅和女婿。顿时，经师三人于寨中鸣铜锣三响，示意女婿进"禁忌室"。唢呐、长号齐鸣，铁炮、鞭炮直冲云霄。大家前呼后拥地护送女婿们进入"禁忌室"。经师念经，鼓师击鼓，经词、鼓声交相呼应、高昂激越。进入"禁忌室"的女婿及其帮手们只能通宵肃静守护着敲牛的器具，不能再越雷池一步。

（二）敲牛祭祖

敲牛祭祖是整个祭祀活动的第二个高潮。祭日，各祭户听到族长家主经堂发出的三声铁炮命号后，各分经堂和祭祖寨分别按照本经堂各祭户的顺序进行敲牛祭祖。各祭祖寨的室内外，各民族男女老幼身穿五彩缤纷、鲜艳夺目的盛装，围得水泄不通，只为观看敲牛、共享祭日。

经师群体身穿黄袍衣，手持雨伞，缓步而行，在文艺仪仗队的引领下步入祭祖户敬祖受席。祭户女婿及其助手进入祭牛圈内，用篾麻绳拴上祭牛，牵出圈门披红挂彩，铁炮鞭炮、唢呐长号再次轰鸣，浩浩荡荡护送祭牛进入敲牛场。牵牛人将篾麻绳穿进"敲牛桩"孔内扎牢后，母舅将凿刀置于祭牛的头穴，女婿高举敲牛棒猛击凿刀，祭牛当即闭气。紧接着，女婿用尖刀刺进祭牛血仓，祭牛鲜血喷出就祭。立即解开篾麻绳拴在"敲牛

黔南苗族民俗研究

桩"上，三天后才取下收藏。祭祖牛就祭后，女婿及其助手割下"血洞肉"数斤就地办酒席。祭户家族将祭牛头角取下，抬到经堂交经师念经祭祖，苗语称"览角"。待祭祖结束，再送回祭祖户收藏。祭牛全身分为数份礼品：一条后腿连尾皮毛送母舅爷，颈项连皮毛赠女婿，剥皮分割肉为各亲友嘉宾礼品，肠肝肚肺等交经师回熟后送祖。

（三）回熟送祖

当晚，各祭祖户将备好的酒席设置在室内及室外院坝中，款待各族亲友宾朋，共同高歌畅饮，吹响芦笙，同跳芦笙舞，狂欢祝福。敲牛祭祖结束，各族亲友宾朋即将返程，祭祖户又设流水席并分送礼品，迎送走寨串户的亲朋。大家纷纷致谢，告别了难忘的祭祖节。

这时，各经堂的经师们便分别举行"回熟"送祖仪式：将各家祭牛的内脏煮熟后汇集到经堂的长条地桌上，设置祭席，焚香烧纸，经师念经，鼓师击鼓，恭送祖先返回驻地，时而高昂，时而抒怀，激情送走祖先后，急速停下鼓声，经堂恢复宁静。经师们开怀畅饮后，各持一串主家赠送的祭牛礼品，满意而归。

四、结语

斗牛表现了苗族对威猛雄壮和顽强不屈精神的追求，祭祖则显示出苗家人自古以来对祖宗的崇拜和先辈的敬仰。苗族是一个苦难深重而又顽强不屈的民族，他们没有受过上天的眷顾，也没有得到过"主"的恩赐与拯救，在艰难困苦中能够汲取的唯一力量就是祖宗的关怀与庇佑。苗族在历史上确实出现过不少有名和无名的英雄，包括已被学界逐步公认的苗族始祖蚩尤和古代英雄亚鲁王等，以及各地区各家族中曾经涌现出的前辈英雄，都非常值得我们崇敬和纪念。斗牛祭祖虽然含有某些迷信色彩，但它给同胞们带来巨大鼓舞，给各民族兄弟带来无限欢乐，给后辈们带来深刻的教诲。尤其是在苗族与全国人民一道为中华民族的伟大复兴而共同努力奋斗的今天，学会从先辈的历史经验中汲取智慧和力量，增强民族自信心，继承和发扬"牛"的精神，显得更为重要。

（作者：金连儒，贵州省贵定县政协原主席，县苗学会原名誉会长；施国俊，汉族，贵州省惠水县委宣传部原副部长。审校：耿文福、吴进华）

苗家蕴含批评教育的祭奠仪式——送水吃

唐仕荣

在黔南州的都匀东部和三都、荔波等操苗语黔东方言聚居区的苗族，自古以来就传承着老人去世后要举行"送水吃"仪式的习俗。所谓"送水吃"，就是从老人过世后下葬之日算起满一个月的日子，要组织族人为其"设宴饯行"的一种祭奠仪式。送水吃的主要内容有两个方面：一是为逝者供奉食品，为其正式启程"壮行"；二是听取逝者及其前辈先人对后人最后的鼓励、要求、教诲和训导，犹如恭送老人上路的最后告别仪式。

送水吃仪式，由主人家延请当地（外地亦可）名气较大的"贵音"（即鬼师或祭师）主持。参加仪式的人员包括：逝者同辈的兄弟姐妹（其子女的叔伯、姑舅家）、已出嫁的女儿及女婿、同宗五服之内的堂亲等。必备的贡品是：一篮糯米饭、一刀猪肉或一只煮熟的鸡、一大瓶酒。晚饭后约8点钟，仪式正式开始。参加"送别"的各家各户带来的贡品都被集中放在堂屋中间，装贡品的篮子均用毛巾盖着。摆放顺序以血缘远近为序：与逝者血缘关系近的靠前摆放，关系远的逐次靠后。仪式开始，主人家和宗亲们座无虚席，气氛庄严肃穆。大家为主持的"贵音"推荐一名"伴音"作为他的助手。首先，"贵音"要念诵咒语，带着其助手潜入阴间寻找逝者的魂魄。在阴间行走与阳间一样，都要"跋山涉水"，历尽艰辛，累得"贵音"气喘吁吁，每走一段路程都要停下来休息和"喝水"（以酒代替）。休息和"喝水"的次数都在三次或三次以上。"贵音"每提出休息一次，主家都要斟满十几二十碗酒，递给围在前面的亲友，要求他们一饮而尽。当然，休息时，"贵音"及其助手也要"喝水"，至于喝多少，由他们自行掌握。送水吃用的酒必须是特酿并封存好的专用上等米酒。"贵音"找到逝者的魂魄后，便开始猜认堂屋桌上的贡品。"贵音"在用厚围腰或围巾蒙住自己脸面的情况下，拿着一根长一米左右的小竹竿，随机向贡品点去，助手便将点中的篮子挪到"贵音"面前，让其猜认。认准是谁家的贡品后，由"贵音"提供给逝者"享用"，同时斟满三碗酒，让奉上贡品的晚辈宗亲分三次一饮而尽，算是敬奉逝者和作陪。接着，"贵音"便以逝者灵魂附体的状态对奉献贡品的亲人进行点评教诲和训导。对其优点给予肯定和褒扬，对其缺点和错误进行严肃批评。例如："老大（逝者长子或长女），你为人忠厚勤劳，庄稼种得也好，但只是你个人好过不行，还要多多帮助你兄弟姐妹，他们刚刚学当家，很多事情不会做，当大哥大姐的要多关心帮助。"又如："老二，你不要再跟你三叔家争地埂边的那棵树了，都是一家人，以前你们还小的时候，三叔帮了我们不少忙，为人要懂得记情感恩。"然后，在场的大爷叔伯和姑姑婶婶们立即表示附和。有的说："老大，你的家庭各方面都好，但是做人不能光顾着自己，要拉你兄弟姐妹一把。"有的说："老二，你确实不应该再跟三叔争那棵树了，两叔侄打起官司来让外人笑话呀。"等等。被点评之人要当着众多亲属和客人的面承认自己的不足，向逝者表明改正的决心，如："今后我要继续把生产搞好，要多多帮助自己的兄弟姐妹和寨上能力弱的人。""将来遇到什么问题，我会主动与族人商量。"等等。表态结束，"贵音"吩咐助手将碗斟满酒，递给表态者（孝子或矛盾双方），让他们一饮而尽，其意是从此以后不再计较前嫌，说到做到。当"贵音"猜到亲戚（如姑姑、舅舅等）时，逝者灵魂同样告诫他们："要认真教育好自己的子女，让他们勤耕田亩、苦读诗书，不要浪费光阴。"同时，逝者还要求："'老人走老路'，我走（去世）以后，希望亲属之间还要经常来往，互相帮助。水越搅越浑，人越走越亲。"猜完一户，接着猜下一户，并逐一进行点评。猜认贡品结束后，接着猜认祖宗。前一段猜认贡品的训导主要是针对逝者一家，而猜认祖宗则拓展到整个家族。"头上三尺有神灵"，我们活着的人无论在阳间干了什么事，在阴间的祖宗都知道。"贵音"猜出哪家先人的名字，其在场的子孙都要喝酒，并接受祖宗（主要指去世年代不太久远的老人）的指点和训导。诸如：亲房要和睦、要尊重长者和老师；为人要谦和，不要横行霸道等。当然，训导的内容要比所举的例子具体得多。如果"贵音"猜认贡品不准确，必须重猜，直到猜准为止。所以，水平高的"贵音"猜认七八个小时基本结束，水平一般的要猜认十几个小时，甚至要猜到天亮。

苗家"送水吃"这一习俗非常古老和特别。说它古老，是因为目前为止，还没有哪一份史料证明它究竟起于何时。苗族是一个尊老爱幼的民族。笔者认为"送水吃"的历史应与我国人工种植水稻的历史接近，至少已有5000余年时间（"河姆渡"出土的碳化栽培稻，经测定已有6000多年历史）。因为那时供奉祖先的基本条件已具备。说它特别，是因为目前为止还没有发现哪一个民族利用与丧葬相关的仪式开展"批评与自我批评"，因为那样做，有可能会激化矛盾，使情况越来越糟糕。但苗族偏偏这样做，而且做得很成功。原因何在？通过分析，笔者认为原因主要有以下一是借助逝者的灵魂、祖宗的威严、族人的势力和亲戚的面子掌控全局。为逝者"送水吃"的当晚，不但逝者和老祖宗的灵魂在、远近的亲戚在，而且五服之内的堂亲都在。在这种场合，谁敢乱来，不仅会受到逝者和老祖宗的惩罚（不给予保佑）、族人的指责，而且还会让亲戚瞧不起。

二是以酒壮胆。族人也罢，亲戚也罢，几乎都是本寨和附近寨子的人，平时哪个家庭的成员有什么优点和毛病，大家基本都知道。说赞扬的话容易，说批评的话难，因此，多数人都是"睁一只眼，闭一只眼"，"一家不管二家事"。即便是家族的长者，遇到矛盾时，有的也以"老人不管事，老刀不砍刺"为由予以推脱。但是在"送水吃"这种场合里，大家都喝了不少的酒，有酒壮胆，无话不说，毕竟酒后吐真言。又因为是"送水吃"，喝的都是"水"，说的话都不是酒话，都算数。

三是遇景知悔。"送水吃"是对已逝老人的敬重，但场景悲凉，身临此景的人，多数都会因联想起父母在世的时候自己曾做过的错事而十分后悔。"当家才知盐米贵，养儿方知父母恩"，因此，对于祖宗的训导和族人的批评，自己是能够接受的。特别是父母刚刚去世的人家，他们此时无不处在痛苦、无奈和失落之中。回想父母在世时自己的过错，内心是沉重的，对于"贵音"、在场的大爷叔伯和亲戚提出的批评和建议，他们不但不会增加思想负担，反而会有一种如释重负的感觉。可见苗族是一个多么智慧的民族！

（作者：唐仕荣，贵州省都匀市委统战部原副部长，市苗学会副会长。审校：吴进华）

惠水大坝苗族敲牛祭祖

吴永福

　　惠水县的九支苗族都操苗语西部方言，历史上都曾有过敲牛祭祖的习俗，充分体现了苗族对祖先的崇拜。但至今仍坚持不懈的要数大坝一支最为诚挚。大坝苗族主要分布在濛江街道办事处的大堡、板长、冗族、上龙、甲腊冲、水打桥、红岩冲、田坝寨、上冗哨、下冗哨、董龙、河边、摆贡、小坝、小甲烈等村组和摆金镇的摆本、新寨以及岗度镇的翁弄等自然村寨，人口约 5000 人。

　　为敬奉祖宗而定期举行敲牛祭祖的习俗，在这支苗族中源远流长，历史悠久。据有关资料记载，这支苗族敲牛祭祖最迟可能始于明朝永乐年间，盛于明朝成化、万历年间，延至民国，流传至今已有 500 多年的历史。可谓经久不息，长盛不衰。

　　咸丰年间《贵阳府志》记云："白苗，在府属者居中曹司、高坡、石板诸寨……在广顺者居来格里（笔者注：道光、咸丰年间，长田、大坝、冗哨一带属广顺州来格里，有甲腊冲和上冗哨古碑文记载为证）……祀祖，择大牯牛头角端正者饲之，及苗壮，即令各寨有牛者斗于野，胜即为吉，斗后卜日杀牛以祭主。祭者服白衣青，套细裙宽腰裙。祭后，合亲族高歌畅饮。"（《贵阳府志》卷八十八）以上文字记载，尽管把大坝支系苗族归为"白苗"不够确切，但该支苗族居住在高坡、大坝、冗哨一带是准确的，记载该支苗族敲牛祭祖也是真实的。

　　敲牛祭祖，是大坝支系苗族信奉祖先崇拜、孝敬祖宗的生动体现，也是敲牛祭祖户经济实力雄厚的一个具体体现。经过数年的积蓄之后，主家有了实力，才择定吉年吉月吉日敲牛祭祖。

　　敲牛祭祖的第一件大事是不惜重金购买毛色好、个头大、旋线位置佳、牛角宽大对称的水牯牛作为祭牛（亦称为斗牛）。因而当地老百姓有"客家有钱一把烧（指汉族做斋），苗家有钱一棒敲（指苗族敲牛祭祖）"之说。苗族笃信敬奉祖先，能保一生平安，世代兴旺发达，因而不惜巨资购买最好的祭牛敬献祖先。例如，2014 年 2 月，上冗哨唐继兴为其父唐正权敲牛祭祀，就花了 28800 元在花溪高坡买了一头远近闻名的祭牛（斗牛），膘肥体壮，人见人爱，夸赞为"真正的好牛"。大坝冘族寨杨毓田亦花了 28800 元买得一头善于角斗的大水牯牛为其父亲祭祀，3 月间，在批弓斗牛场与董龙寨王廷先家的祭牛打斗时，刚一碰响头，就使王家的祭牛当即倒地身亡，可见其力量之大矣！为此，王家不得不再次出资 27600 元，另外购买一头高大的祭牛来祭祀。

祭祖户购得祭牛之后，要精粗饲料搭配，精心喂养，使其滚瓜流油、膘肥体壮，并于春夏秋之际牵到批弓、大坝及甲定高寨等斗牛场去展示、打斗，以告世人敲牛祭祖的信息。农历六七月间的戌日、子日、午日，要请家门叔伯、至亲至戚穿着盛装，牵祭牛到批弓、大坝和甲定高寨等斗牛场巡回展示风采，开展斗牛比赛。祭牛出场，要披红挂绿，每个亲戚送来祝贺的礼物（垫单、毛毯、踏花被等）都要捆在祭牛背上，逐一展示；展示游行的队伍少则几十人，多则上百人，男女各成行列；男着红黄绸长袍，手打雨伞（有遮阴辟邪之意），女着盛装衣裙，戴银项圈、银耳环耳柱、银手镯，五颜六色，让人眼花缭乱。游行展示队伍的顺序一般是铁炮、火炮燃放开道，唢呐、锣鼓跟着，紧接着是一名壮汉牵着披红挂绿的祭牛，几名年轻力壮者簇拥着祭牛前进，后面跟着的是身着红黄绸长袍、手打雨伞的寨老压阵，最后是家门叔伯男女盛装的队伍，浩浩荡荡，沿着逆时针方向向前绕行。队伍中不时传出"呜！""呜！"的助威声，威武雄壮，令人感叹。绕行一周之后，又换上另外一个亲戚的礼物捆在牛背上，吹吹打打，再次游行展示，如此循环往复，要把所有来祝贺亲戚的礼物展示完毕为止。

游场展示完毕之后，就是斗牛比赛。斗牛一般由双方牛主事先预约。打斗之前，牛主要用花糯米饭喂牛，有的用米酒灌喂，以增强其战斗性；斗牛时，牛主双方都推牛壮胆，呐喊助威。两头牛猛烈撞击之后，拼命角斗。一对过了一对来，持续不断。斗牛多时达数十头。围观者上万人。斗牛胜利的，牛主及其亲戚要燃放火炮祝贺，晚上要畅饮欢庆。

祭牛游场展示、打斗之后，牛主还要继续精心喂养斗牛一段时间，以等待当年农历九十月间的子日、辰日、亥日，将祭牛敲来祭祖。

敲牛祭祖吉日来临的前三天，主家要请寨上族人做有关准备工作。先要敲一两头菜牛（水黄牛均可），作为迎接宾客菜肴的食材；要在堂屋挂上两个长皮鼓，摆上五个酒碗、一钵蔬菜、一坛酒、一盆饭，请经师一名、鼓师二名、芦笙手一名、服务人员四名，随同经师念唱、敲鼓、吹芦笙三天三夜，请去世的父亲来要祭牛，请所有去世的老祖宗前来享用佳肴祭品。

敲牛祭祖分三步进行：第一天，用木板锯成水牛角模样，画上牛角花纹，穿在新砍来的两根小杉树上。第二天，经师及有关人员拿着画有牛角的小杉树到寨脚念经搭桥（用竹子弯成竹拱桥，让祖宗过桥来要祭牛），并把两根小杉树栽在寨脚，同时在主家院坝栽上两根各七尺长的凿有圆孔的板栗木或梨木桩，以备次日敲枕头牛（给祖父的）和祭牛（给父亲的）时固定牛不得跑动，以便敲宰；在敲牛的前一天，姑父家一人要扛一口大铁锅，一人要用一升米、两把糯米穗、一只鸭子、一根牵牛绳、一根钓鱼竹扭成的大绳（有驮索大小，敲牛时套住牛角穿过木桩圆孔以固定牛之用）组成一挑送到敲牛祭祖家，表示要来扛"牛脖颈"。第三天吉日良辰之时（一般为上午11点至12点之间），即敲牛祭祖。

敲牛祭祖当天上午5点左右，主家就派三四个青年牵着祭牛到寨外的田坝游串吃草，11点左右即牵回靠近寨子的地方吃草等候。

当天上午11点左右，主家的亲戚朋友陆续到齐。其中，姑父家身着红黄绸长袍、手打雨伞（表示遮阴辟邪）、身别钢针（表示压邪除恶）的队伍格外引人注目。他们来到主家院坝时，要敬酒敬肉方能进家。主家一方的家门叔伯，凡参加敲牛祭祖活动的，多数身上亦别有几根钢针，以驱邪镇妖，自保平安，故有"牛角尖也没有我的钢针尖"之说。

11点至12点之间，只要主家的各项准备工作就绪，就可以举行敲牛祭祖仪式。

敲牛，首先敲枕头牛（一般为黄牯牛），再敲祭牛（为大水牯牛）。

敲祭牛时，场面壮观热烈。家门叔伯中20多个青壮年在寨脚用大竹绳套稳祭牛牛角后，就前呼后拥将祭牛急速推向主家院坝事先栽好的木桩，将大竹绳穿过木桩下端圆孔挽紧，固定祭牛，并用竹绳套住四只牛腿。此时，由两名穿着红黄绸长袍的人上前，一人持凿，一人持棒。持凿者为主家敲牛祭祖的总管，持棒者为姑父家的代表。持凿者将凿子固定于近两米的竹节上，并举起对准牛的后脑，持棒者举起耙棒大小的木棒向凿子锤打下去，周围的人群迅速拉牛倒地而宰杀放血。接血者用大牛角轮流接血倒在大盆桶中。接血完毕，即七手八脚地剐牛皮。但牛颈子一段不能剐皮，要连皮带肉割将下来，再加一只牛前腿，赠送给姑父家。这就是所谓的"扛牛脖颈肉"。姑父家返程后，要请寨上男女老少连吃两餐，共同分享庆贺。

剐皮割肉到一定时候，要将牛头连皮带肉割下来，搁置在敲牛所立的木桩上，进行展示。又连皮带肉割一块牛肉到堂屋祭鼓、敬奉祖宗。其余牛肉则为招待宾客的佳肴。席间，主家要设长桌宴请姑父家的歌手（一般为三人）唱根古歌，主家也请寨上三名歌手与之对唱，双方打和声者众多。根古歌全用苗语演唱，内容极其丰富。从盘古开天地唱到因战败而迁徙不定，最后定居到此地。其中一个唱段唱道："自从盘古开天地，三皇五帝制乾坤；神农黄帝造五谷，伏羲兄妹制人烟；先有瑶人，后有朝廷；先有夫妇，后有精灵；先有牛场，后有马厂；先有白马祭天，后有乌牛祭地；先有语言流通，后有买卖交换；先有客家做斋，后有苗家敲牛祭祖；先兴姚家哨，后立牛场桥；先有程番府，后有定番州；先有黑羊管，后立贵州城。"根古歌从敲牛的当天下午1点左右开始，唱到下午5点左右；晚饭后接着唱到通天亮。第二天上午11点左右吃中饭时，还要再唱，总共唱十七八个小时。中午12点，姑父家抬起牛脖颈肉及一只牛腿（两三百斤）回家，主家一群人要送上几里路，边送边敬酒，难舍难分，快乐至极。这样，主家的敲牛祭祖活动就基本结束。客人走完之后，主家用稻草烧灰滤水熬成三四升米的稀饭，由已经敲牛祭祖过的一人将敲牛时所接得的牛血倒入搅拌均匀后冷却，过13天后即分送全寨每家一碗食用，共同分享。敲牛祭祖的全部过程即告结束。

（资料介绍：唐正奎、王正连、唐继兴、杨顺坤。作者：吴永福，贵州省惠水县政协原副主席，县苗学会原会长。审校：吴进华）

服饰文化篇

黔南苗族民俗研究

黔南苗族服饰的现状与着装习俗扫描

陈 青

摘 要：苗族服饰是苗族人民审美观的外在表现。它的绚烂多姿和美艳夺目，在中华56个兄弟民族中有口皆碑。黔南州苗族人口分布广泛，支系众多，苗族服饰式样丰富多彩。苗族同胞在服饰制作与着装方面，有许多讲究和约定俗成的规矩。随着时代的发展，传统的苗族服饰也应当有所发展创新。

关键词：苗族；服饰；习俗；发展

苗族服饰是苗族人民审美观的外在表现。它的绚烂多姿和耀眼夺目，在中华56个兄弟民族中有口皆碑。黔南布依族苗族自治州现有苗族人口约57万，占全州总人口的13%。苗族人口在州内分布广泛，支系众多，苗族服饰样式丰富多彩。苗族同胞在服饰制作与着装方面，有许多讲究和约定俗成的规矩。随着时代的发展，苗族服饰也应当有所发展和创新。本文仅以苗族女盛装为例，对黔南苗族的各种服饰现状及其穿着习俗、创新发展进行一些探讨。

一、丰富多彩的黔南苗族服饰扫描

据全国第六次人口普查结果显示，我国现有苗族人口约943万，居55个少数民族人口的第五位。苗族支系繁多，按语言划分，有东部（湘西）方言、中部（黔东）方言和西部（川黔滇）方言三大方言区，各方言区内还有若干种次方言和数十种土语。按专家统计，目前全国苗族服饰多达200种以上。许多苗族支系的俗称，都由其服饰特色而得名。也有的因居住地而得名。如所谓青苗、红苗、白苗，皆因服装尚黑、尚红或尚白而得名。翁羊支系、摆金支系、董王支系等俗称，则因主要分布区而得名。黔南州境内各县市和绝大多数乡镇均有苗族居住。其中仅惠水县的苗族就有约12万，占全县总人口的23%。县内号称"九大文系"，服装样式却远不止9种。全州57万苗族中，中部方言人口约占28%，西部方言人口约占苗族服装又分男装和女装，盛装与便装，春秋装、冬装和夏装，老年装、中年装、青年装、少年装和幼儿装等。现代苗族男子常服逐步与汉族趋同化，传统男装一般只在重大祭祀和庆典活动时才穿戴，其中三都东部的男子盛装百鸟衣尤具民族特色。而绚烂多姿的苗族女装却"长盛不衰"，引起海内外文化学者的高度关注。

（一）坝固式

这种类型的苗族服饰主要盛行于都匀市的坝固、新场两大苗族聚居区。其女子绾髻于头顶，上插银簪和木梳，用白底青格土布包头，戴各色银饰。服装色彩以青色为主，盛装红蓝相间。便装上穿大襟右衽无领衣，长及腰，窄袖。环肩、袖口、胸襟等处有挑花刺绣图案，腰间系编织彩色腰带，腰带两端系结并留两尺左右垂吊于右侧。下着长裤，外套开叉桶裙。足穿花鞋。盛装时着长至膝下方外衣，大袖，袖长至手拐，右衽，订七对布扣或银扣，配以银制项圈、手镯、耳环、凤凰等。

（二）翁羊式

主要盛行于福泉市陆坪镇的翁羊、地松、黎山，凤山镇的兴隆，牛场镇的高石，龙昌镇的昌盈湾；瓮安县猴场镇的木瓜河、老坟嘴等苗寨。妇女服装色彩尚青（黑）。头盘发，戴紫色花帽，佩银饰、银簪、木梳，挂银项圈。上着对襟衣，袖口镶挑花。戴银链，系绣花围腰，套挑花护腕。下着过膝青素色百褶中短裙。足穿布鞋。

（三）交梨式

主要盛行于三都普安镇的交梨、甲揽、羊吾，都江镇的排烧、高寨、打渔，都匀市匀东镇的坡脚寨、归兰乡的基场。成年妇女盛装仅头饰就由8个部分组成，包括15种图案的银制锦鸡银翅、9种图案的大银梭、7种图案的小银梭、6种图案的包头帕、4种图案的银耳环等。上装为无领花椒布料，肩、袖、领、背等部位镶各种蜡染刺绣、挑花图案。背部、肩、及手臂处缀蜡染白色图纹。两肩镶有挑花刺绣拼合的彩色"肩章"。衣袖由五种蜡染花卉组成，衣领边沿则绣制有5种以上花饰。下着青布长裤，外套绣花条幅裙。戴各式银制耳环、数只银项圈，套银手镯。脚穿绣花鞋。整套服装又名为"窝妥"。

（四）小脑式

主要盛行于三都都江镇的小脑等苗族村寨。这种服饰的男女装布料都用水牛血加蓝靛等植物染料浸染而成，呈紫红色。女性无论长幼，皆绾髻于前额上方，覆以青蓝色土布帕，以编制花带束之。佩戴各种银制头饰。

上装内穿挑绣花边胸围，外套青蓝色无领对襟敞胸衣，长及臀部。衣服下摆饰有手掌宽的刺绣花纹或织锦。从两肩至袖口绣有刺绣图案。下着齐膝布裤，外罩齐膝短裙，前拴三角形围腰，小腿缠绣花绑腿。足穿绣花布鞋。

（五）总奖式

主要盛行于三都普安的总奖地区。成年女性上穿右衽绲领及腰的短衣，襟挂胸牌，面前拴刺绣织锦腰带，前后各系一片正方形围腰。下着大裆宽脚青布中长裤，扎青布绑腿，外用织锦花带系之。头绾高平髻，额前盘成左旋发檐。已婚妇女头部围青布方巾，配银耳环、银项圈和银手镯。脚穿草鞋或布鞋。

（六）大土式

盛行于荔波县佳荣镇大土村及周边苗族村寨。苗装布料喜用牛血加天然植物染料浸染。女装肩部镶圆形托肩，并以红、白、蓝、绿、黄等色布压边。衣长过膝，衣摆开口较长，领口、襟边、袖口、衣边栏杆花边。上衣衣扣为两面三排。内系红、蓝、绿三色菱形绣花围腰。下穿长裤，外套百褶裙。戴银制头饰、银项圈、银手镯、银戒指和银耳环。着盛装时，在裙边加一圈绣花飘带，缀数十只银铃，膝部以下系 6 条穗子的彩带脚笼。足穿黑色布鞋。

（七）水维式

这支苗族大约于清朝末年由湘西、黔东苗区迁来。虽人口较少（300人左右），仍保留着苗语东部方言、服饰特点。女子服装尚红，盛装把长发盘绕于顶，用银窖、银梳固定，然后插上各色银花。下装以素色镶花边长宽裤为主，隆重聚会也穿花裙。

（八）新塘式

这支苗族主要居住在平塘县大塘镇新塘片区。女子常用棕丝或毛线掺假发盘于头顶，呈圆盘形，发盘外层系绣花头帕，上插三支长约米许的锦鸡尾。上身穿青色无领对襟宽袖短衣，下着滚白布边的青布百褶裙，腰缠挑花帕子。裹蜡画蓝色布绑腿，穿胶草鞋。其中，上衣背搭由 160 颗海贝组成，象征其先祖来至海边。插锦鸡尾既显男子狩猎战绩，又美容女子，并可防猛兽攻击。

（九）平岩式

主要盛行于罗甸县平岩片区和平塘县鼠场片区苗族村寨。女子用深黑色毛线或棕丝掺假发绾髻，呈蘑菇状。用银钗绾发。耳坠弧形粗大银环。佩戴三至七个银项圈。上身穿圆领无扣彩色贯首服，下着过膝青布百褶花裙。裹白布绑腿，穿布鞋或胶鞋。

（十）董王式

主要盛行于罗甸县的董王，长顺县的敦操、交麻、代化，惠水县的打引、王佑等片区苗寨。这支苗族服装以青、蓝色为基调，成年女性盛装用红色毛线连同头发一起编辫盘于头上，戴黑色头帕。上身穿右衽齐膝长罩衣，前胸佩戴围腰，围腰周边镶花边，上半部缀以 12 枚银泡。下着长宽裤，裤管中下方横缀一道两指宽的花边。老年妇女着百褶裙。穿布鞋或胶鞋。

（十一）纳坪式

主要盛行于罗甸县的纳坪、罗苏、逢亭白家坡等苗族村寨。女子头发绾髻，外缠青色头帕，头帕外圈周边镶圆盘吊银链穗银铂。上身穿白（蓝）色外衣，外套白色家织无扣麻布大襟长袖短衣，衣领后披几何图案方形披肩。下穿蜡染百褶花裙。胸前系青（蓝）色长围腰。腰间扎数条挑花飘带。腿缠白布裹脚，穿青色土布鞋。

（十二）摆金式

这支苗族主要居住在惠水县摆金大坝地区。女子盛装除上装挑花刺绣特别精美外，佩戴的各种银饰尤为雍容华贵。已婚妇女也绾发髻，包小头帕，插银花。上装内穿各色棉毛衫和内衣，袖管小而长。外穿青布及紫色高级绸缎无领无扣开胸短衣。外衣袖管宽而短，衣袖上镶织锦挑花布片，缀有银泡。下装内着紧身布裤，外穿青布裙。腰际内系青色绸缎小围腰，外系缀银泡的织锦花带，缀银铃和银荷包等饰品。戴四只银手镯。缠青布裹脚，穿草鞋或布鞋。

（十三）鸭绒式

主要盛行于惠水鸭绒、鸭寨、清水、雅水一带苗寨。妇女绾髻于头后，以青布帕包头。上身穿交领斜襟青布长袖短衣，前后开叉，衣襟、袖口及袖管均镶花。胸前缠青布围腰。下装内穿青布长裤，外着各式花样的彩色齐小腿百褶裙。盛装戴耳环、银项圈、银手镯等。足穿布鞋或胶鞋。

（十四）摆榜式

这支苗族主要居住在惠水县摆榜片区和邻近的平塘里中村、上莫村等苗寨。妇女着盛装时，束发挽髻于脑后，髻根插木梳和两朵红花，不包头帕。戴银项圈五只，颚下项圈中间吊一块银牌。上装内穿白色或红领内衣，外穿对襟青（蓝）色绸缎衣，两襟边缘分别系两条红白相间的挑绣花带。下着青色百褶短裙。腰系蓝布腰带。缠青布绑腿，穿草鞋或布鞋。

（十五）鸟王式

主要盛行于贵定鸟王、龙里代林、惠水刚度等三县交界的云雾山海蓝苗聚居区。其服饰以天蓝色与白色相间为基调，女子头缠白、蓝色多层绕叠头帕，帕尾露蝶翅状。上身穿对襟窄袖无扣短衣，衣袖镶挑花刺绣布条，滚花边，袖环上缀若干大小不同的银花。背披漂亮的印章形花纹背牌，背牌周边缀银花泡、银响铃和银链环等。下垂边沿以一排闪闪发亮的海贝滚边。戴银耳环、银项钏、银手镯。腰部系刺绣围腰，缠白布挑花腰带。下罩青白相间短裙，内穿青色长布裤。脚穿布鞋或草鞋。

（十六）谷冰式

主要盛行于龙里县的洗马镇哪旁社区高寨、醒狮镇谷新和冠山街道办事处凤凰和贵定县的张家湾等苗族村寨。妇女盛装上衣为青布对襟短大袖，衣袖和大襟边缘绣制各种图案作花边花纹，背部披一块大四方印章形背牌，俗称"印苗"。背牌四边刺绣各种花纹。下穿长及膝的中短裤，外套蜡染百褶裙。头饰绾髻于顶，用数米长的青布头帕呈人字形交叉缠成盘状。戴银耳环、银手镯等银饰。足穿布鞋或胶鞋。

（十七）草原式

主要盛行于龙里县的草原、贵定县的茶山等苗族村寨。妇女盛装时挽青布头帕，挂银耳环，戴银项钏。上身穿青蓝色无扣短袖对襟衣。衣襟镶花边，外披红色刺绣花片，两肩下吊银铃，花边边缘另缀银花泡。下穿蓝布半短裤，外罩白布镶边百褶裙，长及膝关节。腰系黑底红白挑花围腰，两侧分别扎有排花手帕和彩色飘带。裹青布花绑腿，穿草鞋或布鞋。

（十八）王卡式

主要盛行于福泉市的王卡、仙桥、黄丝，贵定县的德新、定东和龙里县的平坡等"小花苗"分布区。妇女用三片蜡染布叠成三角形交叉裹头，以彩带扎牢。也佩戴耳环、银柱、戒指、项圈、手镯等银饰。上身穿对襟交领青布夹衣，两襟通领处缝三厘米宽布边，穿时外翻。上衣两襟、后背、袖子均挑格式花纹，有的缀银泡。后领横缀一条白布挑花片。无花部分用黑色灯芯绒或鸭绒覆盖。胸前拴两张不同颜色的围腰和一块丝织纱帕。下着蜡染细麻布白褶裙，裙长过膝。缠青布绑腿，穿草鞋或布鞋。

（十九）铜锣式

主要盛行于瓮安县的铜锣、荣院、桂花坪，福泉市的陆坪、地松、隆昌，贵定县的定东、定南等苗族村寨。妇女发辫用红头绳挽于头上，外缠花排帕。花帕边上吊密密麻麻的珠子，头饰大如盘，形若草帽。戴银耳环、项圈、手镯等配饰。上着白布绣花大襟衣，下穿蜡染百褶裙。衣、裙均绣有花饰，以色布滚边。胸前系刺绣花围腰。缠白布裹脚，穿布鞋。

（二十）格朝冲式

主要盛行于长顺县的格朝冲、冗雷、打撸坡和平上等苗寨。成年女子头饰以整幅青布叠为四层绾于头上，再绾一圈用各种色线挑绣的花边。上身着天蓝色右衽大襟衣，长及膝盖。衣领以下边缘用色布镶边。两肩、腋下和腰部镶各种挑花刺绣图案。下穿青蓝色长宽裤，系挑花刺绣长围腰，拴白色腰带，罩青、蓝、白三色相间细麻布百褶裙。缠青蓝色绑腿，穿草鞋或自制布鞋。

（二十一）敦操式

主要盛行于长顺县的敦操、交麻、代化，惠水县的董上、王佑，罗甸县的董王等麻山腹地的苗族村寨。这支苗族衣着尚青兼蓝色。妇女普遍上身穿右衽齐膝长罩衣，胸前拴镶边花围腰，围腰上半部缀12枚银泡。下着长宽裤，裤腿中下部横缀一道两指宽的花边。老年妇女也穿百褶裙。

（二十二）拉来寨式

主要盛行于罗甸县栗木地区的拉来寨、木引地区的高山、纳坪地区的打金村等苗族村寨。已婚女性不盘发，而将发髻绾于脑后，插玉（银）簪。头包青底白条花帕。上着青色大襟右衽衣，衣领和袖口用红、蓝、绿等色带镶边。下装为家织自染自绣百褶裙，裙长及足。腰系花围裙。戴银耳环、银手镯等饰品。足穿青布绣花鞋。

（二十三）四寨式

主要盛行于长顺县广顺镇的四寨和惠水县的长田一带苗寨。女性着装的显著特点是未婚女青年头戴青布帕搭成的"尖顶帽"，而已婚妇女从结婚坐家之日起即剃去头发，改戴用青布覆盖且高于"尖顶帽"的"竹箩帽"，帽前钉一串黑白瓷球。上装内穿无领白衬衣，外罩青色绸缎对襟开胸短衣，衣袖小而长，袖外镶四道花布条。下装内着长裤，外穿青色百褶花裙，以一条长达10米的青布带缠绕腰间。拴白底刺绣花围腰。穿布鞋或胶鞋。

（二十四）新庄式

主要盛行于贵定县盘江镇的新庄、沿山镇的陡岩冲等苗寨。成年已婚女子头绾平结，外包银链缠绕的蜡染花帕，脑后发髻插银簪。挂银耳环、银项圈，戴银戒指、银手镯。上身穿蜡染或刺绣无扣开襟短衣，用黑布带束腰。下装内穿长裤，外罩黑色长裙，拴蜡染刺绣围腰。穿尖脚鞋或布鞋。

（二十五）甲桐式

主要盛行于平塘县牙舟甲桐、谷洞、翁片一带苗寨。已婚女子绾髻于后脑，发髻成勾状，插骨簪，头戴海贝花镶缀的"发卡"。戴银耳环、项圈、银链。上身穿红、黄、蓝相间的贯首长袖衣，衣前摆及腹，后摆盖臀，前后摆及衣袖边缘缝挑花图案，后摆连3～5簇下垂采穗。下着青布百褶裙，缠布腰带。捆青色绑腿，穿布鞋。

（二十六）摆省式

主要盛行于龙里县湾滩河镇摆省片区和惠水县大坝片区的苗寨。女子着盛装时，头部用青布盘成船形，佩银耳环、银项圈套。上身穿无领短袖无扣对襟衣，衣襟边缘及袖口等处镶绸条，缀银花泡。背披挑花绣印章形花背牌。下着青布百褶裙，腰间前系一条两层花围腰，后系3～5条绣花飘带。穿布鞋或草鞋。俗称"红簪苗"。

以上26种苗族服饰简介，并未穷尽丰富多彩的黔南苗族服饰种类。由于同为苗族或同一支系，大多数样式与省内外其他支系服饰相同或相近，也有的样式仅为黔南所独有。其中异同，各有千秋。

二、苗族服饰的制作和着装习俗

苗族是一个特别爱美的民族，也是一个讲礼仪、守规矩、重形象的民族。表现在民族服饰的制作与穿戴方面，黔南苗族与国内外各苗族支系既有许多共同习俗，也有一些特殊规矩。

第一，所有苗族同胞都以穿着自己的民族服饰为荣。苗族没有自己的文字。各分支的历史往往都写在他们的服饰上，流传在苗家的古歌里。苗家人从孩童时期起，就穿着妈妈千针万线缝制的漂亮服装，从衣装的各种图案中去"阅读"民族、支系（部落）和家族的历史，对苗族服饰怀着深深的敬畏和喜爱之情。越是在苗族聚居地区，人们的民族自尊心越强，也越是以穿着自己的民族服饰为荣。过去，许多地方的苗胞在着装上都怀有一定的排他性，轻苗重汉、崇洋媚外、不尊祖制者，会受到大家的鄙视和谴责。现在这种情况有了较大改观，但在相互交往中，仍以穿着同民族服饰更亲切。

第二，黔南苗族服装多尚黑，且喜配挑花刺绣等图案。总体上说，州内苗族各分支的服饰五彩缤纷，但面料底色以黑（青）色为多，辅以蓝、绿、红、黄、白等色彩。这与各支系的苦难迁徙史和长期的居住环境有很大关系。但哪个支系都不是单一素色，非常重视利用挑花、刺绣等精工制作的各式图案美化外衣，披花坎肩、花背牌，拴花围腰，系织锦彩带，打花绑腿，穿绣花鞋等成为常态。例如，海葩苗女式上衣多为天（海）蓝色，背牌缀着漂亮的海贝，与这支苗胞的先祖来自沿海地区湖泊水乡有很大关系。长时期被困守在麻山深处的西部方言苗胞，由于特别贫困，缺吃少穿，服装多尚黑且比较简洁，但外装饰也相当讲究。生活在惠水大坝边缘的多支苗胞，生产生活条件相对较好，盛装比较华贵。苗家挑花刺绣饰品中既传承着民族和支系的历史，又展现着苗女的高超技艺，让她们获得无比喜悦的享受和荣耀。

第三，苗家女盛装尤其重视佩戴做工考究的贵重银饰。无银不苗，可能是苗装的一大特色。苗族历史上从未建立过政权，既无帝王将相，也少金银财宝。在千年转战和万里征途中未能留下值得炫耀的辉煌建筑和价值连城的随葬品，只能把他们有限的财富打制成精美的银器随身佩戴，用以展示对未来生活和个人形象的美好追求。其中，尤以女性的头饰、颈饰、胸饰、腰饰、手饰和腿部饰品为最美。以头饰为例，州内苗语中部方言女青年的头部银花主要分为"牛角形"和"玉鸟形"两大类。西部方言的女性头饰则不胜枚举。"牛角形"银饰再现了苗家人从农耕时期以来就与水牛结成的亲密朋友和主从（助手）关系，以及苗家爱牛、养牛、驯牛，喜欢斗牛乃至以牛为图腾的传统。"玉鸟形"银饰则寄寓着鸟儿从遥远的天堂为苗家衔来金色稻种等美丽的传说，也就是"鸟儿崇拜"。无论是"牛角形""玉鸟形"还是其他各种造型的银制头饰，在同等重量下，做工越考究、技艺越高超，价值也就越难以估量。有些家庭富有的姑娘和妇女，仅一身银饰就价值数万、十数万，令人羡慕。

第四，苗族妇女特别热衷于传承民族服饰的制作技艺。苗家女子重女红。一个姑娘的挑花刺绣、缝制衣装的技艺如何，不仅是人生的基本要求，而且关系未来出嫁当家作主养儿育女的本份。因此，女童们从六七岁起，就要跟随母亲学习做针线，逐步掌握行针走线的要领。稍长，开始学做嫁衣，直至十五六岁乃至十七八岁才能将自己的第一件新嫁衣制作完工。母亲们也特别重视对自家女儿女红的手把手培训。会做女红的姑娘不仅自身脸上有光，也会给母亲带来荣耀。姑娘们跟随妈妈边做针线边学唱歌，学到的不仅是女红的基本技能，而且是民族的历史和文化。黔南苗族的服饰图案与其他区域一样，形状奇特、丰富多彩，生动地绘制了居住环境的山川河流，生产生活中的奇花异草、虫鱼鸟兽。都匀、福泉、瓮安、三都等县、市操黔中方言的苗族，喜在其服饰上绣的"蝴蝶"，反映的是苗族古代神话中唱颂的始祖奶奶"蝴蝶妈妈"。苗族传统服饰上常出现的翼人、雷公、枫木等绣图，是对远古祖先的怀念和崇敬。苗族服饰图案大多取材于自然界和日常生产生活中各种活生生的物象，有表意和识别族别、支系及语言的重要作用。正如不少专家学者所称道，这些艺术形象就是"穿在身上的史诗"。居住在龙里、贵定、惠水三县交界处大坝等地的苗族，俗称"背牌苗"或"印苗"，就是因为这支苗族妇女上衣后背的披肩上绣着方方正正的图似"皇印"的彩色印牌。男女老少皆以此为豪，从服饰传承中获得了苗族在与社会和自然抗衡中对事物认识的升华。

第五，在不同场合对民族服饰的穿着必须遵规守矩。黔南苗族的服饰与其他地区一样，按性别分，有男装和女装；按年龄分，有童装、成人装、老人装；按部位分，有帽子、发型、头饰、上衣、衣饰、裤子、裙子、鞋子、袜子（裹腿）；按用途分，有盛装、便装等。一般来说，无论哪个支系、哪个区域的同胞，都对自己的民族怀有深厚的感情，对本支系的服饰有很强的认同感和自豪感。但在不同的场合，对民族服饰的穿着也有约定俗成的规矩。参加庄重的祭祀吊唁活动，着装要严肃、简朴，忌讳轻浮、邋遢和奢华；参加隆重的集会和重大节庆娱乐活动，可以着最漂亮的民族盛装，尽显家庭的富有和个人的帅气美貌。姑娘们有时涂脂抹粉正衣装，需打扮一两个小时。在日常生产生活中，以穿便装为宜。便装简洁朴素，穿戴方便，行动自如，便于换洗。盛装华贵艳丽，打扮耗时费力，不宜常穿，应加倍珍惜。苗族着装还有一个重要规矩：婚否有别。尤其是已婚妇女，忌着未婚少女装。福泉、瓮安境内等中部方言苗族未婚少女，戴平顶圆形缩褶绣花帽，并用花格手帕折成三角形系在帽外，一角垂至顶后，两个角打结于额前。这是未婚的重要标志，已婚女性忌着此装。龙里平坡、贵定新铺、福泉仙桥小花苗未婚姑娘剃除一圈头发，清末民初戴马桶式花帽，以后改戴猫式花牌帽，花纹素净，着青布苗衫，系花围腰，平时只系一张，节庆时系多张，显示富有和美观。以青布绑腿，穿时兴鞋。跳月时，未婚少女和已婚妇女一样可以包蜡染花帕和着花衣花裙。但不跳月时，未婚少女绝不能包花帕，着花衣花料，否则被人笑话。因此，平时戴花帕、穿花衣、系花裙是女子结婚的重要标志。未婚者不可"超越"，以免带来麻烦。还有些支系对逝者的着装也有严格讲究，奉行单数，忌讳双数。如荔波县水维"红苗"男子亡故后绾发髻，穿无领无扣长衣，系腰带。以穿衣服的多少来显示家庭的富有，常以五、七、九、十一件单数一起穿，每件衣服只扣一颗纽扣，以便让人知道所穿衣服的件数。红苗老翁剃光头，包长条青布头巾。惠水县九龙苗族的老人去世后穿寿衣，男着衣裤，女穿衣裙，衣裤（裙）件（条）数从单不从双。男死者上身穿三、五、七件衣服，下身穿三、五、七条裤子，并拴一丈二尺长的缎子腰带；头戴高利帕，帕结往右侧挽就；脚裹绑腿（从外往里裹，与活人裹的方向相反），穿长筒靴子。女死者上身穿三、五、七件短衣，下身穿三、五、七条百褶裙，并拴花围腰；头戴高利帕，钉银泡，插银簪、银梳；颈戴银项圈；手戴银戒指、银手镯；脚裹绑腿，穿短统靴子。这些习俗既与苗族巫文化有关，也是活着的人们对生活的一种追求。

三、对苗族服饰传承与创新的几点思考

随着现代新媒体的不断宣传推介和苗族地区社会经济文化的发展，以往许多锁在深山人未识的苗族服饰正在走向大众，走出国门，彰显出我国民族政策的光辉成果和苗族地区改革发展的正能量。苗族服饰是苗族传统文化的重要组成部分。苗族作为中国历史最悠久的民族之一，其厚重的服饰文化也是中国和世界民族服饰大花园中最靓丽的组成部分之一。苗族服饰已被列入第一批国家级非物质文化遗产保护名录。苗族服饰和苗族文化的对外展现，不仅让世界更多地了解了苗族，而且让党委、政府进一步关注和加大了对苗族地区精准扶贫和乡村振兴的资金投入，苗族地区的全面小康正在到来。

凡事有利也有弊。受现代文明和外来文化的冲击影响，优秀的苗族服饰文化如何传承和发展，正面临着严峻的考验。在黔南境内，一是许多外出务工和就学的苗族青少年已基本不着苗装，纷纷改穿汉装和洋装，对自己的民族服装的感情逐渐淡薄。二是大批农民工进城务工、购房安居后，受周围环境的影响，多数人也不再穿着苗族服饰。不少外地和国外游客来到黔南，都反映黔南的民族风情不如黔东南浓郁，与汉族地区没有多大区别。三是随着城镇化的向前推进，城里的生活方式不断地向农村渗透，造成农耕文明所遗传的文化符号、信息资源潜移默化地人为变异和溶蚀，破坏了苗族服饰等非物质文化遗产赖以生存的土壤和条件。四是改革开放初期，国家的文物保护法制建设和执法工作未能跟上，加上人们的文化保护意识淡薄，因贫穷而经不住金钱诱惑，苗乡一些藏于民间几代人的价值连城的老苗装和珍贵银制饰品已被外人廉价购走，难以再复制。五是随着纺织、印染、缝纫、刺绣等信息化和新技术的推广应用，高科技机器生产代替了传统手工技艺，苗族服饰制作的许多传统技艺逐步被取代乃至面临失

传，传统的"正宗"苗装已越来越少。采取切实措施加强对苗族服饰的传承保护和推动创新发展，刻不容缓。

从政府到民间，要大力营造穿着民族服装扮靓自治州的浓郁氛围。首先，官方举行的各种集会、庆典、迎宾等活动，要提倡包括苗族在内的各族干部群众带头着本民族服装。州、县两级广播电视等新闻媒体主持人，要穿着民族服装上镜，学会用少数民族常用语问候听（观）众，彰显自治州的民族特色。其次，在州、县的中心城市和经济开发区（工业园区）规划建设中，要凸显布依族、苗族的传统建筑风格，适当备留一定的民族文化生活区和特色商业区，鼓励入住的少数民族群众保留自己的服饰等民族文化。最后，对外出务工的少数民族农民工，要引导他们把自己的民族服饰和民族文化带到沿海城镇去，宣传黔南，彰显特色。

在苗族地区的中小学和幼儿园中，把推广普及苗族服装列入民族文化进校园的重要内容。苗族聚居乡村的中小学和幼儿园校服，应尽量采用当地具有代表性的简装款式定制，坚持常穿常新。同时，要把苗族服饰制作中的挑花、刺绣、织锦等技艺引进课堂，把绘制苗族服饰图案和介绍苗家银制饰品等内容引进美术教学。学校组织开展的文娱演出活动，要多演民族歌舞，穿着苗族服饰，从小培养孩子们对自己民族服饰文化的深厚感情。

积极发掘和培养苗族服饰文化传承人，因地制宜开发苗族服饰产业。全州各苗族聚居的村寨和散居苗胞中，都潜藏着一些心灵手巧的苗族服装制作高手，应当抓紧把她们发掘和保护起来，组织她们收徒授艺，传承苗家女红，培养苗族服饰制作工艺的接班人。在有市场、有条件的地方，特别是在苗族集中的较大集镇和旅游景点附近，可以扶持一些手艺高强的苗家工艺师牵头组织苗女开展苗族刺绣品和旅游商品生产，既能带动村民致富，又可培养更多的苗族女红手艺人才，把苗族服饰的传统工艺一代代传下去。

对苗族服饰的改革创新应当实行坚持民族特色与融入现代元素相结合。任何有生命力的东西都是在发展中不断进行自我完善的，不可能千年不变。汉族和其他民族的服装演变是这样，苗族服饰也是如此。随着社会的发展进步和环境条件的改变，新中国成立70多年来，黔南苗族各分支的穿戴式样都在悄悄发生着变化。例如，制作衣装的布料大多已由家织布改为机织布，纯银饰改为铝镍合金代用品，无领无扣内衣改高级衬衫、男子长衫改短衫、裹脚改丝袜、草（布）鞋改皮鞋，等等。这既反映了经济社会的发展进步，又符合苗族同胞不断增长的物质文化生活需要。事实上，目前黔南境内苗族各分支的服饰都或多或少存在一些不适应生产生活需要的地方，亟需适时改革创新。但改革不是把一切传统的东西都推倒重来，创新不是标新立异。苗族服饰的改革创新应当坚持民族特色与融入现代元素相结合，做到民族特色不变，现代元素增强，美观大方得体，适应生产生活需要。2018 年 7 月，黔南州举办了首届民族服装创意设计大赛，为各民族的服饰改革提供了一个展示的平台，苗族服饰也有不少作品获奖。但笔者认为，有些猎奇搞怪、中看不中用的做法不值得提倡。习近平总书记有一句名言："房子是用来住的，不是用来炒的。"同样道理，服装也是用来穿的，不是用来展览的。苗族服饰的改革创新必须适应现代人们生产生活的延续运用，款式制作要满足各行业工作的需求，如农村劳作装、政务装、商务装、服务装、舞台装、休闲装等。苗族元素既不能剔除，又要简洁明快，起到画龙点睛的作用。至于制作材（布）料和工艺流程的选用，既可以传统，也可以现代。制作成本和使用价值的高低，决定产品的最终价格。一切以市场和消费者的需求为转移。如果一味追求传统而脱离现实，或者只顾现代化而抛弃民族特点，那苗族服饰就只能展示于展览馆而难以得到传承和发展。

（作者：陈青，女，贵州省黔南州民族服饰研究院院长，州苗学会学术委员会副主任。审校：吴进华）

参考文献：

[1] 吴正彪，等. 黔南苗族 [M]. 北京：中国文化出版社，2009.

民族民间传统工艺构成的多维视野特色

——从惠水次方言苗族服饰类型谈起

吴正彪

摘　要：民族民间传统工艺以"物"的形式彰显出每个民族的文化特性与地域特色。与各种民族民间工艺所不同的是，民族服饰不仅融汇了纺织工艺、印染工艺、刺绣工艺和剪裁工艺等众多传统特色工艺于一体，而且也是一个民族在视角符号上区别于其他民族的重要体现。以苗族服饰为切入点，就其民族民间传统工艺的多维性特色进行探讨，对传统工艺的传承与原生态文化基因的保护都有一定的参考意义。

关键词：民族民间传统工艺；苗族服饰；类型特色

苗族是一个具有悠久历史和分布面较为宽广的民族。苗族服饰不仅丰富多样，而且在从古至今的 220 多种服饰类型中，已经成为中国服饰史的活化石，是民族民间传统工艺博物馆不可缺少的一个重要文化板块。因此，从民族服饰开展对民族民间工艺的调查分析与探讨，为民间工艺创新提供原生态文化因子奠定基础，这是值得我们关注的一个重要内容和学术视野。为此，我们试以苗语西部方言惠水次方言部分土语区的服饰类型为例，就其服饰构成特色做一些简要的概述，以此抛砖引玉，供大家参考和更加深入地调查研讨。

苗语西部方言（学术界称之为"川黔滇方言"）有川黔滇次方言、贵阳次方言、滇东北次方言、罗泊河次方言、麻山次方言、重安江次方言、惠水次方言、平塘次方言八个次方言，除了滇东北次方言、罗泊河次方言和重安江次方言内部语音差异较小没有划分土语外，其他各个次方言都分别有不同的土语划分。值得注意的是，苗族的每一种服饰类型就是一个相同的"语言文化圈"，不仅其音位系统基本一致，而且其语言集团内部还是一个由不同宗族组成的传统婚姻圈。诚然，现行的苗语方言、次方言和土语的划分，只能"宜粗不宜细"地笼统界定，而不可能按照不同苗族服饰类型的标准对苗语土语进行"精细化"拟定。因此，对于苗族服饰类型的归类，我们同样需要跨越苗语土语的划分去讨论。这样，我们的研究才不再受到语言学界"语音点"框定范围的羁绊。从苗语惠水次方言的服饰类型看，摆金式苗族服饰属于苗语川黔滇方言惠水次方言东部土语区的一种服饰类型。这种苗族服饰类型主要盛行于惠水县摆金镇冗章村的摆架、卧马、高寨、岗金、长寨、冗让以及石头寨的虫鸣哨、冗共、杨梅坡、葫芦山、孔引、楼房等自然寨；宁旺乡的大寨；关山乡的长地、掌平、打铁寨、掌灵；甲浪乡的烂木桥、烂岩、杉锅、扣摆、杉木寨、孔让、屯脚、新寨、冗森、单扒、单阳、大树脚等；鸭绒乡的松荣、卜所、思岗、烧箕冲、冗以、平潘、新邦、摆构、磨子冲等地；和平镇的大围、龙洞、垅电光、满村、龙井、长坡、水岩、高坪等行政村内的大部分苗族村寨。盛行这种服饰类型的苗族有14000多人，主要是由吴、唐、杨、陈、罗、任、宋、黄、张、李、刘等十一个汉姓宗族所组成，在这些姓氏中，以吴姓的人口为最多。这些不同的姓氏宗族之间可以结成对应的姻亲关系。穿这种服饰类型的苗族支系自称为"hmob"，他称有"打铁苗"和"打田苗"以及"青苗"等不同的称谓。这些他称是与他们擅长铁器农具制作、稻作生产等技艺以及所穿服装颜色的主要色调而得名。早在明清时期，穿着这种服饰的该支系苗族就有着悠久的打铁历史，当地苗族铁匠打制的各种铁器种类亦十分丰富多样，其中以镰刀、菜刀、柴刀、铡刀、斧头等最为普遍。在摆金镇的上下两个扣摆寨的400多户苗族家庭中，几乎家家户户、祖祖辈辈都掌握有丰富的打铁技艺，他们打造的铁制工艺品种有农耕生产用具、铁制饮具和生活器具等，其中以镰刀在方圆百里最为驰名。这支苗族打制的镰刀分为草镰、柴镰、火镰等各种样式，而且以钢火好、薄叶、精巧、轻便、造型美观、刀刃锋利、耐磨耐用所著称。正是缘于此故，周边的其他苗族支系和其他民族将之称为"打铁苗"。该支系苗族由于善于种植水稻，对各种稻作品种的使用掌握十分良好，因而又有"打田苗"的美称。此外，这支苗族的着装通常以青黑色为主调，故而又有"青苗"的他称。

　　摆金苗族服饰制作的布料在20世纪80年代以前大部分为自织自用。据清朝嘉庆年间李宗昉的《黔记》卷四记载，该支系苗族"男耕女织，所织布最精细"。因此，这一地区苗族村寨的服饰布料和床上用品布料基本上来源于自己种植的棉花，当地苗族自己纺线织布，自染自缝，长期处于自给自足的封闭式小农生活。在摆金一带的苗族村寨里，每家每户都有用来织布的手摇纺车、织布机床等纺织工具。

　　身着这种服饰类型的中老年男子头包青色头帕，上穿青蓝布长衫子，下着青蓝色布裤子，腰缠青黑色布腰带，脚穿草鞋（有的改穿胶草鞋）或布鞋（现多改为解放鞋）。青年男子则普遍改穿青蓝色对襟短衣。摆金苗族的这种包头头饰在明清时期的历史文献典籍中就有记载，如描述他们"发青布裹头""男子青布帕首""以布束发""以布缭头"等。而今，他们的这种包青色头帕着装实际上是对传统习惯的延续。

摆金式苗族女子装饰除了有已婚与未婚的差别外，在不同的生产生活环境中还有便装和盛装之分。便装以素色为主，着装简便。盛装则以着精美的挑花刺绣外装，佩戴雍容华贵的各种银饰为特色。着盛装时，未婚少女绾发髻，包大头帕，头帕包成"斗笠式"圆盘形。这种头饰外用2米长、16厘米宽蓝布裹住青帕数圈，然后用挑花红带缠紧，外套绣花"帽"罩，帽沿四周分别吊有若干粒拇指大小的银珠和玉珠，还有青布"发髻"上插两根各由四条银片组成的银冠，在银冠两侧则分别插有各式的小银花和银簪，并在髻后插银梳一把；两边耳垂各挂一只重约60克、长约30厘米的银质柱状卷盘而成的银耳环；颈戴银项钏数只。已婚妇女亦绾发髻，头包小头帕，同样插银花，只是头上的各种花饰已相对减少，但所戴的银项钏等与少女相同，颈部戴约有牙签粗的小银项圈4个、有筷子粗的银项圈5个，另在项圈的左右两侧各系有绒线扎成的红花一朵。女子上装内穿各色棉毛衫和女式衫，衣袖管小而长，外穿青布及紫红色高级绸缎制成的无领无扣开胸短衣，袖管宽大而短，两支衣袖外围均分别镶有织锦的挑绣花布片，花布片上还钉有很多银泡。下装内着紧身青布裤，外着青布裙，腰上内层先系一匹青色绸缎小围腰，外系缀银泡的织锦花带，在花腰带的前后左右又分别挂有银铃以及银荷包等装饰品。在两只手上还分别戴有4支银手镯。腿缠青布绑腿，脚装草鞋或布鞋。

镶在女装衣袖和腰围上的织锦分宽、窄两种，宽的织锦通常在40厘米左右，窄的在5厘米至15厘米不等。这些织锦的制作在每个家庭里都有专用的织锦机，织锦机比织布机短且矮，一般是前高后低。织锦的经线用自制的蓝纱线或青纱线，纬线则由七彩线构成。过去这些线都是由各家各户自己染色制作，现在大多数是在集市上购买。每匹织锦的经线往往固定在10米左右，大多需要两三年方可织成。与织布机不同的是，苗族织锦机在编织这些彩锦时不用梭子，而是用一根牛羊角质或者竹片质的薄片根据图案的需要进行数纱，再将彩色丝线沿薄片引的路线进行编织。至于她们服装上的挑花刺绣工艺，同样出自这些苗族女性的巧手。苗族女孩自幼就在自己的母亲、姑姑及祖母等女性长辈老人的引导下学习挑花刺绣。即使到了上学年龄，许多女孩还将这些"针线包"悄悄地藏在书包里，到课余或课外活动时间便三五成群地聚在一起相互交流和学习彼此间的挑花刺绣技艺。女孩们在挑花刺绣时所用的线均为彩色丝线，绣出的花纹图案变幻色彩达 20 多种。用于挑花刺绣的底布一般是青色、蓝色、白色等各种颜色的布料或绸缎，而挑绣出来的花带常用于镶饰衣服、裙子、围腰和背扇等。在这些手工技艺中，当地苗族的挑花和刺绣工艺又分别有所不同。

挑花多是反面挑正面看，基本挑法有十字挑和平针挑两种。在进行挑花前，常常是先在底布上用线勾画好图案的轮廓，再按照图案的要求细致地填充各种丝线，数纱架十字形，数一纱或二、三纱下针。形成的图案分别以花、草、鸟、虫、鱼、兽及几何图案为主。这些挑花织成的纹饰图案中，有的是由若干朵小花组成的大花，肉眼看去，有的远看似花、近看似鸟或其他生活中常见的动物。而且，这些图案具有规整、对称、棱角鲜明等特点。在色彩上，有粉红、草绿、淡黄、银白等多种颜色。

刺绣是将底布卡在两个竹片编成的圆圈上固定，以便在刺绣抽针拉线时使线的松紧均匀，底布不至于起皱。摆金苗族的刺绣针法丰富多样，主要有辫绣、结绣、堆花绣、剪贴绣、平绣、皱绣、盘绣等十多种。辫绣是先"织辫"，将 8 根、12 根、14 根或 16 根彩色丝线在专用的织辫架上编成 3～5 毫米宽的扁平的长"辫子"，然后将它回旋满缀于底布成花，贴上较小的布壳，边沿往里折，再层层堆叠，缀成花瓣，逐层凸出，形成浮雕感。这类刺绣工艺多用于制作背带和帽饰。剪贴绣是将五颜六色的布或绸缎按照所需花纹的形状剪成花贴于布上，再用彩线进行定绣，有的还特意在花蕊中用彩色丝线刺绣花朵或动物等。这种刺绣工艺主要用于制作裙子、背扇等。当地苗族的刺绣图案通常有花、草、树叶、蝴蝶、蜜蜂、龙、凤、狮、虎、麒麟、马、鱼、鸟、石榴、牡丹等或文字。这些刺绣工艺大多镶缀于服装袖口的边沿，而且对不同年龄穿着这种服装的，其花纹的纹饰亦有适当的讲究，如属马的女性不能绣有鼠的纹饰、属狗的不能绣有龙的纹饰、属兔的不能绣有鸡的纹饰、属虎的不能绣有猴的纹饰、属牛的不能绣有羊的纹饰、属猪的不能绣有蛇的纹饰等，至于植物的图案，通常也是以竹叶、牡丹等较为普遍。

佩戴银饰是苗族盛装中必不可少的重要组成部分。无论是节庆还是婚丧嫁娶，每当姑娘、媳妇们穿上漂亮的苗族传统服饰时，都要佩戴上银饰，以显示其美丽、富有和高雅。摆金苗族不仅擅长于打制铁器农具等，对传统银饰制作工艺亦十分在行。这些制作银饰工艺的民间艺人，几乎遍布村村寨寨。摆金苗族的银饰制作工艺十分精湛，他们能够打制的银饰品多达 40 多种。根据银饰在人体各个部位的佩戴、服饰上的镶缀需求和人生礼仪中的象征装饰等，这里的苗族银饰主要分为头饰、颈饰、手饰、耳饰、盛装上的银衣饰和丧礼摆设饰六大类。在这些银饰中，用于头饰的银饰有银角、银花、银发簪、围头银片、银花梳、银枇杷、吉祥物银插花等；用于颈部的银饰有排项圈、单项圈、圆项圈、扭丝项、银锁、戒子项、螺丝项、响铃项、泡项、象征福禄富贵的银围腰链等；用于手饰的银饰有扁镯、空心镯、竹节镯、扭丝镯、活动手镯、龙镯、一般的无字戒指、刻字戒指、花瓣戒指、菱形戒指等；用于耳饰的银饰有大型耳环、小型耳环、大圆盘吊环、龙耳环、泡耳环和普通无纹饰耳环等；镶缀在盛装上的银饰有梅花银、银片、银泡、银铃、银扣、银荷包以及各种银质的动物、植物和花纹等图案。

摆金苗族妇女的盛装现在已经改为左衽对襟短袖宽衣。但从当地的洞葬遗存服装和裙子看，明清以前，这里的苗族妇女的盛装为贯首装，而且上衣、下裙在装束上已经分离。这种服装的特点是上装为贯首衣，下装为百褶裙。这种贯首装的服饰形制在明清时期的汉文典籍文献中，均可找到相应的记载。明弘治《贵州图经新志》卷十一风俗条称，这支苗族"妇人盘髻，贯以长簪。衣用土锦，无襟，当幅中作孔，以首纳而服之。别作两袖，作事则去之"。这与《旧唐书》中记载"南平僚"所穿的贯首衣"妇人横布两幅，穿中而贯其首"的特征完全相同。也就是说，摆金式苗族服饰类型与古代的贯首装有着一脉相承的关系。

摆金式苗族服饰是苗语西部方言惠水次方言区"黔中型"的七种服饰类型之一。除了"摆金式"外，属于惠水次方言区"黔中型"的服装形制还有"摆榜式"、"新塘式"（汉文典籍的历史文献中将之称为"姑芦式"）、"平伐式"、"高坡式"、"中排民主式"和"鸭绒鸭寨式"六种。每种服饰类型式样均属于一个土语区，构成自己在本次方言中的一个姻亲集团和历史过程较为独特的一个文化支系。

（作者：吴正彪，男，贵州三都人，三峡大学教授，研究方向：中国少数民族语言文学、民族学。审校：文毅）

参考文献：

[1] 贵州省苗学研究会惠水县分会. 惠水苗族［M］. 贵阳：贵州民族出版社，1995.

[2] 吴正彪，等. 黔南苗族［M］. 北京：中国文化出版社，2009.

[3] 中国民族博物馆. 中国苗族服饰［M］. 北京：民族出版社，2004.

[4] 席克定. 苗族妇女服装研究［M］. 贵阳：贵州民族出版社，2005.

[5] 贵州省志民族志编委会. 民族志资料汇编［M］. 内部编印，1986.

福泉翁羊苗族传统服饰工艺传承现状与反思

王仁芝

摘 要：苗族传统服饰工艺是苗族历史和文化的载体，它承载了苗族人民的智慧和创造力。随着社会的不断发展，日新月异的科技文化的到来，苗族传统服饰面临着新的挑战。本文从陆坪镇翁羊村苗族女性不同年龄段的着装现状、服饰传承以及发展方面对该地区苗族传统服饰进行了浅析。

关键词：苗族；传统服饰；现状；发展

福泉是一个多民族聚居的县市，世居着汉、苗、布依、仡佬、水、侗等民族。在少数民族中，福泉以苗族人口最多，各乡镇皆有分布。主要居住在干坝、王卡、仙桥、翁羊、萱花、凤山、陆坪、城厢、马场坪等 13 个乡镇。每个少数民族都有着代表自身文化特色的传统工艺。苗族传统服饰是苗族最具文化特色的代表之一。在翁羊村，不同年龄段的苗族女性穿着的苗族服饰各有特点，为了使苗族传统工艺更好地传承和发展，加强保护十分必要。

一、翁羊村苗族概况

翁羊村位于陆坪镇东面，距陆坪镇所在地 9 公里，距福泉市区 45 公里。据 2017 年翁羊村委会统计，翁羊村常住人口 3064 人，少数民族人口 1512 人。其中，少数民族主要是苗族和布依族，苗族人口在 900 人左右，全分布在翁羊村的打拱山和下坝。这里的苗族操黔东方言（中部方言）北部土语。历史上苗族经历了几次大迁徙，这里的苗族主要来自黄平、凯里、麻江、炉山等地。他们称自己为"ghab nes"或" hmub"，都是"苗族"之意。苗族是一个历史文化悠久的民族。同时，他们也是崇尚图腾崇拜的民族。这一点从它多姿多彩的传统服饰文化上可以看出。他们的传统服饰盛装被誉为"穿在身上的史书"。女装服饰款式多而华丽，因不同支系、不同年龄以及不同场合，穿法也有不同的讲究。历史上因为战乱饥荒，翁羊村的苗族大都是从黄平、凯里、麻江、炉山等迁来，所以他们的服饰仍然保留有原居住地传统服饰特征。苗族女性服饰主要分为便装和盛装。和其他地区的苗族一样，翁羊村苗族的传统服饰工艺特色也主要体现在女性身上。

二、传统服饰工艺制作及在女性不同年龄段中的着装现状

（一）传统服饰工艺制作过程

这里的苗族属于农耕经济生活，主要是自给自足的生活状态。他们过去生活不富裕，衣服都是自产自用。传统服饰蜡染工艺也主要是由妇女承担，靠口传心授世代相传。

苗族服饰蜡染需要两大主要原料，一个是布（白色棉布或麻布），另一个是染料。布主要来源于以前苗族自己种的棉花，采来晒干，通过各种工艺拉成一根根的线，用米汤或蜡涂在上面，经过泡水、揉搓、捶打、清洗、晒干，再用她们自己的老式木制织布机织成布，苗语叫 aid dok，译为"织布"；再用"jat wangx jieeb"在锅中兑水烧化后染在织好的布料上，晾干；将砍来的百枝树，苗语叫"det ghab mol qongb"，放在火堆上烧，就会冒出滚滚浓烟，再将晾干的布料在浓烟上来回地熏。这个过程中，布料颜色开始变深。接着再用专门的木槌来捶打，最后将其悬挂晾干，就可以用来做衣服和裙子了。

（二）女性不同年龄段着装

苗族在长期的实践中逐渐掌握了染色工艺，并形成了自己独特的用色规范。从苗族的配色中，我们发现黑红、黑红白、黑白、青黄、黑蓝、红黄等对比色、过渡色是她们最常使用的。

1. 儿童

以前，在传统节日或喜庆场合，儿童一般头戴绣花帽，帽上有各种各样的花鸟虫鱼。一般最常见的是帽上边沿绣着金鱼，有着深长的寓意，代表小孩可以岁岁有鱼（余），年年有今朝。另外一种常见的是直接手工做的绣帽，上面绣着剪贴的花纹图案，帽顶上两只耳朵的地方吊着银铃铛，这种帽子在苗语中叫"mob nil"。

现在，她们都头戴平顶绣花帽，上衣为红色绣花短衣，下身为红色绣花短裙，裙子下方有绣花布，随步伐摆动时非常漂亮。

2. 未婚姑娘

在苗族传统服饰中，属未婚女子的服饰最为瞩目，一般分为便装和盛

装。以前，着便装时，头戴平顶圆形缩褶绣花帽，上衣是用阴丹士林布做的，没有绣花，单纯的天蓝色，鲜嫩而素雅。下着她们自己蜡染的百褶裙，裙子分为裙首、裙身和裙尾。裙首约宽 10 厘米，为深棕色，长度根据个人腰围而定，一般为 60~70 厘米；裙身为金黄色或者红棕色，宽 30~40 厘米；裙尾约宽 10 厘米，上面有绣花，厚度比裙首和裙身厚，利于裙子摆动。穿上时前面还围有围腰，苗语叫"qongb gid mias"，颜色和裙身相近。和之前相比，现在的便装更加鲜艳靓丽，没有以前那么朴素。上衣颜色也更加多样，上面有绣花；裙子主要为到膝的短裙，多为红色。

社会日益进步，翁羊村苗族的传统服饰也变得丰富多彩。传统盛装和便装有很大的区别，首先不同的是上衣，不再只有天蓝色，现今多用红色布做上衣，其做工精细。胸前的配件丰富，花式鲜艳。袖口绣有花边，肩部和背部绣有挑花图案，背上的花纹多为方形图案编织汇合而成，是上衣最为瞩目的部分。同时，上面的图案有龙、凤、孔雀、花等，体现了苗族的图腾崇拜。盛装还佩戴银帽及各种银饰，如银冠、银帽、银耳环、银衣、银项圈、手镯等。其中，银帽最有代表特色。银帽顶上一般是凤凰和牛角，是其他苗族支系少有的，做工精湛，造型别致。银帽满是银质花片，花片上焊满细银丝造成的螺状支杆，支杆尖上撑着盛开的上百朵银花，使得银帽美观动人。

裙子为鲜红色，同样分为裙首、裙身、裙脚三部分。其中，裙脚最为美观重要。裙首从上至下一共四道工序，分为四道横向不同的刺绣纹样组成百褶裙。裙上绣着各式各样的花样，极为美丽。同时也佩戴红色腰围，上面有绣花。腰间佩有银腰带，上面贴着银饰。苗族未婚女子平时就穿便装，当有重大节日时则穿盛装。她们的盛装就是淳朴苗寨中一道靓丽的风景线，让人流连忘返。

3. 中年妇女

苗族已婚妇女的便装中，首先，她们的头饰就不同于未婚女子。她们先将头发编成一条长长的辫子，在头顶上插一个木梳，盘成髻，用白布自髻底端至额头来回几次包住，再用花格手帕折成三角形系着，一角垂至顶后，两角打结于额前。已婚妇女已不再戴耳柱。她们身穿用阴丹士林布做的蓝色上衣，有时也穿藏青色上衣，衣服更厚一些。

中年妇女着盛装，先将头发编成一条辫子，盘成髻，直接戴上花帽，上面有绣花，帽子顶部中间有像一个月牙似的缺口，用于插入银闪闪的银簪，让头饰更加美观，同时也可以使发髻更稳固。上衣则多由黑红色的布料或花椒布做成，袖子、肩部和背部都有绣花，特别是背部的绣花，图案尤为精致美观，用几何图案纹样或花鸟虫鱼绣花装饰，非常有特色。下穿花椒布做的百褶裙。相比于未婚女子的裙子，她们的裙子颜色没有那么鲜红，要暗一些。

4. 老人

老人的便装一般比较简单，首先头发是盘起来的，头帕一般是天蓝色方帕或深蓝色方帕；上衣为黑色布料做的，没有绣花，较为单调；裙子也以黑色居多。

她们的盛装主要由花椒色布料做成，头上没有银饰。最有特色的是，她们的帽子不是绣花貌，而是平顶缩褶帽，里面用特制的纸板贴成帽形，再用蜡染的深棕色布裹在帽外，帽顶中间有月牙形缺口，但是老人不往缺口插入银簪。上衣一般是深棕色布料做成，绣花主要在袖口和肩部，背部就是布料颜色，没有几何纹样图案绣花。下穿百褶裙，与上衣颜色一样，裙身没有紧密的绣线，裙脚有绣花。一般盛装的裙长都是在 60～70 厘米，而老人穿的裙子比未婚女子和妇女的裙子长 10 厘米左右。最为独特的是老人穿裙必缠裹脚，一般是黑色布料做的裹脚布。苗族是最勤劳的民族之一，裹脚一方面可以防止荆棘划伤或蛇虫咬伤；另一方面可以御寒。

三、翁羊村苗族传统服饰工艺传承现状与发展

（一）传统服饰工艺传承现状

由于苗族人大多居住在山区，经济生活远远落后于其他地区。随着经济的发展，他们的生活水平也在不断提高，传统服饰也发生了很大的变化，苗族传统服饰工艺的传承也遇到了巨大危机，越来越少人会做。他们觉得传统工艺既耗时又费力，且不能提高生活水平。翁羊村苗族的很多年轻人都已经外出务工，村里只剩下老人、小孩和小部分中年人。传统苗族服饰工艺的制作主要分为上衣部分和裙子部分。制作苗衣的，苗语叫作"vangt ud"，村里现在只有老一辈的人会做，大概只有 3～4 个人；之前几乎每个 50 岁左右的苗族妇女都会做裙子；现在村里会做整套苗族传统服饰的不到 10 人。

（二）传统服饰工艺的发展

记得小时候随处可见蜡染。现如今随着社会的发展，曾经以蜡染著称的乡村苗寨面临消失的危机。翁羊村传统苗族服饰工艺在现代文明的冲击下风雨飘摇，总结归纳有以下几点原因：

1. 传承文化意识减弱。从前在翁羊村苗族传统的生活意识里，自产自用的蜡染技艺是衡量个人价值的标准，随着现代文明的渗入，教育的推

行，人们逐渐接触新事物，想摆脱落后的经济生活，渐渐忘了传统的文化工艺。年轻人都外出务工，不愿意向老一辈学习传统服饰技艺，导致传统工艺后继无人。

2. 随着城市化建设的推进，许多年轻人外出打工赚钱后在城镇买房，加上政府实行精准扶贫，村里几乎都往镇上搬，使得传统服饰工艺在新的地区难以传承发展。

3. 旅游业的不断发展，出现一味地追求利益最大化现象，使得传统服饰工艺变了样，同时让其传统服饰工艺的传承受到巨大的考验。甚至有些开发商打着旅游多元化的旗号，在乡村旅游区销售伪劣民族工艺品，使得优秀的传统民族工艺品受到排挤。

四、结语

苗族传统服饰工艺是苗族文化的象征，是苗族生活文化的体现，更是地域文化的体现。传统工艺承载的是苗族古老的历史，是一种精湛的文化，更是一种无形的文化遗产。从翁羊村传统服饰工艺所面临的危机中，反映出贵州民间传统工艺的"土壤"正在被现代文明"侵蚀"，怎样才能传承和保护好传统工艺已经迫在眉睫。不让传统工艺失传，对贵州传统工艺进行调查、整理、研究是我们每个苗族青年的使命。

（作者：王仁芝，女，苗族，贵州福泉人，贵州黔南经济学院教师，研究方向：民族语言、苗语。审校：吴正彪）

参考文献：

［1］杨昌文，杨光华，等. 福泉苗族［M］. 贵阳：贵州民族出版社，1993：1—2.

［2］杨正文. 苗族服饰文化［M］. 贵阳：贵州民族出版社，1998：200.

冘翁坪苗族服饰染绣结合的做法
及其纹样文化内涵

杨　雪

　　贵州省罗甸县纳坪乡冘翁坪村苗族属于川黔滇次方言第一土语区，这支苗族因其服饰以白色为主，故而在称谓上有"白苗（hmongb dleub）"的他称。这支苗族的服饰很少有研究成果发表。在白林文、刘忠培等人的冘翁坪苗寨村落民族志的田野调查笔记中有对这支苗族服饰的描述："服饰主要是由上衣、褶皱下裙、长方形围腰以及黑色头帽和用银制作而成的头饰组合而成的一套完整的苗族服饰。"① 冘翁坪苗族的服饰看起来红艳亮丽，外人很容易误认为他们是红苗，但在称谓上为"hmongb dleub"，即"白苗"。王欣编著的《中国古代刺绣》中讲道："苗绣的刺绣中有'缠绣''扒花'等中国刺绣史上罕见的针法，又有织绣结合、染绣结合的做法，形成了外人所不能及的特殊工艺。"冘翁坪白苗就是运用染绣结合的做法制作出精美的衣裳。研究冘翁坪的苗绣染绣结合的做法及其文化内涵，对弘扬贵州苗族传统工艺工匠精神，通过苗族服饰来解释苗族的宗教信仰，解读苗族的文化构成等都有一定的参考意义。

一、苗族的服饰与文化认同

　　邹加免、苏煜、崔进山等编著的《中国传统服饰图案与配色》中提到："在中国古代，服装是一种符号，代表着个人的政治地位和社会地位，所以，在古代，服装是政治的一部分，其重要性远超出现代服装在社会中的地位。"② 对冘翁坪苗族而言，服装代表的是个人的一种社会身份，是民

―――――――――

①引自白林文、刘忠培等撰写的冘翁坪苗寨村落民族志调查手稿，未发表。

②邹加免，苏煜，崔进山. 中国传统服饰图案与配色［M］. 大连：大连理工大学出版社，2010.

"服装是一种民俗事象。所谓民俗事象，主要是指一些创造于民间，又传承于民间的具有世代相习的活动现象，包括思维体系与实施行为。服装被称为民俗事象，而不能简单地称为现象，因为服装不仅仅指其在着装活动的发展、变化中所表现出的外部形态和联系，而且包含更大的内涵。事，行为过程谓之事；象，外在形态谓之象。服装的事与象在民俗活动中，整合成非常活跃的统一体。"① 由此可见，服装即为一个民族区别于其他民族所特有的象征性符号。

冗翁坪苗族《婚姻歌》里唱：

mex yous mex lol naox lob cod

夫妻要吃就吃白米饭

hnangd ab hnangd dlaif let dlob

要穿就穿黑亮衫

ngaox senb naox khaod naox lob plaob

妹妹吃的就只有谷糠

hnangd zoŋs hnangd dlaif kaob

穿的也是破衣裳

这几句苗语歌说明，"吃"与"穿"是人类所必需的生存基础，先有了温饱，才会有进一步的审美追求。冗翁坪苗族向往的幸福生活是能吃上米饭，能穿上漂亮的服装。相对来说，苗族男人的社会地位要高一些，女人只有嫁给男人，才能吃好的穿好的；反之，则只有吃谷糠穿破旧衣服。因此，嫁作人妇的苗族女子，都很珍惜来之不易的一切，她们勤奋持家，在闲暇时就专心绩麻织布蜡染绣花做衣裳。苗族男性虽然社会地位高，但也是基于女人的陪衬。一个没有结婚的男人，社会地位也很低。因此，婚后的男人们很少干涉女人们做衣服，妻子吃得好穿得漂亮那是男人们的荣耀。苗族妇女一生能做几十套衣服，一些是给自己穿，一些则是做给女儿、儿媳、孙女和外孙女穿。

苗族女装（吴正彪摄）

苗族的染绣工艺，主要体现在苗族女性的服装上。冗翁坪苗族服饰主要是头饰帽、上衣和下裙。鞋子穿得很随意，以前穿的是自己做的布鞋和

---

①华梅戢范. 服装艺术教育［M］. 北京：人民出版社，2008.

草鞋，现在都是穿市场上能买到的鞋。

（一）头饰帽

在过去，冗翁坪的苗族女人没有头饰帽。那时候她们从小留长发来绾髻。当需要穿戴苗族服装时，她们要绾发髻、戴银泡筒、戴银质链、吊银花、戴耳环等。在今天，已经很难看到传统的头饰打扮了，因为大家都有一个现成的头饰帽。帽子头顶部分是由头发编盘而成，

苗族头饰帽（杨雪摄）

头发下面用青布包裹，左右各留出一小块布作为帽耳朵，帽檐配有一串彩色珠链，珠链下方镶嵌成色较好的贝壳。穿戴时，先把银质项链项圈戴在脖子上，然后再把帽子戴在头上，接着把银泡筒戴在帽檐上，最后把银花吊在泡筒上。耳环有则戴，没有也不影响穿戴效果。

（二）上衣

冗翁坪苗族女装上衣的颜色为白色，做工相对来说比较简单，只是在衣襟和袖子上绣上彩色的花边，缀上一小串珠子，就比较美观了。传统的苗族上衣分为开襟和不开襟两类，有的上衣

苗族女装上衣局部（吴正彪摄）

有领子，有的上衣没有领子，主要是根据个人喜好来制作。现代大部分上装都做成开襟带领子、加拉链的，方便穿和脱。

（三）下裙

1. 裙子

冗翁坪女装最有特色的是下裙。这裙子的部分是精华，融汇了苗族女性的所有创造。单说穿裙子，相对来说简单点，只要把裙子穿上、系上腰带、围起腰帕、裹上脚布就可以了。但要说起做裙子，这就复杂了。首先，要种麻，绩麻来织布。织得白色土布后，裁剪出所需部分，然后在布上画蜡。蜡画好纹样之后，就放入盛有蓝靛的染缸中浸染、脱蜡。染得的布匹晾干之后，就可以挑花刺绣了。

裙子由三个部分组成。第一是腰围部分，是宽约 10 公分的白土布。第二是裙子的核心部位——蜡染绣花的部分，宽约 40 公分的布料。第三是挑

花部分，宽约 20 公分。第四是裙摆部分，宽约 60 公分。裙摆又分两部分，

一部分是宽约 30 公分的黑布，一部分是宽约 30 公分的红布，黑布在红布之上；基本上是用黑、红、白、黄这几种颜色的布条平行镶嵌在布上。把

腰围白布部分（杨雪摄）

这四大部分拼接完，最后一步就是压裙叠褶。首先将裙子有规律地折起来，折好后，就用较重的石头或是其他重的东西将它压住。时间短则半年，长则一年，才把裙子取出来，这样裙子才能有褶皱。再用线连起褶子。就这样，一条裙子就做出来了。

蜡染和刺绣部分（杨雪摄）

挑花部分（杨雪摄）

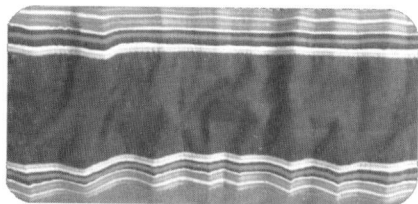

裙摆黑布部分（杨雪摄）

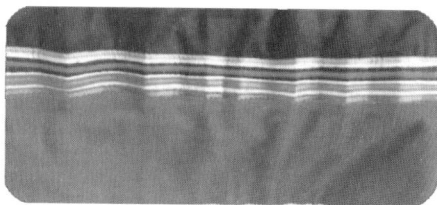

裙摆红布部分（杨雪摄）

2. 腰带

苗族的花腰带也是下裙装束必不可少的一部分。冗翁坪女装的腰带相当长，宽两公分，长约两丈。

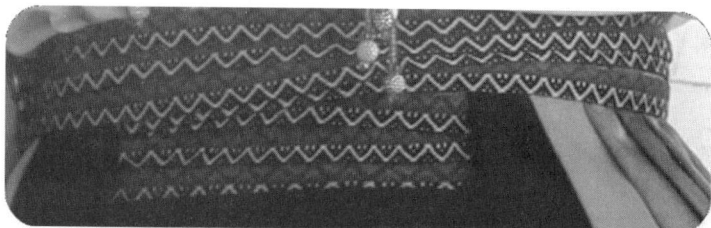

自绣花腰带（吴正彪摄）

腰带主要是刺绣。用红色和黑色的布做成红黑相间、宽度相同的条纹

带，然后在红布上绣上形似水波纹的暗绿色线，在黑布上绣上形似水波纹的白色线。在白色水波纹的相邻的波峰间，用白线刺上两个白色的点。"采用古老的图案，水波纹象征灵魂要回到祖先的发祥地黄河流域与先灵共享天伦之乐。"①

腰带是苗族女子展示女性柔情美的地方，因此绣以水波纹，更显出苗家女性楚楚动人的一面。

3. 围腰

制作围腰时主要运用刺绣，在围腰的下摆绣以各种花色的线，使朴素的围腰显得大气典

花围腰（吴正彪摄）

雅。"在整块围腰布帕的上面还另缝有两种不同颜色和布料的布。从腰间到中间部分大约五十公分处是纤维布料，颜色主要为黑色和绿色，从横向看，两边各宽 0.1 米、长 0.58 米为绿色，中间宽 0.18 米、长 0.58 米为黑色。纵向上，从中间到脚底约 0.22 米处，是以棉布为主，整块棉布上又镶嵌着十种左右颜色各异的小布块。"②

二、染绣结合的做法

（一）蜡染

1. 所需原料：蜂蜡和石蜡。冗翁坪苗族过去只用蜂蜡作为原料，后来会在蜂蜡里掺进一些石蜡。"蜡是蜡染工艺中必备的材料，常见的种类一般分为石蜡、木蜡、蜂蜡。石蜡是矿物合成蜡，为白色半透明固体，熔点较低，在 58～62 度之间，粘性小，容易成蜡，也容易脱蜡，是画蜡的主要材料。蜂蜡也称蜜蜡或黄蜡，是在蜜蜂巢中提取出来的，一般为黄色半透明固体。性质与石蜡相反，粘性很强且不容易碎裂，熔点在 62～66 度之间。多用于蜡染画线。"③

2. 所需工具：铜刀，即蜡刀，因为铜不会划破布料。苗语称之为"dlad nzangx dab"（蜡染匙子）。黄蜡锅，用来加热黄蜡，使之熔化。锅架，方便烧火和置放黄蜡锅。画蜡板，长方形，用来平铺点蜡的布。小长

---

①简㑆，等. 中国传统印染文化研究 [M]. 北京：人民出版社，2015.

②引自白林文、刘忠培等撰写的冗翁坪苗寨村落民族志调查手稿，未发表。

③侍锦，等. 中国传统印染文化研究 [M]. 北京：人民出版社，2015.

桌，低矮，方便画蜡。几个小凳子，放蜡染工具和供人们坐下休息。

3. 给布上蜡：给布上蜡即蜡染。也就是用铜刀蘸黄蜡，在白布上画线。"画蜡时要笔笔精到，不可草率，特别要注意蜡染液不可错误滴漏在无需画蜡的部分，否则画蜡无法去除干净，影响染色。"① 绘制纹样要按照步骤来，第一是沿着布的边长，由外到内画直线，一般是画完一个小框再画另一个小框；第二是在画好的回形小框内画线条；第三是画布中间的纹样，把大的框架先勾勒出来；第四是画齿痕。

黄蜡锅 "yal jab"（杨雪摄）　　蜡染 "nzangx dab"（杨雪摄）

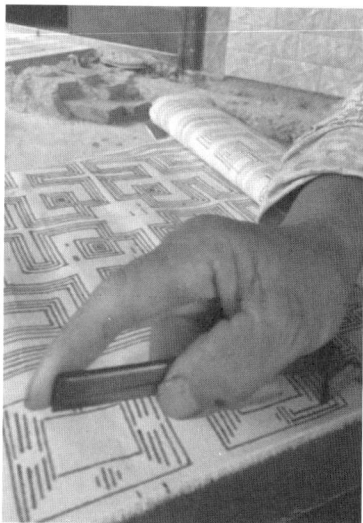

4. 染蜡布：染蜡布主要原料为蓝靛。"苗族蜡染，不仅对人体起到御寒保暖作用，而且还具有医用功能，这是由蜡染原料——蓝靛及其中药配方所决定的。"② "靛蓝水发好后，倒上一二两酒，把绘好的蜡布放进去浸泡，蜡布放进去一小时左右，把它捞出来，在缸口上搭一根横杆（或者棒），把蜡布放在横杆上晾，水滴在缸里，等布晾得半干，又放进去浸泡，就这样反复浸泡两三天，等缸里面的泡泡变成白色之后，把蜡布捞出来，拿到河边冲洗。再往缸里放靛蓝和酒，将冲洗好的蜡布晒干后又继续浸泡，一般染好一块做裙子的蜡布要放三次靛蓝，染出来的颜色才算理想。如果感觉蜡布已经染好的话，还要再次拿到河边冲洗，让清水冲去浮色，之后就将其放进锅里用清水煮沸，使蜡完全融化，随后又拿到河边反复冲洗，直到干净，并晒干。而融化在锅里的剩蜡，等水温冷却后，在水面上

①侍锦，等. 中国传统印染文化研究 ［M］. 北京：人民出版社，2015.
②吴正彪. 试论苗族蜡染和民间传统医药的关系 ［J］. 中南民族学院学报（哲学社会科学版），1997（4）.

凝固，把它捞起来留着，下次还可以继续使用。这个程序完成后，蜡染的整个制作过程才算完成。"①

（二）刺绣

1. 刺绣的工具：绣花针、剪刀、裁剪布的小木板、抵针等。

2. 刺绣的材料：彩色丝线若干、彩色布匹若干等。

蜡染布（杨雪摄）

染绣结合的布（杨雪摄）

3. 刺绣的做法：

王欣编著的《中国古代刺绣》中讲道："苗族刺绣有着悠久的历史。苗族刺绣的针法很多：有平绣、辫绣、缠绣、结绣、绉绣、贴花、抽花、打子、堆花等十多种。苗族的刺绣具有很强的叙述性，几乎每一幅绣品都能讲述一个古老的神话或历史故事，记录下苗族独特的民俗传统。"

冗翁坪苗族刺绣的针法有平绣、辫绣、缠绣等。刺绣主要是在已经蜡染好的布上绣以颜色鲜艳的纹样，以红色为主，其他颜色为辅。刺绣之处，主要是染布脱蜡后，将一些红色布条缝在脱蜡的空白处，再用黄色针线把红色布条缝在布上。

4. 挑花：分平挑花和十字挑花两种。在平布上面依纱眼用绣花针绣上

①引自白林文、刘忠培等撰写的冗翁坪苗寨村落民族志调查手稿，未发表。

十字形，然后以此为骨架，填置上需要的花纹。挑花不先起样，数纱挑刺。构图多是几何图，也有动、植物的几何图案。其结构主要有对称式、交叉式、二方连续式、单独纹样等。图案、花纹既规整又有变化，给人以严谨愉快的感觉。挑花是苗族社会衡量妇女是否心灵手巧的标准，甚至关系婚姻的成败。① 冗翁坪苗族的挑花是平挑花和十字挑花相结合。挑花的部分主要是裙子的第二块布，上接裙子的蜡染刺绣部分，下接裙摆黑色布料部分。

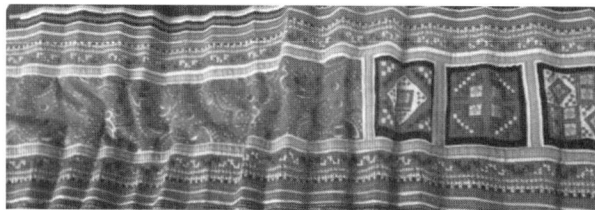

挑花局部（杨雪摄）

三、纹样的文化内涵

（一）苗语俗语解释部分纹样

nplais dlex（水片）	zax rangs（兽龙）
zax njoux haod gob（含金兽）	zax gud ndangb（兽扛鬼）
zaot nbot（猪脚印）	zax njeuk haot（兽点头）
gaos zax（兽芽）	fab cangb（花场）
nongb hab zot（辣椒籽）	laos hab（编制花）
mid zax（小牲口）	ndongt jat（杉树）
bangx ndouk（打花）	pangx daob（瓜花）
ghab nbaox（飞蛾）	ghab blangb（肚子）
jex ghangd（青蛙）	jex ghoux（螺蛳）
yif jes（八脚）	hnad（齿痕）
nboux zox dud（飞蛾找伴）	yif nblait（八角）

以上这些是苗族女性在点蜡时画在裙布上的纹样，裙子上蜡染的这些纹样品种繁多，但基本上都是苗族妇女熟悉的动物或者植物，以及其他的事物。

---

① 李宏. 绣品鉴藏［M］. 天津：百花文艺出版社，2007.

（二）典型的纹样

1. 青蛙：jex ghangd（青蛙）

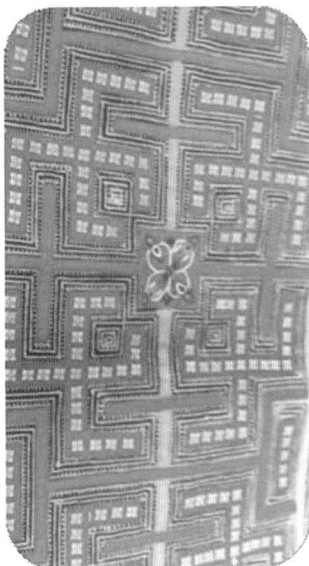

红黄叉为青蛙（杨雪摄）

飞蛾（杨雪摄）

2. 飞蛾：nboux zox dud（飞蛾找伴）

3. 辣椒籽：nongb hab zot（辣椒籽）

4. 兽：

zax njoux haod gob（兽含金）   zax rangs（兽龙）

gaos zax（兽芽）   zax gud ndangb（兽扛鬼）

zax njeuk haot（兽点头）   mid zax（小牲口）

白点为辣椒籽（杨雪摄）

一部分抽象的"小牲口"（杨雪摄）

（三）纹样的文化内涵

蝴蝶纹：蝴蝶被认为是生殖和美的化身，对蝴蝶的热爱和崇拜就是对祖先的热爱和崇拜。

鸟纹：据考证，苗族以鸟为图腾，鸟是苗家氏族的徽记。《山海经》中说：大荒之中有人，名欢头……欢头人面鸟喙，有翼，食海中鱼，杖翼而行（欢头又作欢兜，相传为苗族先民的首领。他在形象上装饰着鸟图腾）。

鱼纹：鱼纹象征生殖，对鱼的崇拜是对鱼的生殖能力旺盛的崇拜。

花草植物纹："劳作中随处可见，伸手可及，她们从中获得美感，通过想象加工，在蜡染中描绘极富生命活力和山野情趣的画面。"①

冗翁坪苗族服饰中的典型纹样，比如青蛙、飞蛾，它们的共同特点就是繁殖能力极强；辣椒籽象征的是多，寓意的是无限多的种子繁衍出无限多的新生命。由此可见，这是苗族人崇拜生殖能力旺盛的动植物的表达，他们把这些生殖能力强的事物绣在衣裙上，大概是想用之作为一种图腾，向往生出许许多多的子孙后代。这种纹样蕴含的文化意义主要是生殖崇拜的反映。

纹样中关于"兽"有很多画法和叫法，但是那些动物有的已经灭绝了，根本不知道是哪种动物。苗族相信万物有灵，有的动物作为苗族的图腾物，被绣在衣裙上。同时，苗族是狩猎民族，把兽绣在衣裙上，主要是怀念曾经的富饶故土，缅怀英勇无畏的祖先。

蜡染的纹样不仅绘在苗族女人的服饰上，还绘在"nongb jongt"（枕头，老人死后拿来做枕头的布）上。只是这种古老而神秘的纹样，由于笔者个人能力有限，暂时不能准确解读出其具体的文化内涵，遂把其图放于此，供专家学者考究。

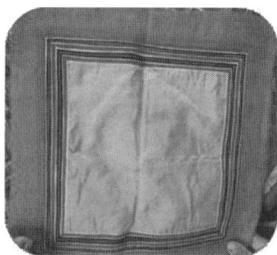

蜡染"nongb jongt"（杨雪摄）　　　　刺绣"nongb jongt"（杨雪摄）

四、结语

综上所述，冗翁坪苗族服饰的工艺价值非常高，其制作程序融入了蜡染、刺绣、挑花；其纹样也丰富多彩，蕴意深刻；其染料蓝靛有医药作

---

①侍锦，等. 中国传统印染文化研究［M］. 北京：人民出版社，2015.

用，对人体无害。冗翁坪苗族女装具有的这种特殊工艺，是非常可贵的，纹样的寓意也非常独特。在商品经济充斥下，越来越多的苗族人不再制作和穿戴自己的服饰，苗族服饰的传统工艺将随着老一辈工匠的离世而消逝。弘扬苗族服饰的工艺工匠精神，主要是为了让更多人自觉地来继承和保护这门特殊工艺，虚心向老一辈勤劳刻苦的工匠学习。冗翁坪苗族服饰染绣结合的做法，是苗族服饰中最有特色且独具魅力的特殊工艺，不仅冗翁坪苗族要好好继承和保护它，其他支系的苗族以及中华民族都有义务来继承和保护，因为民族的就是世界的，继承和保护好我们的服饰文化，才能更好地弘扬我们的工艺工匠精神，才能提高我们的文化自信心。

染绣结合的"nongb jongt"（杨雪摄）

（作者：杨雪，贵州大方人，贵州民族报社编辑，研究方向：少数民族语言（苗语）。审校：吴正彪）

龙里县摆省支系苗族银饰工艺传承①

杨青艳

摘 要：苗族是贵州17个世居民族中人口较多的少数民族之一，也是贵州全省分布最广的民族。苗族分为东部方言、西部方言、中部方言三个大方言区，方言区里又有次方言和土语之分；方言区的不同，在佩戴的银饰上也有所不同，而且银饰的制作方法也会有所差别。本文仅从对黔中地区贵阳高坡支系苗族的调查入手，针对苗族银饰的制作过程和方法做一些梳理，就贵阳高坡支系银饰传统制作手工艺的保护与传承去展开一些探讨。

关键词：苗族银饰；技艺特征；手工技艺保护；

银饰作为一种富有的象征和文化载体，在少数民族社会生活中有着重要的符号意义。银饰流传到苗族地区已经有较为久远的历史，据郭子章《黔记》中称："富者以金银耳珥，多者至五、六如连环。"而在流传至今的《苗族古歌》中亦有"运金运银、打柱撑天、铸造日月"等记述。

2018年7月7日至8月19日，笔者有幸参加贵州省文史研究馆黔中苗族历史文化存世资料抢救项目，期间到贵州省惠水县大坝乡板长村和花溪区高坡乡枇林村等地开展田野调查。这些区域生活着同一个支系的苗族，他们自称"mo^{35} z̧aŋ^{43}"，音译为"茂穰"，在汉语文献典籍中称为"高坡苗"。在惠水县和花溪区高坡乡，"mo^{35} z̧aŋ^{43}"主要分布在惠水县的大坝乡、甲烈乡，龙里县湾滩河镇的摆省村、果里村以及贵阳市花溪区高坡苗族乡全境等（为便于书写表达，以下统称为贵阳高坡支系）。这些寨子至今还保存着贵阳高坡支系苗族最完整的银饰制作工艺。

在苗族银饰的佩戴、刺绣、银衣、制作等方面，有很多专家开展了研

①基金项目：贵州省政府文史研究馆2018年"多彩贵州民族民间文化之黔中苗族历史文化存世资料——亘古'茂侥茂穰'草根说"抢救项目（黔馆字〔2018〕4号）课题研究阶段性成果及教育部规划基金项目"黔南民族民间古籍留存现状调查及整理研究"（15YJA870015）系列成果。

究，并取得了丰硕的成果。本文即是对贵阳高坡支系苗族银饰传统手工制作技艺和传承开展调查后的成果。

一、苗族银饰的古今文化

在已有的苗族饰品中，银饰占主要地位，"由于是支系最多的民族之一，支系的庞杂造成了银饰的绚丽多姿，但是在同一支系里，人们往往佩戴相同或相似形制的银饰"[1]。因此，在贵阳高坡支系苗族里，银饰的花纹图样、佩戴和制作等在审美上都是相似的。

银饰的佩戴在苗族男女老少中皆有，尤以妇女为多。在苗族传统文化中，银饰是服装装饰的重要组成部分。苗族人喜欢银饰品也有着极为源远流长的历史，银饰的花样、构造等都是经专业银匠师精心设计出来的。传统的锻制手工技艺比较单一，造就的银饰花样纹路、种类也比较简洁。也就在银饰锻制手艺未成熟的状态下，银匠师们潜心钻研技艺，提高锻银手法与技巧，以各种不同的图案样式体现出来，大多表现在花耳柱、银梳、项圈、手镯、勾状耳环、灯笼耳环等。在这支贵阳高坡支系苗族里，银耳环有很多种样式，但主要分为两种佩戴形式：女孩佩戴的多为漂亮吊环状的耳环，出嫁时佩戴灯笼式耳环；妇女在日常生活中佩戴勾状型耳环，盛装时佩戴灯笼式耳环。苗族妇女对银耳环的讲究也进一步地表明她们对银饰有着独到的见解。

据说佩戴银饰是具有驱邪作用的传统习俗，苗族老人为了让小孩身体健康，都会给他们佩戴银手镯或者小银项圈，有的会给小孩的脚踝上佩戴小银圈，目的就是驱邪或者辟邪。所以也就有了男女老少都佩戴银饰的习惯，他们对银饰的喜爱也进一步促进了银匠的锻银效率与技艺熟练度。随着社会文化发展和科学思想的冲击，人们对银饰的传统习俗观念逐渐淡化，对银饰是否辟邪的传统思想不再过多关注，对银饰的质量要求也不再过多追求。当今市场的变化对"茂穰支系"苗族银饰的手工技艺、花纹图案、种类造成了一定的影响，使之在生产技艺上做工简略、粗糙，手工艺的精雕细琢也逐渐冲淡。

二、银技手工面临的传承问题

贵阳高坡支系苗族的银饰锻制一般都有较固定的传授时间，农忙时节每家每户都忙着农耕生产，大多不会把传授锻银的手艺放在此时教。当然，银匠们除了特殊的日子，也会在此时减少炼制银饰，拿银子来锻制的妇女都忙着种植，对银饰的关注度也会减少。要学习锻银的徒弟，除了苗族节日和过年之外，很少在家，他们都外出打工或者求学。因此，农忙时节，很多年轻人都不在家，要学习的银徒也较少，也就形成了相对固定的学习时间和传授时间。

每当农闲时节苗族节日"四月八""六月六"等节日活动中，很多学习者都会向老人学习手艺，只有在此时锻造银饰的数量会增加，销量好时，要锻制的银饰也会增加，银匠们就会适当地增加人手，也会在此时招收较多徒弟。贵阳高坡支系苗族的银饰工艺制作都是由家庭作坊内的男工匠手工操作完成[2]，除了传承工艺外，也与别的支系苗族相似，边做边卖，看季节看销量来决定锻制银饰的数量。在招收徒弟时，也没有一定的规范或标准，不过得从银徒的学习能力、道德品质和灵活程度来判断其是否能成为继承人，这就要花上很长时间来筛选满意的继承人。苗族的银饰锻制技艺是中国少数民族民间独有的技艺之一，不仅源远流长，就饰件来说，都是通过手工制作而成，方法独特、精炼。

每个银饰学徒来学习时都会有一个过程，首先是认银：辨认真假银，银匠师傅给徒儿们示范辨认真假银的最直接的办法，就是拿银子到火上烧一会儿，会变黑的就是假银；烧得越白就是真银。其次是学习认工具，工具的先后顺序到流程，全跟着银匠师傅学辨别，并且需要用心记下来。最后由简单到复杂依次学习各工序，徒儿们跟着银匠师傅，除了主要去学习加工制作苗族嫁妆用到的银装饰品外，还制作手镯、项圈、耳环或者一些特别的银饰品等。在这个过程中，银匠师傅就会认真仔细地观察徒儿们，看他们在学习过程中接受事物的快慢、细心、耐心等。银匠都会看在眼里、记在心上，慢慢地向其传授技能，直至他们变成传承人。寨子上，乡亲父老或者妇女一般是拿自家的银饰品来给银匠师傅炼制成自己想要佩戴的银饰品，只需给手工费即可。炼制银饰的银匠们不会掺假，诚心且诚信，十分注重名誉和声望。苗族银饰的制作世代传承，一般是父教子学，传内不传外，传男不传女，传承方式相当脆弱[3]。即便脆弱，老人们自有学习的技巧。在旧社会时期，还未实行计划生育，兄弟姐妹多的家庭，父母总想方设法让几个兄弟学不同的手艺，为以后养家糊口做准备。此外还会采取一些"特别"的手段，如当地老人就流传有这样的小故事：杨姓老人教小孩读书，是私塾先生；罗家老人只会锻银，不识字，想让自己家的小孩去上私塾。杨先生又想让自己家的小孩去学习锻银，但是罗家手艺不外传，此时就运用"特别"手段来劝导罗银匠，让自己家小孩去和罗银匠小孩一起学习锻银，然后杨先生就教罗银匠小孩识字，并且免费传授，彼此交换学习。因此，就有了一代代聪明的人，传承下来了很多绚丽多彩的银饰制作的手工艺，但还是没有女银匠的出现。

在贵阳高坡支系苗族中，有些寨子会锻银的银匠较少，或有的寨子已经没有了锻银匠。随着年轻人的外出，学习锻银的少之又少，尽管他们知道该去继承老一辈的手艺。但随着社会的潮流，很多银饰品外面随处可见，又可以买到不同种类的花纹，符合很多年轻人想要的不同个性。贵阳高坡支系苗族银匠的锻银手艺收入并不能撑起生活开销，很多年轻人更愿意外出打工，不愿学习传统手艺。虽然继承人少，但至今还是有传承人相互传承下来。贵阳高坡支系苗族的银饰制作技艺有几百年的历史，一直在保持着苗族经典的银饰加工艺术。银饰的样式和构造都经过匠师的精心设计，制作要经过 30 道工序。整个银饰制作流程包括熔银、焊接、塑模、压、刻、镂、鎏等繁复工序，最后成品。能熟练地掌握熔银、焊接、刻花等银饰制作相关技艺，对学习苗族银饰的制作传承者来说往往都特别难，要非常细心，切勿急躁和急于求成。

三、传统手工的技艺特征

（一）"茂穰支系"苗族银饰品的大小件

在用途上有银冠"mo^{33} ŋe^{55}"、银衣"qa^{31} la^{55} ŋe^{55}"、银项圈"la^{24} qaŋ^{24} ŋe^{55}"、银手镯"pa^{43} ŋe^{55}"、银耳环"qam^{22} pla^{55} ŋe^{55}"等几类。在工艺上，有粗件和细件区别：粗件主要是项圈"la^{24} qaŋ^{24} ŋe^{55}"、手镯"pa^{43} ŋe^{55}"，细件主要是银铃"phli^{33} phli^{33} ŋe^{55}"、银花"po^{55} ŋe^{55}"、银蝴蝶"mo^{31} pli^{33} ŋe^{55}"、银针"qo^{44} ŋe^{55}"、银泡"pho^{35} ŋe^{44}"、银项链"ɬa^{33} qaŋ^{24} ŋe^{55}"、银耳坠"qam^{22} pla^{55} ŋe^{55}"等。当村寨父老乡亲有人拿银子来锻制银饰品时，也会按这个区别来收取手工费，同时还会根据复杂的制作过程及难度来收取手工费。

（二）纯手工的银饰制作

当地银饰都是本地纯手工制作。银匠先把银料放入熔炉里熔炼成银球，然后打成片；再把熔炼过的白银制成薄片、银条、银针或银丝，利用压、寥、刻、镂等工艺，制出精美纹样，然后再焊接，直至编织成型。并且，根据锻制的样式衡量出具体尺寸，比如：耳环要 5 寸，项圈要一尺五，手镯 4 寸，然后把银泡打长，根据需求者的要求设计多宽多长。除了在锻制劳作上是行家外，在造型设计上，苗族银匠也是高手，他们善于注重对生活细节的观察，根据妇女的背牌刺绣、蜡染图纹来延伸出自己的想法，注重细节和局部，把它们应用到锻银里，做到多样化。通过"取其精华，去其糟粕"和推陈出新的锻银过程，锻制出大大小小的艺术展示品。在独特的纯手工制作下，也就形成了一道靓丽风格，代代相传。

（三）锻制工序要求严格

锻银是高难度的纯手工工艺，所以对整个工序技术的要求非常严格。在做出十分精美的艺术品的背后，工艺师们都有非常好的耐心和细心，要耐心地拉出像头发一样细的银丝。银匠们还要具备高于常人的眼力，细致地观察到平常人看不到的糙点，因此也就对传承人的要求很高。每一道工序都要很谨慎，做出的成品也就成了完美的艺术品。

四、传统锻制银饰工具与流程

制作银饰工具的工艺流程有：

使用到的器物及制作工具：纯银"ηe^{55}"、炭火"$t\vartheta^{31}$"、焊药"ku^{33} se^{22} lie^{55}"和鼓风炉"$tsa\eta^{55}$ phu^{35} tou^{31}"、泥模"qe^{24} te^{35} φia^{35}"、银水"$\mathfrak{I}o^{35}$ ηe^{55}"、木墩"$\mathfrak{I}oll$ qo^{55} xu^{35}"、大锤"te^{55} $phun^{31}$ $\mathfrak{t}ou^{35}$"、小锤"te^{55} $phun^{31}$ zu^{22}"、银碗"tie^{31} ηe^{55}"、铁钎"te^{55} $\mathfrak{t}ou^{33}$"、火钳"$p\vartheta^{31}$ $t\varphi e^{44}$"。

银饰制作从熔银到成品的基本工艺流程有：

熔银"zo^{55} ηe^{55}"：将纯银放置于银窝里，拉鼓风箱，大火围着银窝烧，直至烧成液状银，放置冷却。

制银片"$nd\vartheta^{33}$ qa^{24} ple^{22} ηe^{24}"：把液银状倒入银槽里拉出厚薄银片。

制银丝"$tshe^{33}$ $tsh\vartheta^{24}$ ηe^{55}"：把液银状放置于丝眼板里，可根据粗细拉出来，可根据焊接需要，或制银针。

制银条"qo^{22} $to\eta^{31}$ ηe^{55}"：把冷却的液银状（银泡泡）根据长宽度，左右翻打出大约模样来。

压花"ηe^{24} po^{55}"：先浇铸泥模，将银片剪出适合的形状，盖在模上。再将另一面模覆盖强压出纹样形状。取出放到淋有松香的滑板上，用工具修饰出完整纹样。

编结"khe^{33} $tshe^{24}$ ηe^{24}"：把冷却的银丝互相围着编织出多种棱形的银饰。

焊接"xa^{33} ηe^{55}"：准备老式煤油灯，把需要焊接的银饰放在煤油灯火上烧，用铜器制出的小吹管，将火苗往焊件吹，直至完美地焊住。

制成品"$\mathfrak{I}u^{33}$ $t\varphi e^{44}$ men^{42} $\mathfrak{I}a^{35}$"：当修饰、饰刻完毕，把打刻好的银饰品放在明矾水里，放在火上烧煮至发白，取出放到洗银水里刷洗出闪亮的样子，而后用清水洗净、晾干。

银饰品的做工复杂不只在于流程上，也在于每一个细小的焊接、钻刻动作上。为使其精美，银匠们总是比常人多出很多耐心和细致入微的眼力，纯手工的技艺总要花上很多心思去处理很多细节，使之体现出传统手工技艺的珍贵。

银饰经过加工后制作成品主要有银针"qo^{44} ŋe^{55}"、银瓢"qe^{22} ŋe^{55}"、银铲"qe^{22} tʂhaŋ^{24} ŋe^{55}"、银戒指"ka^{31} ŋe^{55}"、银手镯"pa^{43} ŋe^{55}"、银片"qam^{22} ple^{33} ŋe^{55}"、银发簪"ka^{55} ŋe^{55}"、银梳"zua^{43} ŋe^{55}"、银耳柱（银勾环）"qam^{22} pla^{55} ŋe^{55}"、银脚镯"qo^{31} lo^{35} pa^{43} ŋe^{55}"、灯笼耳环（灯笼耳柱）"qam^{22} pla^{55} ŋe^{55}"、银雀"to^{35} no^{33} ŋe^{55}"、银锁"su^{24} ŋe^{55}"、银铃"phli^{33} phli^{33} ŋe^{55}"、银蝴蝶"mo^{31} pli^{33} ŋe^{55}"、银项链"ɬa^{33} qaŋ^{24} ŋe^{55}"、银冠"mo^{33} ŋe^{55}"、银项圈"la^{24} qaŋ^{24} ŋe^{55}"等，成品都要经过很多复杂的工序，需要什么样的银饰品，银匠就会衡量好银料的多少，然后制成各种各样的银饰品。银匠们借助丰富的想象力，并把想法付诸行动，从而锻制出漂亮的银饰品。

五、贵阳高坡支系苗族银饰手工艺的现状与未来发展

随着当代社会经济的迅速发展，苗族村寨里的青年人外出务工与外出求学的日益增多，在接受新事物的过程中，对旧文化习俗产生抵触心理，对外面世界有了许多新的向往与憧憬，不再局限于旧思维。年轻人在融入新兴世界的同时，对锻银技艺感兴趣的人逐渐减少，且对本民族文化的流失也缺少危机感。大多年轻人没有从根本上去认识纯手工锻银技艺的应有价值，在佩戴的银饰品里也不再突出苗族特征。他们更向往个性化的东西。所以，会纯手工技艺的人大多都是老年人，能传承技艺的人越来越少。出现这一现象的一些客观原因：首先，青少年思想不成熟，向往外面的世界，蜂拥外流，而且家庭作坊内锻银的纯手工经济来源不高，没有满足现代社会年轻人的需求；其次，本族老年人在弘扬这门技艺时思想比较固化，如传内不传外等，没有意识到纯手工技艺已经在渐渐弱化；更重要的是，本族人无论男女老少，都认为这是一项繁杂的技艺，很多父母也不倡导自家的孩子学这门技艺，村民们看不到纯手工技艺的魅力与独到之处。

从发展现状看，贵阳高坡支系苗族银饰虽然不及黔东南苗族银饰款式丰富、样品多样，但是本支系苗族的银饰制作也有他们自己的特色和发展的前景。支系不一样，佩戴的银饰自然也不相同，银匠针对的锻银特点也不一样，各有各的发展空间和群体需求。为了提高银饰需求和锻银的手工制作技艺，需改变现有银匠的传承想法，鼓励他们结合现实情况招收徒弟且传承给下一代，不局限于本家族子弟，只要是来学习的，都要传授这一珍贵的纯手工技艺；政府在一定条件下给予传承人一些奖励或者补贴，争

取把独特的纯手工技艺发扬出去；银匠们还要结合本支系一些节日需要的银饰，综合市场需要，把手工艺招牌打出去。结合现代社会审美，积极创新与突破，提高贵阳高坡支系苗族银饰制作的知名度；把纯手工艺和本支系银饰结合当作自己的特色，给贵阳高坡支系苗族银饰制作注册品牌，打造有较高知名度的纯手工特色。

六、传统工艺的保护与传承

对于目前严峻的手工艺传承问题，我们应该采取相应的保护措施与培养传承人相关的工作，积极响应文化部、工业和信息化部、财政部等颁布的《中国传统工艺振兴计划》，计划指出："传统工艺蕴含着中华民族文化价值观念、思想智慧和实践经验，是我国非物质文化遗产的重要组成部分。"从当地的相关文化角度看待传统文化的发展，结合与当地生活息息相关的传统手工艺制作特点。提出与之相关的保护措施和着重抢救手工艺，把振兴传统工艺当成民族文化发展的重要出发点。

着重保护传承与全面抢救。了解当地文化现象，对当地的传统手工艺银饰制作基础、民众需求、现状发展、面临的传承困境、濒危生存等进行系统全面的调查，做到相同的认识，系统地、整体地把握住主流特点，从而进行相应的整理、收集和保护，做到全面抢救。对传统手工艺提出相应的保护政策，给其以传承人较合理的知识讲解与培养相关的工作，让传承人得以继续发展与传承。让濒临消失的贵阳高坡支系苗族银饰制作传统手工艺回归民间正常发展，满足当地民众需求，为民族语言提供相对的语境保护。

当地民众与政府合力协作。贵阳高坡支系苗族的传统手工艺银饰制作与当地人的社会历史、文化习俗、日常生活等密切相关。政府部门应当从中把传统的手工艺与当地人民群众的日常生活、节日习俗等作为主要的突破点，充分调动民间民众的积极性与集体性，使其参与收集、整理和保护与传承当中来，鼓励传承人继续进行学习与传授，把传统的手工银饰制作发扬与继承下去。因贵阳高坡支系苗族居住区大多地处于偏远山区，且交通较闭塞，经济发展较落后，资源相对匮乏，靠当地民众分散的力量难以把当地传统银饰独特花纹制作手工弘扬与发展，需要政府的大力支持与扶持，出谋划策，一起把传统的银饰制作手工艺保护与传承下去。

推陈出新与保护传承传统文化相结合。银饰在当地是经济性、实用性较强的配饰品，手工艺的制作具有很高的艺术价值。该技艺制作在其中成为必不可少的过程，但在制作的过程存在较落后的手工艺做法，应鼓励传承人外出学习交流，相互切磋，推陈出新，让手工艺的制作"取其精华，去其糟粕"。通过推陈出新与保护传承传统文化相结合，发展技艺。在留存技艺的同时保护住某些语言语境。通过学习交流生产银饰品的活动，进行动态保护，使其手工艺得到合理的保护与良好的传承。使传统手工艺得到振兴的同时，增加少数民族苗族银饰锻制的非物质文化遗产多样性与影响力，实施品牌冠名策略，走规模合理化与独特创造道路，使其能给当地带来经济发展与旅游开发的机遇，吸引鼓励当地年轻人进行传承，促进传承模式多样化。

七、结语

贵阳高坡支系苗族的银饰制作发展逐渐衰弱的传承过程中，受到新时代的撞击，在独特的传统手工技艺难以发展的今天，我们深刻体会到，无论在社会变迁还是乡村发展的道路上，我们要结合新思想与传统技艺的民族习俗，积极围绕改革创新来发展锻银技艺，把贵阳高坡支系苗族纯手工技艺发展得多姿多彩。提倡当地人提高文化自信，让传统工艺制作得到保护传承与弘扬，通过改进传统锻银技艺工具，提高贵阳高坡支系苗族年轻人对传承传统手工技艺锻制法的认识，促进纯手工传统工艺快速发展。

（作者：杨青艳，女，水族，贵州省三都县人，贵州黔南经济学院教师，主要从事侗水语族语言研究。审校：吴正彪）

参考文献：

[1] 柳小成. 论贵州苗族银饰的价值 [J]. 中南民族大学学报（人文社会科学版），2008，(4)：65.

[2] 尹浩英. 苗族银饰工艺初探 [J]. 广西民族大学学报（哲学社会科学版），2007 (12).

[3] 滕新才，彭凤. 凤凰古城苗族银饰技艺传承现状调查及对策初探 [J]. 重庆文理学院学报（社会科学版），2013 (6)：22.

[4] 石含州，闫帮仁，张婧红. 侗族服饰手工艺保护传承问题探析 [J]. 艺术科技（艺术研究），2019 (1).

穿在身上的史诗——印苗服饰

王得战

　　苗族是我国人口相对较多的几个少数民族之一。据 2010 年第六次全国人口普查显示，中国境内的苗族人口为 942.6 万，居 55 个少数民族的第五位。其中，贵州省苗族人口最多，有 396.84 万人，约占全国苗族总人口的 40％。古代苗族先民九黎部落联盟在黄河中下游与炎黄联军的长期征战中最终失败，被迫分多路向南、向西突围。后来又经过千年转战、多次迁徙流散，分散在各偏远地区的苗家兄弟姐妹长期失去联系，因而造成民族内部支系的繁多和语言、服饰、文化、习俗等方面的差异。现今居住在黔中地区的一支俗称为"印苗"的同胞，其服饰文化就十分独特。

　　"印苗"皆因这支苗族妇女背上的背牌绣有一块形似大印的漂亮图案而得名。印苗属于苗语西部方言川黔滇次方言的一支，主要分布于贵州省贵阳市乌当区下坝镇的谷金上卡堡、红岩、顶阳、葫芦山、沙闹河，龙里县的醒狮镇谷新村新庄、平寨村春菜坪，洗马镇呐哈、高寨、盘早、干坝、顶过，谷脚镇大谷冰、何家寨、龙井、白岩脚，原三元镇河安卧寨、柒寨、干田等村寨，贵定县洛北河乡张家湾、龙曲陇、添木山、下院等方圆百里的黔中地区。保守估计，省内印苗大约有 3 万人。

　　历史上，由于苗族长期被统治者驱赶追杀，战乱不断，迁徙频繁，印苗也像其他苗族支系一样，虽有语言，没有文字。印苗的历史文献资料记载很少，用汉字记载的印苗历史，主要就是印苗刺绣。印苗刺绣的渊源，又与传说中的苗族先民南迁有关。

　　据口传历史，印苗的花背牌来源有两个说法：一是这支苗族的先祖们原来是为苗家最高首领掌握大印的。由于在残酷的征战中惨遭失败而将印信丢失了。为了纪念先辈们的作为和功绩，后代便把大印的式样刺绣成图案背在背上，世代相传至今。二是相传古时候有一位名叫蓝娟的女首领，在苗族战败、部落即将南逃时，为了记住迁徙的路线，以便将来子孙后代能够沿着先辈逃亡的路径返回祖居地，她想出了利用彩线在衣服上刺绣的方法，每过一个重要地区，就用丝线在衣服上作一个不同的标记。过黄河绣黄线，过长江绣蓝线，翻山越岭也选择了一些符号作为"代码"，直至最后抵达目的地，才发现从衣领到裤脚已全部绣满了各种漂亮的图案。随着工艺材料的不断发展和人们欣赏水平的提高，挑花和织花已无法满足人们对生活的美好追求，苗女们便将这种工艺向錾花、刺绣等技艺创新发展，并将这一独特的艺术及其所包含的审美情趣和意念，作为程式化的背牌符号，以刺绣的方式缝制在服饰上，呈现在民俗活动中。没有文字记载的印苗历史，就这样缝制在了他们精美的衣装上。

印苗服饰的主要特点就是印信图案。一般未出嫁的姑娘主要色调为红色，已经出嫁的姑娘则以黄色或蓝色为主。最显著之处，就是印苗妇女的上衣都有一块方正的刺绣——背牌，背牌图案中间缀着一块正方形的"大印"和四枚正方形的"小印"。这大小五个正方形标记代表金木水火土，正方形大印左右下方绣的是三角印，标记作战时期的武器图形。正方形大印的外边绣有八角印，代表古时的八卦图。背牌图案由 16 个小田字格图案组成。衣领、腰带、袖子上都绣满了各种花纹图案，图案主要包容了天、地、人和金木水火土、八卦图、五形相生相克图等。裙子用 15 尺长白布，经过蜡画、绣花、蜡染而做成。15 尺长的折布标记一年四季 12 个月加上天、地、人，组成 15 个"字"。头上戴的头发线绳也是 15 尺长，蓝色帕子也是 15 尺长。其头发绳是由母亲用自己的头发搓成的 15 尺长的细发辫，等自己的女儿出嫁时，送给姑娘戴在头上作纪念，习俗辈辈相传。印苗服饰承载着他们厚重的历史印记，饱含着苗族妇女代代相传的思想感情和苗族人民对美好生活的向往，被民族学家誉为"穿在身上的史诗"。

苗族是一个爱美的民族，苗族妇女的精美服饰就是她们爱美的外在表现。印苗的传统服饰，既是苗族文化的载体，也是她们心灵手巧的艺术展示。印苗姑娘出嫁时穿着她们亲手制作的盛装，尤为生动地"记载"着民族的历史，传承着祖先流传下来的精湛艺术。黔中地区各支苗族都十分重视传统刺绣这一文化技艺的传承，苗家姑娘从七八岁开始就要跟着母亲学习挑花刺绣等女红，掌握一定技艺之后就开始制作自己将来的嫁妆。印苗和其他各支系的苗家妇女之所以心灵手巧，人人能织布，个个会绣花，皆因从小接受民族的熏陶和母亲的刻苦培训。正因为有苗家妇女通过自己的智慧和灵巧的双手将本民族的苦难深重历史用她们创制的特殊符号和图案"记录"在服饰上，把古老的传统记忆和未来的憧憬都融化在她们的刺绣纹样中，形成了多姿多彩的苗族服饰文化，我们今天才能从这些"无字之书"中窥见民族的一些历史印迹。

俗话说，苗家人会说话就会唱歌，会走路就会跳舞。每逢苗乡的重大活动和传统节庆，既是全民族男女老少大展歌喉和灵巧舞姿的机会，也是她们展示美丽服饰的场合。印苗传统的歌舞聚会，最隆重的是每年的农历二月十六日。在贵阳市乌当区东风镇一个名叫大桥的地方，每逢这个节日，各地印苗及其他支系的苗胞都会成群结队自发赶来参加一年一度的大型苗族"二月场"文化活动。印苗的传统"保留节目"有花棍舞、芦笙舞等，期间还要开展苗歌传唱竞赛。届时，印苗妇女们都身着雍容华贵的奇特服饰，男子们也穿上传统长衫，头戴青纱帕、颈挂银项圈，成排成列地尽情歌舞，形成一道道靓丽的风景。另外，每年的农历春节、"四月八"、"六月六"、重阳节等节庆，村寨里都要开展各种文娱活动，家家户户的印苗妇女都会穿上自己制作的美丽服饰，来到活动场地比舞艺的高超、歌声的嘹亮和服饰的精美。附近的兄弟民族也会赶来观摩助兴。遗憾的是，龙里县境内的印苗原本也有自己的传统跳月场，由于人丁败走，已荒废百年了。这个场地曾经是当地苗族服饰的集中展示地，就是今天谷新村一个叫作"苦竹塘"的寨子，早已由汉族迁居了。据说，从前这个寨子全是苗族，人丁兴旺。春节时候，周边村寨的印苗都来这里吹笙跳舞，非常热闹。200多年前，不知什么原因，苦竹塘大闹坡苗寨突然遭遇一场大灾难，整个寨子的人都得怪病渐渐死去，最后只剩下一人。当时谷新村新庄寨的印苗同胞们不忍心让这个寨子断绝后嗣，只好把这仅存的一根独苗接来寨子里同大家居住，才勉强得以将这一支人脉延续至今。在苦竹塘苗寨人丁大量凋亡，"跳月场"濒临荒废之际，寨上老人才含泪把跳月场封了。他们在场地中央把12件苗族衣服、12条裙子和12把芦笙以及12个碗埋在跳月场中，用12口大锅盖上，从此不再跳月。直至新中国成立后，在党和国家民族政策的光辉照耀之下，龙里印苗的沉重压抑心情才逐渐温暖过来，但跳月场的恢复还有待时日。

随着时代的发展进步，如今的印苗服饰已由原来的人工纺线织布、丝线制作，逐渐发展到半机械制作；由个人自产自用到现在作为商品走向市场；由家人世代口传手授制作技艺到走进学堂全面传承。一些特别精美的印苗衣裙和装饰配件还成了工艺品，登上省、州、县的民族服饰展演大雅之堂一展风采。2014年，印苗服饰还作为非物质文化遗产传承的重要项目，走进龙里县中等职业学校课堂，使这一古老的技艺获得新生。在实施乡村振兴的伟大战略中，印苗服饰这株苗族文化的奇葩必将迎来更加绚烂的发展前景。

（作者：王得战，贵州省龙里县醒狮镇谷新村村民，印苗花棍舞传承人，县苗学会理事。审校：文毅、吴进华）

平塘油岜：带着家园同行的苗族衣裙

雷远方

目前，平塘县的苗族只有 2.5 万多人，仅占全县总人口的 8.86％，主要分布在大塘镇、克度镇和牙舟镇的一些偏远乡村。但是，县内几支苗族的服饰却特别艳丽，各有千秋。其中，居住在克度镇鼠场村油岜苗寨的苗族同胞的女性服装就别具一格。鼠场油岜苗族操苗语川黔滇方言平塘次方言，居住地与罗甸县原平岩乡紧紧相连，语言相通，其服装类型也归属于平岩式苗族服饰，是苗族西部方言服饰类型中的一种。传说，这支苗族的先民最早来自黄河中下游地区，在万里征途中几经转辗周折，千年之后才来到贵州，实际进入鼠场油岜居住至今已有几十代人了。

走近鼠场油岜苗寨，你会觉得这片不起眼的偏远山村跟贵州的大多数乡村没有什么区别。但进到寨子里，看到许多苗家妇女特别是年轻姑娘们的服饰特别艳丽，花枝招展，就像一道突然闪现的亮丽风景线出现在眼前。油岜苗族女装的显著特点是用色大胆。其色调以红、黄、紫红、白、黑和蓝色为主，配以彩珠和银铃等饰物，动感十足。女子喜用深色或黑色毛线、棕丝作假发绾髻，绾髻呈蘑菇形状，再用黄、蓝等彩带捆扎，垂下的部分用彩线扎结披于脑后。女性还喜欢用银钗纤发。一般女性都打有耳洞，盛装时都会耳挂粗大的弧形银耳环。每逢喜庆佳节盛装时，女性颈部必佩戴 3～7 个银项钏。当地民间认为妇女戴的银项钏根数越多，显示家庭越富有，同时也寓意着更加吉祥。

这支苗族女性服饰上为贯首服，前短后长，前衣片齐腹，后衣片盖臀，两腋下不连缝，前后缀十字纹和方块纹，衣袖缀织锦花纹，在贯首服的前后摆分别镶有黄色。下身为彩色百褶裙，以白色和紫红色线挑绣舞蹈人物和艳丽的蝴蝶、花朵、鱼、虾等图案，回环式的方形纹、几何纹、云纹、水纹、波纹、菱形纹图形，整条裙显得艳丽而厚重。裙边镶缀以红黄为主的织锦。盛装时，百褶裙腰间白布外还要系上红、黄、绿、蓝、紫各色图案相间的腰带，腰上另挂红白、绿白、紫白和黄白等色彩的挑花飘带，飘带上绣有各种彩色毛线编织的动植物图案。着这种盛装时，一般女性的小腿部分都用白布裹腿，现今改穿各种色彩的紧身打底裤；脚蹬布鞋，现在也改穿运动鞋或者皮鞋。因为全身以红色花纹最耀眼，外人也称他们为"红花苗"。

织锦、平挑和十字挑花为油岜苗族服饰的主要工艺特征。由若干织锦、平挑和十字挑花图案有机组成的鼠场油岜苗族服饰，以夺目的色彩、繁复的装饰和耐人寻味的文化内涵著称。其服饰图案承载着传承苗族文化的历史重任，具有类似于文字的表达功能。但由于历史的久远，这些服饰图案的文字表达功能及其传达的特定文化内涵也被蒙上了一层神秘的色彩，直到现今还无人能够完全解读。

但在鼠场油岜苗寨，只要你问起他们漂亮的女性服饰来历，男女老少都会骄傲地向你诉说一个传承久远的凄美故事，令人油然而生一种厚重之感。

传说，在很久很久以前，鼠场苗族的祖先生活在黄河中下游一带，家园富饶美丽，山川秀丽，河流清澈，人与自然和谐相处。后来由于连年遭受战乱的摧残，日子实在无法过下去了，为了躲避灾难，经族人聚众商议，他们决定像其他兄弟部落一样，集体迁往遥远的南方。

出发前，族长要求大家带上五谷种籽、生产生活用具和防身武器等。可是子孙们舍不得自己美丽的家园，却苦于带不走山川、庄园、城堡、田园、花草、树木、飞鸟和鱼虫等。正当大家依依不舍，举步维艰之际，族中一位心灵手巧、天资聪颖的漂亮姑娘阿秀突发奇想。她向族长建议道：确实带不走的好东西，我们可以用五彩线把它们绣在衣服上，天天穿着天天看到，走到哪里就带到哪里，这样不就能把它们统统带走了吗？族长想想，也是啊！于是就让阿秀把年轻媳妇和姑娘们召集起来，根据各人的特长进行分工，你绣山川，我绣田园，她们绣村庄、树木，还有花鸟虫鱼等，最后再由阿秀和一些手艺高超的妇女进行拼装缀连。大家就七手八脚，飞针走线，描呀，绣呀，白天赶，晚上熬，熬红了眼睛，累瘦了身体，终于在动身迁徙的黎明前把家乡故园的山河、城市、田园、虫、鸟、花、草、树等活灵活现地绣在了上百件衣服上。就这样，姑娘们穿着绣有美丽家园图案的苗装，与亲人们一道告别故土，踏上了艰难的万里征程。

根据汉文献记载，上古时期，苗族的先祖蚩尤率领的九黎部落联盟在黄河中下游与从西而东下来的黄帝和炎帝联军九战九胜。但最终，炎黄二帝在玄女的帮助下打败九黎，并擒杀了蚩尤。不愿归顺炎黄的苗族众多部落被迫分路突围，在历史上至少经历过五次大迁徙，无数次小迁徙。各路艰难跋涉的队伍历经磨难，沿途至少"挖一千口水井，住一万个屋基"（苗族古歌）。他们每迁徙到一个地方，都要建起一片家园，每一次为保卫家园而进行的抵抗都要经历一场血与火的惨烈战斗。为了不忘先辈们一路上创造的业绩和流过的血汗，一代代"阿秀"即苗家姑娘们就换一个地方绣一幅图案，将千百年的艰难迁徙史记录在服装上。例如，迁徙队伍每渡过一条江河，他们就在衣服上绣上一道抽象的线条；每翻越一座大山，就绣上一个三角形；"马"字纹和水波纹是迁徙时万马奔腾飞渡大江大河的标志；回环式方形纹代表曾经建造的苗族家园城墙、街道、阁楼等；时而将故土的青天绿地和肥田沃土绣成披肩上的云纹、水纹和棱形纹；时而又将用于战斗的刀枪、剑戟和弓弩图纹记录为祖先保卫家园的战争历史……经历的地方越多，姑娘们服饰上的图案越繁复秀美。它既表明苗族先辈们不屈不挠的战斗历程，又告诉子孙后代不忘故国家园的"根"之所在。油邑苗族穿戴在身上的美丽"家园"，就是整个苗族艰难迁徙和英勇奋斗历史的一个小小缩影。难怪，苗家姑娘们总喜欢以自己漂亮的衣裙为民族的荣耀！

（作者：雷远方，贵州省平塘县文联副主席。审校：吴进华）

村规民约篇

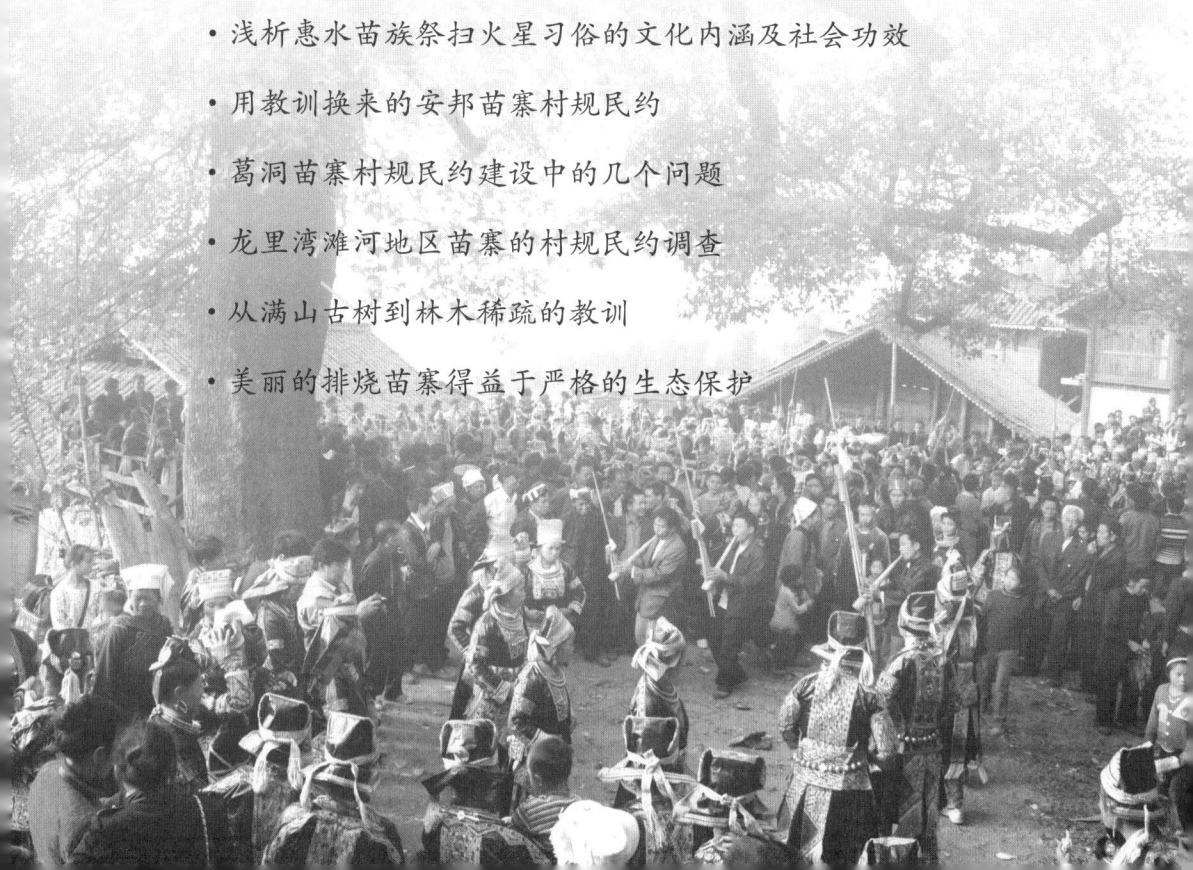

黔南苗族民俗研究

大土"苗王"调查

吴进华 潘星财

摘 要:"苗王"自古以来就有别于封建帝王。当代"苗王"是古代苗族部落首领的遗存,必然随着苗乡的现代化而走向消亡。荔波县大土村的实践证明,"苗王"在苗族社会的内部治理和对外交往中仍具有一定的积极作用。在苗族乡村振兴中,既要毫不动摇地坚持基层党组织的核心领导地位,也要注意尊重和发挥"苗王"的群众自然领袖作用,帮助"苗王"提高政治、文化和法律素养。

关键词:苗王;自然领袖;内部治理;补充作用

在我国黔、滇、湘、川、渝、桂等省市自治区的苗族分布区,经常有一些干部群众把某位在社会上具有较高威望的领导干部戏称为"苗王"。这种"戏称",其实也含有尊称的成分。它反映了数千年来在苗族社会内部,确实存在着群众公认的自然领袖——"苗王"的现象。"苗王"虽然与汉族(包括某些曾建立过政权的少数民族)的封建帝王有着根本性的区别,但它在本民族的内部治理和对外交往中确实产生过重要的历史作用。在新中国成立已70多年的今天,一些偏远闭塞的苗族村寨依然沿袭着"苗王"参与基层治理的机制,并发挥着积极作用。这是一个值得关注的问题。本文试以地处贵州、广西两省区三州市五县交界的月亮山东南麓荔波县大土苗寨为例,作一些浅层次的研讨,希望能够就教于对此问题感兴趣的同行们。

大土村位于海拔1000米以上的月亮山东麓半山腰上,距镇政府所在地约20公里,东与本镇甲料村接壤,南与水维村相连,西与拉易村相邻,北与从江县加勉乡加坡村、光辉乡长牛村相近。全村5个村民小组,1000余人,95%以上是苗族。

一、"苗王"是偏远苗乡的群众自然领袖

"王"者,君也,亦即一定区域内的最高统治者。然而,"苗王"与一

般封建帝王的性质不同。

其一，他不是通过战争和杀戮征服大众获得政权的统治者，主要也不是靠世袭传承的王位，而是在维护本部落或部落联盟的斗争中涌现出来的优秀群众领袖。苗族在历史上没有建立过国家，也就不存在帝王。但在苗族原始社会末期，当私有财产逐步萌芽之后，各个部落为了族群自身的生存发展和维护"原始公有制"的利益，就需要一些智力、勇力和组织能力超群的人站出来充当首领，带领大家进行战斗和劳作。这就出现了最早的部落首领。传说中的蚩尤及其八十一个兄弟等苗族先民领袖，就是最早的"苗王"。后来，以蚩尤为首的九黎部落联盟在黄河中下游的长期征战中被炎黄联军打败，被迫分多路突围，在数千年转战和数万里迁徙中，又分解出众多支系或部落。每个部落为了自身的生存繁衍，都会在艰难困苦中推出自己的首领，即大大小小的"苗王"。

其二，"苗王"不像封建帝王那样拥有至高无上的权利和地位，他们的主要职责和义务是为本部落群体服务，管理好部落内部事务，维护部落共同利益，处理好部落或民族内部纷争，以保障本部落的安全生存和发展。当本部落或部落成员与其他部落、民族发生纷争时，"苗王"则要代表本部落出面与其他部落进行交涉，维护部落和部落成员的利益。

其三，"苗王"大多都是在实际斗争中自然产生或群众公推的，不是自封的，也不是法定程序赋予的，更不是靠所谓"天赐神授"或通过巧取豪夺获得的。近现代"苗王"是古代苗族部落首领的遗存。他与全体部落成员（村民）在政治、经济上的权利和地位平等，没有特权。其崇高威望是在处理民族内部事务和协调对外关系中因表现出多谋善断、机敏睿智、大公无私、公平正义、自我牺牲等超凡能力和优秀品质而逐步形成的。千百年来，苗族大都被迫避居深山僻壤，交通信息闭塞，生存环境恶劣，生产力低下，生活条件艰苦。许多苗族村寨几乎与世隔绝。在苗族聚居区特有的原生态生产生活方式中，无论是内部或外部发生矛盾纠纷，都会有能者站出来主持公道。他们通晓天文地理，深谙人情世故，遵循自然规律，言行符合大众意愿，处事得人心合民意，因而受到群众的拥护和爱戴，王者形象自然形成。苗族自然领袖制度即"苗王"文化是苗族文化中不可或缺的重要组成部分，对苗族村寨生活的点点滴滴起着协调和指导作用。清朝乾隆年间，张广泗在给朝廷的奏折中写道："查新疆苗众向无酋长，若遽欲设立土司头目，以统率其众，不但苗众不肯服从，且恐滋事端，然亦不便听其涣散，漫无约束。查各苗寨内，向有所称头人者，系各本寨中稍明白、能言语、强有力者，众苗即呼为头人。"[①]

上述这些，都可以从大土"苗王"产生的历史脉络中得到印证。

今日大土，在 150 多年前几乎没有人烟。那时这里到处是深山大箐，野兽出没，人迹罕至。天高皇帝远，官府也鞭长莫及。大土最早的开拓者就是来自远方的苗族。清朝咸同年间，震动朝野的贵州苗民大起义失败后，部分苗民为躲避统治者的驱赶追杀，便潜入深山另寻生路。大土苗寨的开山之祖潘老凳，就来自"生苗区"从江县宰便区加两村的乌娘寨。从他带领家人来到大土垦荒定居算起，至今已有 7 代子孙，近 160 年历史，产生过 4 位"苗王"。

第一任"苗王"潘老凳（苗语谐音"盖带"，"带"即"凳子"），族内尊为凳公。凳公举家来到大土初步安定之后，次年又回到从江老家带上堂兄弟潘老祝一家到大土共谋发展。凳公身材高大魁梧，遇事冷静果敢，胸怀大度，为人正直，办事公道，善生计，多智谋，深受族人拥戴。他把自己开垦的田土交给堂弟老祝经营，自己另劈山造田。几年下来，兄弟两家开辟的梯田布满山涧，解决了吃饭问题。同时，他们还利用丰富的木材资源伐木烧炭，挑到十多公里外的何应沟去售卖，木炭因质量好而大受市场欢迎。在贤能的凳公带领下，随着潘姓子孙的繁衍和其他苗胞的陆续迁入，大土苗寨初具规模，凳公也自然成为苗家首领。后来，凳公在蚂蝗沟劈山造田时，因劳累过度而病亡，但他为后世打下基业的事迹至今仍被传颂。凳公生有勒、金二子，子又生孙，不断繁衍，今已逾百人，其中一些人已走出大山，到外面闯荡世界。凳公不仅敢闯敢干，而且重视家风的培养和技艺的传承。他擅长制作各种耕作和狩猎器具，还对火药枪、芦笙、铜鼓等喜好有加。迁入大土初期，凳公从老家带来 12 面铜鼓，部分被盗，部分当作彩礼娶亲，留存 3 面，分给长子勒公 2 面，次子金公 1 面，至今保存完好。目前大土地区的所有铜鼓，均由凳公所赐。每当苗寨举行祭祀活动，后世子孙们在夜晚和次日早餐前不停地敲响铜鼓祭奠先人，怀念开山之祖所赐予的一切，应和着铜鼓那悠扬的响声迈开沉重舞步，不由潸然泪下。

第二任"苗王"潘老付，系凳公之孙，金公次子，生于 1920 年 9 月，卒于 2000 年 8 月，享年 80 岁。付公 2 岁丧母，7 岁丧父，从小跟随长兄生活，6 岁就当了家里的放牛娃，10 岁跟随兄姐从事重体力劳动，打田栽秧、砍柴割草、挑粪收割，如成人一般风里来雨里去。13 岁那年，因与兄嫂发生口角，犟着性子分居单过，分得田土 10 挑，从此挑起了独撑门面的

---

①中国第一历史档案馆，中国人民大学清史研究所，贵州省档案馆．清代前期苗民起义档案史料（上册）[M]．北京：光明日报出版社，1987：241．

重担，也磨砺了坚强的意志。少年老付不但非常勤劳，而且善于学习，很快成为苗寨中的一把劳动好手。他自幼种出的粮食不仅自给自足，还可以拿出部分出售以解决家用。只可惜当时大土既无学堂，又无识字的苗家先生，潘老付没有读过一天书，一切劳动技能和为人处世知识都只能从实践中去学习。闲暇时，常有寨中长辈在房前树下摆古聊天，老付总会静静地在一旁用心聆听，许多故事可以一句不漏地向小伙伴们复述。耳濡目染的事情多了，对世间的是非曲直心中就有了一杆秤。他不仅做人做事守规矩讲礼貌，而且喜欢扶危助困。大凡农忙季节，苗寨中的鳏寡孤独和老弱病残不能按季节完成农活的，他都会主动上门帮忙。看到谁家没米下锅了，他宁可自己省吃俭用，也要送米上门帮人解除燃眉之急。随着年龄的增长和经验的积累，少年潘老付逐步长成干练稳重的青年。邻里之间为一些琐事发生纠葛，他也勇于出面从中调解，让人折服。相传，潘老付13岁那年，寨上有两户人家因抢水打田互相争吵起来，发展到刀枪相见的地步。械斗一触即发之际，大人们都不敢上前劝阻，少年老付却赤手空拳挺身上前把双方隔开，耐心地给他们讲了一番"江山是主人是客"的道理，劝说双方都不要任性斗狠，人生在世不过几十年，低头不见抬头见，今天不见明天见，何必怒火伤肝又伤人？双方逐渐冷静下来，各自收回武器。随后，两家人又在火塘边架锅饮酒，举杯相互致歉，酒干仇解，和好如初。这件事一传十、十传百，少年潘老付善解纷争的惊人举动很快传遍了大土地区的各个苗寨。他也就顺理成章地被众人推上了"苗王"的"宝座"。潘老付14岁那年，近邻小敖寨的张家仗着拥有田土上百亩、长工十数人，猪马牛羊和鸡鸭鹅等成群满圈，还养了一邦"土兵"看家护院，恃强凌弱，谁都惹不起。可世上偏偏就有一些不信邪的人敢与他作对。一天，从从江县的宰便区来了一队骡马客，老板姓莫，也很富有。领头的故意让其下属牵了一匹白马从张家的房前经过，张家的一群恶狗蜂拥而上，当即把莫家的白马咬伤在地。其下属弃马逃回宰便，向主人报告了白马被咬伤的情形。莫姓主人怒火中烧。第三日天刚蒙蒙亮，莫氏兵丁50人便赶到张家门口，蓄意抢夺其猪、马、牛、羊等大小牲畜。张家要拦拦不住，要打打不过，面临大祸，六神无主。转眼间，莫氏兵丁已将张家的一头大肥猪宰杀做了早餐，宣称吃了早饭再算总账！危急关头，张家老爷根本不敢露面。冥思苦想，突然想到大土苗寨能说会道、善解危机的潘老付，立即派两名家丁前去请他来帮助调解。这时，潘老付正在离小敖三里路的半坡上犁田。见两人急匆匆赶来，老付问明来意，打听清楚原委后，说："这可是一场战争啊，我劝不了。"两人三请四求，潘老付就是不答应帮忙。于是，其中一名家丁守在田边，另一名家丁调头往小敖跑去，把求援不成的窘况报告了主人。张家老爷无可奈何，只得亲自出马向潘老付作揖求援。潘老付推说要回家更衣，张老爷急不可耐，直接把他拖到自己家里换了一身干净衣服，就推到了第一线。潘老付勉为其难，声明出面可以，但一切必须由他作主。张家满口答应。老付来到莫氏队伍中，找到带队的首领，问一头猪够不够他们吃，要不要再杀一头牛。莫氏首领感觉奇怪，便问道："你什么意思？是他家什么人？"潘老付答道："我是张家长子，我父亲因病在床起不来，他说对不起大家，一切由我来解决。"看这小伙如此诚恳，莫氏首领犯了难。正在他纳闷之际，潘老付装模作样数了数对方的人数，对莫首领说："老爷，我数了一下，你们一共来了50人，加上我们50人作陪，按每人两斤肉、两斤米、两斤酒算，今早的饭菜应当够了。大家从老远来，都饿了吧？干脆我们先吃了这头猪，住下来，晚上再杀牛，好不好？""好！好！好！"莫首领连说几个"好"字。潘老付指挥家丁一边来吃肉敬酒，一边给客人夹菜，主动聊天，化解敌意。交谈中，潘老付摸清了莫氏一行的来意，故意避开他们的火气说："这些都是一场误会。你们的马被咬伤是我们没有管好看家狗，我们也非常难过。这事发生后，我父亲打算去给你们道歉，可是因病在身来不及赔礼，万望莫老爷原谅。既然你们今天来到家里，也就给了我们认识的机会。不打不相识，从现在起，你们就是我们的远亲。那匹伤马，由我们负责医治，医好了送还你们，医不好以马赔马。请你们到我家马圈另挑选一匹好马先牵走，等伤马医好后我们送过去时，再送您一匹马，您看行不行？"莫首领想想说："这也可以。不过，我们那是一匹白马，你家没有白马啊！"潘老付回答："就因为以前我们不相识，得不到你家的白马来配种，直到现在没有白马。现在我们成了朋友，别说白马黑马可以相交，连人都可以成亲戚嘛！"一句玩笑话逗得莫首领哈哈大笑："哎呀，您说得真好，既然大家都这样开通，这伤马就留在你们这里，医好了送给你们用，医不好就是它的命了。您要赔的马，我们也不要了。"见大家喝得醺醺欲醉，莫首领站起来喊道："兄弟们，今天我们与张家正式交上了朋友，非常开心。大家吃饱没有？吃饱了，我们就打马回程喽。"土兵们一个个歪歪斜斜地站起来爬上马背，大模大样离去，一场灾难就此烟消云散。这时，张家老爷才走出来："小潘，我真的佩服你啊。我下坪那片田，你看中哪块随便挑去种，就算我对你的酬谢了！"潘老付婉言谢绝。张家送行的队伍敲锣打鼓，一直把潘老付送到大土寨子中。从此，黔桂两省五县交界方圆百里地区，不管哪个苗寨遇到难事，都会主动找上门来请潘老付前去帮助调解。大土"苗王"的威名，传遍了月亮山区。

第三代"苗王"潘忠明，系潘老付堂侄孙，生于1955年9月，卒于

2010 年 8 月。20 世纪 80 年代，因付公年事渐高，大家公推潘忠明协助"老苗王"处理族中事务。潘忠明于 1987 年任大土村村民组长，1990 年 5 月就任大土"苗王"助手，人称"小苗王"。2000 年 7 月，"老苗王"潘老付辞世，潘忠明正式接任大土"苗王"之职。潘忠明担任第三任"苗王"虽然只有 10 年时间，但他在配合村支两委加强村寨环境保护建设和依照苗规排解族内纠纷等方面做了大量工作，给大土的经济发展和社会稳定注入了新的活力。

第四代"苗王"潘忠亮，是第一代"苗王"潘老凳的后裔，第二代"苗王"潘老付的侄孙，与第三任"苗王"潘忠明是族兄弟，现年刚过花甲。潘忠亮为人忠厚，思维敏捷，精通苗歌、苗家法谱，性格稳沉，断事公道。潘忠明因病辞世后，大土"苗王"一度缺位，村民们一致推举潘忠亮接任"苗王"之职，他多次坚辞不受。在家族代表和众多村民的一再劝说下，他才顺从大家的意愿就位。潘忠亮上任后抓的第一项工作，就是在听取村民意见的基础上，及时制定和发布大土"三个一斤"的村规民约。随着时代的变迁和社会的发展，大土淳朴的民风也受到外界的"污染"，某些不良风气开始抬头。为了扼住这股歪风，弘扬大土苗家的优良传统美德，构建和谐苗寨，潘忠亮向村委会主任潘贞提出订立"三个一斤"村规民约的建议，得到大家的认可，便于 2015 年 3 月正式刻石立碑告示：凡小偷小摸、玩弄妇女、酗酒闹事、聚众赌博、破坏森林植被和打架斗殴等，须按照"三个一斤"约定处罚。犯"规"者一经查实，即按全村现有户数，承担"每户一斤米、一斤肉、一斤酒"的费用，供召开全体村民宣教大会就餐。情节严重者，除受上述处罚外，移送司法机关处理。以上规约，全村男女老少一律遵行，包括外来人员也不例外。"三个一斤"规约的施行，为新时期大土苗寨的振兴立下了新的规矩。

二、"苗王"在现代苗族社会治理中的主要作用

"苗王"对苗寨的事务进行管理，特别是在处理民间纠纷上，其重要性体现得尤为明显。新中国成立以来，特别是改革开放 40 多年来，我国的民主法治和社会治理获得了史无前例的长足进步。苗族地区与全国的其他少数民族地区一样，基层民主政治建设日臻完善。各民族在中国共产党的领导下，共同团结进步，共同繁荣发展，经济社会发生了翻天覆地的变化，人民生产生活条件获得了极大改善。一批批优秀苗家儿女走上代表本民族人民参与行使国家权力和实行民族区域自治的政治舞台，当家做了主人。按说，"苗王"治理机制已经完成了它的历史使命。但是，苗族有苗族的独特传统和习俗。在一些偏远闭塞、原生态文化还相当浓郁的苗族村

寨，按照民族的传统和群众的意愿适当保留沿用"苗王"参与的基层治理体制，既不违法，又有利于群众有序的政治参与。从大土苗寨的实践看，"苗王"在现代社会乡村治理中至少可以发挥以下作用：

第一，"苗王"是苗族法制传统的积极传播者。苗族是一个苦难深重而又顽强不屈的民族，也是一个讲规矩、守律法、擅长用"摆故事"来教育全体成员发扬优良传统的民族。早在5000多年前，苗族先民的首领蚩尤在发明冶金术（以金作兵）和创制原始宗教（巫教）的同时，也首创了刑法。苗族内部的许多行为，都有十分严格的规范。这一传统流行至今，在大土最为典型的表现就是"苗王规"。"苗王规"要求，苗家人为人要热情、生活要简朴、不偷不抢、自立自强等。内容虽然简略，但认真解读起来，内涵却十分丰富。在大土地区，大的规约有"七百岩耶规"，汇聚了区域性的民族规约。小的规约有以家族为单位的"鼓藏祭祀词"等。规约的传承时常以"卜卦"形式开展，对所有成员进行训诫。"七百岩耶规"的宣讲规模无论大小，均由"苗王"用"摆故事"的形式进行。在大土，从开山之祖潘老凳到其后的历任"苗王"，都很重视对"苗王规"的普及教育，有一条经验叫作"教化优先"。这种仪式以历史教训来传授苗家的"不成文法"，褒扬正义，摒弃邪恶，设立标榜，扶正祛邪，引导和激发人的积极因素，树立正确的处世观和人际关系。这是苗族源远流长的独特"法制教育"传统，不可替代，更不应"断流"。

第二，"苗王"是新形势下完善和发展村规民约的引领者。自古以来，苗族就有以议榔形式制定"榔规"的原始民主传统。这也许就是中国最早的村规民约。榔规在苗族社会中具有崇高的"法律"地位，全体成员必须一体遵行。随着时代的变迁与社会的进步，苗乡的内部事务和对外交往逐渐增多，苗家人与外界联系更加密切，一些传统习俗如不与外族通婚等早已过时，应当改革；对新社会的许多新风尚、新规矩则应兼收并蓄，结合苗乡实际，对有关村规民约进行必要的修订和完善。这类工作当然可由村民委员会来主持，但由"苗王"来牵头则更具群众基础。大土现任"苗王"潘忠亮提议订立的"三个一斤"处罚规约，如果用国家立法的程序和内容来衡量，似乎有"越权"之嫌，但在苗乡却十分管用。苗家历来就主张以诚待人、尊老爱幼、扶弱济困、互敬互爱、热情好客、和睦相处、保护环境、讲究卫生等，加上"三个一斤"罚则的约束，大土村近年实行村寨整体改造后，村容村貌大为改观。平日除各家各户自我保洁外，每天都轮流由1户人家负责打扫和维护公共卫生，有效制止了乱倒乱扔垃圾的陋习。所有规约如有违犯，家有代表、族有族长、寨有寨老、苗有"苗王"，分别按照不同职责进行监督管理。家族不能解决的，交由寨老处置；寨老不能解决的，最后由"苗王"裁定。村内一般矛盾纠纷，基本上都可以在内部依照村规民约协商解决，不必"劳烦"政府。根据公安机关考证，新中国成立近70年来，大土苗寨从未发生过一起刑事案件，不能不说是一大奇迹。而创造这一奇迹的重要条件，就是"苗王"文化的影响和传承。

第三，"苗王"是苗家民间规约的严格维护者。大土苗寨有一把"苗王剑"，历来掌握在现任"苗王"手中。佩带时把剑挎于左侧，剑锋朝外，寒光闪闪。按照先辈传下的规矩，凡寨内举行祭祀、庆典、立规、婚嫁、结盟等重要仪式，都必须祭出这把苗王剑，以示庄重。据说，在祭祀活动中祭出此剑，能除妖降魔，向祖先祈求平安；庆典活动中祭出此剑，能驱除邪气，保畅谢幕；缔结盟约时祭出此剑，则更显华贵，保障谈判成功；举行新婚大礼时祭出此剑，能为新人保驾护航，寄寓女方嫁出去后能安康幸福等。此剑必须由一位德高望重、通俗晓理、命理克刚之人佩带。而有资格佩带此剑之人，非"苗王"莫属。苗王剑，其实是"苗王"权威的象征，是苗家的一种精神寄托，也是苗寨各种规约不可轻慢和亵渎的保障。违规犯忌者，必定受罚。在大土，严禁打架斗殴，有人却"不信邪"。1998年夏的一天，大家正在紧张劳作，寨内突然发生一起从未出现过的斗殴事件——原来是从广东来做生意的父子俩与一位广西老板因生意上的纠纷动起拳脚，惊扰了四邻。大土人不允许内部发生不文明行为，也不允许外人来此败坏苗家风气。于是，不用村支两委出面，也没有惊动20公里外的公安派出所，就由时任"苗王"潘忠明及时召开群众教育处罚大会，请出苗王剑，宣布依规对肇事双方罚款2500元，购买肥猪一头，宰杀分送全村五个苗寨每户一份，让大家"吃肉受教育"。针对此事的处理方法不仅教训了两位斗殴当事人，而且警醒了所有外来客商和全体村民，村内从此再未发生扰乱社会治安的现象。

第四，"苗王"是带头遵章守纪的示范者。正人先正己。大土"苗王"之所以在群众中具有崇高威望，主要靠的不是"严刑峻法"，而是个人的优良品德、超群能力、办事公道、严于律己和模范带头。一项新的规约出台后，能否言出法随，产生良好效果，关键在"执法者"能否做到办事公道和率先垂范。大土村从最初150多年前的潘老凳、潘老祝兄弟开始垦荒造田，到后来的张、梁、龙、李、韦、杨、陈姓苗民陆续迁入，逐步形成当今的大小寨子，很大程度上就是靠"苗王"带领大家艰苦奋斗、不屈不挠、愚公移山、开天辟地、征服自然。在内部管理中，讲究团结友爱，平等待人，严守规矩；如遇外人欺凌，则能众志成城，先礼后兵，一致对外。如果没有一个众人敬服的"苗王"带领大家排难前行，许多事情很难办成。1990年，大土村被列入林业部"速生丰产杉木林基地建设"重点区域。时任"苗王"助理潘忠明是大土苗寨村民组长。为了巩固造林成果，确保种下的杉树苗不被牛踩马踏，早日成林，次年春树苗刚种下，潘忠明就与时任会计龙贵雄商议，制定了严格的寨规民约："严禁牛羊进入造林地。如有违犯，杀猪一头，罚米 50 斤、酒 50 斤，请全寨人吃一餐'护林教育饭'，并按损毁情况如数赔偿。赔偿标准为：当年定植的幼苗每损伤 1 株赔款 2.5 元；2 年生苗每损伤 1 株赔款 5 元；3 年生苗每损伤 1 株赔款 10 元。"规约经全组农户审议一致通过后，从次日起正式施行。没想到第二天潘忠明上山割草返家途中，发现一头水牛在新造林地里打转转。他把草担放下，上前仔细查看，原来那头牛竟然是自家孩子放牧的，没有看管好闯了大祸。潘忠明小心翼翼地将牛牵出林地，查实苗木虽未受损，但影响不好。他回到家中，二话没说，立即通知各家各户派一位代表来参加紧急会议，宣布昨晚制定的寨规民约有人触犯了，被他当场抓获，请大家前来当众处罚。人到齐后，他叫几个青年人去圈里抓猪，自己手持尖刀当场就把自家的肥猪宰了。大伙觉得诧异。杀猪后，潘忠明才告诉村民："今早我的小孩放牛没有看好，水牛已进入新造林地，是我亲自将牛赶出来的。我家触犯了刚生效的寨规民约，现在就按规定杀猪做饭，请全寨人吃饭喝酒受教育。"潘忠明自罚后，大土村将这个规定升格为村规民约，再也没有发生人畜破坏造林地的现象。三年之后，满坡满岭郁郁葱葱，万亩林海逐步建成，家家有了脱贫致富的"绿色银行"。潘忠明也因此更孚众望，正式成为月亮山东南麓"苗王"的继任者。

第五，"苗王"是基层组织行使职权的积极协助者。大土苗寨地处海拔 1000 米以上的月亮山东南麓，解放前属于官家鞭长莫及的"不管地"。1990 年前的大土苗寨，交通闭塞，人多地少，生存环境恶劣，村民生产生活极为困难。不少人家一年有三四个月缺粮，全靠国家救济渡荒。为改变这一落后状况，全体村民在村党支部的带领下，充分发挥共产党员的先锋模范作用，发动了一场轰轰烈烈的"植树、造田、修路"反贫攻坚战。通过十年努力，垦山造林 23860 亩，造田 570 多亩，修通出山公路 18 公里，使全寨基础设施建设大为改善，大土村成为黔南州少数民族人民发扬自力更生艰苦奋斗精神摆脱贫困的一面旗帜，受到省、州、县党委政府的多次表彰，村支书龙贵雄同志被评为全国劳动模范。面临实现"两个一百年"中国梦的伟大机遇，大土村又制定了新的规划，进一步加强各项基础设施建设，着力打造独具特色的民族旅游村寨。目前，经过统一规划，在保持原苗家建筑风格的基础上，经过民居整体改造，家家户户住进了宽敞明亮、幽雅舒适、全木结构包装的苗家吊脚楼。大土村于 2018 年 2 月 15 日荣膺国家 AAA 级旅游景区，跃升为远近闻名的少数民族文明村寨。大土村能有今天，自然是党和国家大力扶持和全体村民努力奋斗的结果，但也与历届"苗王"的积极协助分不开。1999 年 5 月，香港黄佩球先生捐资 15 万元在大土修建希望小学。可大土山区河谷深切，村内仅有 3 处被当地人喻为"坪坝"的地方可以建房，面积均不超过 10 亩。其中的下坪已被移民占用，中坪常遭山洪袭击，而上坪是稻田。建希望小学需占用 4 亩粮田，如果采取征地方式，应付征地费 12 万元，黄先生的捐款就只剩 3 万元，建设希望小学就没有希望了。为使教学楼早日奠基动土，"苗王"潘忠明向村支书提议："大土的教育本来就落后，教育再不能输在起点上。为了造福子孙后代，我愿意把自家的 3 亩良田用来置换建学校需占用的稻田，无偿捐出来建教学楼。只要日后有更多的苗家儿女考上大学，走出大山，我这点损失算不了什么！"在"苗王"的带动下，其他被占稻田的农户也都纷纷无偿捐让了部分田土，保证了学校的如期建成。

三、在苗乡振兴中继续发挥"苗王"的积极作用

大量事实说明，当今仍在大土等苗族村寨传承的"苗王"民间治理体制，既与封建帝王制度有着根本性的区别，也不同于元明清时期在我国西北、西南等少数民族地区长期推行的土司制度。苗族按照自身历史传统所推举的"苗王"，既不具备对所属"臣民"颐指气使的行政管理权，更不存在生杀予夺的司法权。其实，他们就是苗乡德高望重的大寨老或大族长，是深谙本民族规矩、热忱为大家服务而又深孚众望的民间"总管"、祭师、民事调解员和义务司法宣传员。他们履行职责基本上都是志愿奉献，保持了苗家人施恩不图报的传统美德，是苗族社会内部一种不可或缺的特殊稳定器。"苗王"是古代苗族部落首领的历史遗存，它必将随着苗乡的现代化而退出历史舞台。但它的存在对当代苗族社会的内部治理仍有一定的积极作用，不必用行政手段去强行取缔。

当今的"苗王"，既不同于曾在中国绵延千年的封建帝王和曾经长期在所谓"生苗区"掌权的封建土司，也有别于苗族古代的部落首领。因为他们只是在中华人民共和国人民民主体制下，沿袭苗族原始民主传统参与民族内部治理的一种遗存，是对苗乡基层民主自治的一种补充，不是苗乡治理的主体。"苗王"既不能取代村民委员会的职责，更不能超越村支两委而干政。根据大土村的经验，要在新时期的苗族乡村振兴中正确处理好"苗王"和基层党政组织的关系，至少应当注意以下几点：

第一，在我国农村，无论是汉族地区还是少数民族地区，都必须毫不动摇地坚持在中国共产党领导之下，认真实行全体村民参与的民主选举、民主决策、民主管理、民主监督的村民自治体制，苗族地区也不能例外。

苗族村寨依照民族传统推举的"苗王"，只能在党支部和村委会领导下做些拾遗补缺的辅助性工作，在某些特殊环境下发挥其独特作用，不能与村支两委平起平坐，更不能凌驾于两委之上。"苗王"在裁决民族内部纠纷时，必须遵守不能超越国家法律的底线。大土村的近邻刘某和麻某，为离婚问题几番对簿公堂，非要离婚不可。但因涉及理赔及子女抚养费问题，双方未达成一致意见，甚至拳脚相向。法院遂一直不能下判决。2017 年 12 月，经人推荐邀请，大土"苗王"潘忠亮前去帮助调解。潘忠亮经过了解后得知问题主要出在女方行为不检点上，由此造成感情破裂。他没有直接用"苗规"进行仲裁，而是首先宣传了《婚姻法》关于"有过错"一方应当承担主要责任的规定，再以摆故事、立标榜的方式进行挽救式提点，谁对谁错最终得以认定。女方既然承认了不轨行为，事实清楚，参照大土村"三个一斤"的规定，结合苗族地区的传统习俗，只好妥协，答应赔偿男方相应的经济损失并支付儿女的适龄抚养费用。此桩婚姻纠纷的妥善处理，既依"王法"，又用"族规"，维护了国家法律尊严，又体现了"苗王"的睿智，赢得了众多村民的赞许。

第二，基层党政组织要善于发挥"苗王"的积极作用。尊重少数民族习惯和民族代表人物，在解决民族问题时注意倾听当地民族领袖的意见和建议，是我们党长期积累的一项宝贵经验。民族地区的党政领导成员虽然多数是少数民族出身，但同样也有一个联系群众和尊重民族自然领袖的问题。这个问题解决好了，工作可能事半功倍，反之则事倍功半，甚至费力不讨好。大土村所在的佳荣镇地处黔桂两省区三地州五县市的接合部。长期以来，这一地区就存在两宗山林水事纠纷，一直悬而未决。一宗是甲料村与广西环江县驯乐乡的山岗村有 2 平方公里土地归属不清；另一宗是大土村与从江县加勉乡料加坡存在 1 平方公里的荒山争议。在 1999 年开展的省、地、县土地勘界中，争议双方仍然各执己见，互不相让。由于争议双方的主体均系苗族，荔波县民政局和佳荣镇政府抱着试一试的态度，前往大土登门商请潘忠明"苗王"出面协调。第一天处理与广西的争议。潘忠明查看争议地段后，用手指指画画说："为有利于团结和管理，我建议从那个山梁经这个沟底到那个岭子，这边归甲料，那边归广西。"潘忠明的话音一落，双方民政局领导便问群众代表和村干部有何意见。双方代表和村干部回答说："既然苗王都这样讲了，我们没有什么意见，就按苗王划的定界吧！"技术人员赶紧勾绘边界图，让双方领导和群众代表签字确认。次日，又用同样方法顺利解决了荔波大土村与黔东南从江县料加坡的勘界问题。"苗王"的这种特殊作用，是一般干部无法替代的。

第三，要高度重视"苗王"的品德修养和办事能力的提高。大土村的历任"苗王",性格各不相同,本事各有所长,但都具有坚强的意志、奉献的精神、优秀的品格、较高的智商,精通民族规约,办事公道,群众威望较高。这些都是民间自然领袖必备的基本条件。基层党政组织对"苗王"的培养选拔虽然不能像对基层干部管理教育那样操作,但在群众中进行一定的宣传引导却是必要的,绝不能让某些品行不端、动机不纯、与党和政府离心离德的人钻空子,窃取"苗王"的位置谋取私利,甚至与基层组织唱对台戏。基层党政组织也要关心、爱护和尊重群众自然领袖,支持"苗王"依照民族传统合情合理地处理内部民事纠纷,组织开展民俗活动,传承和保护优秀民族文化遗产,并善于调动他们的积极性,鼓励他们更多地支持和协助基层民主政治建设,推进各个时期的中心工作等。有条件的地方,可以将"苗王"作为群众积极分子选送有关的教育培训平台学习深造,帮助他们提高政治、文化和法律素养,吸收建设中国特色社会主义的新知识,开阔眼界,更新观念,增强本领,更好地履行职责。笔者从亲自走访过的大土苗寨现任"苗王"潘忠亮身上,看到了苗家自然领袖的许多优秀品质和可爱之处,也看到了已逝去的历届"老苗王"的影子,确实可亲可敬!但他们共同的美中不足就是都没有上过学,汉文化的水平较低,对大山以外的事情了解不多,观念和视野还跟不上时代的步伐。如果能在这些方面帮助他们补齐一定短板,让"苗王"在苗乡振兴中发挥出更多的积极作用,不仅是大土之幸,也是苗族之幸。

(作者:吴进华,贵州省黔南州人大常委会原副主任,州苗学会原会长;潘星财,贵州省荔波县民研所干部,县苗学会副秘书长)

惠水苗族早期村规民约的初始功能试探

✎ 杨昌向

　　"村规民约"俗称禁例，古已有之，并且应符合当地风俗。村规民约通常是指乡村群众为了维护村寨集体和村民的合法权益，针对一些政府管不好，村民个人又无法管的情况，通过群众公议而制定的一种约束村民行为的民间规约。苗族居住地区也不例外。村规民约对苗族地区民间纠纷的解决和社会秩序的维护起着非常重要的作用。由于苗族没有文字记载，各种约定俗成的村规民约都是口口相传的，容易丢失。笔者通过走访惠水苗族九个支系和翻阅《惠水苗族文化精粹》《贵州旅游文史系列丛书·惠水卷·涟江神韵》及《惠水文史资料》第十四辑等资料，了解到惠水苗族的一些口头流传的村规民约和散存在民间的各种村规民约的碑刻还不少。

　　通过实地考察走访，我们认识到，早期，苗族地区如果没有村规民约的存在，可能会导致这些地区的生产和生活秩序混乱，不利于各方面的发展。尽管村规民约的适用范围相当有限，但其所具备的功能却是在当时社会其他规则无法替代的。随着社会进步，村规民约的形式和内容与时俱进，是民众自定自守自监的行为规范，对促进社会文明、地方安宁、人民安居乐业的影响和作用日益凸显。特别是在新的历史时期，健全完善苗族地区的村规民约，是逐步实现村民自治、法治、德治的重要载体。现就惠水苗族地区留存的一些村规民约类型及具有的功能作简要概述。

一、维护道德婚姻型

　　即基于婚姻伦理道德问题处理而流传下来的村规民约。如摆榜支系苗族对于男女通奸的问题处理和鸭寨支系对非婚生子女及离婚案件的处理。

　　摆榜苗族对于男女通奸的问题处理十分严格。同辈发生通奸，则令奸夫买一头肥猪来杀解"马郎鬼"，请鬼师念咒语，举行一定的祭祀仪式，祭毕，村上的群众会餐；若发生不同辈分之间的通奸，则经寨老和群众判决，属谁的错，除采取上述方法外，令其口含稻草跪在群众面前认错。对于儿子打父母、媳妇打公婆的事，亦按此法处理。

在鸭寨支系苗族中，绝对不允许有非婚生子女，如果哪个姑娘与人私通被村里知道，就认为她大逆不道，败坏了这个民族或这个村子的风尚。除将她赶出村子外，还要她用一只雄鸡和刀头（一块肉）来洗寨子，以示将龌龊的东西赶走、洗净。由于村规民约特别严格，处罚极重，故一般不会发生他们认为伤风败俗的这类丑事。

鸭寨支系，对于离婚案件的处理，过去一般都无需惊动政府机关，而是通过双方父母协商解决。一般情况是哪方提出离婚，就由哪方请同房家门或寨上有威望会办事的几位老人到对方家去，将青年人要求离婚的理由复述一下，对方同样也要请自己家门或寨上有威望会办事的几位老人前来陪同辨明是非，协商解决，明确该赔对方多少或对方该退赔多少。一般情况是谁提出离婚，就由谁赔对方或向对方做某些让步。如女方提出，女方要退男方彩礼，甚至要赔结婚时男方家所耗费的费用，而且拿到夫家去的衣被等嫁妆都要不回来，只好留给男方。若是男方提出，女方不仅不退彩礼和不赔结婚时的任何费用，而且拿到夫家的全部陪嫁物必须如数退回，甚而男方要向女方"挂红"，即敷补一定的实物，如一头牛或几亩田之类。离婚时若有子女，则子女均属丈夫所有。若系哺乳幼儿，可随母亲走，但长大后，丈夫有权要回。若子女不愿回来，就由他们自己的想法，但仍然跟丈夫姓。

二、维护祖籍根基型

为保护本族祖茔免遭他人破坏而刻制这类碑记，以摆金高寨的"百世恩"碑和"敬宗奉示"碑为代表。两碑都是为了保护摆金高寨杨姓苗族的岩洞葬祖茔而立的，是悠久历史的见证。

1992 年，省文物处的专家以及黔南州文化局的领导，考察了高寨的棺材洞后指出，全省岩洞葬不下百处，但为了保护洞内棺木而立碑，只有"百世恩"碑和"敬宗奉示"碑至今尚存完好。

"百世恩"碑立于清同治元年（1862 年）三月。当时，洞内棺材就有数百口之多。年长月久，洞内硝泥骤增。于是，官方采办军硝，还有部分本地人挖硝以谋私利，严重破坏了洞内棺木，激起了苗族杨景春等杨姓子孙的愤慨，多次具状呈报定番州府，要求制止。定番州正堂根据村民控诉，并亲临查勘属实，为保护洞内杨姓祖茔棺椁，即撤回采办军硝的赵洪兴等人，令行禁止，永远封闭，立碑为记，万代晓谕，是为"百世恩"碑。定番州正堂的这一决定，受到高寨苗民的欢迎。

同年八月，又增立"敬宗奉示"碑。碑文简要叙述了高寨苗族杨姓先民的迁徙历史以及官方采办军硝被禁止的经过。表示坚决执行定番州正堂的"右谕通知",保护好苗族杨姓祖茔的洞内棺木。

三、维护公共活动型

为了正常开展民族节日活动,避免因节日活动损坏农田、庄稼,发生争斗等制定。如"批弓斗牛碑"便是。

大坝批弓斗牛场。明万历年间,批弓斗牛场建立以后,为避免斗牛活动踩坏庄稼、损坏农田、撞伤观众,也为了保护环境,于是制定了一系列规则和制度,并派人镌刻于距斗牛场约100米的山岩上,即为斗牛碑。原有斗牛碑3块,均在斗牛场东侧的山岩上一字排开,每块高约2米,宽约3米,每块之间相距约2米。

左边一块镌刻于明万历二十五年(1597年)七月十六日(农历),计16行,约130个字。部分字迹已经风化剥蚀,无法辨认。

中间一块镌刻于清道光八年(1828年)七月二十九日,计13行,约300字。部分字已经风化剥蚀,无法辨认,且大部分字已由今人按原笔道重刻加深,亦有部分错刻增刻情况,失去了原貌。

右边一块镌刻于民国十六年(1927年)八月初六。碑额书"万古流传"四个大字,除碑文前面部分可以分行外,其余基本无行可辨,且绝大部分是今人随原字重刻,增刻错刻难免,原貌已失。

以上三碑,历经明、清、民国三代递刻,简述了批弓斗牛场的形成和发展历史,粗略制定了斗牛活动的有关规则和注意事项,是研究惠水县苗民斗牛活动的重要史料,对今天开展民族斗牛活动、制定村规民约、发展旅游文化有着重要的参考价值和现实意义。1990年,惠水县人民政府行文公布"批弓斗牛碑"为县级文物保护单位。

第四块镌刻在最右边的岩壁上,于2018年五月初一立。碑文简述了批弓狗场斗牛场的建立过程、注意事项和资助单位。因新刻,字迹清晰。

四、维护自身权益型

在封建社会,土司衙役任意增派苛捐杂税和提高税额,中饱私囊,引起乡民愤慨。为缓解官方采买兵粮引起官民矛盾及避免衙役随意增派苛捐杂税和提高税额,减少税事争端,百姓只好立碑为照。如摆榜冗拱的"永古千秋"碑、摆榜高寨的"永垂千古"碑和"永远遵照管业"碑等都是。

摆榜冗拱的"永古千秋"碑和摆榜高寨的"永垂千古"碑都立于清光绪五年(1879年)的闰三月和六月。采买兵粮,一律改发银折,自应随时稽察,以防胥役舞弊。除密查外,合行出示晓谕。这样来缓解官方采买兵粮引起官民矛盾。

"永远遵照管业"碑立于清光绪十九年（1893 年）九月。碑文明确规定了征税纳税的数额，官差不得私自加码，乡民也不得无故拖欠，要求上下都立案施行，永远遵照；并公布各户应交税银的数额。

这些石碑一立，碑文的要求是否真正的上下都约束？苗民们真的放心了？以后是否发生变化，那就无法考证了。

五、维护公平交易型

为了稳定市场秩序，维护买卖价格而立。市场是人们进行物资交易的场所，其正常与否，与人们的利益息息相关。而过去的公差衙役，经常利用市场对百姓进行敲诈勒索，估买估卖，为非作歹、胡作非为的事情时有发生。于是，当地苗民们采用立碑的方式进行约束。这些碑记有摆金的"老场奉示"碑，鸭寨的"永垂场"碑。

鸭寨的"永垂场"碑，立于清咸丰元年（1851 年）十二月。碑文说明了建场原因，订立了市场的章程，算是比较完整的村规民约碑。碑文提出了五个"不准"的管理措施，对维护市场贸易秩序具有现实意义。

摆金的"老场奉示"碑，为清同治六年（1867 年）四月立。碑文记述：当地苗民摊田开设的市场被当地汉族豪绅仗势争业，强行征收斗息，引起市场贸易混乱。苗民们几经周折，经过多年的斗争，苗民夺回管业，特立碑遵照。此碑对维护市场贸易秩序、稳定市场价格，在当时起到了不可低估的积极作用。

六、维护作物、景观型

为保护地方景物、庄稼不遭破坏而立。这类碑刻有"批弓斗牛碑"，摆金高寨的"敬宗奉示"碑等。"批弓斗牛碑"不仅着重记述了批弓斗牛场的开创历史，也规定了斗牛时的注意事项，不要损坏附近寨民的庄稼，内容很实在。高寨的"敬宗奉示"碑，转述了定番州关于不要在杨姓棺材洞内采硝，以避免损坏洞内棺材；如果外来匪徒及杨姓不肖子孙，贪利于山开挖硝泥，准其扭禀到州，一经审实，定按律究办等规定。这些碑，尽管后来逐步失去了它的效用，但在当时为保护地方文物、庄稼等，发挥了积极的作用。

七、结语

散存在民间的村规民约碑刻，是民间民族历史的见证。这些村规民约碑刻可以说是惠水历史文化的记录，是我们研究苗族地区村规民约不可多得的宝贵史料。在法制建设逐步完善的今天，揭开这些碑刻的历史帷幕，重睹它们沧桑变化的真实面貌，对我们逐渐走向法制化的社会进程产生了重要的影响。村规民约给人们提供了行为规范，告诉村民什么该做，什么不该做。当人们的行为不符合村规民约的规定时，行为人便会受到相应的惩罚。村规民约的制定和实施，最起码会给村民确立一个做人做事的行为准则、道德标准和是非观念，使人们自觉地依照村规民约实施负责任的行为。

附以上所列碑刻：

鸭寨"永垂场"碑（清咸丰元年）

［按］"永垂场碑"，位于鸭寨场坝上，高 1.8 米，宽 0.89 米，为清咸丰元年（1851 年）十二月立。20 世纪 60 年代曾被人为推倒在地，并移至鸭寨村安装打米机，之后移作过沟板，致使字迹大部模糊。在县政协领导的积极倡导下，中共鸭绒乡党委、政府出资请匠人复修。1999 年 2 月 1 日，乡党委、政府和鸭寨村民将此碑立于鸭寨场坝，保护了文物古迹。碑文提出了五个"不准"的管理措施，迄今仍有现实意义。

附"永垂场"碑全文于后：

永垂场碑①

尝闻开市之端，法由古立。原治之有司，而无千例禁者也！况我谷令（蔺）地方，汉夷杂处，鸡犬相闻，数备万人，烟火连村，名为八寨。当礼发愤读之时，倘有所阙，则歉抱贸，亏而趑趄无由，售卖莫便。但日□□市，又非一手一足之力也！爰商各寨，约合场期，贸迁有无，而经营诸商欣然乐就。用是一齐立定规程，不料甲浪忿争，告累日久，欺斯境□愚，顽特彼方之万毒。况阁（阎）州辟市多方，而八寨何遭诬控？幸蒙署州赵主朗镜高悬赏批：亲履勘明，照伊浪横胆裂，足以恩谕各有期归，大

---

① 李怀昌抄录，吴永福复核并断句。

开通商之路，利厥孤苦，盛昌噬嗑之□，故众志碑垂，特彰清政之化务，令后遵法戒，不没前创，维报窃愿市永盛而风淳，庆财丰以物阜，酌古准今，相传勿替。共游光天化日之下也云尔！是为序。

六头公议：

客商公平交易，不准估买估卖；

场内不准起房开店；

各寨不准窝藏贼匪；

不准剪绺入场扰害；

升斗公平，不准过取。

计开寨名：

鸭寨、各落寨；大谷把寨、小谷把寨；谷龙山、毛栗寨；上谷秧、下谷秧；哨上寨；雷打寨、龙井寨。

咸丰元年十二月吉日谷旦

摆金高寨"百世恩"碑（清同治元年）

［按］"百世恩"碑，位于摆金镇人民政府东 2 公里高寨旁，碑高 1.55 米，宽 0.85 米，为清同治元年（1862 年）三月立。咸同年间，官府派赵洪兴等进入高寨棺材洞（苗族岩洞葬重地）采挖硝泥，破坏了苗族岩洞葬，苗族武生杨景春等多次到州上控诉。经州署派员查勘，确实破坏了苗族岩洞葬，即令赵洪兴等撤回，另寻硝洞开采。为使岩洞葬不再被人破坏，高寨杨氏苗族特立此碑告示。

附"百世恩"碑全文于后：

百世恩碑①

署贵阳府定番州正堂加五级纪录七次德，为禁止采硝永远封闭事，照得开采各厂，例应查明无碍田园庐墓，方准开挖，昨准抚标右营中军副府张移奉钦差大臣军需总局田札饬采办军硝，当派队目赵洪兴等来州采办，旋据该队目具禀，采得卧马高寨山洞出有硝泥，可以开采等情，嗣据武生杨景春暨杨姓阖族人等，呈称所开硝洞，系杨姓祖茔，内停棺木数百口。当经本州亲临查勘，核与该武生禀词无异，随即移会抚标三营将该目赵洪兴撤回，另寻硝洞开采外，惟恐后有无知之徒，仍于此山开硝，合行禁止，永远封闭。为此示，仰杨姓人等知悉，所有卧马高寨棺材洞刻即封

---

①李怀昌抄录，吴永福复核并断句。

闭。嗣后，如有外来匪徒，即杨姓不肖子孙贪利于山，开挖硝泥，准其扭禀到州，一经审实，定行按律究办，绝不姑宽。凛之遵之毋违。特示。

右谕通知

大清同治元年三月初三日示

实贴卧马高寨棺材洞晓谕

摆金高寨"敬宗奉示"碑（清同治元年）

[按]"敬宗奉示"碑，位于摆金镇人民政府东 2 公里高寨半山腰棺材洞内左壁，高 1.25 米，宽 0.62 米。清同治元年（1862 年）八月，继"百世恩"碑数月后立下的碑记。据调查，民国初年砌石墙护洞门时，将碑石移作山门盖板石，右上方被凿出一小孔作门心用。后来，为考查苗族岩洞葬历史，取碑石时，不慎折缺右下角。碑文大都清晰。碑文除重申"百世恩"碑的告示精神外，还叙述了高寨杨氏苗族的迁徙历史，对研究苗族葬俗及迁徙历史具有重要价值。1994 年 6 月，高寨杨氏苗族把"百世恩"碑和"敬宗奉示"碑并立于寨东山脚下。

附"敬宗奉示"碑全文于后：

敬宗奉示碑①

窃思万物本乎天，人本乎祖，则知孝子仁人之掩亦必有道矣！孙等敢自谓孝子仁人哉！特念始祖自洪武年间，生自江西，来至黔南，住居定邑高寨纲经，庆集鬟斯，贻谋燕翼□□承承生生不已，由是一分于贵筑猫洞，一分于罗甸、定水及谷衍巫山，具载谱牒，俱有明征而自明朝以及清朝，历数百余年而不替，由定邑以至贵邑，经二百余里而云遥，兹虽支分派别乎而实同宗共祖也！水源木本宜重孝思，姑勒碑铭，永垂不朽云尔，是为序。

署贵阳府定番州正堂加五级纪录七次德，为禁止采硝，永远封闭事，照得开采各厂，例应查明无碍田园庐墓方准开挖，今有队目赵洪兴等来卧马高寨山洞开硝，嗣武生杨景春暨杨姓合族人等，呈报所开硝洞，系杨姓祖茔，内停棺木数百口。当经本州亲临查勘，核与该武生禀词无异，令赵洪兴撤回，另寻硝洞开采外，惟恐后有无知之徒，仍于此山采硝，合行禁止，永远封闭。为此示，仰杨姓人等知悉，刻即封闭。嗣后，如有外来匪徒再行开挖，准扭禀到州，一经审实，定行按律究办，绝不姑宽。凛之遵

①李怀昌抄录，吴永福复核并断句。

之，违。特示。

耳孙杨景春（武庠）、杨阿广

定水坝耳孙杨挺洲（文庠）、杨华洲（武庠）、杨灼洲（文庠）、杨阿富（武庠）、杨应富（武庠）杨阿告（武庠）、杨阿酷（武庠）、杨阿旺（武庠）、杨德洪（武庠）杨应春（文庠）、杨应□（文庠）合族立

同治元年八月初十日

摆金"老场奉示"碑（清同治六年）

［按］"老场奉示"碑，位于摆金场坝，高 1.23 米，宽 0.65 米，碑眉自右至左横书"老场奉示"四个大字，为清同治六年（1867 年）四月立。据查，摆金场系当地苗族摊田开设，理应由苗族管业。但后来当地汉族豪绅却仗势争业，强行征收斗息，市场贸易混乱，几经周折，另辟新场未就。后来，当地苗族吴桂芳、陈金富、王望幺、吴发绕等人赴州上控诉。州署派员查明，又筹银上纳程番长官司禀请给示，方获照旧赶集，特勒碑遵照。虽经调解，为争场头管业，仍很混乱。苗族经多年斗争，于清光绪十年（1884 年）方获永远管业。民国初年，该碑石被人为推倒，冗章苗族寨老移至寨中珍藏。1998 年 4 月 6 日，冗章苗族立碑保护古银杏树时，移"老场奉示"碑于古银杏树脚竖立。碑文清晰。

附"老场奉示"碑全文于后：

老场奉示①

署贵阳府定番州正堂加五级纪录七次无为

晓谕事，照得州属摆金老场之设未经改异，并非开于今日。兹因贼匪出入无常，移新赶旧，皆属畏贼起见。今据乡民斗基吴发铺等禀称，系伊五户摊田开设，条银数两赴程番司上纳，禀请给示，照常赶集，免国赋虚悬等情到州，据此合行出示晓谕。为此示，仰州属诸色民苗人等知悉。嗣后，老场仍照上年日期赶集，毋得混行改移，至滥练剪绺移场等类妄行抢掳，许该场头捆解到州，以凭究治。该场头等亦不得妄拿无辜。各宜凛遵毋违。特示。

监生：吴桂芳、陈金富、王望幺、吴发绕

师傅：杨仁和、孙遇春

右谕通知

---

①李怀昌抄录，吴永福复核并断句。

同治六年孟夏月吉旦立

摆榜冗拱"永古千秋"碑（清光绪五年）

［按］"永古千秋"碑，位于摆榜乡冗拱村道旁，高 1.34 米，宽 0.86 米，为清光绪五年（1879 年）闰三月立。碑文清晰，保存完好。

附"永古千秋"碑全文于后：

永古千秋碑①

钦加运同衔署理贵州贵阳府定番州即补州正堂加五级纪录十次黄为录示晓谕，照得

本州案奉

粮道宪松札发告示一张，内开：照得采买兵粮，因属病民，业前司道详咨停办，并将各营不足兵粮，一律改发银折，由营赴库，请领散放在案，自应随时稽察，以防胥役舞弊。除密查外，合行出示晓谕。为此，仰绅民人等知悉。凡从前采买兵粮之处，此后秋收，除照定完纳秋征正耗米石，所采买一项，准其豁免，以示体恤。如有不肖胥役影射私收磕诈乡愚，定即从严究办，决不姑宽，凛之遵照毋违特示等。因奉此，诚恐穷乡僻壤未获周知，合行录示谕禁。为此谕，仰塘属绅耆民苗人等一体遵照。此后，如有私催采买兵米一项，勿论何人禀，以凭严究，勿违，特示。

右谕通知

仰三甲人等：上甲方应富、中甲方应学、下甲罗良臣共同掌

光绪五年闰三月二十二日示

实贴方番冗拱上下三寨晓谕

摆榜高寨"永垂千古"碑（清光绪五年）

［按］"永垂千古"碑，位于摆榜乡高寨，高 1.30 米，宽 0.96 米，上盖碑帽，为光绪五年（1879 年）六月立。碑石完好，文字清晰。

附"永垂千古"碑全文于后：

---

①李怀昌抄录，吴永福复核并断句。

永垂千古碑①

钦加运同衔署理贵州贵阳府定番州即补州正堂加五级纪录十次黄

钦加五品衔调署大塘理苗州特授丙妹县加三级纪录五次记大功二次曹为

为录示晓谕，照得本州案奉

粮道宪松札发告示一张，内开：照得采买兵粮，因属病民，业经前司道详咨停办，并将各营不足兵粮一律改发银折，由营赴库请领散放在案，自应随时稽察，以防胥役舞弊。除密查外，合行出示晓谕。为此示，仰绅民人等知悉。凡从前采买兵粮之处，此后秋收，除照定章完纳秋粮正耗米石外，所有采买一项，准其豁免，以示体恤。如有不肖胥役影射私收，磕诈乡愚，定即从严究办，决不姑宽，凛之遵之，毋违，特示等因，奉此诚恐穷乡僻壤未获周知，合行录示谕禁。为此谕，仰塘属绅耆民苗人等一体遵照。此后，如有私催采买兵米一项，勿论何人，准即指禀严究，勿违，特示。

抄录晓谕事，案奉

道宪札开，照得才买兵粮，因属病民，业经前司道详咨停办，并将各营不足兵粮一律改发银折，由营赴库请领散放在案，自应随时稽察，以防胥役舞弊等因，奉此除严密查拿外，合行抄录出示晓谕。为此，仰所属绅耆民苗人等知悉。自示之后，凡从前采买兵粮之处，此后秋收，除照定章完纳秋粮正耗米石外，所有采买一项，准其豁免，以示体恤。如有不肖胥役影射私收，准其指名指禀，照例从严究办，决不姑宽，各宜凛遵毋违，特示。

谨计

管业：关廷珍、冯金明、覃有祥

右谕通知

外有火壤罗姓得买赵姓业，纳粮一石二斗五合，毛姓纳四升□合

王老二

陈阿云共得买韦阿猛条银

陈阿富六钱五分五厘

告示

各寨领头人赵启荣、杨万林、王林、王阿年

实贴程番各寨晓谕

---

①李怀昌抄录，吴永福复核并断句。

光绪五年六月初四日吉立

摆榜高寨"永远遵照管业"碑（清光绪十九年）

[按]"永远遵照管业"碑，位于摆榜乡平寨村高寨组，与"永垂千古"碑并立。碑高1.49米，宽0.84米，上盖碑帽（今已毁）。碑眉自右至左横书"永远遵照管业"六个大字。为清光绪十九年（1893年）九月立。

附"永远遵照管业"碑全文于后：

永远遵照管业碑①

钦加知州衔赏戴蓝翎特授大塘分州覃恩加五级张为

给示勒石永遵事，照得本分州承乏来，兹已届十年，征解钱粮耗羡悉照各前历任办理。本任光绪十一、十二两年，犹是照前尽征解。自十三年分清理足额起是全征全解，而每年开征各花户竟未踊跃输将，必待差人承票下乡催收，然后交差转解到官，相延成习，殊费周折，亟思挽回积□，至二十六年，分始据该程番司各寨苗头来署面禀，差收每正银壹钱，有收自市银肆钱、伍钱，□□犹需供应，恳准自封投柜，每正银壹钱以市银叁钱五分完纳领票，连耗羡解费□平库色一并在内，免派差收，永定为例，已经准如所恳照纳两年至十八年，草市已毛银又加体恤，减去五钱，每正银壹钱征收指纹银叁钱，又已照纳两年，今十九年分开征又指该各寨苗头同来面禀，现纳加贰之数无凭遵守。

恐他年本分州离任而后来者差人营求包收，以苗民忠朴又复加增更派供应受累无穷，恳请衙门立案给告，勒石永远遵照筹情，据此示给该程番司各寨苗民公同勒石永远遵照，每年开征自行投柜封印，扫数年清年款，不准拖欠丝毫。如有拖欠，惟各寨头是问。切切勿违，特示。

右示给程番司各寨苗民永远遵照：

张老太爷坐一（于）大塘分州城，光绪十九年九月初九日法告示一：

张送以总甲起荣、起富二人管理条银五十八两六分八厘，

冗厂杨阿□、杨阿□二人条银七两五钱乙分五厘五毫，

冗心韦万清条银叁两二钱六分五厘，

石头赵阿文条银二两五钱六分六厘，

冗必赵老四条银二两四钱五分，

呆公王老耽、王阿汪、杨阿胎、吴阿望四人条银十六两，

---

① 李怀昌抄录，吴永福复核并断句。

盘井王阿年、王阿云条银六两，

小寨胡老三条银二钱二分，

铜鼓坡王姓条银二钱，

涂改王老二、陈玉林、陈阿云、陈阿富四人条银十二两七钱二分。

告示

平寨赵万成条银二两七钱；

水井赵万正条银七两四钱二卜乙石；

高寨赵阿胎条银乙（一）两二钱三卜五石；

水井赵万清条银乙（一）两五钱七卜；

平寨赵万有条银九钱□卜八石。

光绪十九年九月初九日

给实勒程番司晓谕

大坝"批弓斗牛"碑

原斗牛碑有 3 块，均在斗牛场东侧的山岩上一字排开，每块高约 2 米，宽约 3 米，每块之间相距约 2 米。

左边一块镌刻于明万历二十五年（1597 年）七月十六日（农历），计 16 行，约 130 个字。部分字已经风化剥蚀，无法辨认。该碑全文如下：

委西南用同知周本职奉西院司道府委勘上马甲皋化事情行令乡老月日处明于□马出牛八十只给阿贵等上下丙皆退还□□□□刃□□□□后有生事者参拿重治不恕故示万历二十五年七月十六日立□约等件乡老□民国□令中皋追退上马□猛□槽□斗下□阿□□□□阿□阿□王右林约敖孟阿日。

中间一块镌刻于清道光八年（1828 年）七月二十九日，计 13 行，约 300 字。部分字已经风化剥蚀，无法辨认，且大部分字已由今人按原笔道重刻加深，亦有部分错刻增刻情况，失去了原貌。现抄录如下：

万历二十五年七月十六日众先祖人退还□□□□□□□□道委官民奉□□□□主今以立苗市放打场报违□人□□之德至道光八年七月十二日有批工讳阿又□同龙井寨王万受□场一事众行具控有摆王寨罗占敖思罗国保罗阿上三人说合□□九□培保场札因此七月十六日再加添字于岩上以效后人不□之心欲报前人于万代矣东方牛路抵枫香树脚又东方牛路抵田坎西方北方仍旧路不许诡窄□共□数场头王亚罗王勿力王安仃王阿添王楼惹陈幺状陈阿母报王标惹□□研吴陋远花□吴孟安王童西杨榴□王动脸王远贺王惹王拜让王职过罗要枉罗远却罗光宗方起明杨枉鲜杨正儒杨惠马世隆王隆唐共句唐行管唐完鲜罗□□李要帷陈□□□王惹打王天爵唐起贤黎何□道

光八年七月二十九日立。

第三块镌刻于右边岩上，镌刻于民国十六年（1927 年）八月初六。碑额书"万古流传"四个大字，除碑文前面部分可以分行外，其余基本无行可辨，且绝大部分是今人随原字重刻，增刻错刻难免，原貌已失。前面和中间的上端有分段符号"（一）""（二）""（三）"可见；后部分全是人名及捐款金额。由于经过重刻，原貌已失，不再抄录。

第四块镌刻在最右边的岩壁上，于 2018 年五月初一立。碑眉额上从右到左书"名流千古"四个大字。碑文从右到左竖行书写，计 27 行。该碑全文如下：

名流千古碑

批弓狗场牛打场于明万历十五年（1587 年）由大寨祖先兰牛兰毛（大寨祖先长房先辈之名为代表）河边寨祖先"自然八啊"大保寨祖先授报授他组织牵头创立狗场牛打场明万历年间大寨先辈居住批弓自然寨创立狗场牛打场是由大寨祖先贡献地段（场此）河边寨祖先出支糯米饭大保祖先出支烟酒三寨全体寨老将虎场牛打场迁至现在的狗场牛打场场此尽管沧桑变化牛打场热闹场面从不减弱。

公元二零一八年贵省苗学会资助资金从牛打场平处修一条水泥砂石步梯路上至岩石壁文字之处让重视观尝文字的民众上下方便以及修整牛打场场地注：如有他人破坏毁坏石壁文字以及牛打场环境生态加以重治。

资助单位：贵州省苗学会、贵州省苗人凤健康科技有限公司、贵州省苗医苗药发展委员会。

贵州省苗学会宣

场主：大寨、河边寨、大保寨宣

公元二零一八年五月初一日立

（作者：杨昌向，贵州省惠水县第三中学教师，县苗学会副会长。审校：周庆）

参考文献：

[1] 吴永福. 惠水苗族文化精粹［M］. 芒市：德宏民族出版社，2016.

[2] 贵州旅游文史系列丛书·惠水卷·涟江神韵［M］. 贵阳：贵州人民出版社，1999.

[3] 贵州省惠水县政协文史资料委员会. 惠水文史资料（第十四辑）［Z］.

鸟王贡茶碑的两个版本与苗家的勤劳智慧

雷作胜

　　在贵定县云雾镇一望无际的鸟王茶山关口寨外，屹立着一座庄严靓丽的"贡茶碑亭"。亭内立有一块清朝乾隆五十五年（1790 年）四月镌刻的青石碑。碑额上"万古流芳"四个大字十分耀眼，而斑驳的碑面上却有不少碑文辨认不清了。大意是：云雾山区苗家生产的青茶品质优良，作为皇家贡品连年纳贡，上缴多，投入少，茶树不堪采摘，已经枯萎。苗民首领雷阿虎等向上禀报请求豁免。经贵阳府派员实地"踏勘，茶老焦枯，并一无生发"，获得朝廷下诏，"贡茶及所派之茶准行停止"，并"拨白银四百二十两交殷实之户"恢复发展茶叶生产。申明如有官员敢以办茶为名滋扰苗胞者，允许实名举报，予以追究云云。苗家感念"皇恩浩荡"，特立此碑昭告四方。此碑竖立至今 232 年，被民间称为"贡茶碑"。它像一块"金字招牌"，保护着闻名遐迩的云雾贡茶生产和苗家茶农的权益。据专家考证，此碑既是贵州民间保护茶叶生产的唯一古碑刻，也是苗家村规民约的一个典范。1982 年，经贵定县人民政府报请省政府批准，列为省级文物保护项目。当年，由县民委拨款 1800 元，迁移至关口寨背后的丫口路边修建"贡茶碑亭"加以保护。2012 年，又申请上级拨款 20 万元重新修建完善，"贡茶碑亭"遂成为万亩茶山上的一个新景点。它既见证了"云雾贡茶"艰难曲折的发展历程，又彰显出苗家的勤劳勇敢和聪明智慧。

一、鸟王云雾茶的传说

　　黔南州贵定县苗岭山脉云雾山主峰鸟王苗寨的云雾茶，种植历史悠久。云雾山区自古森林茂密，鸟类繁多，终年云雾缭绕，生态环境优越，滋养着万物的自然繁衍。尤其是山中富含矿物质的酸性砂质泥土，特别适合茶叶的生长。加上苗家独特的制茶技艺，早在唐宋时期，云雾山区就开始生产"鸟王茶"并被列为皇家贡茶。云雾贡茶享誉海内外。

　　相传一千多年前，苗族的一支——"海葩苗"从遥远的东方迁徙来到云雾山麓。出于多种原因，山上的人口逐步增多，新来者必须开垦土地。

某年，一位因避祸而逃入深山的男子来到鸟王寨安家。勤劳的汉子通过努力，在山上盖起了简陋的茅屋，娶了苗寨的姑娘为妻，生下两个儿子，老大取名者摸，老二取名者惹。兄弟俩继承父母的优良品德，自幼勤奋耐劳、忠厚老实。待到他们能够下地干活时，父亲已经去世了。由于父亲留下的土地种出的粮食不够糊口，兄弟俩决定冬天上山开荒。母亲每天为他们捏两个饭团，带上山当作午餐。一天，哥俩只顾埋头干活，过了晌午时间还未休息。等到他们实在饿了准备吃午餐时，却发现两位老者来到他们新开的土地边烤火取暖，就把两个饭团送给两位老人吃了，挥动锄头继续开荒，天黑才饿着肚子回家。

当晚，者摸对母亲说："妈，明天请您多捏两个饭团。我们不够吃。"

第二天，哥俩带着四个饭团上山开荒。中午时分，又有四位老者来到山上烤火。兄弟俩不忍让老人挨饿，又把饭团让给四位老人充饥，自己继续空着肚子干活。

第三天，者摸、者惹带着六个饭团上山。母亲怀疑哥俩"有名堂"，悄悄跟上山来看个究竟。中午时分，果然来了六位老人与她的两个儿子分享饭团。妈妈见状，忙上前责怪道："哎，你们两个不懂事的娃儿，怎么让老人家在山上吃冷饭团呢，快把他们请回家去吃热饭嘛！"老人们连声称谢，表示不用麻烦。母亲走后，老人们劝说哥俩道："你们不必辛苦开荒了，快存点钱，把对面的几块田买了吧！"者摸、者惹回答："老人家，您看我们肚子都吃不饱，哪里还有办法存钱！"其中一位年纪最长的老大爷说："不要紧，你们把这个拿去卖掉，就有钱买田了。"说着，从身上解下自己的腰带递给小哥俩。兄弟俩接过腰带，正在狐疑间，手里的布腰带竟然变成了金腰带。六位老人临走时，最年长的老者手指哥俩开出的荒地坎下有树林遮荫的一片石板对他们说："将来你们谁要是死了，就抬来埋在下面的石棺材里，盖子在井边。"哥俩由于对布腰带变金腰带还没回过神来，把"井边"误听成了"省边"。哥哥者摸先去世时，虽然装进了石棺材，却没有找到石盖子，就用木板盖上掩埋了。

若干年后，者摸的后代生了两个姑娘，大的取名姨叁，小的取名姨也。姐妹俩长得眉清目秀，聪明乖巧。随着年龄的增长，还练就了一身好武艺，喜欢舞枪弄棒。特别令人称奇的是，这姐妹俩只要两腋夹着簸箕跑出几步，就能腾空飞起，像鸟儿一样在空中翱翔。她们一早起飞，很快就能到达贵阳，在城里买回粮油酱菜，赶回家来做早饭。

姨叁、姨也小时候很顽皮，喜欢寻人比试武艺。周围的小伙伴们不是她们的对手，都拥戴姐妹俩为"孩子王"。姨叁、姨也飞到空中，鸟儿们也紧随其后，她们自然成了"鸟儿王"。听说，惠水的高摆榜有两兄弟长得五大三粗、力大无穷，仗着会一些武艺，经常横行乡里，恃强凌弱，自吹"打遍天下无敌手"。姨叁、姨也气愤不过，就飞到高摆榜去找两个有勇无谋的家伙比武。刚拉开架势，姐妹俩就腾空而起，像老鹰抓兔子一样，三下五除二就把两个恶魔打翻在地。两个家伙跪地求饶，发誓再也不敢横行乡里了。

姨叁、姨也的英武故事很快传遍云雾山区，为饱受欺凌的苗家人争了脸。官府闻讯，又恨又怕，派兵前来征剿。敌众我寡，姐妹俩采取步步为营的战法，率领苗兵先在关口寨与官兵厮杀了几个回合，边打边退，到牛场坝虚晃一阵，就将敌人引入了甲子屯营盘坡。营盘坡上，早已用绳子将"茅草人"连接成排，埋伏着用山草扎成的无数"茅草兵"。官兵冲上来时，姨叁、姨也用力一拉，无数"茅草兵"奋身而起，呐喊着朝敌人放出乱箭，把官兵打得落花流水，哭爹叫娘地滚下山去。官兵死伤无数，血流成河，流血最多的地方被称为滴血坝，后来改叫底下坝。官兵吃了大亏，不敢再贸然进犯，就派人悄悄上山侦察，终于摸清了姨叁、姨也扎草为兵的虚实。趁姨叁、姨也疲惫松懈之际，官兵大队蜂拥而至，直接冲向姐妹俩。姨叁、姨也寡不敌众，猝不及防，就夹着簸箕腾空而起，飞向山中一个寨子休息，后来人们把这个寨子称为躲凉寨。为躲避官兵追杀，姐妹俩又从躲凉寨飞往牛丫坡，在半空中翻了7个跟斗，就一头扎进深潭中不见了。

之后，人们为了纪念姨叁、姨也与官兵大战的英勇事迹，就把姐妹俩尊称为"鸟王"，"鸟王"出身的寨子则被称为"鸟王寨"。"鸟王寨"附近的13个苗家寨统称为鸟王山。山下的汉族和布依族取其谐音，就将鸟王称为"仰望"，就是后来的仰望公社和仰望乡。近年因行政区划调整，改称鸟王村。

鸟王村出产名茶的故事数不胜数。其中，雷阿虎率众智斗官府赢得胜利的事迹最为传奇。

云雾山主峰海拔1500多米，山中多为砂砾质酸性土壤，腐殖质丰富，内含多种矿物质。加上雨量丰沛、昼夜温差大、雨雾和阳光经常交相辉映，笼罩万物，特别适宜茶叶生长，所产茶叶味道清香浓郁，回味甘甜。勤劳智慧的苗家人发现这个秘密后，便从山中挖来野生茶苗，移栽到自家田边地头、房前屋后，称为"园界茶"。苗民揉制的茶叶，主要供自家饮用。这些粗制的园界茶经沸水一泡，绿色的叶子渐渐张开，叶尖朝上直立杯中，发出扑鼻的香味，满屋清香。初次品尝，第一道茶还比较清淡，第二道茶更加浓郁，第三道茶味道也不错。细品慢饮，简直是一种神仙般的享受。家里来了客人，少不了热茶一杯，让人赞不绝口。有时，苗家也用少量茶叶馈赠亲友或上市交易。因为这种优质茶叶产于云雾山区的鸟王苗寨，人们便称之为"云雾茶"或"鸟王茶"。官府知道后，苗家人到衙门办事，官绅们都向当事人索要上好茶叶。后来，干脆发展到硬性摊派，规定民间定时定量向官家上贡鸟王茶。民贡乡，乡贡县，县贡府，一直贡到朝廷去，云雾茶受到了皇帝的赞赏，名声远扬。苗民们为了完成贡茶上缴任务，逐步开辟茶园种植，并在采茶、炒茶和揉制等环节下了很多功夫，摸索出一套经验，使云雾贡茶的质量不断提升。

苗家采摘和揉制茶叶，有许多讲究。如，新茶叶要趁色绿肥嫩时采摘，俗称"嫩采鸦雀嘴"。下雨天和带露水的茶青不能采，以免揉制烘干时变色串味。采摘标准为一芽一叶初展、一芽一叶平展、二叶一芽。传统炒制搓揉程序分为三炒三揉一烘干、四炒四揉一烘干两种。揉捻时间、散发水分、起锅早晚、手法轻重等，都有独到的功夫。成茶外形卷曲，形如鱼钩，背负一层绒白毛，故称为"雪茶"或"鱼钩茶"。云雾雪芽茶汤浓酽，色泽碧绿，滋味醇厚，香气浓郁，嫩匀明亮，是云雾茶中的上上品。但每制作一斤雪芽茶或鱼钩茶，茶农付出的辛劳难以言表。

二、鸟王"贡茶碑"的来历和作用

历代地方官们在为朝廷征缴"皇家用茶"的同时，自己也趁机大揩其油，于是层层加码，硬性摊派。忠厚老实的苗家人不堪重负，敢怒而不敢言。到了清朝乾隆年间，关口寨的茶农们实在忍无可忍了，才在头人雷阿虎的组织下，冒着灭族的巨大风险，密谋了一个神鬼不知的"欺君之法"：趁漆黑之夜，全寨出动，烧了几十锅开水，悄悄挑进茶园，一瓢一瓢地浇入茶树根部。不久，整座茶山的茶树渐渐由绿变黄，由黄变枯，再也无茶可采。雷阿虎们于是哭天抢地，集体到官府"上访"，反映茶山遭灾，茶园枯死，请求官府免收贡茶。随后，贵阳府才派员下来实地"踏勘"，果见"茶老焦枯，并一无生发"，情况"属实"。遂呈报朝廷，才由皇上下诏，明令"贡茶及所派之茶准行停止"，并"拨白银四百二十两，交殷实之户"，恢复发展茶叶生产。还严加申明："如有官员敢以办茶为名滋扰苗胞者，允许实名举报，予以追究。"苗家感念"皇恩浩荡"，便特立"贡茶碑"昭告四方，宣布请求免收贡茶税的"告御状"之举取得胜利。此后，地方官员以办茶之名施行欺压和滋扰的情况大为减少，茶农的基本权益受到较好保护，云雾贡茶的生产也得到一定恢复。

雷阿虎们的绝密行动，一百多年间在鸟王苗寨几代人中始终守口如瓶，没有任何人敢泄露半个字。如果不是苗家人的"嘴巴紧"，这样的"欺君大罪"早就招来灭族之祸了。直至新中国诞生若干年之后，各族人民翻身做了主人，苗家人被欺压和歧视的历史一去不复返，云雾茶的生产也得到一定恢复和发展。特别是党的十一届三中全会后，人们以往被禁锢的精神自然喷发出来，才有老人将当年雷阿虎等设计抗交贡茶的真相吐露出来。于是，雷阿虎率领苗民秘密抗贡毁茶并立碑"感恩"朝廷的真相终于大白于天下。

鸟王"贡茶碑"来历的这一新版本虽然没有载入地方史册，在旧中国的社会背景下也不可能载入史册，但它更加真实地反映了"海葩苗"同胞敢于抗争而又善于斗争的勤劳勇敢与聪明智慧，为本来神秘的"贡茶碑"增添了更多的神秘色彩。雷阿虎们在封建朝廷、地方官府和各级官员的多重压迫下，要公开反抗，肯定只有死路一条，逆来顺受又不甘心。于是，大伙冥思苦想谋划出这样一条风险极高的妙计良策。其高明之处，一是确实减轻了官府强征贡茶造成的苗民负担，有益于家家户户，大家有福共享，风险共担，不会有人反对；二是不与朝廷和官府直接对抗，减少了巨大的"抗税"风险；三是利用立碑歌颂朝廷的方式，并借用朝廷的名义警告地方官员不得以办茶之名滋扰苗胞，拉起"龙旗"做虎皮，起到了其他任何方式都不可能起到的震慑作用；四是苗寨内部思想行动高度统一，纪律严明，一两百年间几代人守口如瓶，无人泄露半句口风，躲过了"弥天大罪"，保障了全寨人的生命安全和基本权益，也延续了云雾贡茶这一特产的有序生产，不能不令人佩服和赞叹！从今天的角度看，无论当年雷阿虎们的主观意图如何，客观上他们是做了一件"利国利民"的大好事，确实值得立碑纪念，并应补充载入史册。

有贡茶碑这块"金字招牌"的保护，云雾茶的生产无论在清朝后期还是民国时期都得以延续下来并有一定发展，新中国成立后更加受到国家的重视和扶持，"贡茶"的牌子越来越响亮。这可能是当年雷阿虎们不曾想到的。云雾茶原产地主要分布于仰望乡（今鸟王村）的上坝、竹林、长寿、排上、上寨、中寨、高寨、石门、关口寨一带，这些在地方志都有记载。据《续遵义府志》（1936年）引《莼斋偶笔》记："阳宝山在贵定县北十里，绝高耸。山顶产茶，苗产雾中，谓之云雾茶，为贵州之冠，岁以充贡。"这一记载误将贵定南部的"云雾山"写为"北十里"之佛教圣地"阳宝山"，兴许是笔误或者地理知识的无知，但称"云雾茶，为贵州之冠，岁以充贡"则是属实的。民国《贵州通志》（1948年）记："黔省各属皆产茶，贵定云雾山最有名，惜产量太少，得之不易。"[1]进一步证实了云雾茶的珍稀和高贵。

云雾茶的茶树原为本地的仰望茶种，树形半乔木状，枝条半直立，叶长，椭圆状披针形，色绿，叶肉较厚，茸毛多，持嫩期长。叶长9～140厘米，宽5～6厘米，叶脉7～11对。成品茶冲泡后，茶汤亮绿，具有独特的蜂蜜香味。云雾山山高水长，云雾缭绕，砂质土壤，土层深厚，气候温和，日照期长。茶树分布在海拔1300～1400米之间，利于茶叶发芽，而且叶片柔嫩，营养丰富。解放后，国家曾经投入资金在鸟王地区开垦新茶园数十亩，建立国营茶场，交由贵定县供销社经营管理。茶场和社队农户所产茶叶由供销社统购统销，一般干部群众杯茶难求。到了改革开放时期，贵定县开始大做"云雾贡茶"文章，鼓励苗家大力发展茶叶生产，云雾茶才真正迎来了千载难逢的生机。云雾茶经送贵州省茶科所检验，结论为：水浸出物41.51%，咖啡碱3.2%，茶多酚35.31%，儿茶素227.03ml/g，氨基酸219.00ml/g。[2]从科学的角度，进一步认定了云雾茶为贵州省的优质名茶。

三、云雾茶产业的兴盛与展望

改革开放后，在各级党委、政府的支持下，鸟王的苗族同胞在继承传统种植和加工方法的同时，大胆引进先进的科学技术，采用高产密植免耕栽培和科学管理、加工等技术，取得了明显的经济效益，茶山面积逐年扩大。20世纪80年代初期的80多亩老茶园，1991年发展到2000余亩。1996年至2008年间，鸟王村茶叶生产跨上一个新台阶。2008年发展到6300多亩，其中4000多亩产生了效益，共收干茶13000斤，总收入104万元，农民人均纯收入达4150元。鸟王村被中共黔南州委、州人民政府授予"一村一品先进村"和"小康村"称号。1986年，贵定云雾茶被评为贵州省名优产品；1988年，参加首届中国食品博览会获银质奖，编入《中国名优产品名录》；1990年，"云雾雪芽"被评为商业部优质产品，荣获国家茗茶奖。还远销德国、日本等国家，开始闯入国际市场。[3]鸟王村及其所在的云雾镇也多次受到省、州、县各级党委、政府和有关部门的表彰奖励，荣获贵州省"五大名茶"之一、"贵州最美茶乡"、"中国苗岭贡茶之乡"等称号。

经过近十年来的发展，鸟王村除了缺乏劳力的两家人没有开垦茶园外，全村家家户户都开垦整治出规模不等的漂亮茶园。至2017年底，鸟王村实有茶园13000余亩，户均20亩，人均4亩。村内建立了茶叶加工生产线60多条，运用电脑控制技术对茶叶进行揉制烘干，每天将村内采摘的茶青全部"消费"。茶叶品种也由只产绿茶发展到以绿茶为主，兼产红茶，市场扩大到省内外。

过去靠下山帮人干活找小钱、让人瞧不起的鸟土苗胞，现在每到采茶制茶和春插秋收的农忙季节，都要到龙里、惠水、贵阳花溪等县区和本县其他乡镇聘请"农民工"上山帮忙，每年解决村民就近务工 1 万人次以上，支付雇工开支 500 万元左右。有不少人家与采茶制茶能手建立了相对固定的用工关系，到时候不请自来，管住管吃管喝，每天还能拿到两三百元不等的计件工资。全村农民人均可支配收入已接近万元。更可喜的是，云雾茶的生产已不再局限于鸟王村。行政区划调整后的云雾镇 17 个行政村和附近的昌明、沿山等乡镇都有成片种植，并收到了明显经济效益。与云雾镇山水相连的龙里县湾滩河镇、惠水县岗度镇、摆金镇等苗族、布依族聚居乡镇，发展茶产业生产的劲头也后来居上。仅在云雾镇的 17 个行政村就建成了茶园 8 万余亩，引进外部资金创办茶叶加工销售企业 5 家，建成个体加工生产线 80 多条。一批具有一定文化科技知识、头脑比较灵活、能够吃苦耐劳而又善于闯市场的年轻人很快从实践中脱颖而出，成为从鸟王茶山走向市场的能人闯将，发挥了先富起来的示范效应。现在，全村拥有茶叶加工生产线的农户 60 家，家家都是茶叶生产经营大户。其中的雷邦华、雷家才、金宗恩、金跃宏、陈文宏、雷邦先、雷邦喜、金定坤、金定章、金芳映等都已成为先富起来的"茶老板"。他们都具有小学或初中文化，都是在改革开放中闯入市场的有为中青年，正带领着全体村民向小康社会迈进。

随着这些年脱贫攻坚和精准扶贫工作的深入开展，国家对少数民族地区基础设施建设投入的力度加大，云雾山区的省道都是柏油路，村村寨寨修通了水泥路，户户通了连户路，绝大多数人家盖起了漂亮的小洋楼或进行了危房改造，村寨环境更加优美。鸟王村和整个云雾山区开展乡村旅游的条件逐步成熟。一是有区位条件。以鸟王村为中心的云雾山区连接着贵定、龙里、惠水和贵阳市花溪区等三县一区，离省府贵阳、州府都匀的距离都比较近。二是交通条件好。云雾镇离夏蓉高速昌明匝道口和贵广快速铁路仅 15 公里，目前有 321 国道相连，已经建设的都匀到西双版纳的都香高速公路从鸟王贡茶碑旁经过，交通更加顺畅。三是民族风情浓郁。云雾镇是一个少数民族占全镇总人口 70％的民族聚居区。其中，布依族占 45.32％，大多数还保留着"布依原生态"；苗族占 23.24％，几乎 100％还操苗语、着苗装、习苗俗，加上周边的龙里湾滩河镇，惠水县岗度镇、摆金镇，贵阳市花溪区高坡乡等地的"印苗""红瓒苗""青苗""打铁苗"等苗族支系，方圆百余平方公里内几乎是一个"苗族自然王国"，浓郁的民族风情非其他地方可比。四是可开发游览项目较多。在风光如画的云雾湖建立了体育观光游，鸟王村和云雾山区仅茶文化就已经设置茶海观光、名茶博览、体验采茶、茶叶制作（加工）、茶艺表演、茶室品茗等多道程序；民族文化更有海菷苗和其他苗族支系的长鼓舞、坐花场、跳月、跳洞、对歌、斗牛、赛马、斗鸟等，布依族的山歌对唱、合唱等在云雾地区非常流行，一个更具浓郁乡村风味、民族特色和茶文化韵味的新兴旅游区正在异军突起。

因为历史地理条件的制约，鸟王苗胞解放前读过书的人凤毛麟角。新中国成立后的30多年间，也仅有部分青少年上过小学，极少数读完初中，只有个别佼佼者读到中专或高中毕业。改革开放前，全村还没有出现一位大专以上毕业生。改革开放后，国家实行教育优先发展战略，对地处偏远的少数民族地区中小学进行重点扶持，学校的教学设施得到了较好改善，师资配备得到了基本充实，教学质量得到相应提高，适龄儿童入学率和升学率达到法定比例，全村较早实现了"普九"，完成了"两基"任务。进入新世纪以来，村内苗家子女考上大专以上学校实现了"零"的突破，部分优秀青年已经大学毕业参加工作，还破天荒地培养出了一名女研究生。不久的将来，鸟王依托云雾贡茶的发展将会更快，变化更大，进而带动周围县乡的苗族同胞共同迈向小康生活。从这个意义上说，雷阿虎们当年秘密抗缴"茶税"和竖立"贡茶碑"保护苗家权益的惊世之举，更应当"万古流芳"。

（作者：雷作胜，贵州省贵定县委组织部副部长兼老干局长，县苗学会副会长。审校：文毅、吴进华）

参考文献：

[1] 刘世彬. 黔南茶论［M］. 北京：中国言实出版社，2015：91.

[2] 黔南布依族苗族自治州志编纂委员会. 黔南布依族苗族自治州志［M］. 贵阳：贵州人民出版社，2007：599.

[3] 刘世彬. 黔南茶论［M］. 北京：中国言实出版社，2015：91.

一位古稀老人记忆中的苗族议榔

白启成　白胜洋

　　我的家乡三都水族自治县原拉览乡高寨，是一个有两百来户人家的苗族大寨子。寨子坐落在都柳江畔海拔 900 多米的林区高山之上，离县城 10 多公里，四周森林密布，远离尘嚣，山高坡陡，信息闭塞。改革开放以前不通公路，村民到县城赶一次场只能早起晚归，上市交易的农副产品全靠人背马驮。解放前，不少人一生都难下山进城一次，更不可能到山下上学。加上林区常有野兽出没，官家的人也很难到山上巡视，真可谓"山"高皇帝远。但是，都柳江两岸像我们这样的几十个苗族寨子却长期平安自守，秩序稳定。大家虽然生活清苦，但日出而作、日落而息，基本上夜不闭户，道不拾遗，民风淳朴，相安无事。政府官员们行政管辖鞭长莫及，也乐得逍遥。

　　改革开放后，我们这一代人遇上了好日子。公路从山下江边的三（都）—榕（江）大道修到了山上。村里办起了小学，适龄儿童和少年不用下山就可以就近入园入学。电话、电视、网络联通了家家户户。党和国家的各种政策法令信息很快传遍苗乡，脱贫帮扶措施惠及所有贫困农家，苗家的生产生活条件获得明显改善。参加工作后，我常常在想，在过去几千年的历史长河中，封建统治者们往往对"生苗区"或者不管不问，或者残酷镇压，而我们苗家又没有自己的政权组织，分散各地的苗寨是如何规范和约束自己内部成员的行为而实现平安和谐生存发展的呢？

　　带着这样的问题，我专门请教过见多识广的族中长辈白启成老人。年近古稀的启成公幼年时虽然没有念过几年书，但他自幼天资聪颖，博闻强识，加上他有一位善于传授苗族文化的父亲，因此对苗族的历史和文化颇有心得。当我问及古代苗寨靠什么搞好内部治理的问题时，启成公不假思索地回答道：苗家的传统——议榔！用今天的话说，就是民间的村规民约。面对我们晚辈的好奇心，启成公不但没有半点厌烦，还像幼儿园的老师给孩子们讲故事一样，如数家珍般向我娓娓道出了许多难忘的往事。

　　过去，苗族经济文化落后，苗家的孩子上学机会少，多数苗寨都没有识文断字的苗家先生。苗族文化的传承，全靠上一辈的人向下一辈的人口传身授，世代不息。在那些漫长的岁月，年幼的人都有跟师学艺的经历。许多人对苗族的历史、歌谣、传说等，都耳熟能详。每个寨子、每支家族都很重视培养能人，以彰显家族的尊严。亲戚之间的往来，也是一次次的文化交流。唯有用心精微、博闻强识的人，才能集其大成，成为人人尊敬的文化传承者。

苗族的村规民约，苗语称为"议榔"。"榔"是苗语谐音，就是违反规定要受制裁、惩罚之意。"榔"在苗语中，除在"议榔"时常用之外，苗族杀牛时所栽的木桩，叫"榔牛"（杀牛的柱子）。推而广之，"榔"有制裁、惩罚、正法之意。

议榔，重在"议"字。"议"有三层意思：一是讨论、商议，制定村规民约的内容。因为苗族没有通行的文字，所以必须召集寨老、寨子中有能力有影响的人以及各家各户的代表，共同来商议制定村规民约，并共同默记条文中的内容，防止遗忘。二是由德高望重的人（族长或寨老），向全村各户主宣布村规民约内容，让大家牢记在心，转告自己的家人，并杀猪祭祀，然后立榔——将榔石栽于寨中显眼处，以示警戒。三是议定触犯榔规的处罚条款，是用"吃榔"还是罚银子的方式予以惩戒。榔规就是苗家的不成文法，触犯者要被绑在榔石上，召集大家通报所犯过错的事实后，共同议定依照规定应如何处罚，然后由德高望重的族长或寨老向全村各户主宣布处罚的决定。因为苗族没有通行的文字记录榔规即村规民约的内容，时间久远会淡忘，所以凡是遇到违规事件，必须召集大家共同商议，相互提醒，相互印证，以保证事情办得公开、公正和公平。

榔石，是一块长条形的大石头，象征村规民约，任凭风吹雨打不会改变。石头上面没有文字，也没有镌刻任何记号，就是一块天然的大石头，它所记录的条文都装在大家心里。栽榔石时，露出地面的部分必须高一米以上，以便于捆绑和处罚犯规人。

吃榔，又叫"彰榔"或"脏榔"，是践行村规民约的重要手段，示人以耻辱。苗家人向来提倡勤劳守本分，以不沾别人便宜为荣，以偷鸡摸狗和盗窃抢掠为耻。吃榔是针对有盗窃行为者的惩罚。除要求盗窃者归还所盗之物外，还要罚其请全寨子的男女老幼饱餐一餐。餐桌上的酒肉饭菜必须够吃够喝，一般都是按全寨子的人数来折算，比如每人七两肉、半斤大米、四两酒之类。因为是惩罚犯规人宴请大家，所以叫吃榔。

苗家人认为，婚姻是人生的头等大事。家庭的牢固与否，决定着家族的兴衰成败，关系着子孙的前途命运，决不能把婚姻当儿戏。因此，议榔把维护正常的婚姻关系作为重点，大致规定如下内容：

1. 严肃对待婚约。一旦订婚成功后，若一方悔婚，不论男女，一般罚悔婚者 500～600 毫银子给对方。旧时，12 毫银子等于一个大洋，就是说悔婚者要被罚 40～50 个大洋。

2. 严惩欺男霸女。奸淫人妻者，若被逮住，除暴揍一顿外，还要将施淫者捆绑在榔石上，罚 1000 毫银子左右。但是不能将施淫者打死，否则要陪死者人头，或以人头相抵，或赔死者一担银子，下同。一担等于 60 斤。

3. 严禁伤风败俗。结婚之后，男女私自通奸的，一旦被受害者捉奸，要将通奸者捆绑在榔石上，按议榔的规定予以惩处。若二者有意长相厮守而受害人又不愿破镜重圆的，一般罚 2000～3000 毫银子（170～250 个大洋）给受害方后，方可准许通奸者另行婚配。

4. 反对家庭暴力。如丈夫殴打妻子，女方兄弟必定登门问罪，或将男方暴揍一顿后，由男方的兄弟担保，承诺不再家暴，方可罢休。若屡教不改，女方兄弟会勒令男方离婚，并赔女方 1500 毫银子左右。

5. 反对轻率离婚。结婚之后，要离婚的，必须给对方 1500 毫银子左右的分手费，才准许离婚。

由于苗族在婚姻问题上的严肃性，加上议榔对违规者的重罚，根据旧社会的历史条件，能付得起赔款的人毕竟不多。所以当时男女青年的终身大事一旦定下，就是要白头到老的，毕竟离婚的代价太大，谁也不敢轻率触碰，否则会卖光田地，倾家荡产。有两则故事，很能说明问题。

打鱼乡某男，到谈婚论嫁年龄后长期未能婚配，经媒人牵线，家族人出面担保，终于从榕江某地谈成一女子。可新人到家之后，才发现该女子甚丑陋，特别是其颈下还长有一个巨大的瘿瘤，恶心至极，心想悔婚，可是又没有银子退婚。若变卖田地凑足银子退婚，势必倾家荡产，一无所有。无奈之下，只好不了了之，勉强将就过活。虽然他家后来子孙繁衍人丁兴旺，但当时离婚确实比登天还难，让某男"委屈"了至少半辈子。

拉揽乡某氏，娶得娇妻，貌美如花。整个家族的年轻小伙心生仰慕，遂逐一向其强行敬酒，新娘不胜酒力，最终暴毙而亡。于是，女方家族兴师问罪，按议榔条款向男方索取人头，或一命抵一命，或赔偿银子。恋生畏死，人之常情，最终整个家族变卖耕田，凑足一担银子赔付女方家庭，方才了事。从此之后，某氏家族清贫如洗，一蹶不振，直到解放后才过上正常生活。

以上两则真人真事，虽然从今天的角度看似乎"不近情理"或有违国法，但却足以证明当时婚姻的严肃性。

婚姻之事，虽然用议榔条款做了严肃规定，但是所惩罚和受益的仅局限于两亲家之间。参与谈判者也局限于两个家族之间，虽然可以请会说话的亲戚帮忙，但是不涉及其他家族人员，也不吃榔。两个家族之间的离婚谈判，是非常严肃的事情。双方均挑选家族中能言善辩之人，摆事实，议条款，追往例，唇枪舌战，直到谈妥方止。其谈判的谋略技巧，内中大有学问。据说有谈至三天三夜的，可见其谈判的艰难程度。谈判结束，财物分割清楚，则剖竹为据，防止反悔。所谓剖竹，就是用一节大如拇指，长七八分的竹子，在上面作好记号，然后剖为两半，男女各执一半，以示离婚成功，交割已经清楚。男方若再娶，女方若再嫁，必须出示剖竹，对方才敢与之开亲。

至于吃榔，主要是对盗窃之人的惩罚。首先是被盗者家人将盗窃者捉拿归案，绑于榔石之上示众；其次要召集寨老议榔，折算肉米酒菜的斤两，宣布吃榔的日期；最后集中全寨人吃榔，既是对犯忌者的严惩，也是对大家的警示。至于所盗之物，略而言之，大则金银珠宝、牛马猪羊，小则一枚鸡蛋、一把蔬菜。因为行为相同，性质相似，无论所获大小，均属盗窃，惩罚也必须相同——都要罚吃榔。至若私入民宅，与盗窃同罪，也不轻饶。为一点不当获得的小利当众受罚，自然羞愧难当，苗乡的偷盗行为极少再发生。

从启成公所说的吃榔的内容来看，规定得比较笼统。但静心细想，亦甚有道理。盗贼所窃之物的大小贵贱，是与其胆子和胃口相关的，行为本质相同。小时偷针，大来偷金，小洞不补，大洞难堵。对小偷的惩罚与大盗相同，就是要杜绝盗窃念头的产生，将盗窃之念消除在萌芽状态，这正是治本之法！因为贪欲之念不除，则自力更生之机不彰。只有消除不劳而获的行为，才能促进社会的生产，保证社会的稳定。苗乡民风淳朴，人民心地善良，或根源于此。

启成公还强调，在议榔过程中，家族的力量十分重要。议榔本是原始民主的遗存，它往往以家族的统一意志为转移。苗族大多聚族而居，族内成员都围绕族长或寨老转，比较容易形成统一意见。这是议榔得以持久执行的重要保证。比如抓强盗、捉淫贼、婚嫁谈判等，大部分都是由家族的得力代表去执行。假若是多个姓氏杂居一寨，有的家族势单力薄，则很难保障自身的利益。因此，势孤力单的家族往往与异姓家族结为兄弟，以增强自身维权的力量。结为兄弟之后，姓虽不同，但与同一家族无异，互相之间也不能开亲。这种关系一直延续到今天。

从启成公的教诲中，我们体会到：在旧社会那些天高皇帝远的时代，议榔确实是对国家法律的补充，对当时苗族社会的稳定以及生产的发展，产生过不容忽视的作用。但从今天的角度看，议榔条款也有规定过严之嫌。惩罚过重，僵化了人们的思维，反过来又制约了社会经济的发展，特别是容易把一些犯小错和初犯者一棍子打死，使他们失去改过自新的机会，甚至造成终身贫困，不利于治病救人。在今天实行基层民主自治中，如何传承和借鉴苗家古代的原始民主传统而又与时俱进地加以改进，取其精华，剔其糟粕，建立起更加适合时代要求和不与国家法律相违背的村规民约，为苗乡的振兴提供更完备的法制保障，值得认真思考和研究。

（作者：白启成，贵州省三都水族自治县高寨村村民；白胜洋，贵州省三都水族自治县拉览小学教师，县苗学会副秘书长。审校：吴进华）

大土的"三个优先"与苗族"无案村"

韦永树

在荔波县，提起佳荣镇的大土村，几乎无人不知、无人不晓这个近千人的深山苗寨发生的翻天覆地的变化。20 世纪 80 年代的大土，交通闭塞，人多地少，生存环境恶劣，村民生产生活极为困难。不少人家一年有三四个月缺粮，全靠国家救济渡荒。为改变这一闭塞落后状况，全体村民在党支部的带领下，从 20 世纪 80 年代后期起，发动了一场轰轰烈烈的"修路、造田、植树"的反贫攻坚战。通过十年努力，修通出山公路 18 公里，劈山造田 570 多亩，营造生态林 23860 亩，使全村基础设施建设大为改观，人均食粮自给有余，万亩林海组成的"绿色银行"惠及家家户户。大土村成为黔南州少数民族人民发扬自力更生艰苦奋斗精神的一面旗帜，多次受到省、州、县党委政府的表彰。而今，面临实现第二个百年奋斗目标中国梦的机遇，大土村又绘制了新的发展蓝图，在努力打造基础设施建设升级版图的同时，对全村实施了传统民居改造，家家户户住上了舒适宽敞的木瓦结构吊脚楼，村容村貌今非昔比。大土荣膺了国家 AAA 级旅游景区称号，大山外的中外游客不断慕名而来。神秘大土正在实施乡村振兴战略中实现新的飞跃。但是，人们还不知道大土创造的另一项奇迹：自中华人民共和国成立 70 多年来，这里民风淳朴，邻里和谐，夜不闭户，道不拾遗，从未发生过一起治安案件和刑事案件。就连村里数百名在外务工多年的中青年，也没有主动挑起事端造成过不良影响。经公安机关验证，大土被认定为百里月亮山区少有的"无案村"。

那么，这个无案村是怎样练成的呢？它首先离不开苗家优良传统习俗的影响，同时不断注入许多社会治理的现代元素。概括起来，就是实行"三个优先"：教化优先、调处优先、激励优先，从而取得了良好的社会效益。

一、教化优先

大土村内部管理长期实行的教化优先，是民族传统与现代治理的深度融合。按照苗族的传统，大土苗寨历来就有一套经过全体村民集体议定（议榔）的村规民约（榔规），而且对榔规的执行十分严格。但它并非不教而诛的"蛮法"，而是建立在教化优先基础之上的"习惯法"。在大土村的各个苗寨，至今还沿袭着苗家寨老、族长（也称"苗王"）等民间自然领袖参与内部治理的传统。寨老、族长的一项重要职责，就是通过讲故事——以案说法等形式，向全体村民特别是青少年传授苗家的榔规并保证其贯彻实施。苗家历来提倡发扬尊老爱幼、邻里和谐、扶危助困、吃苦耐劳、勤俭持家、忠诚老实、崇德向善等优良传统，反对逞强斗狠、欺男霸女、好吃懒做、偷鸡摸狗、尔虞我诈、挑拨离间等不良行为。这种教化活动，从村内的祭祖仪式、村民集会、闲暇摆古、节庆联欢到家庭聚会等场合，无处不在。近年来，它又与全面依法治国的宣传教育相结合，让群众更加喜闻乐见。清明时节，笔者在深入苗寨走访中就遇到一起"法制宣传"的排练活动。28 岁的民间歌手潘凤英利用难得的闲暇时间，在自家楼堂里用苗歌曲调试唱一首新填的歌词。新词是村委会几名干部凑出来的打油诗，内容包括劝导村民遵纪守法、互相帮衬等。因演唱者未经过普通话训练，唱读汉字总是"走音"，引得一旁的小学生们哈哈大笑。而每年的春节、"七月半"、端午节、开秧门、吃新节等，不但村里男女老幼悉数参加，也吸引了黔东南从江县光辉乡、广西环江县驯乐乡等近邻苗胞前来助兴。村支两委瞅准这个平台，老瓶装新酒，不断编写一些新词用苗歌来宣传党的方针政策、法律法规，村里还为此专门修建了宽敞的跳苗场。节日演出时，不分宾主，男女老少争相登台献艺，劝人崇德向善、遵纪守法、孝悌诚信，寓教于乐，进行自我教育。

大土村党支部书记潘向新实话实说："人上一百，形形色色。近千人的大寨子，要等出了问题才去管是管不过来的。最省事、最长效的办法就是加强教育，说清道理，让左邻右舍和睦相处，让群众发自内心不愿去挑事儿、闹事儿。"他们的教化宣传不仅积极主动，而且周到细致。

村小学的思想品德课，老师从来不照本宣科，而是专挑与村寨日常生活息息相关的尊老爱幼、遵纪守法、知耻明理等方面的事例，生动活泼地给孩子们讲故事。并以此作为家庭作业，让孩子们回家再给全家老幼讲一遍，让更多的人接受教育。

周边的村寨发生违法案例，村里不是冷眼旁观，而是通过扎堆"摆龙门阵"、寨脚休憩闲谈等形式传递信息，讨论评点，警示村民。

为了将现代治理理念与苗家传统更好地结合，村里还根据不同时期的形势变化，与时俱进地增删、调整和充实大土《村规民约》和传统《榔规》。做到一人违规，全家担责，全寨讲评接受教育。无处不在、无时不讲的教化全覆盖，使全体村民更加自励自律，良好村风代代相传。

二、调处优先

所谓调处，就是居间调停、处理争议、化解矛盾。调处优先，则是相对于问题已经发生才去仲裁和处罚而言的，目的在于提前介入，把矛盾化解于萌芽状态，避免不良后果的发生。俗话说，舌头和牙齿再好，也有不小心互相碰撞的时候。大土村近千人口，十姓杂居，村民间也难免偶尔发生一些嫌隙。调处优先，是避免嫌隙发展为矛盾乃至冲突的一副良药。这好比大禹治水，完全用"堵"的方法难以奏效，辅之以"疏"的方式则可顺畅其流。苗族民间，历来就有依靠德高望重的寨老、族长或"苗王"调停纠纷、仲裁争议、化解矛盾或冲突的传统，一般矛盾很少有发展成尖锐冲突而对簿公堂的。新中国成立以来，远在深山的大土村就靠这种传统机制，解决了无数大大小小的矛盾和纠纷，维系了民族、家族和村寨之间的团结和谐。改革开放后，基层党政组织又引进了党和国家倡导的基层治理调解机制，并且把组织的调解与民间的调处传统相结合，做到两者相得益彰，有所发展和创新，实现了新时期苗乡社会秩序的良好治理。

一是建立在党支部领导下的村委会调处网络，主动作为。比如，村民潘忠勤种在地里的苗木被潘秀爱以地块有点争议为由给拔掉了，双方矛盾顿时升级。村委会知道后，为使突发矛盾解决不过夜，当天夜里就分头找两家人谈心，听取意见和商量化解办法至深夜。直到双方相互谅解、面对面握手言和，村干部才放下心来回家休息。

二是建立党员联系农户制度，支委包组，党员包户，把调处责任落实到人。在大土村的立体调处网络中，清晰地呈现出"党员唱主角，骨干为支撑"的鲜明特征。按照就近便民原则，每名党员必须联系5~10户群众。除了负责及时向村民传递党的惠民政策、带动群众发展外，一个刚性的任务便是随时了解群众的意见，化解村民心中的疙瘩。联系户的遵纪守法、治安情况如何，联系的党员要负主体责任。老支书龙贵雄深有体会地说："就算是上坡护林遇到联系户，再忙也要站着聊几分钟，看看有什么不顺心的事没有，十多年来都成习惯了。"

三是建立各类调解队伍和调解机构，及时帮助群众调处矛盾纠纷。为扩大调处工作覆盖面，村里分别将热心集体、乐于助人、年轻干练的骨干组织起来，成立了村民调解委员会、治安联防队、妇女联合会等自治组织，实行首问责任制，分头化解各类矛盾。为方便群众反映意见，实行精准调解，还在村委办公楼内设立了"调解室"，专门接待要求调解的来访人员，并组织他们谈心交心。治安联防队员潘贵林说，全村联防队5个组

10多名队员，哪家是什么情况，哪些事、什么时候可能会发生嫌隙，大家心里都有谱。平时忙完自家活计，只要有闲暇，就都跑到调解室来"上班"，发现问题及时调处，没有问题则交流信息，成了村支两委的得力助手。2014年，大土村还通过群众推选配备了村警，设立了"警务室"。但大土的警务室和别的村略有不同，它的主要任务不是抓贼，而是调解群众纠纷。

四是把族长、寨老等传统社会力量也调动起来，开展法制宣传，调解邻里和村际纠纷。从苗乡的传统习惯出发，有些特殊矛盾和纠纷年轻人较难调处，而由寨老、族长和"苗王"等自然领袖出面则效果较好。近几年，大土"苗王"和寨老、族长们就协助县、镇政府成功调解过几起跨省、跨县的山林水事纠纷和外出务工人员与当地群众的矛盾，受到基层党政领导的感谢。这是一般干部和群众所不能替代的。

三、激励优先

激励优先，就是从正面激活人们的从善内因，把村民的思想感情和注意力引上团结奋斗、共创未来的健康向上之路，那些无谓的矛盾纠纷和刑事、治安案件自然就没有了市场。近70年来，特别是改革开放40多年来，大土村一直在正能量的引领下奋力前行，不仅改变了月亮山区东南麓的环境面貌，也不断改变着人们的思想观念和风俗习惯，让历史上名不见经传的大土苗寨一跃成为黔南州闻名遐迩的先进典型。大量事实证明，越是受到上级的表彰、奖励和扶持，大土人的精神越抖擞，工作越上进，面貌越改观，大土这面艰苦创业的红旗颜色也越加鲜艳夺目。这就是"激励优先"带来的无穷力量。

初春，笔者陪同领导到大土调研，村民们正在整修苗寨的环境面貌。正弯腰扯着皮尺的麻金胜一脸灿烂地夸耀说："建设美丽乡村，我们又是全县的第一批第一村，太有面子了！"

"惠民项目总是有批次有先后的，我们不搞'路边花'，大土村算是全县最偏远的村子了，但他们治理得好，就该优先奖补。"县委常委陈峥嵘一语揭秘，让大土村打头炮这个决定，县委没花半分钟就通过了。

谁做得好，政策资源就向谁倾斜。这种正向激励的理念，在大土村几十年变迁史上清晰地记录着：

1989年，大土村因自力更生修建出山公路和劈山造田，被国家林业部选定为月亮山区"造林工程"示范点，一举造林23000多亩，建起搬不走的"绿色银行"，成为黔南州和荔波县率先脱贫的一面旗帜。

1996年起，大土村被选定为全县村办集体经济的示范点，在工商等部门支持下率先成立了种植公司、生态林业公司等村办企业，年实现村级集体经济积累 5 万元以上，率先告别了空壳村。

2000 年前后，大土村被选定为全县农村基础设施建设试点单位，率先完成村组人畜饮水工程全覆盖，对 11 公里通村公路进行了初步改造。

2014 年，大土村被列为荔波县美丽乡村建设第一批示范点，投资 380 万元，建成公益项目 25 个，率先实现了道路硬化、卫生净化、村庄亮化、环境美化和生活乐化，苗乡进一步旧貌换新颜。

2015 年，大土村又被列为全县首批"农村景区化"建设示范村，对寨内 70 栋老旧房屋进行拆除，按照集生态旅游、乡村旅游、特色养生度假及民族文化体验为一体的整体规划，重新建起了 100 户木瓦结构的新苗寨，令八方来客羡慕不已。

正如村支书潘向新所说："古语说得好，积善有余庆。大土的发展总是快别的村一步，幸福日子总是比别的村早一点，这完全是大伙儿努力的结果，上级党委、政府不断扶持和鼓励的结果。这一点，全体村民永远铭记在心，感恩不忘！"

"三个优先"的理念创新和实践创新，既是大土村的贡献，也是他们继续前进的新起点。

（作者：韦永树，贵州省荔波县政法委办公室主任，《黔南日报》特约记者。审校：吴进华）

守护苗家 "保寨树"

李继刚

　　苗族自古与树林分不开。苗家聚居的地方，都很重视保护寨子的风水，特别爱护那些遮荫蔽日、耸入云天的"保寨树"。在我们都匀市乡下的许多美丽而神秘的古老苗寨，住宅都是清一色的吊脚木楼。寨前小溪潺潺流淌，寨中青石板路蜿蜒曲折，寨子周围的几株高大茂密、郁郁葱葱的古树就像巨型的保护伞，把整个寨子掩映在遮天蔽日的绿荫之中。

　　这些根深蒂固、枝繁叶茂、饱经风霜、醉饮冰雪的古树，被苗家父老乡亲们视为吉祥如意的"神树"，神圣而不可侵犯。不少村寨都有不成文的村规民约相约束，既不准砍伐，也不准伤及其皮毛和枝桠。一些树身高大、树龄特长的古树，还被村民们披红挂彩、焚香烧纸顶礼膜拜。正是有这样特殊的"待遇"，许多苗寨的环境越来越美，水土保持得越来越好。

　　走进都匀乡下的许多苗族村寨，都可以看到那些高大挺拔、魁梧倔强的"保寨树"。而这些"保寨树"多为银杏、枫香、榉木、柏树、香樟树、金丝楠木等比较古老、长寿的树种，且树龄都在百年甚至千年以上。生活在这些"保寨树"护佑下的人们，无不感到特别安全和幸福。

　　在苗族聚居的石龙甲壤村塘榜大寨的后山上，就生长着一片阳刚高大、遮天蔽日的金丝楠木古树。该树种仅在塘榜后山独有，树质结实，茂盛高大，四季常青。经林业专家实地考察，认定为黔南之最，并挂牌定为定点保护的古树名木。其中最大的一株矗立于塘榜大寨最前端的山脚寨子中间，直径 4.6 米，高 76 米，树干胸围 18 米，要八九个人才能围抱一圈，覆盖地面 4 亩多。在这棵"神树王"的周围，生长着千年以上树龄的金丝楠木 108 棵，直径 2～3 米的 6 棵，2 米以下的 12 棵，1 米的 100 余棵。这几百株子孙树就像一群威严的武士，分列在"神树王"的两旁，保卫着大王树之形象而形成"梳形"的自然古树群，阅尽人间沧桑。

　　在石龙还有两株千年古银杏树，生长在塘榜古树群景区对面的塘榜下寨和湾寨之间。据寨上老人说，这两棵银杏树至少栽下 2000 年了。银杏树的寿龄，就是修建这个寨子的年龄。一株在南、一株在北，南北相互遥望，相距 1000 多米，如今仍枝繁叶茂。每逢春季走到树下，观看树冠宽舒，遮天蔽日，犹如擎天一把大伞，昂首云霄。这两棵银杏树均直径 3 米多，高 50 余米，需要五六个人牵手才能围抱一周。两株银杏树都是雄树。据说，"保寨树"只能是雄树，其威才能长久保寨，一不怕雷击，二不怕冰雪凌侵，斗霜傲雪，永久安康。在这两株银杏树的旁边，各还有一株异性古树——香樟树，人们称为异树老伴，形成一对又香又美的"古树之家"。

在石龙共和村的摆烈寨，还生长着许多不知名的百年古树。摆烈寨就错落纷呈于古树丛中，被百年古树层层包裹着。其中，3 人合抱的古树有 40 多棵，高 30～40 米不等，枝叶葱茏、四季常青。树中有一大树藤，直径约 30 厘米，长 10 多米，蜿蜒缠绕在树丛中，确是少见的大树藤。如今的摆烈寨中，庭院清洁，走在水泥硬化的路面林间小道上，仿佛置身于百鸟欢唱的音乐会中。微风吹拂，送来缕缕清香；路过树下，枝叶参天蔽日，绿荫盖地，清清凉凉；坐在树下，就是三伏天，也犹如池中淋浴。凉爽的环境，致栖息于林内的鸟儿不知疲倦地唱着、跳着。林间究竟有多少种鸟儿，谁也说不清楚。只知这片森林年代久远，谁也猜不出森林的原委。走进这片森林，就如同走进了植物童话世界。

在归兰水族乡基场片区苗族聚居的毛栗寨后山，也有一片保护完好的原始森林。林中古木参天、植被茂密，一股清流沿着山涧顺势而下，常年不断地滋润着半山以下的层层梯田，为苗家带来一年又一年的五谷丰登。而这个距离森林不过百米的寨子，坐落于险峻的苗岭山腰上，坐西朝东，与清水江畔的格多苗寨仅一山之隔。全寨住宅均为吊脚木楼，依山而建。每栋吊脚木楼的屋基都是在陡峭的山坡上用石块垒砌而成的。一坎一排屋基，上下坎屋基之间落差一般在 1～2 丈，有的甚至高达 3 丈，以致村寨房屋错落有致、栉比鳞次。寨子边上虽然少有竹木生长，但寨中却有 3 棵参天的千年枫香古树。树身全被虮藤缠绕，长满青苔，最大的一棵 4 人才能合抱，约有 60 米高，把寨子掩映在遮天蔽日的绿荫之中。一条碧玉般的小溪在寨脚不分昼夜地汩汩流淌。从河边通向村寨的山路全是用青石板铺就，有 900 级台阶。在这个古老沧桑、静谧美丽的苗寨里，真正实现了人与自然的和谐共处。2018 年秋，神奇的毛栗苗寨已被列入贵州省第三批"美丽苗寨"名录加以保护和开发，必将迎来更加美好的明天。

奉合榔木寨是一个水、苗两族比邻而居的寨子。苗水两族人民都有爱护森林、保护环境的传统。寨子那片现存 30 多棵的枫香林以及寨东南角零星的松柏树，都世代被尊称为保寨古树。加上苗寨和水寨周边的一片片茂密竹林，显得更加郁郁葱葱。据说，榔木水族寨韦氏高祖到这里落户之后，曾依据水书风水之学，在寨中栽种了一片枫香树，以挡住西南方向的王司新平村老母坡的火山口，保障寨内平安。同时，在寨子东南角——现都三公路旁又栽种了一批常绿树，为两个历来和睦相处的兄弟民族营造了更加优越的生存环境。据榔木寨的水、苗两族百岁老人介绍，他们的长辈在世时就说，这一片枫香林和周边竹木在他们年幼时就很高大茂密了，说明这个寨子的"保寨林"至少已有几百年的历史了。

提起"保寨树""保寨林"，许多苗寨的老人们都说这些林木从古时就有了。乡亲们把古树视为"保寨树"，意为此树能保佑全寨百姓幸福平安，祖祖辈辈都能得到古树的庇护，进而把古树看成是一种能通人性的"神树"。从民俗学的角度讲，"保寨树"也是苗族和各民族同胞的一种图腾崇拜。他们认为，树也是神。特别是苗族，一直将枫香树当作"保寨树"和"神树"顶礼膜拜，这是有深刻历史渊源的。相传，涿鹿之战时，黄帝用计擒杀蚩尤，用枫香木做成的枷锁住蚩尤的脖子和双手。蚩尤死后，他戴的枫木枷锁被丢弃地上又发芽长成高大的枫树。苗民们认为这是蚩尤的化身。因而，后来苗家为避免战乱而迁徙，无论走到哪里，每到一处，都要看是否有枫香树，或者栽种枫香树来庇佑苍生。有枫香树在，祖先的神灵就在，栽种的枫香树能成活则留下居住，枫香树死则需迁徙，以此择安居之所。因而，无论哪个方言区的苗族同胞都把枫香树视为图腾加以膜拜和祭祀，并且认为枫香树是他们的祖先变的，祖先的灵魂寄于它的身上。枫香树就是祖先树、英雄树，有它保护村寨，寨上人人才会健康长寿，六畜兴旺，五谷丰收。银杏树又称"百果树"，是当今植物界仅存的裸子植物中最古老的一个品种，因而获得了植物"活化石"的称号。

"保寨树"在苗族村寨能够得以长期存在和精心保护，表现了苗族人民自古传承的自然崇拜、神灵崇拜、祖先崇拜和英雄崇拜在都匀苗乡的延伸，它也是苗族人民对幸福生活的一种美好愿望和向往。这不是封建迷信，其中蕴含许多深邃的哲理和科学因素。各族人民都祈盼"保寨树"能让人们年年幸福安康，家家和睦相处，四季平平安安。这是精神的慰藉，也是真诚的期待。客观上，这种精神追求和实际行动与我们党倡导的"绿水青山就是金山银山"理念相契合。

（作者：李继刚，贵州省都匀市委宣传部副部长，市苗学会原秘书长。审校：吴进华）

浅析惠水苗族祭扫火星习俗的
文化内涵及社会功效

吴　波

由于历史的原因，苗族居住在自然条件恶劣的崇山峻岭之中。在惠水民间，长期流传着这样的口头禅："客家（汉族）住街边，仲（布依族）家住水边，苗家住山边。""干苗寨，水仲家。"说明惠水苗族大部分居住在干旱、缺水的地方。在以往的年代，苗族聚居山林，其住宅又多为木房草屋，常常因人为用火不慎或自然灾害引起火灾，苗族先民迷信是寨子不洁或鬼神降火，所以在每年的正月和七月要举行祭扫火星仪式。

惠水苗族有"正月忌，七月贵"之说，意为正月有很多禁忌，七月可以做很多祭扫活动，所以扫火星在正月和七月举行。扫火星一般选择在申（猴）日举行。选择申（猴）日，是因为"猴"在苗族谐音中有"火""旺火"之意，当日扫火星，就是扫除火患的意思。每年举行的两次祭扫活动，按寨子中的人户轮流值年，值年负责召集。祭扫火星时，由寨老主持。祭扫火星要设祭坛，祭坛一般设在寨子宽大的空地，以在寨子西面为佳。祭坛摆设利式：米一升、纸钱若干、香若干、猪头一只、未开叫的公鸡一只、新帕子两张。祭师先在祭坛上作法念唱。唱毕，祭师抱着另一只大公鸡，扛着带绿叶的一棵小竹子，竹子上挂两个小竹筒，一个竹筒装水，一个竹筒装火，手拿三棵巴茅草和带刺的枝条，一群小孩拿着木棒，牵着用谷草捆成的两条蛇跟随其后，逐家祭扫火星。寨子的每一家每一户在自家门边用一棵小竹子挂一小面三角旗，用一个碗装着一碗火灰。祭扫结束，有专人负责把竹子和灰碗拿到西面寨子门口，意为把每家每户不洁的东西扫到寨子外面。祭扫队伍一般由祭师、两三个大人和一群小孩子组成。大人负责检查寨子有无乱堆乱放和存在的安全隐患，同时检查每户的卫生情况。祭师负责施法念唱，唱词大概意思为：正月忌，七月贵，一年三百六十五天，今天是祭扫的好时辰，××寨××户好兄好弟，凑钱凑米，买得雄鸡刀头米来扫寨扫家……我左手掌着巴茅草，右手掌刺，我大吼三声，邪魔鬼怪赶快回到天边去……最后，祭师喊道："吙，大火星小火星出不出？"众答："出。"小孩用木棒敲打墙壁，意为把火鬼撵走。祭扫结束，全寨各家户主聚集在摆设祭坛的地方，听负责检查卫生的人通报检查情况，邋遢的人家要受到通报批评并责令整改，以免祸害整个寨子。寨主进行生态教育和防火教育，告知众人违反寨规的处罚办法。最后，全寨商议其他有关大事要事，一般主要内容是寨规。最后聚餐，扫火星活动结束。

扫火星的由来是：相传很久以前，各种邪魔鬼怪和动物经常祸害人间，尤其是火鬼降火灾让人措手不及，损失又大。一年，邪魔鬼怪和一些动物又聚会在一座山上商量怎样祸害人间。人就用两个鸡蛋请蛇来帮忙，蛇就从火鬼身上把火种偷了出来。人又让蛇点着火绕着山坡跑了一圈，整个山头一下子被大火包围了。山上是猴子最先发现火，它就跑到山顶上去报信，可是它跑到哪里火就跟它跑到哪里。猴子只好坐下来。所以，猴子的屁股被烧得红红的。现在苗族看见火烧坡，不说是火烧坡，而是说猴子上山了，就是这个缘故。雷公慌了，急忙踩在马桑树上，可怎么也飞不起来；又踩在椿菜树上，才飞上天去。后来，雷公为了答谢椿菜树，就送一顶帽子给它，所以现在马桑树长不高，而椿菜树不仅长得高，且戴上了一簇簇帽子。老虎力气大，从火海里冲出来，可是身上却被烧成了一圈一圈黑色的花纹，并且身上有一股臭糊味。龙、牛、马等躲在一个水塘里才没被烧死，可是龙身躯庞大，龙背被火烤成五颜六色的。现在苗族看见彩虹，就说是龙出来喝水了，苗族认为龙身是五颜六色的。牛和马待火熄灭后，气急败坏地和人决斗，可刚冲出来，就跳进人的陷阱里去了。人把牛的鼻子串起来，牛就乖乖地听人话了。马看见牛被串鼻子很痛苦，就恳求人不要串它的鼻子，它保证乖乖地听人话。人就给它套一个马笼头，马就乖乖地帮人驮东西。火鬼的火种被偷后，暂时失去法力，被人用巴茅草和刺扫到天边去了。

苗族祭扫火星的习俗和传说，具有深刻的文化内涵。它从某种角度表现了苗族祖先朴素而自发的唯物观念，展现了苗族先民力图征服自然，在自然面前不妥协的态度和斗争的勇气，更表现出苗族人民勤劳、勇敢、坚强的民族性格。

同时，苗族祭扫火星的习俗，在当今社会仍然具有一定的社会功效。

第一，祭扫火星，通过寨老的生态教育，让苗族人民敬畏自然，与自然和谐相处。在苗族居住的寨子和周围的山坡，不能随意乱砍乱伐，所以，苗族村寨绿树成荫，古木参天。

第二，祭扫火星的习俗，是每年进行彻底的消防检查和深刻的防火教育，特别是对少年儿童的防火教育，使少年儿童从小牢固树立防火的意识，并且让少年儿童从小养成良好的卫生习惯。牢固的安全意识和整洁的村容村貌，有效地杜绝了火灾的发生。据笔者调查，笔者所居住的寨子及周边的苗族村寨，近百年来很少有火灾事故发生，不得不承认这是祭扫火星中消防意识的功效。

第三，祭扫火星是苗族聚族议事的重要日子，形成大家事、大家议、大家管的好规矩。扫火星属群众组织，不与行政挂钩，但全寨每户户主必须参与。现在外出打工的人多，但到了祭扫火星的日子，必须赶回来参加，否则家里遇到大事，寨子的人也不上前帮忙。所以，祭扫火星也是一个寨子聚议大事的日子，现在诸如一事一议工程项目等重大事情的决定的，都是在祭扫火星的日子商议决定的。许多村规民约也多是在这个日子商议决定，比如规定发现偷盗，就要罚"三个一"：罚偷盗的人按整个寨子人数拿出每人一斤酒、一斤米、一斤肉。议事中，有人有什么诉求、什么困难，大家商量解决。由于有严格的寨规和严厉的处罚规定，所以苗族寨子治安案件较少，路不拾遗、夜不闭户的遗风尚存。

（故事讲述：吴老林、吴小古。作者：吴波，贵州省惠水县鸭绒学校教师，县苗学会副会长。审校：吴进华）

用教训换来的安邦苗寨村规民约

颜显成

安邦苗寨隶属福泉市马场坪街道办事处沙坪村安邦村民组，地处福泉与贵定交界处的黄龙山东侧。寨子南面 1 公里多的地方是贵新高速公路、210 国道线和 1944 年国民党修建的唯一尚存的未通火车的苏联模式火车站。

安邦苗寨地势较高，海拔 1417 米，翻过黄龙山与贵定四寨相接，东邻老里冲苗寨，对望营盘坡、东山苗寨。现有 135 户人家，人口 490 人。有颜、兰、罗、鲁四姓，颜姓居多。过去由于信息闭塞、交通不便，通婚联姻也只不过在二三十公里以内的苗族寨子。安邦苗家居住在这里的时间并不久远，按有血缘关系的家族算，安邦现在也只不过有八九个家族。以笔者祖父那一代推算，1900 年时，安邦可能有十多家，居住历史最长也不过 200 多年的光景。

长期以来，全寨人相互团结、相互帮助。由于居住环境气候比较高寒、土地贫瘠，主副食只能自给自足，住着黑瓦木房，但家家房前屋后打扫得干干净净，人们衣着朴素大方，个个勤劳生产，安居乐业。少有小偷小摸，无赌博吸毒事件发生。

为什么安邦苗寨会有这么好的风气呢？

这是否与居住的环境有关？或者与这里的民风民俗有关？或者是因为有严格的村规民约？笔者在接到调研课题后，走访多位老人，问他们安邦有哪些村规民约，他们都说不出，谁也没有见过哪怕是半指绺的村规民约，更不要说有碑文了。难道没有村规民约吗？笔者在儿童时代的记忆里搜索到了一点儿口头上的村规民约，那就是："不准砍伐寨子后山的山林。"这句话是时任沙坪大队支书颜廷斌对安邦整个村民的要求。20 世纪 70 年代初，安邦后背黑山树木葱茏，形成一道绿色屏障，从上部森林深处涌出一股溪流顺着山涧直泻而下，构成了一幅气势磅礴的瀑布风景画，很远都听到其乐此不疲的哗哗声。村民们用这股水来冲碾子（水碾）碾米。大队支书说的话很有震慑作用，村民们都很自觉遵守。这句不成文的村规民约起到了重要作用。然而，好景不长，到 1978—1979 年，土地承包到户，这片宝山也接着分到了户。人们担心政策多变，拼命砍树。在不长的时间里，这片黑山被折腾得千疮百孔，水干枯了，碾子停了，良田干裂了，人们尝到了自然灾害的苦果。

2000 年，西部大开发，中央第一次提出了退耕还林的伟大战略，从龙洞到青杠坡，从昌盘石到林场等坡土退了耕，种上了水杉和杉树等树种，但小树还没有，就先后遭到了三次不同范围的火烧灾情。一次是 2001 年，一位老年妇女在昌盘石铲火捞（铲草烧灰做土肥），不小心，失火烧掉了 200 多棵小树苗，村民组折成补栽树苗并负责管理成活。一次是 2002 年正月初一，一位中年男士拜年祭祀烧香纸，风吹起火钱纸，引燃了一部分树苗，由村民组责其栽树并管理。一次是 2003 年春末，三个年幼无知的小孩玩火，走火烧了昌坡田的树苗，罚款 2000 元，由三个小孩的监护人负责缴纳。

谁放火烧山，谁负责。这已是不成文的规则，是天理。经过这三次的经验教训，村民们更加小心翼翼。逢年过节，上坡祭祀，遇上天干，就不烧钱纸和燃放爆竹了。十多年以来，在村民们的共同呵护下，从龙洞头到青杠坡成了一片茂密树林，各种鸟叫声不绝于耳，葫芦坝的两个光头坡在村民颜家文、颜文军等的护理下长成参天的松树林，从昌盘石到林场变成了一片水杉林海。

历史的车轮转到了 2018 年，习近平总书记提出实施乡村振兴战略，强调："加强农村基层基础工作，健全自治、法治、德治相结合的治理体系"，打造共建共治共享的社会治理格局，实现政府治理和社会调节、居民自治的良性互动。

福泉市政府为贯彻执行中央指示精神，派干部住村，在各乡村实施"五改五化"。为更好地推进多层次领域依法治理，发挥村规民约的积极作用，2018 年初，沙坪村安邦苗寨出台了《安邦村规民约》。该村规民约是由兰跃富村委秘书根据安邦苗族村寨不成文的传统规约进行草拟，并通过村民组村民代表讨论认可形成的，于 3 月初正式生效，张贴在安邦寨中篮球场边宣传栏上。这是安邦苗寨有史以来第一个形成文字的村规民约。

《安邦村规民约》，是为安邦民众办理公共事务和公益事业，维护社会治安，调解民事纠纷，保障村民利益，实现村民自治并共同遵守的社会规范。这份村规民约涉及遵纪守法、孝老爱幼、邻里和睦、森林防火、调解纠纷、生态殡葬、爱护环境、规范酒席、规划建设等内容。

《安邦村规民约》上墙后，备受村民的关注。为了这个村规民约出台后能起到积极的作用，特成立了安邦村民自治小组，由颜文芳任组长，颜家开任副组长，成员有罗忠卫、颜有文、颜文昌、颜绍德、颜德文，负责督促监管工作。此村规民约在乡村治理中是否发挥了积极的作用？让我们通过以下实例来说明吧！

《安邦村规民约》第八条规定："酒席制度，除红白喜事外，严禁乱办酒席和滥办酒席。"此条款直指当下时弊。让我们把时间往前推两三年，在我们苗族地区，进新房、孩子满月、升学、高寿、婚丧嫁娶等都要办酒，时间大都集中在腊月和正月之间，几乎天天有酒席，有时一天有几台。他们办酒为的是什么呢？为收礼吗？不完全是。苗家办酒很有风范，除了菜肴种类多、量多外，也讲究质量。每桌每人一个苹果、一盒饮料、一包卫生纸，还有糖果、花生、葵花籽、烟、啤酒、土包谷酒等。很多人都说，城里办酒不及乡村。主人家办一台酒要花上几万元，收礼也不过几万元，虽然收不到几个礼钱，但他们感觉到的是人生存在的一种价值。从这一角度看，体现了当代农村的兴旺发达；但从另一角度看，却造成铺张浪费。打工不容易，并不是人人打工都能挣到钱，尤其是年老体弱、生病的，有的即使挣到了钱，还要供子女读书，需要很多的花销。酒席多，会给这类家庭造成经济压力，甚至出现返贫。接亲嫁女、进新房、老人过世等，内亲的少不了送个三五千。就拿进新房来说吧，舅爷、舅妈、姑爷、姑妈、亲姊妹，请喇叭队 600～1200 元，爆竹 500 元，粮粑折人民币 300 元，搭梁布 200 元，酒 100 元，送礼 1000～3000 元。撒粮粑时还要撒钱，三五百不嫌多。如果连续遇到这类酒席，那是不堪重负的。

"严禁乱办酒席和滥办酒席"这条规定，得到村民的一致遵守。2018 年 3 月份以来，乱办和滥办酒席现象没有了。可以说，村规民约发挥了积极的作用。政府也同时下文件严禁办进新房酒、满月酒、升学酒、高寿酒等，及时地刹住了这股歪风。

又例《安邦村规民约》中第七条规定："增强环境卫生爱护意识，维护环境卫生"。符合福泉市双创工作和五改五化工作目标。安邦村民组，积极投工投劳，拓宽寨子各条道路。为切实改善全市的环境面貌，从去年秋到今年春，福泉市交通局斥资 380 万元，为安邦扩建了沙坪至安邦的乡村公路，将原来狭窄、弯大、路陡的破烂路变成了宽幅、弯小、坡缓的硬化水泥路，加固了前后堡坎，疏通了排水沟，设置了护栏，全长 2.79 公里。全体村民非常感谢党和政府的关怀，感谢各位领导的恩泽惠顾。村民们要求爱惜和保护好这条路，并将其列入《安邦村规民约》基础设施建设保护这一项。

《安邦村规民约》会不会变成一纸空文呢？应该不会。原因有以下几点：

1. 我国《宪法》《村民委员会组织法》等法律法规对村规民约给予了认可和支持，为村规民约作用的发挥提供了法律依据。

2. 农村经济的发展需要村规民约对公私财产提供强有力的保护。

3. 此村规民约是在传承下来的苗族寨子规约上形成，并通过村民组讨论通过的，为村规民约的实施奠定了心理基础。

《安邦村规民约》在实施过程中是否会遇到阻碍呢？回答是有的。笔者就《安邦村规民约》谈几点不成熟的看法：

1. 村规民约在草拟的过程中，要多结合本村的具体情况来拟订，拟订后要广泛征求村民意见，要得到绝大多数村民的认可。

2. 村规民约的制定，尽量做到具有针对性和可操作性。

3. 根据安邦村民组的具体情况，是否可增加以下内容：

一是在教育上，对考取大学的村民子女给予适当的资助；二是加强对寨子古树和珍稀树种（如白玉兰）等的保护；三是加强对水资源及公用输水设施的保护；四是加强对野生动物的保护；五是经济作物种植的结构调整。

（作者：颜显成，贵州省福泉市马场坪中学教师，市苗学会理事。审校：文毅）

葛洞苗寨村规民约建设中的几个问题

吴平华　颜忠书

一、基本情况

葛洞村位于凤山镇政府驻地东北面，同凯里市炉山镇、福泉市陆坪镇相连，距镇政府所在地 15 公里，海拔高度为 1170 米，总面积 9.45 平方公里，耕地以旱地为主，田坝较少。全村下属七个村民组，共 386 户，总人口 1540 人，少数民族占 85％以上，其中现有党员 57 人。耕地面积（责任地）3496.88 亩，其中田 881.66 亩，土 2615.22 亩，人均耕地面积 2.27亩。贫困户 139 户、460 人。全村有希望小学一所，在校学生 15 人（其中学前班 5 人），教师 3 人，学龄儿童入学率 100％。基础设施相对落后，通讯设施比较齐全，现已通电话、手机、广播电视。村办公室、卫生室条件简陋。矿产资源有重晶石、铁、硅、铝、矾土等。主打产业为刺梨种植，农作物有水稻、玉米、油菜、马铃薯、辣椒、烤烟等。

葛洞村"一村一产"刺梨产业于 2014 年开始发展，覆盖全村 93％的农户。2017 年，共种有刺梨 1341.116 亩，刺梨产业初见成效，销量 20吨，销售收入 7.9 万元。2018 年 2 月，补种 300 亩。

苗族地区依靠寨老、族长和村规民约进行内部治理有比较悠久的历史，但葛洞是一个移民村，村民在不同时期由外地先后迁来，人心相对较散，尚未形成苗族传统的议榔制度。在 20 世纪 80 年代以前，农村实行合作社、公社化的政社合一管理体制，村民的生产生活都由社队统一组织管理，很少通过群众民主讨论制定传统村规民约。所谓村规民约，大都是民间口头相传、约定俗成的"公约"或一些简章条文，内容多是封山护林、防火防盗、尊老爱幼、邻里和睦之类。它主要依靠人们的共同认识和社会舆论来维持，并没有多少约束力。90 年代以后，随着国家对基层村民自治力度的加大，一大批村规民约开始建立起来并逐步进行修改完善，加上国家一系列法律法规在农村的贯彻实施，形成了一定的依法治村氛围。经过一定民主程序制定的村规民约，内容涉及社会治安、消防安全、村风民俗、邻里关系、婚姻家庭等方面，绝大多数村规民约内容都体现了国家法律、法规和政策的精神，许多地方的村规民约还对养老扶幼、夫妻平等、家庭暴力等作了明确规定，使老人、妇女、儿童的合法权益得到了保障。调查中，大多村民对本村的村规民约都是认同的，认为村规民约是有意义、起作用的。村规民约与国家立法的最大区别，就在于大量的村规民约源于历年来形成的"家规""族规"，有很强的区域性和民族性、自发性和针对性，村民一旦出现违规行为，能在第一时间发现并就地解决，无须经过复杂的诉讼程序，是维护农村社会稳定，增进村民和谐相处的一把金钥匙。所以，从整体情况看，村规民约在农村生产、农民生活中起到了良好的促进和调节作用。

二、村规民约发挥的作用

（一）促进生态保护，推进了生态文明建设

调研组所到的少数民族聚居村寨，都生态良好，村寨依山傍水，山林葱郁，古木森森，水流清澈。很多村寨中都拥有千年历史的"神树"，两三人才能合抱的千年古树。应该肯定，这些古树能留存至今，河水能清澈流淌，全源于村民民间风俗的自觉保护和村规民约的约束。如：严禁到神山上砍柴、放牛，剔树桠；严禁在河流中炸鱼、池塘中洗澡等。由于村里的布依族和苗族都崇尚自然的神灵保佑，在他们心目中，山有山神、树有树神、水有水神……神灵是不可违逆、不可触犯的。每年"三月三""六月六"是苗族祭山和祭祖的日子，大家在这一天的祭祀活动中共同约定，不得毁损山林和污染水源，如有违反，必遭神罚和天谴。在这种家族和原始宗教意识影响下制定的村规民约，使人们自然产生敬畏感，在封山育林中起到了爱林、护林、保护水土流失的作用，是一种生态道德观的反映。其条款的表述相当本土化，非常有约束力。可以说，这些民族村寨的村规民约在当地的森林和水资源保护中发挥了巨大的作用，是国家有关法律法规的有益补充。

（二）促进乡风文明，提高了村民精神文明素质

村规民约对美化农村生态环境，维护农村安定团结具有重要作用。大多数村规民约都针对农村实际情况制定了关于破除迷信、移风易俗、尊老爱幼、维护环境卫生等条款。这些条款的制定是基于全体村民对中华民族传统美德的认可和继承。村民对这些村规民约条款的施行，不仅用行动深化了民族传统美德的认识，更有效地促进了乡风文明、生态环境的美化，

有利于传统美德的传承和社会安定团结。例如，院子组村规民约内容包括：爱党爱国，民主管理，遵纪守法，崇德向善；孝老爱亲，尊师重教，家庭和睦，邻里和谐；互助互信，热心公益，集体事务，共同出力；崇尚科学，抵制迷信，勤劳致富，不等不靠；爱护卫生，遵守公约，言行举止，文明有礼；违规办酒，不办不去，文明新风，共同树立；爱护公物，保护环境，杜绝违建，规范整洁；矛盾纠纷，平和明理，反映诉求，依法有序；防盗骗拐，禁黄赌毒，和谐稳定，共同维护；表彰先进，惩处违者，遵规守约，全组共鉴。这些村规民约在日常生活中潜移默化地规范了村民的行为，改变了村民的生活观念：休闲时间读书学习的多了，赌博的少了；崇尚科学的多了，迷信愚昧的少了；过去红白喜事大操大办，现在逐渐少了；一些儿女不愿意赡养老人的现象大为转变。这种生产生活面貌与精神文明的盛行，是村民素质整体提高的表现。

（三）促进国家政策与法律的落实，逐步提高了群众遵规守法的意识

在村规民约的倡导和约束下，青山绿水生态文明建设方略得到了有效保障；许多村寨符合政策生育率不断提高，早婚早育现象在很大程度上得到改变；文明进步的婚姻观、生育观在逐步形成；改变了过去那种"多子多福""男娃读书，女娃放牛"等重男轻女的思想；提高了少数民族适龄儿童入学率，很多少数民族村寨飞出了"金凤凰"，走进了大学学堂。这样通过村民自我认可、自我约束、自我监督、自我教育、自我服务、自我管理，逐步提高了群众自觉遵规守法的意识。

（四）促进乡村环境改善，夯实了经济社会发展的基础

近年来，国家加大了对少数民族地区的资金投入力度，特别是基础设施建设方面，广大少数民族聚居村寨水、电、路、通讯得到了前所未有的改善。特别是将"一事一议"、通村公路硬化（油化）、危房改造、民居亮化等工程的实施纳入村规民约，群众积极投工投劳，使民族村寨的出行条件得到了极大改善。例如，葛洞村完成组组通道路硬化 9.57 公里，7 个村民小组共计 386 户 1540 人受益；于 2018 年 1 月实现城乡一体化供水，辐射全村 5 个缺水村民小组；7 个村民小组全部实现通讯信号覆盖。2017 年完成 21 户危房改造（贫困户 6 户），2018 年危房改造 1 户 2 人，已联系施工队，异地扶贫搬迁 4 户（已签订协议）。在开展"五改五化"工作中，全村五改五化摸底改造数 325 户，其中：改厕 276 户、改厨 286 户、改水 55 户、改电 45 户、改圈 170 户；院坝硬化 172 户、屋檐沟硬化 220 户、联户路硬化 97 户。现已完成五改五化 61 户，占全村摸底数的 18.7%，完成改厕 19 户、改厨 25 户、改水 8 户、改电 5 户、改圈 4 户；院坝硬化 22 户、

屋檐沟硬化 16 户、联户路硬化 7 户。贫困户 24 户，占全村完成数的 39.3%。例如，在"五引导五教育"工作中，院子组自治管理小组成员何林松带头主动拆除自家老旧危房，并通过他的动员，已拆除老旧危房 5 户，3 户正在实施中，13 户已完成动员工作。老旧危房的拆除使院子组面貌有了很大改观。大坪塘潘良富、杨正勇、潘良才等主动捐献自己闲置的水泥砖用于组上公共区域花池的修建，目前已修建花池 13 个。院子组群众自发筹资 1 万余元、投工投劳完成 10 人，完成了垃圾箱停放处的硬化，完善了村寨的美化和亮化。

（五）促进了精神文明建设，推动了民族优秀文化的传承发展

在调查中，我们发现，一些民族特色村寨的优秀传统文化得以传承和发展，得益于村规民约。在福泉市民族、文化部门的积极引导下，民间成立了各种少数民族协会组织，少数民族文化进一步繁荣，一些濒临失传的优秀民族传统文化得到了挖掘、传承和保护，如濒临消失的葛洞村板凳舞、芦笙舞等，近期又活跃了起来。一批优秀的民族民间文艺节目纷纷登台亮相，民间自发创办的各种节日节庆文化活动层出不穷，不断丰富了群众的精神文化生活。

（六）促进社会治安稳定，推动了社会和谐健康发展

村规民约还包括社会治安、禁止偷盗、严禁赌博、禁止喝酒闹事、保护公共设施等方面内容。在长期执行村规民约的这些少数民族村寨，社会秩序与治安情况都较为稳定，偷盗事件和刑事案件很少。如葛洞村，民风淳朴，多年来无刑事案件发生，全村夜不闭户。村规民约通过村民的广泛参与，理顺了村级组织之间的关系，提高了村级事务的透明度，增强了村民们自我约束、自我管理、自我发展、自我监督的能力，从而在源头上减少了村民们在生产第一线上激化矛盾的可能。村民之间的矛盾少了，心态平稳了，民心更齐了，就能把更多的时间和精力用在发展经济与促进农村社会的和谐稳定上来。

三、村规民约在执行中存在的主要问题

制定程序不够规范。部分村在村规民约的制定过程中，未能让群众广泛参与讨论，因而有些村规民约尽管在村两委会上宣布，也没有得到群众认可，流于形式；有些村规民约没有经村民会议或村民代表会议讨论通过。

内容没有针对性，表述不准确。一是多数村寨村规民约的条款虽然没

有与法律法规相冲突的规定，但还是很不规范；二是部分村组的村规民约内容大同小异，只变更了组名，其具体内容根本就不切合本村实际，难以操作；三是有些村制定的村规民约很全面，但内容空洞；四是有些规定的处罚力度过大，难以执行；五是村规民约与部门的规定相互"打架"，与现行的法律、法规相抵触，如对妇女出嫁后继承权、土地使用管理权等的约定；六是用长期以来村里约定俗成的风俗习惯替代了村规民约，从表面上看，这些风俗习惯的约束似乎合理合情，但不尽合法。

政策法规条款替代了村规民约，少数民族朴实风情民俗色彩逐步消失。很多少数民族村寨的村规民约名称和形式具有趋同性，内容和条款大同小异，属条款式结构，涉及经济发展、社会治安等方面，与其他非少数民族村寨的村规民约相差不大，当地民族特色未能体现，在对优秀的民风民俗与传统文化传承的保护上也没有很好的体现，取而代之的是一些政策与法律的条款。总之，在调查中，大多数苗族村寨的村规民约，是社会治安排第一，其内容条款占据大部分篇幅，而本村具有民族特色的民风民俗，却只是传在口中装在心中，行在自己的良知中。

执行难度大。一是村规民约的施行大多是靠村支两委的凝聚力和寨老的个人威望，在施行保障上软弱无力。很多村的村规民约在施行过程中形若摆设，在日常村务处理中也未能充分发挥出应有的作用；二是有些村的村规民约没有对违反规定的人做出相应的责任承担要求，导致无法施行。

村民关注度不高。虽然大多数村民都自觉遵守村规民约，但是参政议政的意识还不高。从某种意义上讲，还存在"各吃各家饭，各为各家干"的思想，不愿和不想参与村规民约的制定和修改，导致多数村的村规民约没有具体的形式。另一个原因是一些苗族村寨的经济、文化发展落后，村民利益冲突较少，因此村民对于村规民约漠不关心；加之，村里大部分青壮年长期或不定期外出打工，对本村村规民约的制定与施行表现得比较淡漠。

四、对策建议

（一）规范制定程序

政府相关部门要按《村民委员会组织法》之规定，在指导制定村规民约时符合"三合法"。在制定村规民约时，政府相关部门要引导各村在深入研究、广泛征求意见的基础上，由村党组织和村委会共同研究，起草形成村规民约征求意见稿；将村规民约征求意见稿提交全体村民或户代表讨论，广泛征求意见。村党组织和村委会归纳、梳理群众意见，形成村规民约草案，报乡镇党委、政府审核；将村规民约提交全体村民或户代表酝酿，召开村民会议表决，村民会议应当有本村半数以上有选举权的村民，或者有三分之二以上的户代表参加，经与会人员过半数通过才能有效；表决采取现场投票的方式，并现场公布表决结果。村规民约从表决通过之日起生效，村民委员会及时将村规民约张榜公布，并印制成册，分发到户，同时报乡镇政府备案。

（二）政府相关部门要加强宣传，发动群众积极参与

村规民约实际是村民之间的契约，是村民共同认可并遵守的自我管理、自我教育、自我约束的行为规范，也是全体村民共同利益的集中体现。如果村规民约是外在强加于村民的，则根本无法被村民欣然接受。因此，村规民约必须反映民意，成为村民自治的表现和结果。要有效执行村规民约，就得首先把住村规民约的制定关，充分尊重群众制定村规民约的主体地位，充分动员群众积极投入村规民约的制定过程中来。充分尊重群众的主体地位，还要求村民委员会认真对待群众提出的关于社会道德、农村环境、经济发展等方面的意见，用最朴实、最简单的话语将群众反映最多、最集中的意见表述在村规民约中，成为大家共同认可的约定。

（三）制定内容丰富、奖惩结合的村规民约

一是应根据当地的实际，制定通俗易懂、内容丰富的村规民约，所涉内容包括保护水利设施，合理使用水资源；封山育林，禁止滥砍乱伐；保护田园，禁止牲畜进入耕地损害庄稼；保护好村级公路和其他集体设施；移风易俗，提倡殡葬改革；加强对民间民族文化的传承保护；遵守社会公德，互尊互敬，互谅互让，和睦相处；等等。因地制宜，制定的村规民约要有针对性、可操作性和体现民族特色性，避免流于形式。二是要探索出台奖励支持政策，鼓励村规民约落到实处。可以将惩戒丑恶与弘扬正气、褒奖先进结合起来，比如对村里考上大学的孩子，村委会以资鼓励、发放奖金等，营造良好的社会风气。

（四）政府相关部门要加强对民族民间习俗文化传承和保护的指导性工作

旧的村规民约是当地民族民间文化的重要组成部分，理应发挥更大的作用，不应该被完全抛弃，应体现"本地化"特色。加大对民族风情、民间习俗、民族古籍以及传统文化的保护力度。对村里优秀民族民间非物质文化遗产传承人，要有激励的办法加以引导鼓励，使社会各界人士对民族村寨建设发展给予支持和关心。

（五）指导建立施行村规民约的组织协调机构

政府相关部门针对村规民约施行难的问题，除在村规民约中明确提出承担违约责任，如批评教育、赔礼道歉、违约责任通报、责令恢复原状、赔偿损失、取消享受或者暂缓享受集体经济收益分配和优惠待遇等外，还要指导建立和完善施行的组织协调机制，应尽量将寨老、退休干部纳入其中，充分发挥他们的作用。在村委会的领导下，由村民代表组成施行机构，并对违约承担责任人进行追究张榜公布，以强化村规民约的施行力度。

（六）政府各级相关部门要加大指导和引导作用

乡镇人民政府要加强对各村规民约的指导工作，结合各村实际，增强针对性，避免千人一面，照抄照搬政策法律条款，形同乡镇下发的文件通知书。要定期对各村规民约条款进行清理，及时剔除一些过时的、无实际意义的条款，要针对该村民众普遍关注的热点、难点问题补充新的条款和内容，不断提高村规民约的时效性。在村规民约的修订中，要切实维护妇女合法权益，对与男女平等精神不符的规定、带有性别歧视性的条款坚决予以清除。

（七）要加强农村基层组织建设

凡是村规民约制定得好、执行得好的村，都是村级组织建设好的地方，核心因素是村两委班子是否具有凝聚力、号召力和战斗力，因此要切实强化农村基层组织建设，固本强基，促进发展。要建立统一规范的村民代表监督组织和工作机制，并进一步完善村务公开民主管理制度，促进农村社会的稳定。

（作者：吴平华，贵州省福泉市凤山镇人大主席，市苗学会常务理事；颜忠书，贵州省福泉市凤山镇干部，市苗学会副秘书长。审校：文毅）

龙里湾滩河地区苗寨的村规民约调查

杨　钦

　　苗族是一个讲礼仪、守规矩的民族。早在远古的九黎和三苗时期，苗族的始祖蚩尤就发明了律法，用以约束内部和实施严格治理，因而形成了强大的民族凝聚力和集团战斗力。这种传统一直沿袭到现代，凡有苗族聚居的地方，遇到需要全体成员共同遵守和执行的重大事项，都要通过"议榔"进行协商，议定若干条款，再以埋石定案的形式或刻碑公告等方式告知大家一体遵行。这就是今天苗乡村规民约的雏形。

　　分布在龙里县湾滩河地区及其周边的海蒽苗支系，就是一个讲理守信、注重用村规民约约束内部和规范人际交往的苗族分支。笔者自幼生活在这块土地上，少年时代因为懵懂，对受到生产队和村组、寨老们依据村规民约施行的管束和批评教育不理解，有抵触。现在回想起来，实在幼稚可笑和自惭。记得笔者七八岁时，就按照父母的安排承担了放牛、割草、守水田等任务，以至于读到初中，周末放假回家还要做这三件事。幼年时期顽皮，劳动中有意无意"犯规"而受到村组干部和寨老们的批评或处罚，很不服气。今天，笔者借助这次苗学会组织苗族村规民约调研活动之机，先后走访了家乡湾滩河镇的云雾山村打铁组、上保山组、猫耳洞组，岱林村长寨组，营盘村屯脚组等苗族村寨，身临其境感受村规民约的影响力，才真正体会到了苗家村规民约的重要性及其特殊作用。

　　湾滩河地区苗族的村规民约大致形成于20世纪50年代，盛行于20世纪七八十年代，主要是受到当时文化的影响和经济发展的制约，由村寨自发组织商定、大家共同严格遵守的一种民间规约。改革开放后，苗乡经济逐步复苏，生产生活方式发生了深刻变化。村民们为了加强自我保护，促进地方经济的发展，发扬团结互助精神，又对部分规约的内容进行了修改完善，用以自我约束、互相监督、共同遵守。随着国家法制建设的逐步完善，这些"土法"成为"国法"的有益补充，在基层社会治理中发挥着辅助作用。

　　现行村规民约主要分为两大类：一类是加强农业生产的管理约定；另

一类是加强村寨安全的管理约定。其表现形式有村寨田土管理规定、村寨轮水班等。同时，一些村寨还建立了筹集人力物力帮贫助困机制，成立了丧会、米会、柴会等。谁家有突发大事难事，很快会有帮扶组织出面相助，必要的资金和柴米油盐基本上可以得到保证。

在农业生产管理方面。解放初期，由于苗族的大多数村寨都坐落于深山老林当中，生产方式比较落后，自给自足的生产模式十分突出，刀耕火种比较普遍，苗族同胞一年当中的种植品种主要有水稻（当时称为高稻）、包谷、小麦等。家家户户都是靠牛来耕种田土，放牛自然也就十分频繁，生活条件相当艰苦，大多数人的温饱问题没有解决。大部分家庭因耕种技术不好，收成有限，致使粮食只够半年食用。每年仅靠田间农作物维持生计，一年一季的农作物长势好坏，直接影响到家庭的生活。因此，维护和管理好田间农作物的生长显得相当重要。从开春播种到秋收，各家各户户主都会精心护理，生怕稍不注意，农作物收成不好，就会使全家老少饿肚皮。加之地处偏僻，水源短缺，苗家人为了使农作物通过较好的管理增加收成，便自发形成了产生于田间的一系列协议和安全生产管理办法。大多数村寨主要围绕控制放牧区域和次数、实施"轮水班"两种形式来加强田间的农事管理。村规民约规定，在农作物生长期间，所有稻田和旱地周边一定范围内一律禁止放牧牛马，违者予以处罚。打田栽秧和稻穗灌浆成熟前，各家各户的田地用水实行轮流定时浇灌，使有限的水源作用得以充分发挥，避免造成苦乐不均——一些人家用水过度造成浪费而一些人家的秧田干旱减产的现象。大家对农作物的收成非常重视，自然对这一系列管理办法非常遵守。也因这一系列制度的出台，大家能够自觉维护，确保了应有的基本收成。部分村寨为了保证田间作物不受损害，除了规定春耕播种夏锄期间庄稼地附近一定范围内严禁牛、马进入外，还明确规定秋收季节禁止放养鸭、鹅等。而且规定了造成损失的赔偿原则：一律实行双倍赔偿。在雨水短缺的季节，各村寨对水田的灌溉统一实行"轮水班"制度。一般顺序为由远到近定时浇灌，每户约 2 小时，具体根据各村寨实际情况而定。轮水过程中，交接相当严格和准时，有些村寨还专门编排了轮水表、制作轮水牌。也因这一制度的实施，大多数苗族村寨的田间管理井然有序，较好地保护了庄稼的生长，促进了苗乡的经济发展，也增进了村民间的团结和谐。

在苗族社区的治安管理方面。苗族村寨大多地处偏僻山区，交通不便，环境封闭。苗家人也很少与外界交往，主要实行"闭关自守"。但外界的社会并不稳定，少数不良分子时常窜入苗乡，偷鸡摸狗、偷牛盗马的现象时有发生。因此，苗族非常痛恨偷盗行为，也极为鄙视手脚不干净的不劳而获分子。首先，苗寨内部规定，严禁偷摸盗窃，违者从重处罚，包括加倍赔偿、杀猪宰羊请大家吃"赔礼饭"等，特别严重的及时扭送公安机关依法惩处。在苗民内部，可耻的偷盗行为极少发生。因而，大家把苗乡治安管理的重点放在对外防守方面。多数村寨为了加强治安管理，自发组成巡逻队，一般三人一组或五人一班，人数多少根据村寨规模的大小而定，夜间不间断对村寨周边、重要出入口进行巡逻。重点是防偷盗和防止火灾的发生。巡视对象主要是各家各户的牛圈、猪舍、存放腊肉的灶房、柴禾房等。一些村寨除了夜间坚持巡逻外，白天也派人流动站岗放哨。发现形迹可疑人员，及时查问监视。发现柴禾置放不规范的农家户，及时提醒整改，规范柴禾的摆放，防患于未然。村规民约还对发生盗贼的追捕和火灾的扑救做了相应规定。一旦有事，发出警报，男女老少一起出动，让盗窃分子无处藏身，火灾得以及时扑灭，在很大程度上加强了村寨的治安管理，较好地保护了苗乡的平安稳定。

在融洽邻里和加强内部团结方面。调查研究中，发现有一个突出的现象，那就是以海葩苗"会"（相当于议榔）的形式形成的村规民约，在苗族民间是最严格、作用最大、最具特点、最讲求团结互助的一种自我约束的有效形式。实施最严格的是"丧会"。所谓"丧会"，苗俗称老人会，也就是对老人过世的善后处理。其产生的历史比较久远，"要会"的时间不固定。老人过世，报丧的铁炮信号响起即表示要聚会，没有人挨家挨户去送信。只要出现老人过世的信号，人们就会自觉行动，三天之内集中聚会办理后事。老人会的传统做法是以大米为参会条件，还伴有送"柴禾"等。这种约定俗成的办法，大多邀约的人数较多，有些村组涉及三四个村寨，多数是以苗寨小组为单位进行，一般每户以 36 斤大米为基数，多者达60 斤上下。并送干柴一挑，要求质量上佳。每逢"老人会"，各户当家人都十分重视和积极，自己去不了，也会派代表参加。苗族实施的各种"会"中，老人会从来没有出现过拖会、赖会的现象。这充分体现了苗族同胞以"死者为大"和有难相帮的传统，也体现了全体村民团结互助的凝聚力。苗族村寨还存在其他的一些"会"，其中"米会"也比较普遍，主要有结婚米会、建房米会、生活米会等。一般都由发起人进行邀约，通常是因为发起人有困难才发起生活"米会"求助。发起人说明"会"的用途和目的后，大多数同胞都会积极参与。结婚、建房不难理解，重点是生活米会。生活米会是因个别"特困户"陷于无米下锅、生活实在难以为继的境地，才发起求助。设立"米会"的目的是扶助"特困户"渡过难关，大多每年一会，参加者送大米 10 斤、20 斤、30 斤不等。接受帮助的特困户条件好转后，一般都会"回会"表示感谢。个别村寨对"特困户"是否回会的规定不是很严格，主要根据当年"特困户"的收成而定，但"特困户"一般也会努力回会，体现信誉。

调查结果显示，当今农村的生活状况较以前发生了很大变化，大部分苗族村寨的生活水平有了大幅度提高，文化素质都有很大进步，外出务工带来更多收入，加上国家帮扶力度增强，国家法律法规逐步深入人心，传统村规民约的地位发生了转变——由主导变为辅助。村民的法律意识普遍增强，在教育、养老以及就业方面也有了新的认识和追求。主要体现在以下几个方面：一是生活模式的变化使得家庭中的成员可以有各自的发展空间。二是收入的提高使家庭生活状况发生了翻天覆地的变化。根本上解决了温饱问题，人们更加追求生活的质量，已经由单纯的物质需求向精神需求方面转变。三是社会保障方面的不断完善，使苗族在受教育、养老、就医方面有了新的享受。农业知识的培训使生产更高效，养老、就医等方面政策的出台使得广大苗族尤其是一些丧失劳动力的老年人老有所养、病有所医，解决了大家的后顾之忧。

虽然在上述三个方面农村确实发生了很大的变化，但在调查过程中还是发现一些问题。例如：①苗族地区劳动力不足，家庭收入过于单一，成为群众增收的难题。目前，农村劳动力年龄普遍偏大，外务劳工输出严重，留守儿童普遍增多，村民大多是靠在外打工维持生计。②基础设施不完善。苗族普遍居住于偏远山村，居住在山中的部分苗胞经济还相当困难。同时，道路硬化只完成了村内主要道路，绿色产品输出的困难仍未根本解决。③社会保障中的养老问题突出。一方面，随着经济的发展，村里的年轻人都外出打工，有的在县城买了房子，不再回本村居住，这样村中有许多老人的子女就不在其身边，平时的生活缺少照顾，所以空巢老人多起来。另一方面，苗族根深蒂固的养老观念对去养老院居住非常抗拒，随着人口老龄化的到来，家庭规模的小型化，在一定程度上加重了子女的负担。④苗族村寨留守儿童安全问题得不到保障。外出务工青年增多，大多数家庭的小孩由老人照顾，老人本身行动不便，很难照看好小孩，实为苗族留守儿童担忧。如此等等，都呼唤国家立法和村规民约进一步完善，为新的形势营造更良好的法治环境。

（作者：杨钦，贵州省龙里县中等职业学校教师，县苗学会理事。审校：吴进华）

从满山古树到林木稀疏的教训

陈国华

　　平塘县大塘镇的姑卢苗寨，过去是个漫山遍野古木森森、遮天蔽日的好地方。

　　20世纪80年代以前，苗家人特别讲究风水，重视对林木的保护。苗寨周边方圆十多公里的大山中，到处是比水桶还要粗壮、高耸入云的枫香树、榉木、松树、杉木和各种叫不出名字的杂木。烈日炎炎的夏天，只要你走进姑卢苗寨，看到古木参天之下一幢幢木楼和木制粮仓错落有致，一排排竹篱笆清晰罗列苗家宅院，时而传来"牯，咕咚咕咀，牯，咕咚咕咀"的苗族妇女用石碓冲击五谷杂粮的声音，就感觉特别的凉爽，仿佛进入了一个世外桃源的寂静仙境。花好月圆之夜，上了年纪的人们饭后无事，纷纷聚集到空旷的晒坝中纳凉摆古，孩子们在月光下追逐嬉戏，青年男女们走进密林深处谈情说爱，中青年男女们也在月光下唱起山歌，吹奏芦笙，吟唱苗家的《月亮古歌》。姑卢苗族，是把月亮作为图腾来崇拜的。他们知道月亮上有一个美女和一棵桂花树，却不能完整地道出嫦娥奔月的神话故事。

　　而在人间，世道并不安宁。传说古老的时候，姑卢苗寨有一位苗家小伙在外赏月半夜归来时，发现寨子外集结着数十名盗匪。盗匪们可能是因长途跋涉疲惫了，也可能是等待苗寨的人们都入睡了再进寨抢劫，便都依偎在马背上熟睡着，暂时没有行动。苗家小青年手里拿着啾玉（苗族乐器），悄悄爬上一棵参天古树，反复吹出"嘟尖嘞逼若呀怜鸳呢！嘟讼嘞逼凸呀怜鸳呢！怜鸳呢！怜鸳呢！嘟咙呗哺热呀怜鸳呢！嘟唷呗哺岜呀怜鸳呢！嗷若啄咽波呀怜鸳呢！招奴啄讼笃呀怜鸳呢！怜鸳呢！怜鸳呢！怜鸳呢哎！怜鸳呢"的警报声。译为汉语，即："盗匪已经闯入我们姑卢苗寨，大家赶快悄悄起来，大人躲进树林里，小孩躲到洞里去，把菜盛在钵子里，把饭盛放进竹箩内！"听到警报声，家家户户背着小孩，搀扶着老人，悄悄逃出，隐蔽起来。苗寨虽然被盗匪们翻了个底朝天，但没有造成重大人员伤亡。这大约就是古语说的"人有灵而万物亦有灵"。姑卢苗人从此更加把满山古树视为上天赐予人类生存和希望的灵物，更加爱护四周的保寨树，崇拜古树名木，严禁乱砍滥伐，形成了一代代传承的自然信仰。

直至 20 世纪 80 年代末，姑卢地区 18 个苗寨周围，都有大小高低不同、树龄不一的参天古树，其中多为榉木。树龄最长的有八九百年，树冠最高的超过 100 米，树径最大的约 3.6 米。仅在水沟村的大石板，树龄 300 年以上的古树就有 11 棵。还有小石板、项武、甲西、摆托、新寨、摆应、松常、下羊场等自然村寨也有不少百年古树。

但 20 世纪 80 年代初期分田到户、分山到户后，一时间国家的法律和管理跟不上，盗伐现象严重。加上一些人担心"政策多变"，害怕分到户的树木早晚又被收回去，也争先恐后地砍伐，用以修房建屋和出售等。一时间，远近的大批古树名木遭了殃，代之而起的是一幢幢宽敞明亮的砖木结构新房。思想意识上的疏忽，导致大批百年古树没能够保存下来。再看姑卢苗乡，虽然寨外还有林、村中还有树，但古木参天、遮天蔽日的美景已不复存在。迄今，全乡古树名木保护较好的仅有甲西、下羊场、摆应等几个寨子，最大树龄 200 年左右的已所剩无几。精准扶贫中，村民们通过学习习近平总书记关于绿水青山就是金山银山的教导，抚今追昔，真是追悔莫及。好在痛定思痛，每个寨子都按照乡村振兴的要求，通过民主程序讨论制定了环境保护的村规民约，并且人人自觉遵守。经过多年的封山育林、造林护林，四面青山又郁郁葱葱地恢复发展了起来，姑卢苗家人"生存与希望的灵物"将重新参入云天。

（作者：陈国华，贵州省平塘县大塘镇政府公务员，县苗学联络组成员。审校：吴进华）

美丽的排烧苗寨得益于严格的生态保护

张家东

从三都水族自治县县城三合镇往东南面的榕江方向行驶 18 公里，再沿着弯弯曲曲的公路爬上一段海拔大约 900 米的高山，就来到林木森森、环境幽静的排烧苗寨。排烧，是苗语音译，意思是清洁的山坡。苗家历来高度重视防火工作，这里并未发生过重大的火灾。

现今的排烧村由 4 个紧邻的自然村寨组成，共辖 8 个村民小组，346户 1568 人。除排烧小寨有 20 余户水族同胞杂居之外，其余都是苗族。全寨苗族有 316 户，苗族人口占全村总人口的 95% 左右，是目前黔南州最大的苗族村寨。全村耕地面积 1421 亩，人均耕地 0.94 亩；成材林面积却有1860 亩，人均林木面积 1.23 亩，有林面积超过耕地面积约三成。林中树种以杉木和高大的楠竹居多，杂木较少。目前，种养殖仍是村民收入的主要来源。至 2017 年底，全村认定的建档贫困户共计 152 户 473 人，贫困人口约占总人口的 30%。

山大、林密、人多、耕地少，是排烧村的现实特点，也是造成贫困面大、贫困程度深的主要原因。过去大家保护生态环境的意识不强，加上交通不便，燃料缺乏（附近没有煤炭资源），一味片面地"靠山吃山"，造成了森林植被的逐年递减。一方面，以前家家户户做饭取暖基本上都用柴禾，尚未成材的林木大量被砍伐，蓄积量跟不上砍伐量；另一方面，有限的耕地种出的粮食难以解决温饱，村民们又"向山林要地"，粮食没有增加多少，生态却遭到严重破坏，水土流失不断加重，村里想管也管不住。就在人地矛盾更加突出的严峻形势下，改革开放和农村土地承包到户经营的春风吹到了苗寨。40 多年来，国家实行一系列的扶贫开发政策，加大对深度贫困山区的基础设施建设投入，通村公路从山下修到了山上，人畜饮水工程惠及家家户户，特别是农用电网接通每户农家之后，电价明显下降，村民们不仅照明全部用电，而且做饭取暖也可以用电力解决，既方便又清洁，对森林的索取自然减少。特别是通过学习贯彻党中央提出的科学发展观之后，为了落实守住发展和生态两条底线的基本国策，村里因袭苗家的传统做法，制定和修订了若干实行严格生态环境保护的村规民约。例如，规定起房建屋要多用水泥、钢材等现代建筑材料，未经批准，不准砍伐木材；做饭和取暖等尽量用电力解决，严禁进入他人承包的山林砍柴割草；实行最严格的森林资源保护措施，偷伐一棵树木要罚款 5000～6000元，并按全村每人半斤米、半斤酒、半斤肉的标准请大家吃饭受教育，等等。加上大量的年轻劳动力外出务工，村民现金收入增加，基本没有人再打盗伐林木找黑钱的主意，对生态的破坏情况基本禁绝，林木生长得到前所未有的完好保护，绿水青山越来越美。与此同时，村民的经济观念也不断增强。一些不适于耕作的坡地逐步被退耕还林，大家都自觉植树造林，从而使绿化面积越来越多。在生态环境越来越好的基础上，本村的开发潜力也开始展现出来。目前，村里已组织开发了中药材种植与竹木加工两个项目，虽然受益面还不大，但让村民们开始尝到了"绿水青山就是金山银山"的甜头，发展和生态的前景越来越可观。

（作者：张家东，贵州省三都水族自治县民族中学教师，县苗学会常务理事。审校：吴进华）

黔南苗族民俗研究

后　记

　　习俗始自春秋战国时期，《礼记·乐记》曰："五年视博习亲师。"习者，常也，即经常、惯常，惯常自然成为习惯。俗字最早见于西周金文《周礼·大司徒》疏："俗，风俗也。""谓常所行与所恶也。"习与俗连文合并形成习俗一词，乃"人主以好恶喜怒变习俗"，"常民溺于习俗"，均是风俗习惯的意思。由此可断，凡有一定流行范围、一定流行时间或流行区域的意识行为，无论是官方的还是民间的，均可称为习俗。

　　村规民约则是中国社会基层组织中社会成员共同制定和遵守的一种社会行为规范。最早记载中国礼仪规范的《周礼》中就有乡里敬老、睦邻的约定性习俗。明清两朝在地方上正式推行"乡规"、社约。历史上的乡规民约多是为维护统治者的地位和利益服务的，但也在一定程度上反映了劳动人民的共同利益和传统社会美德。解放后，国家推行在城乡普遍制定各种文明公约和居民守则，自下而上与自上而下相结合，形式多样，切实具体，有奖有罚，已成为发扬社会主义基层民主，实行群众自我教育、自我管理、自我监督的一种有效形式。

　　苗族是一个历史悠久、文化灿烂而又苦难深重的古老民族。在五千多年的历史长河中，苗族的始祖蚩尤最早创制了刑律，这是在上古时期九黎部落联盟赖以约束和管理内部的重要法宝之一。蚩尤战败后，苗族的先民们为了抗击和躲避来自统治者的驱赶追杀，由北向南，自东而西，经历了无数次的大迁徙、大流动。不管走到哪里，为了能够获得一个生存发展的空间，稳固定居下来，他们不得不抱团取暖，集体商议制定一系列一致对外和加强内部治理的行为规范——"榔规"，亦即最早的村规民约，较早形成了原始民主的机制体制——"议榔"制度，因而使大家能够在重重苦难中拧成一股绳，顽强不屈，冲破层层艰难险阻，生生不息繁衍至今。但苗族没有自己的文字，大量的"榔规"只能用埋石告示与众口相传的形式传承下来，并随着时间地点的变化有所修订，所有成员必须一体遵行，违者必受处罚。这就形成了苗族的制度文化，民间称为不成文法或习惯法。它是底蕴深厚的苗族传统文化的重要组成部分。但随着社会的发展和经济全球化的冲击，苗族的这些不成文法正在被淹没和遗忘。组织抢救、发掘和整理这些非物质文化遗产，对于存史、资政和传递后世，增强民族自信和文化自信，无疑具有重要的现实意义和历史意义。这就是我们编辑出版这本书的初衷。

2015 年 11 月，黔南州苗学会召开第五次会员代表大会，吴进华会长作了题为《认真总结经验，精心策划未来，继续谱写我州苗学研究工作的新篇章》的工作报告，明确提出了本届工作任务是：主攻一项重大课题研究，抓好两项大事，抢救两项苗族文化遗产，被大会正式列入了任期内的"122"学术攻关目标，其中的抢救两项苗族文化遗产，一项是收集整理《黔南苗族民俗研究》，另一项是收集整理《黔南苗族传统芦笙曲选集》。接着在 2015 年 12 月召开的五届一次常务理事会上，进一步对"122"学术攻关目标进行了总体安排，确定 2017 年上半年前，集中精力主攻黔南苗族地区精准扶贫调研这项重大课题，承办省苗学会 2015 年在瓮安召开的学术年会和协助州、县两级政府打造苗族美丽乡村建设；2017 年下半年后，集中开展对苗族民俗与村规民约、苗族传统芦笙曲集两项民族文化遗产的抢救工作。但到年底进展不大，普遍感到苗族的民俗与村规民约处于濒危，只有边远深山部分苗寨的传统文化保留较好。同时，人力、财力、时间，也是我们面临的难题。面对这一情况，当时正在海南过冬的吴进华会长利用 2018 年春节休闲时间，亲自起草了《关于抓紧组织〈黔南苗族民俗研究〉实地调研和撰稿的通知》（黔南苗学〔2018〕1 号文件），提出了尽快明确选题、抓紧实地调研、规范文体类型、注重理论探讨、定期检查督促、坚持领导带头等六条具体意见，并拟就了选题参考目录，发送各县市苗学会遵照执行。2018 年 3 月，吴进华会长主持召开会长办公会，亲自带领检查组深入各县市检查进展情况，逐一落实文稿撰写任务，再次强调州、县两级苗学会领导成员不仅要牵头负责做好本项目的组织落实，而且要亲自深入实地调研，动手写一篇以上调研报告或学术论文，并以州苗学会的名义与各县市苗学会签订任务书。这样，原来有畏难情绪的、任务落实不到位的，全部迎刃而解。

2018 年 5 月 26 日，在州苗学会五届四次常务理事会会议上，吴进华会长因年龄原因辞去了会长职务。在告别演讲中，他一再告诫全体会员，两项民族文化遗产的抢救工作千万不能松，一定要发扬本会多年来说干就干、干就干好、不放空炮、领导带头、无坚不摧的好作风，一鼓作气，背水一战，不达目的，誓不罢休。同时表态，退位后继续领衔重任，以州苗学会总顾问的名义指导和协助完成这两项任务。接任执行会长的廖光文同志代表全体会员庄严表态，勇敢担当，不辱使命，决不半途而废，善始善终完成本届任期的各项目标。6月，吴进华老会长、潘星财的调研报告《大土"苗王"调查》率先完成，印发征求意见。接着，执行会长廖光文的《苗族新婚媳妇坐家习俗》完稿，副会长兼学术委员会主任文毅的《黔南苗族吃新节的文化解读》，副会长文明昌的《苗族"放蛊"之说不可信》也相继完成。各县市也相继发来一批稿件，此项工作长时间停滞不前的局面被打破。

2018年7月，组稿工作进入冲刺阶段，但发展不平衡。根据情况变化，执行会长廖光文于7月25日主持召开专题会议，调整加强了编委会，明确吴进华同志任该书编委会主任，文毅、吴进华担任主编，文毅、周庆、宋荣凯、袁廷科、余成林、吴正顶等组成专家审校组，负责稿件的初审和质量把关工作。

8月25日，全州共收到来稿77篇，约28万字。州苗学会及时召开编委会第二次会议，对来稿交由专家组审校进行分工，明确了对接方式和改稿注意事项。到10月底，进入丰收期，共收到各类稿件100余篇计约40多万字，经六位专家学者初审后，交由主编文毅、吴进华负责总纂把关，最后综合出版社编审意见，筛选文稿，共收入文稿75篇，编为理论探讨、传统节庆、交往礼仪、婚恋嫁娶、文化生活、民间信仰、丧葬习俗、服饰文化、村规民约等9个篇章。12月，定稿工作基本完成。至此，这项在许多人看来不可能的事情，总算有了一个比较圆满的结局。

此书的完成，不得不提的几位同志：首先是州苗学会老会长、总顾问吴进华。吴老虽年已72岁高龄，患有高血压、糖尿病等多种老年疾病，一到冬天只好到海南休养，但主持黔南州苗学会工作十多年来，总是身先士卒，处处起模范带头作用，亲自到边远苗族村寨调研，亲自撰写调研报告和学术论文，以苗学研究为己任，主编和联合主编了《黔南苗族》《云雾品茗话小康》等多部苗学论著，独立完成了《发展与困惑——黔南苗族聚居乡村基础教育调查》专著，带领州苗学会完成了12部学术著作约600万字。他多次表示，完成好《黔南苗族民俗研究》和《黔南苗族传统芦笙曲选集》两项苗族文化遗产的抢救任务，将是他在有生之年对黔南苗族同胞和苗学研究工作的最好回报。在编辑审稿的三个月里，他闭门谢客，夜以继日，字斟句酌，全身心投入，体现了一位苗族老共产党员深厚的民族感情、务实的工作态度和执着的追求精神。这种精神值得所有的苗学工作者学习。黔南民族师范学院的文毅研究馆员、周庆教授、宋荣凯教授、余成林教授、袁廷科副教授，三峡大学硕士生导师吴正彪教授，西南政法大学博士研究生吴正顶，共七位专家，他们利用业余时间，节假日不休息，加班加点，不计报酬地进行审校把关，保证了本书的高质量。专家组的余成林教授也付出较多的心血。本书还未出版，他就告别了人世，令人惋惜。
谨借此书付梓之际，对余成林教授的远去再次表示深深的怀念！

　　黔南苗族文化底蕴深厚，源远流长，不是一本《黔南苗族民俗研究》
所能承载得了的，我们此举只是个尝试，也许它还不完整，更谈不上完
美，很多东西还缺乏深层次的剖析和研究。加上我们的知识水平和经验有
限，缺点错误在所难免，恳请专家学者及社会各界人士给予批评指正。

　　本书的编辑出版，得到了黔南民族师范学院、黔南州非遗中心、黔南
州民族宗教事务局、黔南州社科联、贵州省文史馆等部门和单位的大力帮
助，各县市苗学会也给予了积极的支持和配合，如州、县市苗学会及卢庆
文、严启明、蒋富友、雷作胜、吴桂莲、李家贵、吴永福、王炳忠、杨必
清、罗忠祥、王炳忠、田明力、黄元勋、陆光中、平立豪、黎明、文毅、
郑建文等无偿提供图片。贵州省人大常委会原副主任杨光林同志亲自为本
书作序。在此一并表示衷心的感谢！

《黔南苗族民俗研究》编委会

2019 年 3 月 1 日